本書では一生に一度は行ってみたい366か所の世界の美しい都市（一部は日本の市町村の「街」も含まれます）を7つのテーマに分けて紹介しています。

首都、自然が美しい都市、歴史都市、かつて首都だった古都、文化・芸術都市、街並みが美しい都市、人物ゆかりの都市の7つです。

この7つの分類が至難で、欧州を東西に分けての6大陸別（国別）なら簡単なのですが、7つのテーマに複数でまたがる都市が多いからです。

例えば、京都は典型的な「古都」ですが、日本の歴史都市と文化・芸術都市の代表格でもあります。ゆかりの人物は無数で、全国で123しかない重要伝統的建造物群保存地区が4か所もある「街並みが美しい都市」のNo.1でもあります。首都以外、どこで紹介しても異議はないと思いますが、52（ひとつのテーマで52か53のため）もあるか心配だった「品薄」な古都のテーマで紹介しています。

新旧の都市景観が調和するロンドンの夜景（イギリス）。

逆に首都は最大定数の53ではあぶれる所が多く、適材適所的に他テーマに配しています。それ以外も複数の魅力を合わせ持つ都市だらけですが、特に魅力があると思われるテーマに分類しました。

「この都市は歴史都市というより文化・芸術都市に入れたほうがいいのでは？」などの例もあるかもしれませんが、366都市の7テーマへの分類は読者の数だけあると思いますので、ご容赦ください。

それでは行ってみたい都市を探すために、また、実際行くことがあればその時の参考になるように6大陸の誌上都市旅行にお出かけください。

小林克己

本書の読み方

曜日ごとに設定した７つのテーマ（「地理で覚えた首都はその国の顔」「海山の自然の中にある風光明媚都市」「タイムトリップに誘う悠久の歴史都市」「かつての都はどこも古都の風格」「文化の華が咲いた芸術都市」「街並み散策が醍醐味の美都」「歴史を彩る人物ゆかりの都市」）のうち、その日の解説テーマを示したもの。各テーマの概要は５ページをご参照ください。

都市の景観を捉えた美しい写真！

都市名

都市の所在地と人口。

6月28日

本日のテーマ
文化の華が咲いた芸術都市

マルメ
Malmö

180

所在地／人口 スウェーデン王国 スコーネ地方／約31万人

5階ごとのブロックが上に登るにつれて徐々にねじれていくデザインの高層ビル「ターニング・トルソ」とマルメの街。

かつてデンマークだったスウェーデン南部の中心

対岸は海峡に架かる長さ16kmの鉄道・道路併用橋のオーレスン・リンク橋（橋梁は7845m）で結ばれたデンマークの首都コペンハーゲンというスウェーデンの最南端の国境の街がマルメです。海峡に面したスカニア公園からは真横から橋の全景が一望でき、壮観です。

スカニア公園のそばに立つターニング・トルソは高さ193m・54階建ての北欧で最も高いビル。５層分を1塊として上に行くほどねじれたユニークな形状をしていて、最上階では90度ねじれています。省エネと最先端の環境技術を取り入れたスペインの世界的建築家サンティアゴ・カラトラバによる設計で、新ランドマークとなりました。その南１kmの市の中心にある大広場には、1546年建造の重厚な市庁舎と、1571年の創業の６階建ての赤いレンガ造りで、ガラス装飾の天井などアンティークな内装に目を見張るライオン薬局が立ち、そばには98mの尖塔がそびえる14世紀建造の聖ペトリ教会があって、一転して中世の世界に迷い込んだかのような印象を受けます。

マルメは17世紀にスウェーデン領となりましただが、デンマーク時代の1434年に築かれたのが２重に張り巡らされた堀と運河に囲まれたマルメ城で、北欧に現存する最古の城塞です。周囲は広大な緑の公園で、大広場から西へ徒歩５分で賑やかな市街地から大自然に一転します。

もっと知りたい！ 大（ストー）広場に続く小（リラ）広場には、1588年建造の木組み建築のフォルム・デザインセンターがあります。スウェーデン家具など北欧デザインの日用品や雑貨が展示・販売されています。

187

世界の都市にまつわる知識と教養が身につく、深くてわかりやすい解説文。

教養が深まる豆知識！　観光情報や展望スポット、アクセスなどの情報。

本書の7つのテーマ

本書では、世界の都市を7つのテーマで紹介しています。1日1テーマ、つまり1週間で7つのテーマを学ぶことができます。

たとえば、2021年の場合、1月1日は金曜日になりますので、金曜日は「地理で覚えた首都はその国の顔」、土曜日は「海山の自然の中にある風光明媚都市」、日曜日は「タイムトリップに誘う悠久の歴史都市」、月曜日は「かつての都はどこも古都の風格」、火曜日は「文化の華が咲いた芸術都市」、水曜日は「街並み散策が醍醐味の美都」、木曜日は「歴史を彩る人物ゆかりの都市」となります。

下記の空欄に、曜日を書き込んでから、本書を読み始めてください。

曜日 **地理で覚えた首都は その国の顔**
国際都市として、国の顔として、大発展を遂げるメガロポリスと中小の首都を訪ねます。

曜日 **海山の自然の中にある 風光明媚都市**
壮大な海や美しい山々、透き通った湖や川など、豊かな自然に囲まれた都市を、その景観とともに紹介します。

曜日 **タイムトリップに誘う 悠久の歴史都市**
世界史上の事件の舞台となった都市を紹介。都市に刻まれた歴史に触れていきます。

曜日 **かつての都は どこも古都の風格**
かつて国家の首都として繁栄を遂げ、役割を終えた今も観光地などとして注目されている古都を紹介します。

曜日 **文化の華が咲いた 芸術都市**
芸術を愛する為政者と住民たちが大切に守り、そして育んできた独自の文化が息づく都市を紹介します。

曜日 **街並み散策が 醍醐味の美都**
中世の街並みや風光明媚な都市景観が見どころの都市を厳選し、散策を楽しむ感覚で紹介します。

曜日 **歴史を彩る人物 ゆかりの都市**
世界史上に名を残す人々と、都市や都市に残る旧跡に刻まれた数々のドラマを紹介します。

※閏年の366日に対応しているため、通常の年は途中から曜日のテーマが変わります。

人が集まり、交流する
366の都市を訪ねよう――。

ドーハ（カタール）

ワシントンD.C.

Washington D.C.

001

所在地／人口 **アメリカ合衆国 連邦直轄地／約72万人**

アメリカの中枢機関のひとつである連邦議事堂。

緑の中にある世界最初の計画都市

「コロンビア特別区」というのが法律上の正式名であるワシントンD.C.は、州に属さない連邦直轄地です。フランス人ピエール・ランファンの設計で新首都が完成した1800年、メリーランド州とヴァージニア州の州境のポトマック川北岸に、フィラデルフィアから遷都されました。それから200年。今やアメリカだけでなく、世界の政治の中心でありながら、世界銀行やIMFがある金融センターの役割も担う超重要都市へと発展しました。

広大な緑のなかに建造物が点在する未来志向の街造りは、のちのキャンベラやブラジリアの新首都移転のほか、デリーの新市街（ニューデリー）建設の際の参考とされています。

幅500m・長さ約4kmのグリーンベルト、ナショナル・モールが街の中心を東西に延び、東端には連邦議事堂（ザ・キャピトル）と連邦最高裁判所という立法と司法の施設が、西端のポトマック河畔にはリンカーン記念館が立ちます。モールのほぼ真ん中には高さ169mのワシントン記念塔がそびえ、その北には幅500m・長さ1kmのもうひとつのグリーンベルトが延び、行き止まりにあるのがホワイトハウスです。モールの東半分には世界最大のスミソニアン博物館群と世界屈指のナショナルギャラリーが建ち並び、整然とした都市景観が形成されています。

もっと知りたい! J・F・ケネディの墓と無名戦士の墓がある戦没者慰霊施設のアーリントン国立墓地は、ポトマック川の対岸に広がっています。

002

コモ
Como

所在地／人口 イタリア共和国 ロンバルティア州／約8.5万人

ヴィラ・モナステロからのコモ湖の眺め。コモ湖の周囲にはこうした美しいヴィラが点在します。

湖水地方で最も美しいコモ湖畔の避暑地

北イタリア（ロンバルディア）湖水地域はイタリア・アルプスのコモ湖、マッジョーレ湖、ガルダ湖などからなる湖沼群ですが、最も美しいと言われるのが長さ42km・幅4.3kmと細長く、逆Yの字（漢字の「人」の字）型をしたコモ湖で、その湖畔南端にあるのがコモの街です。

周囲をアルプス前衛の切り立つ山々に囲まれた湖畔にある標高420mの避暑地で、ローマ時代からシーザーやアウグストゥスらに愛されました。18～19世紀には王侯貴族や富豪、芸術家が競って壮大かつ瀟洒な邸宅ヴィラを建て、イタリア随一の高級避暑地に。近年はセレブの邸宅が多く見られます。

18世紀後半建造の壮麗なオルモ邸はミラノ・ヴィスコンティ家のネオクシック様式のヴィラで、バロック式の庭園見学や湖畔のオープンテラスのレストランの利用ができます。また一部はユースホステルにもなっています。ほかにも、1898年建造のエルバ邸など、見所となる邸宅は尽きません。

ケーブルカーで「アルプスのテラス」と呼ばれるブルナーテ山（716m）に登ると、コモ湖の全景と、晴天なら西には遠く白銀を頂くモンテローザ（4634m）の雄姿を眺めることができます。

もっと知りたい！ 18世紀建造のドゥオーモや高さ40mの市の塔門、1813年建造のオペラ劇場など、市内にも見どころが多数。船で10分の隣のチェルノッビオには16世紀建造の豪壮なヴィラ・デステ（今は5つ星ホテル）があり、優雅で上品な雰囲気の中でランチやお茶を楽しむことができます。

ヴェネツィア
Venezia

003

所在地／人口 イタリア共和国 ヴェネト州／約26万人

ヴェネツィアは運河が縦横に走る都市です。観光用のゴンドラもヴェネツィアを満喫する手段のひとつ。

世界で唯一車が1台も走っていない運河の街

ヴェネツィアの歴史は古く、5世紀にゲルマン民族の侵攻を逃れた人々が100以上の小島が浮かぶラグーナ（潟）に、海底まで達する無数の杭を打ち込み土台として街を建設。400もの橋で結んで大小150もの運河を張り巡らせました。

7世紀末にはヴェネツィア共和国を樹立し、やがてずば抜けた海軍力と巧みな外交でライバルのジェノヴァにも勝利して、アドリア海から東地中海までの制海権を獲得。香辛料などの海上交易で栄え、最盛期の14〜16世紀には「アドリア海の女王」と呼ばれ、欧州屈指の繁栄を謳歌しました。

16世紀の大航海時代にはアドリア海から大西洋、太平洋まで進出。世界中を貿易の舞台としましたが、18世紀末にナポレオンに侵略され、その後はオーストリアの支配のあとイタリア王国の一都市となって、主権国家としてのヴェネツィアは崩壊しました。

ヴェネツィア共和国全盛時の片鱗は、サン・マルコ広場に立つ政治の中心で歴代総督が暮らしたドゥカーレ宮殿やサン・マルコ寺院、サンタ・ルチア駅からサン・マルコ広場までのメインストリートに当たるS字型の大運河沿いに立つ宮殿、邸宅群やリアルト橋に伺い知れます。

もっと知りたい！ ヴェネツィア市街全体が5.2㎢ほどの島なので、列車は到着前の5kmは海を進み、予期せぬ光景に誰もが声をあげますが、さらに驚くのは人口30万人近い中都市なのに車が1台も走っていないことです。市内と離島への公共交通は水上バス（ヴァポレット）で、タクシーに当たるのがモーターボート、ハイヤーがゴンドラです。警察、消防、救急はすべて高速船が運用されます。

004

トレド
Toledo

所在地／人口 スペイン王国 カステーリャ・ラ・マンチャ州／約8万人

中世イベリア半島のキリスト教世界の中心として栄えたトレド。

3つの宗教が混然一体の"スペインの京都"

スペインの中央、首都マドリードの西南75kmにある古都トレド。560年にイベリア半島全体を領土とするゲルマン民族の西ゴート王国の都となりましたが、711年、イスラム王朝の後ウマイヤ朝により、王国は滅亡。しかし、後ウマイヤ朝の統治は寛大で、キリスト教やユダヤ教の信仰は許されました。1085年、レコンキスタ（キリスト教による国土回復運動）によって奪還されたのち、カステーリャ王国、スペイン帝国の首都として再びスペインの政治・経済・文化の中心となりました。スペイン・ハプスブルク家のカール5世が神聖ローマ帝国の都としてからは、フェリペ2世がマドリードに遷都する1561年まで一時ヨーロッパの中心として栄えますが、その後急速に衰えたことが幸いし、キリスト、イスラム、ユダヤ各教の遺跡や建物が混然一体となって残り、16世紀の全盛期の街並みが奇跡的に保存される街となりました。

3方を天然の堀であるタホ川に囲まれた丘陵に土色の家々がぎっしり立ち並ぶ旧市街は、エル・グレコが16世に描いた『トレドの景観』そのままなのに驚きを禁じえません。ヨーロッパ一見事な旧市街を俯瞰するには、タホ川対岸にある展望台（ミラドール）か、その上に立つ国営宿舎パラドールからが一番。泊まらなくても、朝食に訪れ、テラスから観賞することができます。

もっと知りたい！ 旧市街の中央にはスペイン・カトリックの大本山（主座司教座）のトレド大聖堂がそびえ、周りにはサントトメ教会、トランシト・ユダヤ教会、光のキリストモスクなど、イスラム、キリスト、ユダヤの3宗教と文化が混合して生まれたムデハル様式の教会が散見されます。

フィレンツェ
Firenze

所在地／人口 イタリア共和国 トスカーナ州／約38万人

街外れの高台にあるミケランジェロ広場からはバラ色の街並みが一望可能。街が紅に染まる夕暮れ時が最も美しいとされます。

花の聖母大聖堂の屋上で空中浮遊感覚を味わう

中部イタリアのアルノ川沿いにある1400年代のイタリア・ルネサンス発祥の地。14〜15世紀にメディチ家の富と権力を背景に繁栄を極めた「花の都」で、イタリア語の「花＝フィオーレ」を語源とします。１km²にこれほど膨大な美術品のある街は世界に例がありません。

旧市街は狭く、すべて歩いて回れます。旧市街の中心に高さ106m・直径45.5mの赤いドーム（クーポラ）がそびえ立つドゥオーモ（サンタ・マリア・デル・フィオーレ大聖堂）は、140年もかけて15世紀中頃に完成した緑・ピンク・白の色大理石の優美な聖堂。巨大ドームはルネサンスの大建築家ブルネレスキがドームを２重構造にする画期的な新工法を考案したことにより建設が可能となったもので、それでもドームだけで14年もの歳月を要する難工事になりました。

463段の階段を使って大ドームてっぺんの屋上テラスまで登ると、足元には旧市街の赤茶色の屋根が広がります。

八角形のサンジョヴァンニ礼拝堂の東のブロンズ門扉に施されたギベルディ作の浮彫りは、ミケランジェロが「天国の門」と絶賛。高さ82mの四角形の塔「ジョットの鐘楼」はダンテが『神曲』で絶賛しました。こちらも眺望絶景の最上階のテラスへ414段の階段で登ることができます。

もっと知りたい！ サンタ・マリア・デル・フィオーレ大聖堂のほか、ルネサンス美術の宝庫ウフィツィ美術館と、アルノ川に架かる1345年建造のヴェッキオ橋は「フィレンツェの必訪御三家」と言われています。

006

麗江（れいこう）
Lijiang

所在地／人口　中華人民共和国 雲南省／約120万人

清流の水路際に家々が並ぶ麗江の街並み。

水路の水をあふれさせて清潔を保つ街

年中雪を頂く玉龍雪山（ぎょくりゅうせつざん）（5596m）山麓の標高2400mの高原にある麗江は、宋代末の12世紀に少数民族ナシ族によって造られた街です。雲南の茶とチベットの馬の交易路「茶馬古道」の要衝として栄え、明清代の王朝やペー族など近隣少数民族との関係も良好だったため、中国では珍しく城壁もない街なのに戦乱に遭うこともなく800年前の美しい街並みが奇跡的に残りました。

黒龍潭（こくりゅうたん）という湖に溜まった玉龍雪山の雪解け水を3本の水路で街に引き入れ、さらに網の目のように細い石畳の路地が縦横に走る旧市街全体に水路を巡らせているので、1000軒を超す木造民家のほとんどが清流の水路際に立っています。また、定期的に水門を閉め街路に水をあふれさせて、雨季の泥や乾季の埃を流すので、街は年中清潔を保っています。

旧市街西南の獅子山に立つ高さ33mの万古楼に登って町を見下ろすと、青灰色をした本瓦葺きの甍の波が眼下に広がり、日本の城下町にいるような錯覚に陥る人もいるでしょう。

歌や楽器、踊りなど昔ながらの風俗習慣を大切に守るナシ族は、民族衣装を普段着にしている人も多く、独特のトンパ（東巴）教を信仰。その経典や街の標識・看板は、世界で唯一現在も使われている象形文字であるトンパ文字で書かれています。

もっと知りたい！　4km北にある東河は、麗江古城（旧市街）よりもはるかに透明で大量の水が流れる小さな街で、周りにはのどかな農村風景が広がります。北12kmにある白沙は明清代には麗江の中心だった土壁民家が並ぶナシ族の村で、大宝積宮などで見られるナシ族や、ペー族、チベット族などが共同で描いた白沙壁画が見ものです。

サン・アントニオ

San Antonio

007

所在地／人口 アメリカ合衆国 テキサス州／約145万人

ヘミスフェア公園内にあるタワー・オブ・ジ・アメリカスとサン・アントニオの夕景。

「アラモを忘れるな！」のテキサス人崇拝の砦

サン・アントニオはテキサス州南西部にあり、住民の６割近くがヒスパニック系でスペインの影響が強い都市です。ジョン・ウエインの映画『アラモ』で有名な砦は、正式にはサン・アントニオ・デ・バレロ伝道所と言い、スペイン帝国が先住民をキリスト教に改宗させるために1718年に建てた、砦を兼ねた複合施設でした。サン・アントニオでは、コンセプション、サン・ホセ、サンファン・カピストラノ、エスペーダの４か所の伝道所が「サン・アントニオ・ミッション国立歴史公園」となっていて、アラモ伝道所を加えた５か所が世界遺産に登録されています。

1836年、メキシコからの独立を目指して、アラモ砦には騎兵隊のトラヴィス中佐やデイビッド・クロケットら200名足らずの志願兵が籠城。そこへ大統領のサンタ・アナ将軍自ら指揮を執る、メキシコの大軍が攻めかかったのです。志願兵は奮闘し、13日間も砦を守り抜きましたが、衆寡敵せず全滅します。しかし、守備兵たちの勇気と犠牲に「リメンバー・アラモ（アラモを忘れるな！）」のスローガンで戦意は高騰。のちの戦いで市名に名を遺すヒューストン将軍率いるテキサスが勝利し、敵将を捕らえてメキシコから独立。アメリカへと併合されたのです。砦は博物館となり、歴史資料がその健闘を讃えています。

もっと知りたい！ リバーウォークはサン・アントニオ川のくねくねと曲がるグレートベントを生かして川沿いの古い家々をヨーロッパ風のホテルやレストラン、バー、ブティックなどに改造し、全長24kmものリバーサイド・プロムナードとしたもの。川によって舞台と観客席が仕切られた劇場もユニークです。

008

ロンドン
London

所在地／人口 イギリス イングランド／約930万人

ロンドンのシンボルとなっているビッグベンと2階建てバス。

2つの世界遺産を結ぶテムズ川沿いの散歩コース

イギリスの首都ロンドンとは、32特別区とシティ・オブ・ロンドンからなるグレーター・ロンドンを指し、テムズ川が蛇行しながら市街中央を西から東に流れ、大半の見どころは左岸（北岸）に集中します。テムズ河畔の２つの世界遺産、ロンドン塔とウェストミンスター宮殿（国会議事堂）の間は、テムズ川沿いの散歩道を１時間ほどで歩けるので、この区間だけでもロンドン散歩を楽しめます。

ロンドン塔は11世紀にノルマンディ公が築き、王族・貴族を投獄・処刑した血なまぐさい歴史を持つ城塞兼宮殿で、530カラットのダイヤ「アフリカの星」でも有名です。水面から50mの歩道からの眺めがいい長さ240mの跳ね橋タワーブリッジを渡り右岸へ。１フロワーずつ斜めにずれたユニークなシティホールを経て、「ロンドン橋落ちた」の歌で有名なロンドン橋のたもとにはロシアを除くヨーロッパで最も高い87階建て310mのザ・シャードがそびえます。72階の展望台からは眼下のロンドン塔とタワーブリッジだけでなく大ロンドンが一望できます。

橋詰に高さ135mの世界最大級の大観覧車ロンドンアイが立つウェストミンスター橋を渡ると、左手にビッグベンがそびえる国会議事堂が。さらに10分ほど歩くとバッキンガム宮殿に至ります。

もっと知りたい！ ロンドンにはほかにキューガーデンとグリニッジの2つの世界遺産があります。つまり計4か所の世界遺産があるのです。セントポール大聖堂はヴァチカンのサン・ピエトロ大聖堂に次ぐ世界2番目に大きな大聖堂で、壮麗なドーム展望台から市街が一望できます。大英博物館はラムセス2世像やパルテノン神殿の破風など800万点を収蔵する世界最大級の博物館です。

009

杭州
Hangzhou

所在地／人口 中華人民共和国 浙江省／約1000万人

ライトアップされる西湖。南宋末には西湖十景が挙げられ、文人墨客に親しまれました。

中国の「美しい湖」と言ったらここ

「天上には極楽があるように下界には蘇州、杭州がある」と、蘇州と並び称せられるこの世の楽園が杭州です。

すでに120万以上の人口を有し、世界最大の都市だった元代の杭州を訪れたマルコポーロも、「世界で最も美しく華やかな街」と絶賛しています。

杭州と蘇州の両都市を訪れた日本人にどちらがよかったかと聞くと、多くが「杭州」と答えるのは1000万都市の都心に横たわる、中国では「美しい湖」の代名詞になっている西湖があるためかもしれません。

西湖は３方を山に囲まれた周囲15km・面積5.6k㎡の天然湖で、３つの小島が浮かび、東西と南北に延びる天橋立のような２本の堤が湖を５つに分けています。柳並木が美しい湖周には蓮や桃、牡丹など四季を通じて花が絶えず、「江南の春」と呼ばれる４月は詩情豊かです。以前、少年の船頭に「西湖を訪れるのに一番いい時期は？」と聞いた際も、答えは「四月最好」でした。

多くの文人墨客が愛し、詩を詠んだ断橋残雪や三潭印月など、湖をめぐる西湖十景があり、それぞれ素晴らしい眺めが広がります。

もっと知りたい！ 杭州は五代十国時代の呉越（907〜978年）と南宋（1127〜1279年）の都となった「中国六大古都」のひとつ。郊外の「杭州宋城」では宋代の街並みと当時の服装が再現されています。西湖畔では特産の緑茶である龍井茶を茶室で飲めます。

010

アテネ
Athens

所在地／人口 ギリシャ共和国 アッティカ地方／約67万人

アクロポリスを背景としたアテネの街並み。白一色のアテネの街は、グレー一色のパリ、茶一色のローマと好対照です。

民主主義と西洋文明の発祥地

アテネはバルカン半島南端にある3400年の歴史をもつ世界最古の都市のひとつで、外港のピレウスはエーゲ海に面しています。紀元前６世紀初めに古代アテネは都市国家として世界で初めて民主政を導入。プラトンやソクラテス、アリストテレスなどが活躍する哲学・学問・芸術の中心になりました。アケメネス朝ペルシャとの戦いに勝利した全盛期の紀元前４～５世紀には、民主主義の発祥地として西洋文明の礎を築きました。まさにヨーロッパのルーツと言える街です。

高さ70mのアクロポリス（「小高い所にある都市」の意）の丘にそびえるパルテノン神殿は、ペルシャとの戦いの勝利を守護神アテナに感謝して、紀元前480年に建てられました。間口30m・奥行70mのドリス式の神殿で、市内のどこからでも見える街のシンボルです。薄桃色を帯びた46本の大理石柱は、美しく見せるためにわずかに膨らませていて古代ギリシャ建築の最高傑作と言われます。

紀元前４世紀初めのスパルタとのペロポネソス戦争の敗戦を境に、マケドニア、ローマ帝国、ビザンツ帝国、オスマン帝国などに支配され続けたのち、1832年にオスマン帝国からの独立を果たしたギリシャの首都に。1896年には第１回の近代オリンピックの開催地となりました。

もっと知りたい！　古代ギリシャ最大のコリント式神殿のゼウス神殿は2世紀のローマ時代の建造。国立考古学博物館はアガメムノンの黄金のマスクやポセイドン像などを所蔵する世界有数のギリシャ美術の宝庫です。

瀋陽

Shenyang

011

所在地／人口 中華人民共和国 遼寧省／約850万人

清の礎を築いたヌルハチによって建設された瀋陽故宮。

もうひとつの故宮がある清王朝最初の都

故宮というとまず北京が思い浮かびますが、実は東北地方の瀋陽にもれっきとした故宮があります。規模は北京の12分の１ほどと小さいものの、６万㎡の敷地に、東路、中路、西路に分かれ計70棟、300室以上と言いますから、世界２位の規模を誇る王宮である北京の故宮が大きすぎるというだけで、瀋陽も相当なものと言えるでしょう。

瀋陽故宮は、後金(こうきん)を建国した清の太祖ヌルハチが1625年に都を遼陽(りょうよう)から瀋陽に移し、皇宮を建設したもの。盛京と改称したあと、３代世祖順治帝(じゅんじてい)が北京に遷都する1644年まで清の都として栄えました。太祖の時に建てたのが東路で、太政殿は八角形という世界に類のないもの。満、漢、蒙の３民族の融合を図るため蒙古の遊牧用テントのゲル（パオ）を模し、漢族の好む龍の装飾と満族特有のデザインも取り入れています。その左右に５棟ずつ並ぶ十王亭は八の字になっていますが、これは清朝を構成する８旗（部族）を表すもので、満州族の風格を漂わせます。最大の中路は２代太宗ホンタイジによるもので、最も高い３層の鳳凰殿からは市街が一望できます。

330万㎡と広大な昭陵（北稜公園）は38年かけて造られた、すべて大理石というホンタイジ夫妻の陵墓。太祖ヌルハチ夫妻の福陵（東陵公園）とともに瀋陽郊外に位置しています。

もっと知りたい！ 瀋陽は日本統治時代に奉天と呼ばれ、東京駅に似た瀋陽駅から中山路沿いの中山広場、鼓楼、鐘楼付近に日本人が設計した建物が今も多く残ります。中山広場ロータリーに面したホテル遼寧賓館は当時最高級の旧大和ホテル（今は手ごろな値段で泊まれる）で、瀋陽鉄路局は旧満鉄本社、中国医科大学は旧満州医科大学です。

012

ニューヨーク

New York

所在地／人口 アメリカ合衆国 ニューヨーク州／約860万人

マンハッタン区にある繁華街・交差点「タイムズ・スクエア」。ブロードウェイ・ミュージカルが上演される各シアターが点在する文化の中心です。

世界最大級の美術館とNYを襲った悲劇の博物館

マンハッタンの真ん中のセントラルパークの東端には、2万㎡と広大で、ルーブル、エルミタージュと並ぶ世界三大美術館のメトロポリタン美術館があり、300万点以上を収蔵しています。フェルメールの作品は『水さしを持つ女』など5点もあり、ゴッホの『糸杉のある麦畑』やルノワール、モネ、ミケランジェロ、ピカソ、クリムト、セザンヌらの名作が目白押しです。有名な北斎の『富嶽三十六景 神奈川沖波裏』も所蔵されています。エジプト政府から贈られた古代エジプトのテンドゥール神殿も見逃せません。

悲劇の地グランド・ゼロも必訪です。マンハッタン最南端のツインタワーのワールド・トレードセンター跡地に建設された国立9月11日記念館＆博物館は、犠牲者の追悼とテロの脅威を後世に伝えるための施設です。

膨大な数の犠牲者たちの写真と事件当時のニュース映像が流され、直撃を受けて曲がったノースタワーの鉄筋、ビルやアンテナの残骸、ゆがんだ消防車、飛行機の窓枠、犠牲者の遺品などが生々しく展示されています。

北隣のワンワールド・トレードセンターの102階にはNY最高所の展望台（400m）があります。

もっと知りたい！ マンハッタン南端のバッテリーパークからフェリー15分で行ける自由の女神像は台座を入れると93mの高さがあり、王冠部分の展望テラスからは海に浮かぶ摩天楼群の眺めを堪能できます。NYの夜景は上からだけでなく、アメリカ最古の橋のひとつであるブルックリン橋を前景にロウアー・マンハッタンの摩天楼群の明かりが水面に映る様も美しいことで知られます。

ゲント

Gent

所在地／人口 ベルギー王国 オスト・フランドル州／約26万人

レイエ川沿いに三角屋根のギルドハウスが建ち並ぶグラスレイの風景。

運河沿いにギルドハウスが立ち並ぶ街

ゲントは1000年の歴史を持ち、中世には繊維業の中心、運河交通の要衝として発展し、14〜16世紀にはブリュージュと覇を競うほど栄えました。

その最盛期を彷彿とさせるのが、12〜17世紀に建てられた切妻屋根の華麗なギルドハウスが立ち並ぶ旧河港であるレイエ川東岸のグラスレイで、対岸のコーレンレイにも同じようなギルドハウス群があります。今はいずれもホテルやレストラン、カフェなどに姿を変えて残っています。特に、運河に歴史的な建物群が映る夜景が幻想的で、ブリュッセルからの日帰りは禁物です。

このギルドハウス群とゲントの３塔を同時に見渡せる場所がレイエ川に架かる石造りのミヒエル橋。３塔のひとつが13世紀建造のゴシック様式の「聖ニコラス教会」。もうひとつがギルドの自治のシンボルとして13世紀に建てられた城塞のような形の「鐘楼」。高さ91mの頂上にギルドのシンボルの黄金の竜があしらわれ、52組のカリヨン（組み鐘）があり、展望台からは旧市街が一望できます。

残りのひとつが高さ88mの「聖バーフ大聖堂」で、そこにあるファン・エイク兄弟の祭壇画『神秘の子羊』は、初期フランドル芸術の最高傑作と言われています。

もっと知りたい！ 鐘楼横の1425年建造の繊維ホールは毛織物ギルドの会議場。池と堀に囲まれた堅固な石造りのフランドル伯城（12世紀建設）にはギロチンなどが展示されています。

ヴァイマル（ワイマール）

Weimar

所在地／人口 ドイツ連邦共和国 テューリンゲン州／約6.5万人

国民劇場の前には、ヴァイマルの都市景観に大きな影響を与えたゲーテ（左）とシラー（右）の像が立ちます。

古典主義文学が黄金期を迎えた古都

ザクセン・ヴァイマル公国の都ヴァイマルは18世紀後半、アウグスト公に招かれ、宰相を務めたヨハン・ヴォルフガング・フォン・ゲーテ（1749〜1832年）ゆかりの街です。ゲーテと、「世界一美しい図書館」とも言われる図書館に名を遺すアンナ・アマーリア大公妃の呼びかけで、盟友シラーやヘルダー、ニーチェ、リストら多くの文化人・芸術家がヴァイマルに集まり、18世紀末から19世紀初めにかけて古典主義文学の黄金期を築き上げました。

ゲーテが最初に住んだイルム公園内の「庭の家」のあと、亡くなるまでの50年間を過ごしたバロック様式の邸宅は、「ゲーテの家」として博物館となり、『若きウェルテルの悩み』や『イタリア紀行』などを執筆した愛用の机が置かれた書斎・居間・図書室・台所など、すべて壁の色が異なる多くの部屋が保存されています。また寝室には死の間際に「もっと光を！」と叫んで窓辺まで運ばせたひじ掛け椅子が残るなど、ゲーテの貴重な遺品で溢れています。

ゲーテとシラーが並んだ像が立つヴァイマル国民劇場は２人の代表作『ファウスト』『ウィリアム・テル』の初演が上演された劇場で、1919年にヴァイマル憲法を制定した歴史的な場所でもあります。

もっと知りたい！　ヴァイマルには『オルレアンの少女』を著したシラーの家も残ります。シラーの名を遺すシラー・ロッケという日本のクリームパンのようなケーキも、たまねぎケーキとともにヴァイマル名物になりました。

015

マドリード
Madrid

所在地／人口 スペイン王国 マドリード州／約320万人

バルコニーのある4階建ての赤い建物に囲まれているマヨール広場。中央に立つのはフェリペ3世の騎馬像です。

旧市街に世界的美術館、新市街に超高層ビル群

マドリードはイベリア半島の真ん中、荒涼としたメセタ台地に位置する標高650mの欧州で2番目に高い所にある首都です。1561年、フェリペ2世が宮廷をトレドからマドリードに移したことで発展の歴史を歩み始めました。マドリードは市街を東西に貫く大通りグランビーアを境に、石畳の小路に中世のアラブ、ハプスブルク家やブルボン家時代の歴史的建物が散在する旧市街（南側）と、超高層ビルがそびえる新市街（北側）から構成されます。

旧市街中央のソル広場にはスペイン各地への道路元標があり、その西にある122m×94mのマヨール広場は周囲をバルコニーのある4階建ての赤い建物に囲まれています。

新市街のレアル・マドリードの本拠地サンティアゴ・ベルベナウ北には、金融地区アスカにある高さ157mのトーレ・アスカなどの100mを超す超高層ビル群が、さらに北のチャマルティン駅西側のカステジャーナ通り沿いにはさらに高い45階建て250mの「トーレ・カハ・マドリード」など、200m以上の超高層ビル4棟からなるCTBA（クアトロ・トーレス・ビジネス・エリア）や、互いの方向に15度傾いた高さ115mのツインタワー「プエルタ・デ・エウローパ」があり、マドリードのもうひとつの顔になっています。

もっと知りたい！ 旧市街には近現代美術館としては世界最大級のソフィア王妃芸術センターがあり、ピカソの有名な『ゲルニカ』やダリ、ミロの作品が見られます。ルーブル、エルミタージュと並び欧州三大美術館と言われるプラド美術館は歴代王室のコレクション6000点を収蔵。ゴヤの『裸のマハ』『着衣のマハ』をはじめ、ベラスケケスやグレコの作品の大半が見られます。

016

ロトルア
Rotorua

所在地／人口 ニュージーランド ベイ・オブ・プレンディ地方／約6.6万人

ケーブルカーから眺める温泉街ロトルアとロトルア湖。

湖を眺めながら入れる露天風呂がある街

北島のほぼ中央に周囲42kmの大きなロトルア湖があります。その南岸にある活発な火山活動による世界的な大地熱地帯がロトルアです。ラグビー試合前のハカの儀式で有名な先住民族マオリ族の文化の中心で今も数千人のマオリが住み、市内各所でその文化や住居、風俗習慣、民族舞踊が見られます。

硫黄の匂いが立ち込めるロトルア市街には、湖に面した温泉施設ポリネシアスパがあります。26もの温泉プールのうち、至近距離の湖を眺めながら入れる湖面とほぼ同じ高さの露天風呂（水着着用）は、日本の湖畔の露天風呂と同じ感覚で入ることができるため、ヨーロッパの温泉プール式露天風呂とはまるで違う印象を受けます。隣のガバメントガーデンズも湖に突き出た美しい公園で浴後の散策に最適。チューダー様式の元湯治場を利用したロトルア博物館があり、マオリの彫刻などの伝統工芸と火山資料が充実しています。

市街西のワイラウ公園は湧き出る広大な温泉池の中央に遊歩道がつけられ、白い湯気が立ち上るなか、一周20分の湯煙散歩ができる穴場コースとなっています。また市街南端のテ・プイアはさらに活発な地熱地帯で、ポフツ間欠泉が１日20回、30mもの高さに熱湯を噴き上げます。

もっと知りたい！ 本格的な温泉地獄風景を見るには日帰りツアーバスがオススメです。温泉が流れる川の滝壺でワイルドな入浴を楽しみ、ターコイズブルーの温泉湖があるワイマング渓谷、エメラルドグリーンの湯が泡立つシャンパンプールがあるワイオタプ、悪魔の大釜や泥火山があり最も活発な地獄風景が見られるヘルスゲート（地獄の門）などを回ります。

福岡

Fukuoka

017

所在地／人口 **日本 福岡県／約160万人**

長い歴史を有し、今も韓国・釜山への定期船やジェットフォイルが出航する博多港は博多ポートタワーから眼下に一望できます。

市名が福岡なのに駅名が博多なのはなぜ？

日本6番目の大都市で政令市でもある福岡。市名は福岡なのに、駅名や港名だけでなく、どんたく、おくんち、祇園山笠、帯、美人、ラーメン、うどん、明太子など、「博多」が付く言葉が圧倒的に多い背景には、博多の長い歴史があります。

博多は7世紀に那の津として遣隋使や遣唐使が船出した日本最古の港であり、12世紀には平清盛が初の人工港の袖の湊を設けて、宋、明、朝鮮との交易の窓口となりました。中世の商港・自治都市として栄えた商人町なのです。

博多と那珂川を境にして西隣に黒田長政が福岡城の城下町である福岡を造ったのは、400年ほど前とあまり歴史は長くありません。明治22（1889）年の市制施行に伴って両者がひとつの市になることになった際、どちらの地名を市名にするかで紛糾し、議会での投票の結果1票差で「福岡」に決定しました。しかし、歴史も長く、プライドが高い博多が納得しなかったため、駅名は「博多」にすることで決着したのです。

長らく博多の名は福岡の影に隠れることとなりますが、政令市昇格時の区制施行に伴い、旧博多の街の中心街は「博多区」として復活しました。

もっと知りたい！ 博多にある櫛田神社は1300年近い歴史がある博多の総鎮守。祇園山笠、おくんちは当神社の祭事で、どんたくもここから出発します。また箱崎宮は宇佐や石清水と並ぶ日本三大八幡宮のひとつで、本殿は国の重要文化財となっています。

018

クラクフ
Krakow

所在地／人口 ポーランド共和国 マウォポルスカ県／約80万人

双塔で知られるクラクフの聖マリア教会。

奇跡的に戦禍を免れた“ポーランドの京都”

クラクフは、バルト3国からウクライナまで広大な領土を有し、ポーランドの全盛期だったヤギェウオ王朝時代（1368～1572年）の都。「ポーランドの京都」とも言われます。

首都ワルシャワをはじめ、ポーランドの各都市は軒並み、ナチスドイツとソ連軍の侵攻で壊滅的被害を受けましたが、ドイツ軍の司令部が置かれたクラクフは奇跡的に戦禍を免れました。それが評価され、1978年に世界遺産第1号のひとつとなる「クラクフ歴史地区」として登録されました。世界遺産第1号は、世界で12か所、ヨーロッパでは3か所のみで、「保存された街並み」では唯一です。ヨーロッパには戦禍を免れた都市は無数にありますが、フィレンツェやプラハ、パリ、ローマなどを差し置いてのただひとつの登録でした。

旧市街には中央広場を囲むルネサンス様式の織物会館、旧市庁舎、双塔の聖マリア教会のほか、1364年創立というポーランド最古のヤギェウオ（クラクフ）大学があります。

戦いから帰ったポーランドの王は、ヨーロッパでも希少な馬蹄型をした砦バルバカンが守る北門のフロリアンスカ門から旧市街に入城。王道を南下し中央広場を経てヴァヴェル城に戻ったと言われています。

もっと知りたい！ 旧市街南端のウィスワ川に影を映すヴァヴェル城は、歴代ポーランド国王の居城だったゴシック・ルネサンス様式の壮大な城。代々王の戴冠式が行なわれたレンガ造りの大聖堂は14世紀の建立ですが、大聖堂内からジグムント塔に登るとポーランド最大の鐘があり、その中心を左手で触ると、再びここに戻って来られるという伝説が残ります。

019

ブリスベン
Brisbane

所在地／人口 オーストラリア連邦 クィーンズランド州／約230万人

蛇行するブリスベン川とブリスベンの景観。

先住民アボリジニの伝統文化体験ができる

ブリスベン川に囲まれ、Uの字形の半島状になった都心部には、1930年建造のネオクラシック様式のシティホールがあります。

高さ91.5mの時計塔の展望台（76m）へレトロな手動のエレベーターで登ると、眼下にブリスベン川が蛇行する姿とシティの超高層ビル群が一望できます。

クィーンストリートモール内のブリスベン・アーケードは1923年建造の市内最古のアーケードで、その一角の元劇場だったリージェントシアターはそのまま観光案内所＆予約センターとして利用されていて、１世紀前の壁の装飾や天井が美しいことで知られています。

半島の西のブリスベン川対岸サウス・ブリスベンのクィーンズランド博物館にはザトウクジラの実物大の模型や世界最大のゴキブリなどユニークな展示が。隣には1895年開館と歴史あるクィーンズランド美術館と現代美術館としては豪州最大のGOMAがあります。

半島東のブリスベン川対岸にあるカンガルーポイントのリバーライフ・アドベンチャーセンターでは、先住民アボリジニの火起こし儀式から伝統楽器ディジュリドゥの演奏、歌やダンスまで、アボリジニの伝統文化にふれることができます。

もっと知りたい！ 7kmの南にあるローンパイン・コアラ・サンクチュアリは1927年開所という世界最初で最大のコアラ保護区。豪州随一の130頭ものコアラが保護されていて、抱っこすることも可能です。タスマニアデビルやハリモグラ、ウォンバット、ワライカワセミ、エミュー、カモノハシも見られます。

ブラショフ

Brasov

020

所在地／人口 **ルーマニア トランシルヴァニア地方／約29万人**

スファトゥルイ広場の中央に立つ旧市庁舎。現在は歴史博物館となっています。

航空写真のように見える五角形の旧市街

13世紀にドイツの植民者たちによって築かれたブラショフは、西欧とオスマン帝国の交易の要衝として発展しました。

城壁で囲まれたブラショフの旧市街（元ドイツ人居住区）は野球のホームベースのような形の五角形をしており、右バッターの位置がドイツ植民者に追い出されたルーマニア人が住んでいたスケイ地区、キャッチャーの位置がトゥンパ山と考えると位置関係が分かりやすくなります。

旧市街の中心、スファトゥルイ広場の中央に立つのが1420年創建の旧市庁舎で、高さ58mの時計塔がそびえています。旧市庁舎のそばにあって65mの時計・鐘塔を持つ「黒教会」は、ルーマニア最大の後期ゴシック様式の教会で、1689年のハプスブルク帝国軍の攻撃で焼け、外壁が真っ黒になったのでこの名がつきました。

西へスケイ門から城外に出ると、元ルーマニア人居住区で、正教の聖ニコラエ教会などがあります。旧市街南端から急に盛り上がった標高865mのトゥンパ山へはロープウェイで登ることができます。山上からは、ドイツ人が造った街らしく赤茶色の瓦屋根が整然と並ぶ五角形の旧市街がまるで航空写真のように見えてきます。

もっと知りたい！ 近郊のカルパチア山脈の山間にそびえる重厚なブラン城は14世紀建造の古城。ワラキア公ブラド3世はこの城を拠点にオスマン帝国軍と戦い、見せしめのため敵兵を串刺しにしたことから「串刺し公」と恐れられ、民族の英雄になりました。ドラキュラのモデルとも言われています。

ポツダム
Potsdam

所在地／人口 ドイツ連邦共和国 ブランデンブルク州／約18万人

フリードリヒ大王により「憂いなき」という意味が込められたサン・スーシ宮殿。

文武両道のフリードリヒ大王が活躍した宮殿群の街

首都ベルリンから西南28kmにある森と湖、川に囲まれた牧歌的な街ポツダム。日本人にとっては第二次世界大戦における日本への降伏勧告となった、ポツダム宣言が発せられた場所として知られます。また、戦後のドイツ統一以前は西ベルリン（西ドイツ）との国境に架かるクリニッカー橋の上でスパイ交換が行なわれるなど、国際政治の舞台ともなった重要な地でした。

この地ゆかりのフリードリヒ２世（1712〜1786年）は、類まれな軍事・政治的才能でプロイセン王国の強大化に貢献。憧憬するフランス文化への造詣が深く、哲学などの学問や芸術にも明るいという文武両道で、啓蒙専制君主として君臨。「フリードリヒ大王」とも呼ばれました。

1747年にはロココ調のサン・スーシ宮殿を、夏の離宮として建造。天井が金色の植物模様の装飾となった大理石造りの館内や、６段のテラスからなるフランス・バロック式の庭園の美しさで知られます。このテラスを下から見ると、段々がすべて葡萄畑であることがわかります。葡萄畑の中央に宮殿まで上がれる階段が続き、外周の美しく刈り込んだ常緑樹が幾何学的に並ぶシンメトリー地形と噴水とが見事な調和を見せます。規模ではヴェルサイユに劣るものの、美しさは勝るとも劣りません。

もっと知りたい！ 新宮殿は1769年に国力を誇示する目的でヴェルサイユを模して建造した大宮殿。ツェツィーリエン宮殿は1945年4月に米英ソ3国首脳によるポツダム会談が開かれた歴史的な場所で、会議場が保存されています。これらはサン・スーシ宮殿やベルリンのシャルロッテンブルク宮殿などとともに世界遺産に登録されています。

022

シンガポール
Singapore

所在地／人口　シンガポール共和国／約570万人

植物園ガーデンズ・バイ・ザ・ベイからマリーナベイサンズを臨む現代を代表するシンガポールの夜景。

昔はマーライオン、今はマリーナベイサンズ

マレー半島南端の北緯１度17分と、ほぼ赤道直下にある面積720k㎡（ほぼ東京23区と同じ）の都市国家がシンガポール。雨の多い常夏の熱帯雨林気候ですが、世界２位の貿易港を持つ世界６位の金融都市で、ひとり当たりのGDPはアジア１位という経済大国です。

1963年に英国からマレーシアが独立したときはシンガポール州でしたが、２年後にマレーシアから分離独立。これは日本国から経済力のある東京23区が独立したようなものでした。人口の４分の３を占める福建・広東・客家からの中国系移民と、14％のマレー系、９％のインド系などからなる多民族国家です。

また、街並みは緑が多い「ガーデンシティ」として最も住みやすい都市とも言われます。

シンボルのマーライオン像が立つマリーナ地区にはマリーナベイサンズ（世界最大級のカジノがあるホテルなど）がそびえます。高さ200m・57階建ての３つの超高層ビルを屋上で連結したユニーク建築で、空中に浮かぶ船のように見える展望デッキ「サンズスカイパーク」からは眼下に市街と港が広がり、宿泊客は素晴らしい夜景を楽しむことができます。また、そばにある高さ165mのシンガポール・フライヤーはアジア最大級の観覧車として知られています。

もっと知りたい！　西欧人の社交場として1887年に開業したラッフルズホテルと、ドイツ人の社交場だった1927年開業のグッドウッドパークホテルの2つのコロニアルホテルでのランチやハイティーのほか、300種6万株の国立洋ラン園が有名な1859年開園のシンガポール植物園（世界遺産）、夜行性が多い動物の生態が見られるナイトサファリなどもオススメです。

本日のテーマ
海山の自然の中にある風光明媚都市

023

無錫
Wuxi

所在地／人口　中華人民共和国 江蘇省／約650万人

無錫の古い街並みが残る蕩口古鎮（とうこうこちん）の夕景。無錫も水郷風景が見られます。

中国で3番目に大きな太湖の湖畔にある水の都

太湖は面積2250km²・周囲400kmもあって、江西省の鄱陽湖、湖南省の洞庭湖に次いで中国で３番目に大きな淡水湖です。琵琶湖と比べると３倍以上の規模を誇ります。山々に囲まれた湖の西半分は丸く、東半分は出入りの激しい湖岸線で、湖中には無数の島々が浮かんでいます。その風光明媚な太湖の北岸にあるのが無錫で、紀元前13～紀元前６世紀は、三国志の呉の前身、勾呉国の都でした。太湖に面する蠡園の名は、越王勾践の家臣である范蠡が中国四大美女のひとり西施と舟遊びをしたことに由来します。

湖畔沿いに300mも続く回廊は89もの異なる花柄の窓が３ｍおきに続き「千歩長廊百花窓」と絶賛されています。湖に突き出た湖心亭や疑春塔の眺めがいいことでも知られます。

岬の先端にある鼋頭渚は、湖中の島のひとつで、緑に覆われた３つの小さな山があることから三山公園と呼ばれる周囲2.5kmの小島の眺めが素晴らしいことで知られます。特に夕暮れ時に湖面が金色に輝く美しさは絶品です。鼋頭渚から標高95mの小山、鹿頂山に登ると八角３層の楼上から眼下に太湖と三山公園、蠡園、鼋頭渚などの大パノラマが見られます。なお、太湖で採れる穴が多くて複雑な形の太湖石は中国庭園造りには欠かせません。

もっと知りたい！　スズを産出していたので周代には「有錫」と言われていましたが、漢代には掘りつくされ「無錫」になったと言われます。市内の「錫恵公園」は清の乾隆帝が「江南第一山」と讃えた恵山と、かつて錫を産した錫山がある公園です。

リーベ

Ribe

024

所在地／人口 デンマーク王国 エスビャウ市／約8000人（エスビャウ全体で約12万人）

夜警に守られてきた夕暮れのリーベ旧市街。

中世の夜警に出会えるデンマーク最古の街

リーベは８世紀初めのヴァイキング時代に街が造られたというデンマーク最古の市場町で、ユトランド半島西岸に位置します。

現在は合併してエスビャウ市の一部になりましたが、中世には海上交易の要衝となり、大聖堂を中心とする石畳の旧市街は、全盛期である14〜16世紀建造のレンガ造りの建物が500棟以上（うち110軒が文化遺産）ぎっしり立ち並んだ大都市でした。その街並みは当時のまま保存され、市域に入るとそこはまるで中世に迷い込んだかのようです。

ロスキレやヴィボーと並ぶデンマーク三大大聖堂のひとつであるリーベ大聖堂は、1175年建造とデンマーク最古の大聖堂であり、赤レンガ造り、ロマネスク・ゴシック様式の聖母教会で、内陣白壁に描かれたデンマークの代表的画家カールケニング・ペダーセンの斬新な作品で話題になりました。248段、52mの塔に登ると、赤茶の屋根瓦の家々と田園風景が一望できます。

大聖堂前に立つ３つの建物のうち、観光案内所は1590年に建てられた建物。赤レンガ造りの高級ホテル・ダウマーはさらに古く、1581年の完成。木組みに漆喰とレンガ壁を組み合わせた旅籠ヴァイス・ステウは1580年の建造です。

もっと知りたい！ ヴァイス・ステウの前から5月〜9月15日の毎晩22時（6〜8月は20時も）に、黒いコートにカンテラを下げて警棒を持った夜警が街を巡回します。中世の夜警を再現したもので、夜警の歌を歌い、観光ガイドもしながら、街灯に照らされた幻想的なレンガ造りの旧市街を1時間かけて回る様子は夏の風物詩となっています。

トゥルク

Turku

025

所在地／人口 フィンランド共和国 スオミ県／約19万人

トゥルクの夕景。手前の山上に立つのがバルティオブオリ天文台。中央にそびえるのが、大聖堂の塔です。

スウェーデン語の名も持つ600年の古都

バルト海に面したアウラ川河口にあるフィンランド第３の都市です。1812年にロシア領となり、首都はヘルシンキに移りましたが、13世紀からの600年間はフィンランド最古の街であるトゥルクがスウェーデン支配下のフィンランドの首都でした。

今も国民の５％が話すスウェーデン語はフィンランド語と並ぶ同国の公用語です。ムーミンの作者トーベ・ヤンソンもスウェーデン系フィンランド人で、作品はスウェーデン語で書かれています。今でも「オーボ」というスウェーデン語の市名も一般的です。

ストックホルムからのフェリーはアーキペルゴと呼ばれる無数の小島を縫ってトゥルク港に入ります。

スウェーデンが13世紀に堅固な要塞として港そばに丸石を積み重ねて築いたトゥルク城からカフェやレストランが並び古都の風情を残すアウラ川河口沿いに40分ほど歩くと中心街で、市のシンボルである大聖堂の高さ100mの石造り塔がそびえます。700年以上前に建造されたという市最古の建物で、北欧ゴシック様式の教会です。そばには屋内市場（カウパトリ）もあるマーケット広場や、17世紀の建造で現存する最古の邸宅であるの赤い木造の薬局博物館があります。

もっと知りたい！ 1827年の大火を免れた約30の木造民家が野外博物館のルオスタリンマキ工芸博物館になっています。当時のパンが買えるパン屋のほか、鍛冶屋、時計店、郵便局、病院が並び、当時の民俗衣装での生活が見られます。近郊のナーンタリにはムーミンワールドがあり、ムーミン一家の家やムヘルとスニフの住み家、ささやくの森などが再現されています。

カロチャ
Kalocsa

026

所在地／人口 ハンガリー バーチ・キシュクン県／約1.8万人

カロチャの中心にそびえる壮大な大聖堂。

農民の壁画から生まれたカラフルで立体的な刺繍

カロチャは12世紀に最初の都エステルゴムなどとともに大司教座が置かれた４か所のひとつで、小さな街には似つかわしくないカロチャ大聖堂と壮大な司教館が街の中心に立っています。この大聖堂の祭壇の旗を見ると鮮やかな色のカロチャ刺繍で飾られています。

カロチャ刺繍はマチョと並ぶハンガリーの２大刺繍で、150年ほど前に生まれた当時は白のみでした。今では白地やレース地に赤やワインレッド、紫、ピンク、橙、黄、青など、32色もの糸で表面から浮き上がるほど立体的に刺繍されるのが特徴となっています。

バラやマーガレット、オトメギキョウ、スミレ、パプリカなど、草花をモチーフに民族衣装のスカート、ブラウス、エプロン、テーブルクロス、クッションとなんにでも刺繍があしらわれ、ふっくらと丸みのある形にデザインされています。

昔ながらの古民家で農民の暮らしを再現した「民芸の家」には、刺繍が生まれる素地となった花模様の壁画が白壁ぎっしりと描かれ、家具やベッドにも装飾が施されています。カロチャ刺繍の最高級品も展示され、隣には刺繍工房も。民芸芸術（ヴィシュキ・カーロリィ）博物館２階にも刺繍や壁画など、カロチャ民芸とその歴史が展示されます。

もっと知りたい！ カロチャ駅は1990年代、１両だけの支線の終着駅でした。廃止後の今も見学でき、駅舎内の窓枠や壁に帯状にカロチャ刺繍柄の壁画が施され「世界一美しい駅舎」とも言われています。

027

ベルン

Bern

所在地／人口 スイス連邦 ベルン州／約14万人

上から見たベルンの街並み。市街は画面の奥、西方向へと広がっていきました。

メインストリートには昔の城門や泉群が

スイスの首都ベルンの建設は12世紀。アーレ川が大きく蛇行して、西を除く３方を川に囲まれ半島状になった丘陵上に城壁を巡らせ市街が建設されました。

防備に関しては、北・東・南の３方が川によって天然の城壁となっているため、防衛の要となる街の西側の城壁に塔門が築造されました。それが1530年からスイスらしく正確に時を刻む時計塔です。

ところがその後も市街は西に拡張されたため、新たに城壁と城門（牢獄塔）を建設。さらに市街が西に延びた結果、中央駅から東が世界遺産の旧市街となっています。

中央駅南の聖霊教会からアーレ川に架かるニーデック橋まで東西に走る1.2kmの石畳の通りは総延長６kmに及ぶ石造りのアーケードになっています。牢獄塔や時計塔もこの通りに位置しています。

両側の建物にはスイスを構成する26州の州旗がはためき、道路の真ん中には「赤ちゃんを食べる食人鬼」や「正義の女神」などと名が付いた公共の水飲み場だった11もの噴水が残ります。これらは市電も迂回するほどの市民権が与えられ、町のシンボルとして親しまれています。

もっと知りたい！ ニーデック橋を渡った左の高台のバラ公園からは眼下に、ゲーテも激賞した、緑のアーレ川に囲まれた赤瓦の家並みの絵のような旧市街が広がります。ニーデック橋そばの河原には熊公園があり、ベルンの語源となったヒグマが飼われています。

ヴェルサイユ
Versailles

028

所在地／人口 フランス共和国 イブリーヌ県／約8.6万人

ヴェルサイユ宮殿の前に立つ、建設者ルイ14世の像。

「ベルばら」の悲劇の王妃ゆかりの欧州一の大宮殿

ヴェルサイユ宮殿はパリの南西29km、イル・ド・フランスにあって太陽王ルイ14世が50年近くの歳月をかけ、贅の限りを尽くして建てた欧州一壮麗なバロック式大宮殿です。間口400mもある左右対称の外観は壮麗で、578枚の鏡が壁に嵌め込まれた絢爛豪華な「鏡の間」がハイライトとなっています。

37歳の若さで国王ルイ16世と共に処刑された悲劇の王妃マリー・アントワネット（1755〜1793年）の華やかな居室や、王妃と子供たちの肖像画がある「軍神マルスの間」、婚礼の儀が行なわれた王室礼拝堂など、人気漫画『ベルサイユのばら』にも登場する王妃ゆかりの部屋も随所に保存されています。

また、宮殿の西側には、大運河を中心に600もの噴水と池、花壇、彫刻を幾何学模様に配した100haもの大庭園が広がっています。この壮麗な宮殿から離れ、庭園の奥に向かうと、そこには一転して牧歌的な風景が広がります。それが離宮のプティ・トレアノン。英国庭園のなかに藁葺農家や水車小屋がある王妃の村里で、プライバシーがなく、疲れ果てた王妃が唯一くつろげた場所だったと言われます。

もっと知りたい！ ヴェルサイユには駅が3つあり、パリの異なる3駅から電車が出ています。オススメはサンラザール駅から。一番左のホームからヴェルサイユ行きが出ていて、終点なので行き帰りとも乗り過ごす心配がありません。終点のヴェルサイユ・リヴ・ドロワト駅から宮殿までは1.6km、徒歩15分です。

トビリシ

Tbilisi

所在地／人口 ジョージア／約115万人

マルコ・ポーロが絶賛したトビリシの風景。画面左の城壁がナリカラ砦。城壁上には聖ニコラス教会が立ちます。

マルコ・ポーロも絶賛した温泉の湧く街

トビリとは「暖かい」の意で、王が狩りの際に発見した温泉を起源とします。コーカサス山脈南の標高400〜500mの高地にあり、マルコ・ポーロに「絵に描いたように美しい街」と絶賛されました。その光景を実感するには、市街西にそびえる標高727mの市内最高地点のムタツミンダ山にロープウェイで登るのが一番。市街中央を南北に流れるクラ川沿いの旧市街の全景とロシアとの国境にそびえるコーカサス（カフカス）山脈の名峰で雪を頂くカズベク山（5033m）の大パノラマが広がります。

その南のソラロキの丘には右手に剣、左手にワインの杯を持つ高さ20mの銀色をした巨大なジョージアの母の像が立ち、さらに南のナリカラの丘には４世紀のササン朝ペルシャ時代から防備を強化し続けた壮大なナリカラ要塞がそびえます。

旧市街中心の自由広場から北に1.5km続くメインストリートがルスタヴェリ大通りで、旧ジョージア国会議事堂、紀元前3000年の黄金の装飾品やジョージアにキリスト教を伝えた聖ニノの肖像、各地の民族衣装などを展示した国立博物館、内装が豪華な５階建てのトビリシ・オペラ・バレエ劇場、ジョージア国立科学アカデミーなど、首都にふさわしい施設が並びます。

もっと知りたい！ ナリカラ要塞からクラ川対岸（東岸）へもロープウェイがあり、川に面した東岸の崖上に立つ5世紀創建のメテヒ教会からの要塞の眺めは、2010年完成のガラス張りの歩行者専用橋「平和の橋」を前景にした要塞と共に絶好の撮影ポイントとなりました。そばの西岸には6世紀の創建で聖ニノの十字架がある旧市街最大のシオニ聖堂があります。

シドニー

Sydney

所在地／人口 オーストラリア連邦 ニューサウス・ウエールズ州／約530万人

シドニーのシンボル、オペラハウスが映えるシドニー湾の壮大な美観。

リアス式海岸に街が広がる世界三大美港

オーストラリアとオセアニア州最大の都市シドニーは、世界三大美港のひとつに数えられ、世界で最も美しい都市とも言われます。その美観を生み出した要因は、シドニー湾ならではの地形に求めることができます。シドニー市街が内陸に19kmも入り込む世界最大のリアス式の天然の入り江であるポート・ジャクソン湾の両岸に面しているのです。日本でいうと、リアス式海岸で有名な三陸海岸や志摩半島の英虞湾・五ケ所湾に街を建設したようなものです。

シドニー港のふ頭群はそうした地形の中央部にあり、特に湾口のノースヘッドやサウスヘッドから湾を東西に2分するハーバーブリッジにかけてが美しく、両岸はシドニーハーバー国立公園になっています。湾の両岸を結ぶ長さ503mのハーバーブリッジの南詰にはシドニーのシンボルであるオペラハウスと、湾内各地を結ぶまるでバスのような路線網を持つフェリーの発着港サーキュラーキーがあります。高架電車や路線バスも集まる交通の中心で、シティの超高層ビル街もここから始まるシドニーの心臓部です。

フェリーは、リアス式海岸に立ち並ぶ小船のある家などを眺めながら、湾最奥のパラマタまで運航。フェリーを利用してのんびり通勤する市民も少なくありません。

もっと知りたい！ 北郊外のフェリーでしか行けない国立公園の水辺に立つピットウォーター・ユースホステルは家族連れの市民に人気の宿。桟橋から宿への道ではワラビーに出くわしたり、宿のベランダにはオウムやワライカワセミが餌を食べにやって来たりします。夜は天井の裏を何者かが駆け回ったりと野生の動物とも触れ合えるのが大都会シドニーの魅力です。

031

ブラチスラヴァ

Bratislava

所在地／人口 スロバキア共和国／約42万人

ブラチスラヴァのクリスマスマーケット。右奥に見えるのはブラチスラヴァ城です。

ドナウ河畔の元ハンガリー王国の都

中東欧を流れるヨーロッパ一の大河ドナウの左岸（北岸）に旧市街が広がるブラチスラヴァは、まさしくドナウの街と言えます。

街と右岸を結ぶ斜張橋であるSNP橋の高さ90mの主塔搭上には円盤状のレストラン＆スカイウォーク展望台があり、眼下のドナウの流れと旧市街の眺めが素晴らしく、スロバキアの首都の立地を理解するにはまずここに登るのがオススメです。

オスマン帝国によりハンガリー王国の首都ブダが陥落すると、首都は当時ポジョニと呼ばれたブラチスラヴァに移され、1536年〜1783年まで250年にわたりハンガリーの都としての役割を担いました。

左岸の旧市街を歩くと、かつては城壁の一部だった高さ85mの尖塔がそびえる聖マルティン教会があります。ハンガリーの首都だった時代、代々ハンガリー国王の戴冠式が行なわれた場所です。ドナウを見下ろす丘の上に立つブラチスラヴァ城は、４隅に塔が立つ10世紀からの壮大な城塞で、オーストリア・ハンガリー二重帝国時代にマリア・テレジアが居城としていました。ここではハンガリー王の王冠（レプリカ）を見ることができます。

もっと知りたい！ 中央駅から旧市街に向かうと、旧市街入口にそびえる高さ51mのミハエル門に出ます。唯一残る城門で、くぐると赤いザリガニ印の14世紀創業の薬局（現・薬学博物館）があります。また、旧市街中央のフラヴネ広場には、バロック様式の旧市庁舎やオーストリア皇帝フランツ１世がナポレオンとアウステルリッツの戦い後の和平条約に調印をした鏡の間がある大司教館があります。

ヴェリコ・タルノヴォ

Velico Turnovo

032

所在地／人口 ブルガリア共和国 ヴェリコ・タルノヴォ州／約10万人

蛇行するヤントラ川の周囲に広がるヴェリコ・タルノヴォの街並み。

階段状の家並みが川面に映る全盛期の都

ヴェリコ・タルノヴォは、ブルガリア北東部にある同国最古の街のひとつ。元大関、琴欧州(ことおうしゅう)の故郷としても知られます。バルカン山脈の山間を流れるヤントラ川が３度も大きく蛇行し、半島状の３つの丘をなす立体的な地形に広がる街で、河岸の険しい断崖に赤い屋根＆白壁の民家が階段状に何層も重なる風景はほかでは見られず、家並みが川面に映る光景はまさに絶景です。

旧市街には市最古（12世紀）の聖デメトリウス教会や民族復興期様式の建築群である多くの教会、金銀細工や木彫り、革製品、陶器などの小工房がひしめく石畳の職人街などが残ります。

ヴェリコ・タルノヴォは、1185～1396年の第２次ブルガリア王国の都で、一時は「第３のローマ」と称され、バルカン半島の大半を支配した王国の全盛期に栄えた街でした。

ツアレヴェツの丘は第２次ブルガリア王国時代の城砦跡。川に３方を囲まれた天然の要塞で、さらに堅固な城壁や櫓をめぐらせ、多くの王族貴族の館や教会、修道院群が立ち並んでいましたが、オスマン帝国の前に陥落し、その後、約500年もの間、オスマン帝国の支配下に入りました。現在の丘は城壁などが残るのみとなっています。ロシアによって解放された直後の1878年に首都に戻りましたが、すぐにソフィアに遷都され、その役割を終えました。

もっと知りたい！ 4km郊外の高台にあり、眼下のヴェリコ・タルノヴォ市街の眺めがいいアルナバシには、オスマン帝国時代の多くの邸宅や教会が残ります。オスマン総督の親類の館だったコンスタンツアリエフ家はオスマン式インテリアや家具調度が素晴らしく、フレスコ画が見事な生誕教会やオスマン時代に唯一破壊を免れた聖ニコラス修道院も見ものです。

ピサ
Pisa

033

所在地／人口 イタリア共和国 トスカーナ州／約9万人

ピサの斜塔がそびえるドゥオモ広場。完成以後も傾きが止まらなかった斜塔は、20世紀になってからの措置で倒壊を免れることができました。

斜塔だけではないピサ共和国全盛期の建造物群

ピサは古代ローマからローマ海軍の基地として栄えましたが、最盛期の11〜13世紀には、ピサ共和国として地中海最強の海軍を擁し、アマルフィ、ジェノヴァ、ヴェネツィア各共和国とともに四大海運国家となりました。有名なピサの斜塔もこの時代の栄光の歴史のシンボルです。

中央駅を背に正面のコルソ・イタリアを北上すると、10分でアルノ川に架かるメッツオ橋に。川沿いにはフィレンツェを彷彿とさせる、高さが統一されたルネサンス時代の美しい家並みが連なります。西北に5分のところにはカヴァリエーリ（騎士団）広場が。ライバルのジェノヴァに敗れて衰退したあと、16世紀に第2の黄金期が訪れますが、ルネサンスの巨匠ヴァザーリが設計したカヴァリエーリ宮殿や時計宮などのルネサンス建築群が広場を囲んでいます。さらに5分で斜塔に到着。斜塔は高さ55.9m、8層の鐘楼で、1173年の工事当初から傾いたため建設を中断、約200年かけて傾きを修正しつつ工事を行ない完成に至りました。らせん階段で塔上に登れますが、4度傾いているので平行感覚がおかしくなります。

真南に10分でソルフェリーノ橋。河沿いの南岸に白亜の尖塔群がそびえるロマネスク＆ゴシックのサンタ・マリア・デッラ・スピナ教会が目の前にあります。

もっと知りたい！ ピサの斜塔はもし傾かなかったならば、単なる大聖堂の付属鐘楼です。メインは1272年完成の100m×30mの十字架型をした大聖堂で外観&内部とも必見です。西には白大理石円筒形の洗礼堂が立ち、毎時0分と30分に行なわれる音響パフォーマンスは必聴です。北には、回廊の壁の「死の凱旋」などのフレスコ画が見逃せない納骨堂と、4つの建造物が並んでいます。

ペナン
Pinang

034

所在地／人口 マレーシア ペナン州／約72万人

ペナンの夜景。旧市街西側に立つ高さ232m・65階建ての円形ビル、コムターにある58階の展望台からはペナン旧市街が一望できます。

白亜の建造物群と四大宗教寺院群

18世紀後半にペナンを植民地にした英国は、1786年にまず海岸べりに強固なコーンウォーリス砦を築きました。今も城壁とマラッカ海峡に砲身を向けた大砲が残っています。次に英国国教会で、1818年に大理石の床と白い尖塔、円柱が特徴であるマドラス様式のセントジョージ教会を建立。1883年には白亜のエドワード朝バロック様式のシティホール（現市議会）を建造するなど、イギリス風の街並みをペナンに作り上げていきました。1885年には白亜の英国コロニアル様式で格子窓が美しいイースタン＆オリエンタルホテルが営業を開始。今でも植民地時代から続く高級ホテルとして存続し、コロニアルムードの中で味わえるアフターヌンティーも人気です。1897年には砦前に高さ18mのヴィクトリア時計台が造られました。

これら植民地時代の白亜の建造物群だけでなく、中心街のマスジット・カピタル・クリン通りには19世紀初め創建のペナン初の中国寺院の観音寺、1833年建造のインド・ヒンドゥ教のスリ・マハ・マリアマン寺院、1801年に南インドのイスラム教徒が建てたカピタン・クリンモスクが立ち並び、キリスト教だけでなく、仏教、ヒンドゥ教、イスラム教が混在する多宗教の街になっています。

もっと知りたい！ ペナン島中央の標高830mのペナンヒルは暑さを避けた西洋人が居住した高原。ケーブルカーで頂上に登れ、ペナン市街だけでなく、本土とつながるペナンブリッジと対岸までの大パノラマが広がる「ペナン版ヴィクトリアピーク」です。

リマ
Lima

035

所在地／人口 ペルー共和国／約1050万人

大統領府、大聖堂、市庁舎など、リマの主要公共施設が立ち並ぶマヨール広場。

征服者が築いたスペインの南米植民地経営の拠点

ペルーほぼ中央、太平洋に面した海岸砂漠チャラのリマック川南岸にあるリマは、ペルーの首都で南米屈指の大都市です。緯度がアマゾンと大差ない熱帯地域にあるのに、沖を流れるペルー寒流の影響で涼しく、砂漠ゆえにほとんど雨が降らない特異な気候下に置かれています。

スペインのコンキスタドール（征服者）のフランシスコ・ピサロ（1470〜1541年）は、1533年にインカ帝国を征服すると、内陸の首都クスコでなく、本国との海運の便がいい太平洋岸のリマにスペイン領南米全体を支配するための拠点を建設。メキシコ・中米・カリブ海とアメリカ西部のスペイン領ヌエバ・エスパーニャ副王領の都メキシコシティの南米版としました。

旧市街（セントロ）の中心マヨール（旧アルマス）広場中央には、ピサロの邸宅跡に建てられた大統領府があり、毎日衛兵交代が行なわれます。

広場の一角に立つペルー最古のカテドラルは、ピサロが礎石を置いたとされ、完成を待たずに暗殺されたピサロの棺が安置されています。また、近くのサンフランシスコ教会・修道院は100年かけて1625年に完成したアンダルシア・バロック建築の傑作で、本国の教会を凌ぐほどの内装の素晴らしさで知られています。

もっと知りたい！ マヨール広場周辺にはほかにサント・ドミンゴ教会・修道院やラ・メルセー教会など16世紀建造の教会が多く残ります。また新市街にある天野プレコロンビアン織物博物館には、アンデス文明の研究者、天野芳太郎が収集したインカやプレインカの織物や土器の貴重なコレクションが所蔵されます。チャンカイ文化（11〜13世紀）の可愛い土器「クチミルコ」は必見です。

バクー
Baki

036

所在地／人口 アゼルバイジャン共和国／約220万人

ライトアップされたフレームタワーズ。近年のバクーはオイルマネーにより大発展を遂げています。

カスピ海に面したオイルマネーで繁栄する首都

世界最大の湖（塩水湖）カスピ海の西岸に噴出するバクー油田は、20世紀初めには世界の原油生産量の半分を占め、今もアゼルバイジャン（「火の国」の意）は世界有数の原油産出国です。その首都バクーは、「第２のドバイ」とも言われるようにオイルマネーで繁栄しています。

その象徴が350億円かけて造った油田の炎を彷彿とさせる曲線美の３つの超高層ビルからなるフレームタワーズで、夜は１万枚のLEDパネルがライトアップされます。

ヘイダル・アリエスセンターは、日本の新国立競技場のコンペで当選（のちに白紙撤回）したイラク出身の故ザハ女史による設計。複雑な曲線使いを駆使した造形美のカルチャーセンターで、見る角度によって全く異なる形になる不思議な建築物です。オイルマネーがなければ、ザハ女史はまたしても「アンビルド（建たず）の女王」と言われたかもしれません。

カスピ海沿いに弧を描く緑の散歩道、海岸公園の西にかつては２重の城壁で囲まれていた旧市街があります。今はイチェリ・シェヘルと呼ばれる12世紀の内壁の一部と北入口の石造りで堂々たる門構えのシェマハ門が残るのみです。旧市街中央のシルヴァンシャー宮殿は14〜15世紀の領主の宮殿で、謁見の間、モスク、霊廟、ハマム（浴場）などが残ります。

もっと知りたい！ 旧市街の宮殿東にある高さ30m・厚さ4〜5mある石造りの「乙女の望楼」は、らせん階段で屋上に登れ、カスピ海が一望できます。望まない結婚に悩んだ王女が塔の上から身を投げたのが名の由来です。絨毯を折りたたんだような外観の絨毯博物館は、独特の模様と手触りが抜群で耐久性が高いことから無形文化遺産に登録されたアゼルバイジャン各地の絨毯の宝庫です。

昆明（こんめい）

Kunming

037

所在地／人口 中華人民共和国 雲南省／約600万人

昆明市中心部にある金馬碧鶏坊。

多くの少数民族が暮らす自然相豊かな都市

昆明は雲貴高原中部の標高1891mにある高原都市。夏は平均20度と涼しく、冬は８度以上と暖かい気候から、年中花と緑が絶えず、春のような気候から「春城」と呼ばれます。

少数民族が多い雲南省の環境に漏れず昆明市域も同様に、25もの民族が住んでいて、色鮮やかな民族衣装で街を歩いている姿をよく目にします。

全25民族に会えるのが滇池（てんち）（別名「昆明湖」）の東北岸にある雲南民族村。雲南省に住むナシ族やワ族、ジノー族、イ族、ラク族、リス族、怒族、水族など、25の少数民族ごとに村が造られ、タイ族の仏塔やペー（白）族の大理三塔寺などの住居や民具、生活習慣、歌舞などを、民族衣装をまとった民族スタッフが紹介するテーマパークになっています。

長さ40km・幅８kmの広大な滇池は透明な美しい湖で杭州における西湖のような存在。湖の西側は西山連山がそそり立つ断崖となっていて、1333段の石段を登り切った絶壁に、石門の「龍門」が立っています。

湖面から300m以上もある垂直断崖にあり、スリルを味わいながら、テラスの石柵に寄りかかって見下ろす滇池の青い広がりは雄大無比。昆明きっての絶景です。

もっと知りたい！ 昆明の西40kmの安寧温泉は「天下第一湯」と称される雲南一の名湯。45度のなめらかな湯で、温泉好きは必訪です。昆明を訪れた観光客が日帰りツアーで必ず訪れるのが東南126kmにあるカルスト台地に林立する高さ30mの灰色の石柱群の「石林」（世界遺産）。民族衣装姿のサニ族の女性が案内してくれます。

オールボー
Aalborg

038

所在地／人口 デンマーク王国 北ユトランド地方／約12万人

レンガ造り5階建ての北欧最大のルネサンス様式の民家「イエンス・バング邸」。

ヴァイキング時代の巨石墓所が残る港町

オールボーは、ユトランド半島北部のリムフィヨルドに面したデンマーク第４の都市です。フィヨルドに面した地形から９～11世紀にはヴァイキングの拠点となり、中世には重要な港街となりました。

街とは反対の北岸の小高いリンホルム丘陵には、９～11世紀のヴァイキング時代の巨石がヴァイキング船の形のほか、三角形や楕円形に並べられています。その数は700近くに及び、北欧最大級の埋葬場と考えられています。鉄器時代の６世紀の墓地もあり、古い歴史を物語ります。

南岸の石畳の旧市街には15～17世紀のオールボー全盛期の建物が300m四方の狭い一角に集中しています。オールボー城はクリスチャン３世が北ユトランド統治のために1539年に建てたものですが、白壁木組みの城とは思えない優雅な建物で、堀と地下道、牢獄などが残ります。

1624年に豪商が建てたイエンス・バング邸（現薬局）はレンガ造り５階建ての北欧最大のルネサンス様式の民家で、上の階ほど窓が小さくなる造り。地下のデュースワインケラーはクリスチャン４世が貴族と集まったところで、ジャガイモから作られる蒸留酒で40度以上あるアクアビット（ラテン語で「命の水」）が味わえます。

もっと知りたい！ ニシン、カキ、キャビアの産地でもあるオールボー旧市街にはほかにも多くの見どころがあります。まぶしいほど白い白壁のブドルフィ教会は最古の部分は1100年代の建造と言われ、オールボーのランドマークで鐘楼の48のカリヨン（組み鐘）が毎時鳴り響きます。

トロンハイム

Trondheim

039

所在地／人口 ノルウェー王国 ソール・トロンデラーク県／約17万人

オーロラに照らされるトロンハイム市街。

ヴァイキング王が築いたノルウェー最初の都

オスロの北500km、ノルウェー海に臨むノルウェー第３の商工都市がトロンハイム。ヴァイキング王のオーラヴ１世がトロンハイムフィヨルドに面したニード川河口にニーダロス（「ニード川河口」の意）として建設され、997年にノルウェー王国最初の首都となって、繁栄を迎えました。

次のオーラヴ２世はキリスト教に改宗した王であり、1030年に殉教（戦死）しましたが、１年後に改葬のため墓を掘り返したところ、髪と髭が伸びていたという奇跡を起こし、のちに聖人に列されています。

1070年には、このオーラヴ２世を祀るロマネスク＆ゴシック様式のニーダロス大聖堂が建立されました。尖塔がそびえたつ幅50m・奥行101mという北欧最大級の石造り建築で、正面のキリストと聖人像54体が３層になってずらりと並ぶ様子は壮観。展望台にも172段のらせん階段で登ることができます。

1217年のベルゲンへの遷都後も、ノルウェーの大司教座所在地として北欧最大の巡礼地として賑わい、トロンハイムと名が変わったあともニーダロス大聖堂で歴代国王の戴冠式が行なわれるなど、聖地としてノルウェーの人々にとって特別な存在であり続けました。

もっと知りたい！ ニード（ニデルヴァ）川に架かる1861年建造のガムレ橋は家の形をした赤茶色の市最古の橋で、以前は跳ね橋でした。橋上から河岸にズラリと立ち並ぶ赤・白・オレンジ・茶・モスグリーンとカラフルな中世〜18世紀の商人たちの木造倉庫群の眺めが人気です。

大阪
Osaka

040

所在地／人口 日本 大阪府／約275万人

復元された大阪城と、高層ビルが林立する大阪の街。

周遊パスがお得な八百八橋の水の都

人口では東京や横浜に次ぐ日本第3の都市ですが、西日本最大の人口をもつ西日本の中心です。かつては難波宮が置かれて日本の首都だった時代もあり、大阪城のすぐ南の広大な敷地から大極殿跡などが発見されています。大阪歴史博物館には原寸大の大極殿が復元されていて、直径70㎝の円柱が立ち並ぶ姿は壮観です。大正～昭和初期の心斎橋や道頓堀の街角も再現。中世～近世の天下の台所時代の街並みが模型で表現され、8世紀からの歴史が一目でわかります。

大阪の絶対的なシンボル大阪城は空襲などにより多くが焼失してしまいましたが、大手門のほか大阪城に現存する唯一の枡形（ますがた）の多門櫓（たもんやぐら）、城内最古の乾櫓（いぬいやぐら）、千貫櫓（せんがんやぐら）、なまこ壁の金蔵、石造りの煙硝蔵（えんしょうやぐら）など、江戸時代建設の13棟すべてが国指定の重要文化財。大阪城公園の外濠・内濠沿いに咲く桜の海は「日本さくらの名所100選」のひとつで、特に大阪の開花宣言の標準木がある西の丸庭園に咲くソメイヨシノが見事です。大阪歴史博物館、大阪城とも大阪周遊パスで入場できます。水の都大阪の都心部を流れる大川はパリのセーヌ河を彷彿とさせる広々とした流れで、市公会堂や中之島図書館などレトロな建物が立ち並ぶ中洲の中之島があるところまで、どこかシテ島を彷彿とさせます。

もっと知りたい！ 梅田スカイビル空中展望台（173m）は、英国タイム誌によって「世界を代表する20の建物」に選出されています。大阪港そばの大阪府咲州庁舎展望台（252m・55階）と共にこちらも大阪周遊パスで登れます。

キト
Quito

041

所在地／人口 エクアドル共和国 ピチンチャ州／約200万人

キリスト教建築が点在するキトの眺め。中央にそびえるのがパネシージョの丘です。

世界遺産第1号となった赤道直下の純白の街

キトはインカ帝国末期には南のクスコに対し北半分の首都として機能していました。

そのキトにピサロ率いるスペイン軍が侵攻。1533年、インカ帝国は滅びます。翌1534年、スペインはインカの石の土台跡に、碁盤目状のコロニアルな街並みを建設。住民を強制的にキリスト教に改宗させ、キトにイエズス会やドミニコ会の教会・修道院を次々に建てていきました。

今では石畳の階段が続く急な坂道には白壁＆赤い屋根の建物が軒を連ねる旧市街があり、旧市街（セントロ）には30もの教会・修道院群がひしめきあっています。

植民地時代の街並みと教会群をこれほど大規模に、しかも完全に保存している街は例がないことから、キトは世界遺産第１号の12か所のひとつに選ばれました。街で選ばれたのは旧世界（ヨーロッパ）からクラクフ、新世界からキトの各１か所というわけです。

1535年から70年かけて建造したサンフランシスコ教会修道院付属教会は南米最古のカトリック教会で、南米の他地域の教会造りの基準になりました。1766年完成のラ・コンパニーア聖堂はファサードのらせん状円柱と聖人彫刻の優美さからバロック建築の傑作とされ、7tもの金箔をふんだんに使用していることから「黄金教会」の名がつけられています。

もっと知りたい！ 国名のエクアドルとはスペイン語で「赤道」のことですが、その赤道直下にあたるのが首都のキトで、郊外に赤道記念碑が立っています。5000m級のアンデスの山々に囲まれた標高2850mの高地にあるので、気候は常春で快適。旧市街を一望するには高台にあるバジリカ教会のタワーバルコニー、もしくは高さ180mの丸い丘パネシージョの丘が最適です。

ライプツィヒ
Leipzig

042

所在地／人口 ドイツ連邦共和国 ザクセン州／約60万人

バッハが演奏を行なったライプツィヒの聖トーマス教会。

バッハやメンデルスゾーンら大音楽家ゆかりの街

旧東ドイツでベルリンに次ぐ第2の都市だったライプツィヒは、ザクセン州最大の街。ヨハン・セバスチャン・バッハ（1685～1750年）が、街の象徴である聖トーマス教会のパイプオルガンで多くのカンタータを弾き、1212年結成のトーマス教会少年合唱団を率いて『ヨハネ受難曲』や『マタイ受難曲』を初演したことで知られ、バッハ自身も堂内に眠っています。1557年建造のルネサンス様式の旧市庁舎にはバッハの肖像画があり、バッハの楽譜や愛用の楽器などを展示したバッハ博物館もあるなど、まさにバッハづくしです。世紀が変わるとメンデルスゾーン（1809～1847年）、ワーグナー（1813～1883年）、シューマン（1819～1896年）らも活躍した音楽の街です。メンデルスゾーンは1743年発足の世界最古の民間オーケストラのゲヴァントハウス管弦楽団の指揮をとっています。また、1409年創立のライプツィヒ大学は文豪ゲーテやニーチェを輩出。日本の文豪・森鷗外が留学したことでも知られています。

1650年には世界最初の日刊紙が発行された印刷・出版の街としても知られ、さらには1895年に最初の見本市（メッセ）が開催された見本市の街としても有名。今もフランクフルトと並ぶ2大メッセ都市となっています。

もっと知りたい！ 1525年創業の「アウエル・バッハ・ケラー」は、大学時代ゲーテがよく通った居酒屋で作品『ファウスト』のなかにも登場します。ゲーテの間や500人収容の地下の大レストランがあります。

キエフ

Kiev

043

所在地／人口 ウクライナ キエフ特別市／約300万人

ドニエプル川沿いに立つペチュルスカヤ大修道院から見たキエフの町。

ドニエプル川西岸の丘に広がる“ウクライナのパリ”

キエフは1500年の歴史を持ち、10世紀にはキエフ・ルーシ公国の首都となった東スラブ最古の都市。「ロシアの都市の母」とも呼ばれ、キリスト教聖地のひとつともされます。

起伏に富む街で、大河ドニエプル川中流の西岸を見下ろす小高い丘の上に旧市街が広がり、東岸の新市街は低地にあります。地下105mを走る地下鉄路線もあるなど地下も高低差が激しいのです。旧市街のヨーロッパ広場から市の中心の独立広場を経てベラサビア広場までの約1.2kmのフレシカーティク通りが市のメインストリートです。国民が敬愛する詩人シェフチェンコが愛し、ドイツの詩人リルケが絶賛したマロニエ並木が美しい通りで、市議会や中央郵便局、ホテル、デパート、ブティックなどが並び、キエフが「ウクライナのパリ」と呼ばれる所以です。

ドニエプル川を見下ろす高さ100mのウラジミールの丘の北の聖アンドレイ教会は、水色と白のツートンカラーの最も美しい正教会と言われています。その南に1037年建造のキエフ最古の聖ソフィア大聖堂（世界遺産）があり、聖母マリア像や11世紀のフレスコ壁画、モザイクのいずれも必見です。さらに南には市の門として11世紀に建てられた「黄金の門」が立ちます。当時はドームが金色に塗られていたのでこの名がついています。

もっと知りたい！ ドニエプル川沿いの7kmの城壁に囲まれた緑の中に、1051年から100近い建物が建造されたのがペチュルスカヤ大修道院（世界遺産）です。主聖堂のウスペンスキー寺院や高さ100mの金色のドームがそびえる大鐘楼、修道僧100体以上のミイラが安置された地下墓地などがあります。

レイキャビク

Reykjavic

044

所在地／人口 アイスランド共和国／約12万人

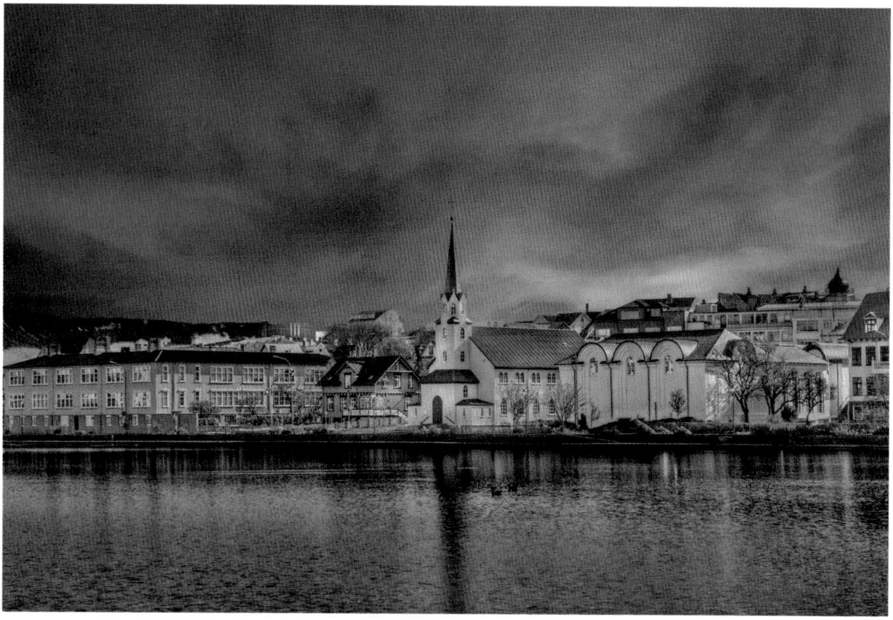

チョルトニン湖に面したレイキャビクの街。

暖房や給湯も地熱で賄う健康都市

レイキャビクは北極圏に近い北緯64度８分に位置する世界最北の首都です。

夏は14〜17度と日向を探して歩きたくなるほどの肌寒さですが、冬は暖流のおかげで氷点下程度と緯度のわりには暖かく、９〜４月にはオーロラも観ることができます。

レイキャビクの名は、「煙たなびく湾」の意で、最初のヴァイキング植民者が温泉の湯けむりを見て命名したものとされます。

アイスランド西南部の大西洋に臨む台地状の港町でありながら、世界有数の温泉都市で、温泉の地熱を利用して全市に給湯・暖房提供しているため、空気は新鮮で、「世界一健康な都市」とも言われます。

市の南郊の巨大な円筒が並ぶペルトランは、地熱発電所から送られた温水を貯蔵するドーム状の施設で、デッキから市街が一望できます。展望レストランもあり、夜景が楽しめます。

また、シャトルバスで40分の近郊には一度に１万人は入れそうな世界最大級の露天風呂、「ブルーラグーン」があり、手前は弧を描く美しい砂浜になっています。美しいライトブルーの湯で深さは50㎝以下と浅く、平均37度とぬるく長湯できます。

もっと知りたい！ 市の中心に広がる噴水と野鳥が名物のチョルトニン湖の周囲に簡素な首相官邸や国会議事堂、市庁舎、国立博物館、アイスランド大学、国立美術館などが並びます。その東の丘の上に立つ、ロケットのような形をした高さ74.5mのハットグリムス教会の塔上からは眼下に市街と港、遠くには雪を頂く山々から大西洋までを一望することができます。

アンマン
Amman

045

所在地／人口 ヨルダン・ハシミテ王国 アンマン県／約370万人

3000人収容のヨルダン最大の「ブルーモスク」ことキング・アブドッラーモスクとアンマンの街。

9000年の歴史を持つ7つの丘の街

紀元前後にヘブライ語で「ラバト・アンモーン」、ギリシャ語で「フィラデルフィア」と呼ばれた「ヨルダン・ハシミテ王国」の首都アンマンは、ローマと似た７つの丘が広がる標高800mほどの高原都市です。近年はパレスチナ、シリア、レバノン、イラクなど、近隣国から難民が押し寄せ、図らずも中東屈指の大都市になっています。結果、７つの丘は市街拡張で19にも増えています。

７つの丘のひとつに３方を崖で囲まれたアンマン城塞があります。新石器時代の9000年前には人が定住していたという世界で最も古い土地のひとつとされ、この城塞を訪れると、ローマ帝国からビザンツ帝国、イスラムのウマイヤ朝と続く興亡の歴史とその遺跡に触れることができます。またこの城塞からは東側の眼下にスーク（市場）や市最古のアル・フセインモスク、6000人収容の円形ローマ劇場がある旧市街（バラドゥ）を一望することができます。

ヘラクレス神殿はローマ時代の２世紀建造のギリシャ様式の神殿、コリント式円柱のビザンチン教会は５～６世紀建造の東ローマ帝国時代とされるもので、どちらも円柱が７本残ります。また、８世紀に建てられたビザンチン様式のウマイヤ宮殿跡には巨大な貯水槽が残ります。

もっと知りたい！ ヨルダンは面積9.2万km²（北海道＋四国よりひと回り小さい）、人口約1000万人の国。アンマンではほかに、市内で最も高い丘に立つモスクで、北コーカサスのチェスケス人が建てた黒と白のチェックのアブ・ダルウイーシュモスク、死海文書が見られるヨルダン博物館も必見です。

洛陽
Luoyang

046

所在地／人口　中華人民共和国 河南省／約700万人

新旧の建物が混然一体の体をなす洛陽の夜景。

京都の「洛」の由来となった九朝古都

中原と呼ばれる黄河中下流の支流、洛河北岸にある古都・洛陽。川の場合、日が当たる北岸が「陽」なので洛陽の名がつけられたと考えられます。東周、後漢、曹魏、西晋、北魏、隋、後唐など9朝の都となったことから「九朝古都」と呼ばれ、「東都」と呼ばれた唐代に最盛期を迎えました。経済、学問、芸術の中心として、李白、杜甫、白居易（白楽天）らが活躍。「洛陽の紙価を高める」の言葉を残すほどの繁栄を極めました。「京都に上洛する」や地名の洛中・洛外も洛陽の「洛」に由来します。

中心街の王城公園は最初の都、東周の都跡ですが、以降の遺跡は南13kmにある北魏時代の世界遺産、龍門石窟を除いてほとんど見られません。市街東部にある土壁の旧城（旧市街）も元代のものです。唯一の例外が市街の東12kmにある白馬寺で、後漢から北魏までの洛陽城（街）が築かれた漢魏古城の西端にある、後漢の68年建立の仏教伝来後中国初の寺院で、「祖庭」と呼ばれます。大鉄鐘は数十kmまで響き渡り、「馬寺鐘声」として洛陽八景に数えられます。

龍門への途中にある関林は三国志の英雄である関羽の首塚。呉の孫権から首を届けられた魏の曹操は、「義を重んじ、武勇に秀でた」義士としてこの地に丁重に葬ったと伝わります。

もっと知りたい！　洛陽は世界一とも言われる牡丹の名所で、白居易も詩に「花が咲き、落ちるまでの20日間は城内の人々は皆気も狂わんばかりの大騒ぎである」と詠んでいます。4月15〜25日の牡丹花会では、赤、白、紫、桃黄など150種余の牡丹が王城公園や白馬寺など各所で咲き乱れ、多くの見物客で賑わいます。

オロモウツ

Olomouc

047

所在地／人口 **チェコ共和国 オロモウツ州／約10万人**

ホルニー広場にそびえるバロック様式の三位一体柱。金箔が施された煌びやかな造りとなっています。

世界遺産の三位一体柱があるバロックの都

北モラヴィアの中心都市・オロモウツは、12世紀末～17世紀中頃、モラヴィア辺境伯領の都として、1642年にブルノに遷都されるまでボヘミアとともにチェコを構成するモラヴィア全体の中心都市でした。広場にバロック噴水が多く、「バロックのオロモウツ」と言われるほどバロック建築が印象的ですが、旧市街にはロマネスクからゴシック、ルネサンス、バロック、ロココと各様式の建物が立ち並びます。文化財の数はプラハに次いで多く、旧市街全体が保存地域になっています。

三十年戦争でスウェーデンに占領され、都も移って荒廃した18世紀中頃、旧市街中心のホルニー広場中央に38年かけて造られたのが、高さ35mという中欧最大のバロック建築である三位一体柱で、その下には50余りの聖人像やレリーフがあり、最下層はチャペルになっています。落成式典にはマリア・テレジア夫妻も臨席しました。三位一体柱だけで世界遺産になるのは異例で、他に類のない価値ある三位一体柱と言えます。

広場に面した15世紀建造の市庁舎には、労働者などを描いた珍しい天文時計が。戦災後の修理時が社会主義時代だったからで、民主化後に作り直す計画もありましたがそのままです。

もっと知りたい！ 少し離れた15世紀建立の聖モジツ教会には中欧最大のパイプオルガンがあります。高さ46mの塔にも登れ、塔上からの旧市街の眺めがオススメです。旧市街東の聖ヴァーツラフ教会は12世紀初め創建のオロモウツ最古の教会。尖塔は高さ100.7mとチェコで2番目に高く、特産のドヴァルーシュキチーズは絶品です。

サナア

Sana'a

048

所在地／人口　イエメン共和国／約380万人

サナアの夕暮れ。夜になると、オレンジ色の街灯が灯って、幻想的な美しさに包まれます。

鉄骨なしの高さ50mのレンガの摩天楼がそびえる街

サナアは2500年前からの歴史を持つ世界最古の都市のひとつで、アラビア半島西南端の標高2200mの高原に位置します。

1km四方の高さ12mの城壁に囲まれた石畳の旧市街には、石と日干し煉瓦で建てられた平均5～6階建て（なかには9階建ても）、高さ50mの高層建築が立ち並び、その数は6500にも及びます。400～1000年前に建造されたもので、旧市街には約5万人が居住しています。

高層建築の低層階は頑丈な石積みで窓がほとんどないのが特徴。上層階の内側には厚い日干し煉瓦、外側は焼成煉瓦と使い分け、各階のつなぎ目や窓枠には、防水・防寒・防暑のための白い漆喰を塗っています。高層建築では必須の鉄骨は一切使われていません。

漆喰で塗られた複雑な幾何学模様のカマリア窓は採光用で、内部は美しいステンドグラスになっています。

低層階は家畜小屋や貯蔵庫で、居住スペースは3階以上が普通です。1棟には血縁の10～30人が住み、下から男性部屋、女性部屋となり、最上階はマフラージという応接間や展望室になっています。

もっと知りたい！　サナアでは、なぜ高層建築ばかりが建てられたのでしょうか。それは、周りが砂漠という限られた立地にあって人口の増加で人口密度が高くならざるを得ず、土地を有効利用するため。加えて防犯や他人の目から女性を守るという理由もありました。

メクネス

Meknes

049

所在地／人口 モロッコ王国 フェズ・メクネス地方／約54万人

北アフリカーの美しさを誇るマンスール門。

王が夢見た“モロッコのヴェルサイユ”

アラウィー朝の2代王ムーレイ・イスマイルは、ルイ14世に憧れると同時に、対抗心からヴェルサイユを模した壮大な都市計画を考案。古い街並みを壊し、大改造に着手しました。

1万2000頭の馬を飼える厩舎や分厚い壁の穀物倉庫を造り、地下水が流れる水路と天窓を設けて空気が循環する構造により1年中倉庫内温度を一定にし、人だけでなく馬やラクダの餌も貯蔵できるようにして、20年の籠城にも耐えうるようにしました。また、飲用と灌漑用の水は地下から汲み上げ、約320m×150m・深さ2mの巨大貯水池も築造しています。

メディナ（旧市街）から新市街にできた穀物倉庫や貯水池までは、王宮の壁沿いの風が抜けて涼しい「風の道」を通り40分もかかるなど、ヴェルサイユの庭園を思わせるほど広大です。

ところが、全部の完成を見ずに王は死去。あげく息子は首都をフェズに移してしまい、1675～1728年に首都として機能し、イスマイル王のもとで全盛期を迎えていたメクネスは、急速に衰退してしまいます。メディナ（旧市街）入口に立つ北アフリカで最も美しいと言われるマンスール門と、イスラム芸術の最高傑作と言われる、王を祀るムーレイ・イスマイル廟というメクネスの二大名所が、短い全盛期の跡を伝えています。

もっと知りたい！ メディナには緑のミナレットがそびえるグランドモスクや、マリーン朝代の14世紀に建てられたブ・イナニア・マドラサ（神学校）などがあります。このマドラサとムーレイ・イスマイル廟は、ともに異教徒でも中に入ることができます。

050

カイロ
Cairo

所在地／人口 エジプト・アラブ共和国 カイロ県／約970万人

ミナレットが林立する「千の塔の都」カイロの夜。

モスクやミナレットが林立する“千の塔の都”

カイロはナイル川下流のナイルデルタ南端にある人口1000万近い、アラブ世界最大の都市で、600のモスクに1000のミナレットがそびえる「千の塔の都」と称されます。

現在のカイロの都心は高さ187mのカイロタワーが立つナイルの中洲ゲジラ島とナイル東岸に広がる新市街です。中心はタハリール広場で、周りには巨大な政府庁舎のモガンマアやアラブ連盟本部、エジプト5000年の歴史を集大成したエジプト考古学博物館などが立ち、博物館前からはカスル・アン・ニール通り、タラアト・ハルブ通りと続く、カイロ随一の繁華街が延びています。また、広場からは東へ５分ほどで大統領府のアブディーン宮殿に出ます。

新市街の東に広がるのがイスラム地区と呼ばれる旧市街。ファティーマ朝代の972年建造のアズハル・モスク付属のマドラサは、イスラム最古の神学校です。

12世紀のアイユーブ朝のサラディンはピラミッドまで一望できる丘の上にシタデル（城塞）と最も壮麗なムハンマド・アリ・モスクを築きました。最盛期のマムルーク朝代の14世紀にはカイロ一高い82mのミナレット４本がそびえ、イスラム建築の至宝と言われるスルタン・ハサン・モスクと、各王朝が競うように建てた壮麗なイスラム建築が林立しています。

もっと知りたい！ 市街南部のオールドカイロには、642年にエジプトにアラブの都フスタートを建設した時に建てられたアフリカ最古のモスク「アムルモスク」があり、アフリカ大陸におけるイスラム発祥の地となっています。その南にはさらに古い、「ハンギング・チャーチ」として知られる木造アーチのムアラッカ教会など、コプト時代の3〜4世紀に建造された初期キリスト教会群があります。

クィーンズタウン
Queenstown

051

所在地／人口　ニュージーランド オタゴ地方（南島）／約1.7万人

ワカティプ湖に面したクィーンズタウンの絶景。

女王が住むにふさわしい湖畔の街

ニュージーランドの南島を縦断するサザン・アルプス山中にある青く澄んだ美しさから、マオリ族が「翡翠（ひすい）の湖」と呼んだワカティプ湖の北岸にあるクィーンズタウン。1862年に付近で金脈が発見され、訪れた採掘者があまりの美しさに感嘆して「女王が住むにふさわしい場所」とその名が付けられました。

1988年に世界で初めてできたバンジージャンプ発祥の地でもあり、日本人も多く訪れています。近郊のカラウラ川の渓谷にかかる吊り橋から43mの川面まで飛び込む瞬間は誰もが大変な騒ぎに。ほかにも、ラフティング、ジェットボート、パラグライダー、乗馬、トランピング、ゴルフ、釣り、スキーなど、アウトドア・スポーツのメッカになっています。

街が面するワカティプ湖はリマーカブルズ連峰など2000m級の峰々に囲まれた周囲83kmのS字形をしたニュージーランドで３番目に大きな湖で、水位が１日に何度も10㎝上下する不思議な現象で名高く、石炭で動く1912年建造の蒸気船でのクルーズが人気です。街の背後にそびえるボブズヒル（785m）へは38度という急傾斜をスカイゴンドラで登れ、箱庭のようなクィーンズタウンとワカティプ湖の大パノラマを眼下に収めることができます。

もっと知りたい！　世界遺産「テ・ワヒポウナム」の代表的フィヨルドのミルフォード・サウンドへは日帰りバスツアーで行くことが可能です。また、「世界一美しい散歩道」のミルフォード・トラックは3泊4日のツアー参加で歩くことができます。

プロヴディフ

Plovdiv

052

所在地／人口 ブルガリア共和国 プロヴディフ県／約38万人

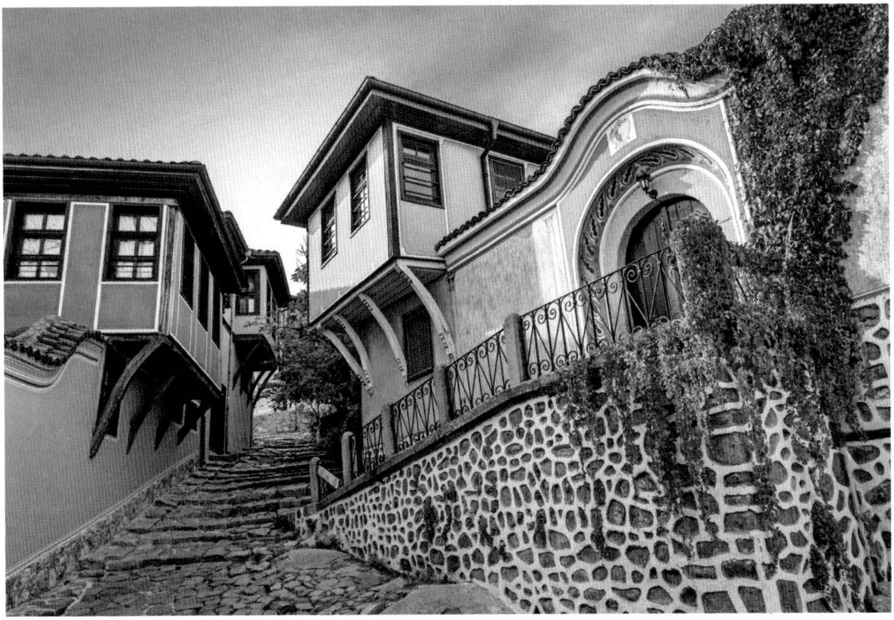

ヒサール門のそばには、道路に張り出した出窓が特徴の、19世紀の民族復興運動期の建物が立ち並びます。

4000年前からの世界最古の都市のひとつ

プロヴディフは4000年前のトラキア人集落を起源とするとされ、その後マケドニア、ローマ、ビザンツ、オスマン帝国などの異民族の支配を経て、18〜19世紀のブルガリア民族復興運動の中心地となった世界最古の都市のひとつです。

３つの丘が続くことから、トリモンティウム（３つの丘）と呼ばれた起伏に富む旧市街入口にある石造りアーチ式のヒサール門と、その北の要塞跡ネベット・テペは、紀元前４世紀にマケドニアのフィリッポス２世が建造したもの。後者はトラキア人の最古の都市「エウモレピアス」の地でもあり、ここから旧市街の３つの丘と街並みが一望できます。

地域民俗学博物館は黄の縁取りがある黒い館で花模様が印象的。なかには家具調度や色彩豊かな民族衣装が展示されます。

また、左右対称の民族復興運動博物館も内部の装飾が美しく、いずれもオスマン時代の豪商の館跡です。

円形の劇場と競技場は２世紀のローマ時代のもので、前者は世界で最も保存状態がよく、今も野外オペラやロックコンサートが催されています。

もっと知りたい！ プロヴディフはブルガリアのほぼ中央北のバルカン山脈と南のロドピ山脈の間のトラキア平原の中心に位置します。旧市街には、金曜モスクやイマレット・モスクとミナレットなど、オスマン時代の建造物のほか、正教の教会やユダヤのシナゴーグも混在。各時代の遺跡や建物が違和感なく混在していることから、2019年の欧州文化首都にも選ばれています。

053

ラヴェンナ
Ravenna

所在地／人口 イタリア共和国 エミリア・ロマーニャ州／約16万人

ラヴェンナの中央広場。

ビザンチン・モザイク美術の宝庫

ローマ帝国が東西に分裂したあと西ローマ帝国の都はメディオラーヌム（ミラノ）に移りましたが、その後の402～476年の70数年間、アドリア海に面したラヴェンナが首都となりました。さらに東ゴート王国の都（497～553年）、東ローマ帝国のラヴェンナ総督領の都（584～751年）となり、ラヴェンナは５～８世紀の大半をイタリアの中心として栄えました。

西ローマ帝国やイタリアの首都時代に建てられた多くの教会・洗礼堂・霊廟の内部には色ガラス片を埋めていくラヴェンナ独特のモザイク美術が花開き、ラヴェンナは「ビザンチン・モザイク美術の宝庫」と呼ばれるようになりました。詩聖ダンテも『神曲』の中で「色彩のシンフォニー」と絶賛しています。教会や洗礼堂群の外観はどれも何の変哲もありませんが、アルハンブラ宮殿同様、表が裏で裏が表。一歩中に入ると、代表的なサン・ヴィターレ教会では、ユスティニアヌス皇帝やテオドラ皇后の金色をバックにした豪華なモザイク装飾に圧倒され、余りの美しさに息を飲むこととなります。ほかにも、西ローマ帝国最後の皇女を祀り、ギリシア式十字型の外観で、満天の星空を思わす深いブルーの石片を埋め込んだ最古のモザイク画が飾る小さな円天井が美しいガッラ・プラチディア廟など、ローマ帝国の最後の輝きを見ることができます。

もっと知りたい！ ウィーン分離派のクリムトも技法を取り入れたラヴェンナのモザイク芸術は、ほかに八角形の古代ローマ浴場を利用して強い色彩を大胆に使ったネオニアーノ洗礼堂や、びっしりと欄間を飾るモザイクが見事なサンタポリナーレ・ヌオーヴォ教会、近郊のサンタポリナーレ・イン・クラッセ教会にある身廊両側のモザイク群も見事です。

054

ヴラツラフ

Wroclaw

所在地／人口 ポーランド共和国 ドルヌィ・シロンスク県／約65万人

旧市場広場に面して立ち、ルネサンス様式のファサードを持つゴシック様式の旧市庁舎。

美しいドイツの街並みが広がるポーランドの街

ポーランド西南部のシロンスク（シレジア）地方の中心都市で、1000年の歴史を持つポーランド最古の都市のひとつです。

戦前まではドイツ領でしたが、第２次世界大戦末期の独ソ激戦の戦場となり、市街は大きく破壊されました。戦後に建物はドイツ領だった時のままに復元されたので、街並みはドイツ風となっています。

ポーランド東部が旧ソ連領となったのと引き換えに、敗戦国のドイツ東部だったこの地がポーランド領となりました。ポーランドの国土全体が西に移動したことになります。

市街中央を蛇行しながら東西に流れるオドラ（オーデル）川とその中洲一帯のオストルフ・トゥムスキ地区が市発祥地。かつて中洲にあった巡礼者聖ヨハネ大聖堂の高さ97mの塔上からはオドラ川と旧市街の素晴らしい眺めを楽しめます。

オドラ川南岸に広がる旧市街中心の旧市場広場には、13世紀から250年かけて建造されたルネサンス様式のファサードを持つゴシック様式の旧市庁舎が立っています。この市庁舎は欧州で最も美しい市庁舎のひとつと言われ、街の人々の自慢の種となっています。

もっと知りたい！ 川沿いのヴラツラフ大学は18世紀初めに神聖ローマ皇帝レオポルト1世が建造したもので、絢爛豪華なバロック様式のレオポルディア講堂の装飾には目を見張ります。市庁舎地下の「ピヴニツァ・シフィドニツカ」は1273年創業の欧州最古のビアセラーでショパンやゲーテも訪れたことがあります。

グアナファト

Guanajuato

055

所在地／人口 メキシコ合衆国 グアナファト州／約20万人

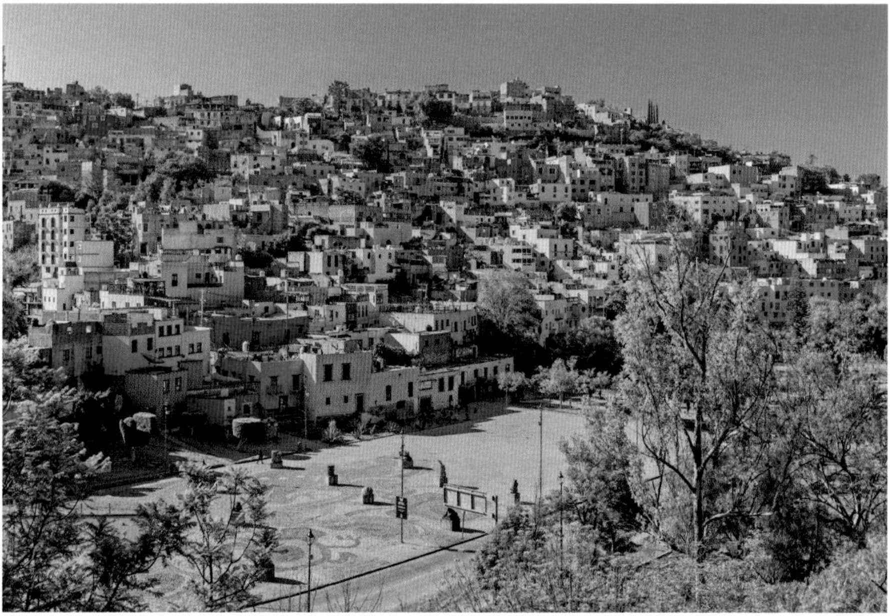

中南米にはさまざまな色の民家が立ち並んでいる街は珍しくありませんが、グアナファトはその極致です。

カラフルな家並みのメキシコが誇る街

メキシコ中央部の標高2000mの高原にあるスペイン植民地のグアナファトで16世紀に銀山が発見され、18世紀初頭には世界の銀の30%を産出しました。その膨大な富で小さな街に多くの教会や劇場などが造られていきました。19世紀初めに富裕層のスペイン人と貧しい先住民労働者との貧富の差が拡大したことが、スペインからの独立（1821年）のきっかけとなります。

独立運動で活躍した鉱夫ピピラの巨像が立つピピラの丘からは、起伏のある曲がりくねった石畳の細い路地に立ち並ぶ赤・ピンク・黄・緑・青・紫の民家と、教会などが立ち並ぶメキシコで一番美しい街が一望できます。特にカンテラの明かりに街が包まれる夜景が格別です。ピピラの丘へは、メキシコで一番美しいと言われるファレス劇場のそばからケーブルカーでも登ることができます。

市内のラ・コンパニーア教会や郊外にあるツァーで見学できる銀鉱山入口に建てられたバレンシア聖堂など、多くの教会の３方を膨大な金箔で装飾した華麗な祭壇には驚かされます。また、市内の地下に張り巡らされた坑道跡はとても広く、今では交差点や信号もあるユニークな地下道路網となり、車や人の通行に利用されています。

もっと知りたい！ ピピラの丘から歩いて下ると、途中に「ロミオとジュリエット」のメキシコ版とも言うべき「口づけの小径」に出ます。幅68cmという狭い坂道に向かい合う2つ家の両親同士は犬猿の仲で、娘と息子は路地を挟んだベランダ越しに口づけを交わしたと言います。

ハバナ

La Habana

056

所在地／人口 キューバ共和国／約210万人

ハバナ旧市街。大型のアメリカ車が未だ現役で街を走っています。

作家ヘミングウェイが愛した街

ハバナは、1553年からスペイン・キューバ総督府の、1902年からは独立国キューバの首都として機能してきました。旧市街には16世紀からのコロニアル様式の教会や邸宅が立ち並び、馬車や1940～1950年代の大型アメリカ車が今でも現役。ラム酒「ハバナクラブ」や葉巻の本場としても知られます。

ハバナは、郊外のコヒマルの海を舞台にし、ハバナで書き上げた小説『老人と海』でノーベル文学賞を受賞した米国人作家アーネスト・ヘミングウェイ（1899～1961年）が晩年を過ごした地です。キューバの海と同時にハバナの街とラム酒を愛したヘミングウェイは、ハバナの旧市街のメインストリート、オビスポ通りにあるピンク色のホテル・アンボス・ムンドスを定宿としていました。彼の部屋511号室にはタイプライターと釣り竿が展示されています。また同じ通りにある「ラ・フロリディータ」は彼が足繁く通ったバーで、ラム酒のカクテル「ダイキリ」の特注「パパダブル」を今も飲むことができます。1940～1960年に住んでいた南郊外の自宅はヘミングウェイ博物館となっていて、窓から各部屋の見学が可能。コヒマルの海でカジキマグロを釣っていた愛艇ピラール号も展示されています。

もっと知りたい！ 旧市街の対岸にある1589年建造のモロ要塞は高さ20mの城壁を持つ石造りの堅牢な要塞で、旧市街とカリブ海の眺めを楽しむこともできます。4つの要塞群とハバナ旧市街は世界遺産に登録され、ハバナ最大のカバーニャ要塞では大砲の実演が行なわれています。

東京
Tokyo

057

所在地／人口 日本 東京都／約966万人

渋谷スクランブル交差点も外国人に人気の隠れた名所。

世界でも稀な無料で楽しめる名所が多い大都市

1868年に江戸から東京と改名し、京都から遷都。戦前の東京市の行政区35区から市と同等の特別区23区となった東京は、ロンドン、ソウル、カイロとほぼ同規模の1000万都市です。

国立の博物館・美術館が無料のロンドンと並び、東京は多くの名所が無料で見られる特異な都市であることは、日本人の間であまり知られていません。

壮大な旧江戸城・皇居の半分に相当する、花々が素敵な東御苑と北の丸公園は自由に入れますし、殊に超高層ビルの無料展望台の多さも国内外に類がありません。西は都庁、中央は文京シビックセンター、海の手はカレッタ汐留、東はタワーホール船堀など、異なる街並みを楽しむことができるのも東京ならではの特徴です。恵比寿ガーデンプレイスからは東京タワーとスカイツリーが同時に眺めることができますし、羽田空港到着直前の機内からの眺めは東京湾沿いの大東京の光の海にとどめを刺すものです。

灯台下暗しで、都庁展望台にもまして一度も行ったことがない都民が多いのが、昭和の東京を留める国会議事堂。衆参両院とも飛込みで自由に参観でき、見応え満点です。

もっと知りたい！ お台場へはゆりかもめやりんかい線などで渡るのが一般的ですが、レインボーブリッジを歩いて渡るノースルートからは東京港と超高層ビル群の美しい眺めが楽しめます。

本日のテーマ
海山の自然の中にある風光明媚都市

花蓮（かれん）
Hualien

058

所在地／人口 台湾（中華民国）花蓮県／約11万人

美しい自然に囲まれた花蓮。

中央山脈が迫る先住民アミ族の街

花蓮は台東と並ぶ台湾東部最大級の街で、日本統治時代は花蓮港市と称され、日本人も多く住んだ港湾都市です。人口の１割近くがホテルやレストランなどの従業員としても働く先住民アミ族で、他都市には見られないエスニックの独特の雰囲気が漂います。

母系社会のアミ族は、台湾の先住民16民族のなかでも21万人を数える最大の民族。舞踊に長けていて、郊外の花蓮阿美族文化村では艶やかな伝統的民族衣装をまとってアミ族の歌と踊りのショーを見せてくれます。

花蓮は海と山の美しい自然も見所です。花蓮空港そばの太平洋に臨む七星潭（チーシンタン）は近年注目のビーチ。透明なコバルトブルーの海が広がる海岸から振り向くと3000m級の高峰が連なる中央山脈が覆いかぶさるように迫り、台湾が山の国であることを実感します。その中央山脈が太平洋に落ち込む1000m近い直立断崖の中腹に道路がつけられた清水断崖も遠望することができます。

また花蓮観光では、近郊の太魯閣（タロコ）峡谷が定番。高さ200mの大理石の峡谷が20kmも続く台湾一の絶景です。花蓮から半日・１日の日帰り観光バスが出ていますが、タクシーをチャーターすれば日帰りで七星潭・清水断崖・太魯閣峡谷と効率的に３か所を回れてオススメです。

もっと知りたい！ 日本に縁の深かった花蓮には太平洋を望む和洋折衷の松園別館が。旧日本軍の司令部、高級将校・士官のサロンで、近くには日本軍大佐が住んだ宿舎群の「将軍府」や市民住宅など日本家屋が軒を連ねます。旧花蓮駅一帯は花蓮鉄道文化園区となり、日本統治時代の駅舎やレール跡、プラットホーム、日本のSLなどが復元・展示されています。

059

ペルージア

Perugia

所在地／人口 イタリア共和国 ウンブリア州／約17万人

夕暮れのペルージア旧市街。旧市街は新市街の真ん中にある丘の上に広がっています。

長大エスカレーターでエトルリア人の街へ

古代ローマより古い紀元前7～2世紀に、高い建築技術を持ったエトルリア（エトルスク）人が中部イタリアに多くの都市を建設。精巧で頑丈な石積みとアーチの工法は1世紀のローマ建築にも取り入れられています。

そんなエトルリア人が造った街のひとつがペルージアです。

ペルージアの旧市街は新市街の中央部にある小山の上に立体的に広がる特異な街。駅からはミニメトロで直接山上の旧市街に行けますが、バスで終点まで行かずに麓のパルティジャーニ広場で降り、1540年に教皇パオロ3世が造った巨大な石造りのパオリーナ要塞内に敷設された長大エスカレーターで山上に登るアプローチの方がオススメです。地下要塞は今では市民用の地下通路ともなっていて、天井の高さには驚きます。

エスカレーターを降りたところは旧市街入口（南端）のイタリア広場で、テラスから眼下に新市街とウンブリア平原が広がり、山の上に街があるのが実感できます。旧市街の反対側の北端にエトルリア時代の城壁の門として造られた巨大な城門のエトルスク門が立ちます。紀元前3世紀のもので、2つの頑丈な塔を2重のアーチの門で結合したもので堅固そのものです。

もっと知りたい！ 旧市街の中心の11月4日広場にはフェデリコ・バッチの祭壇画『キリストの降架』と水晶製の『聖母マリアの結婚指輪』で名高いドゥーオモ、3階の国立ウンブリア美術館にラファエロの師匠ペルジーノ、ピントリッキオなどウンブリア派の絵画が収蔵されたプリオーリ宮殿などが立ち並びます。10月には欧州中から屋台が出るチョコ祭りも催されます。

ドレスデン
Dresden

060

所在地／人口 ドイツ連邦共和国 ザクセン州／約56万人

ドレスデン復興のシンボルとなった聖母教会とノイマルクト広場。

ザクセン王国の都は“エルベのフィレンツェ”だった

「エルベのフィレンツェ」と讃えられ、エルベ川に面したドイツ一美しいザクセン王国の都ドレスデンは、1945年の大空襲で壊滅するという悲劇に見舞われましたが、戦後、見事に復元・修復され、華麗なバロックの都として蘇りました。その象徴が高さ93m・直径25mの大ドームがそびえるドイツ最大のプロテスタント教会だった聖母（フラウエン）教会。瓦礫の中から掘り出したオリジナルの部材と、大半を占める新部材を10年ほどかけてジグソーパズルのように組み合わせて完成させたのでモザイク模様となっています。

ザクセン選帝侯の居城であったドレスデン城には、金銀・宝石貴石などの欧州最大の宝飾コレクションと言われる「歴史的緑の丸天井」があります。外壁の長さ102m・高さ８mの大壁画『君主の行列』は２万3000枚のマイセン磁器タイルに歴代君主などを描いたもので、唯一空襲を免れました。全盛期の18世紀初めにはアウグスト強王がザクセン・バロックの傑作ツヴィンガー宮殿を建造。マイセン磁器２万点や伊万里焼など、この城の陶磁コレクションは世界一です。また、城内の欧州屈指のアルテ・マイスター絵画館には２人の天使が微笑む『システィーナの聖母』（ラファエロ）やフェルメールなど、ザクセン王の膨大な美術コレクションが伝わります。

もっと知りたい！ ほかにも三大歌劇場と呼ばれたゼンパーオーパー（オペラ座）、エルベ川に架かる橋からの旧市街の眺めがいいアウグスト橋、エルベ川に面したプロムナードの「ブリュールのテラス」など見どころは尽きません。

ポルト

Porto

所在地／人口 ポルトガル共和国 ノルテ地方／約24万人

ポルトを流れるドウロ川とドン・ルイス1世橋。

ポルトガルの語源となったポルトワインの積出港

列車で新市街のカンパニャン駅に着く直前、ドウロ川を渡る鉄道橋から見る、北岸崖上に家々がしがみつくようにぎっしりと立ち並ぶポルト独特の光景は、強烈なインパクトを与えます。

鉄道橋よりひとつ下流にかかる２階建てのドン・ルイス１世橋では、上層の人とトラム専用橋からも岸辺の丘陵に市街が立体的に広がるポルトの典型的風景が見えます。橋南詰のセーラ・ド・ピラール修道院からは橋も入れた市街の完璧な構図が待っています。

北岸一帯のレトロでカラフルな家々が立ち並ぶカイス・ダ・リベイラ地区は、かつて外洋航路の波止場だった場所です。

旧市街の中心にある中央駅のサン・ベント駅ホールも、ポルトガルの他の駅同様、青いアズレージョ（装飾タイル）で飾られていますが、当駅には２万枚のアズレージョが使われていて壮観です。駅から西へ徒歩５分のポルトガル一高い75.6mのグレリゴス塔からは赤い屋根瓦の旧市街を一望できますが、昔は来港する船の目印だったそうで、今は街歩きの目印となっています。

そばのレロ・エ・イエルマンは1869年の創業。世界一美しいと言われる書店で、階上へのらせん階段は「天国への階段」と呼ばれるほど美しく、２階天井のステンドグラスも見逃せません。

もっと知りたい！ ドン・ルイス1世橋の下層はドウロ川南岸沿いに立ち並ぶワイン工場と北岸カイス・ダ・リベイラ地区の飲食店を直接結ぶ車道橋となっています。同地区から川沿いに西に5分のところに、バロックの金泥塗り木掘がポルトガル全盛期を思わせるサンフランシスコ聖堂と、アルハンブラ宮殿を模した「アラブの間」があるネオクラシックのボルサ宮があります。

ドゥブロヴニク

Dubrovnik

所在地／人口 クロアチア共和国 ダルマチア地方／約4.3万人

空から見たドゥブロヴニク。赤い屋根の家々がアドリア海の青に映えます。

3方向どこから見ても美しい"アドリア海の真珠"

個々の観光名所よりも街並み自体が魅力の街は通りを歩いて平面的に眺めるのが大半ですが、一部には展望台など高所からの瓦の甍の波も楽しめる場所もあります。それに加えて航空写真のような市街全体も見える３方向からの街並みを鑑賞できる珍しい街が、アドリア海に面するドゥブロヴニクです。

ここでは平面からも良いですが、上からと超上からの眺めが他では味わえないほどの素晴らしさです。上からとは旧市街を取り巻く総延長1940m・高さ25m・幅４～６mの城壁の上のこと。大理石の城壁は８～16世紀に築かれたもので、一番高く、旧市街の赤茶色の屋根瓦の家並みが一望できるミンチェタ要塞など４つの要塞塔が４隅に設置されています。南の城壁は幅1.5mと狭いですがアドリア海に面した断崖絶壁の上に築かれているので、青く澄んだ海の眺めが圧巻です。

ロープウェイで登れる412mのスルジ山からの眺めもオススメ。旧市街の北に断崖のようにそびえているので、まるで着陸直前の機内から眺めているように、ほぼ真上からエメラルド色の海と城壁に囲まれた赤茶色の旧市街の様子を楽しめます。旧市街中央の長さ300mのプラツァ通りは、石畳がつるつるに磨かれ、街灯の明かりが美しく反射します。

もっと知りたい！ ドゥブロヴニクへは空路利用が一般的ですが、行きはヨーロッパ一美しいと言われるダルマチア海岸を南下したいところ。ベストはジナルアルプスがアドリア海に落ち込む断崖絶壁の中腹を走り、無数の小島が浮かぶリエカからの12時間のバスの旅です。

063

アヴィニョン
Avignon

所在地／人口 フランス共和国 ヴォクリューズ県／約9万人

清流のローヌ川と「アヴィニョンの橋」として知られるサン・ベネゼ橋。対岸からの眺めが人気です。

7人の教皇が君臨したカトリックの首都

南フランス・プロヴァンス地方北部のローヌ河畔にあるアヴィニョンは、14世紀のローマ教皇庁所在地です。「教皇がいるのはローマでは？」との声も聞こえてきそうですが、それには次のような経緯がありました。当時、教会への課税などを巡り、フランス国王フィリップ４世とローマ教皇ボニファティウス８世が対立。フィリップ４世はイタリアの山間都市アナーニの別荘にいた教皇を襲撃して捕らえるアナーニ事件を起こします。

間もなく教皇が憤死すると、国王は教皇庁をアヴィニョンへと移し、影響下に置いてしまったのです。教皇は、次のクレメンス５世代の1309年からグレゴリウス11世がローマに戻る1377年まで、７代計68年間にわたりアヴィニョンに居を構えることとなります。そのため、アヴィニョンはカトリック世界の中心となり、文化の花が咲きました。

周囲4.3kmの城壁を巡らせたローヌ河畔のアヴィニョン旧市街の丘の上に立つヨーロッパ最大のゴシック建築の教皇庁宮殿は、４基の塔がそびえる高さ50m・厚さ４mの外壁に囲まれた、難攻不落の堅固な住まい。隣にはヨハネス22世(在位1316～1334年)が建てたロマネスク様式のノートルダム・デ・ドン大聖堂の尖塔がそびえます。

もっと知りたい！ ローヌ川にかかる石橋のサン・ベネゼ橋は童謡「アビニョンの橋の上で」で知られます。13世紀の建造でしたが、ルイ8世の侵攻や川の氾濫で大半が流され、22あった美しいアーチも今は宮殿側の4つが残るのみとなっています。

ティンプー

Thimphu

064

所在地／人口 ブータン王国 ティンプー県／約12万人

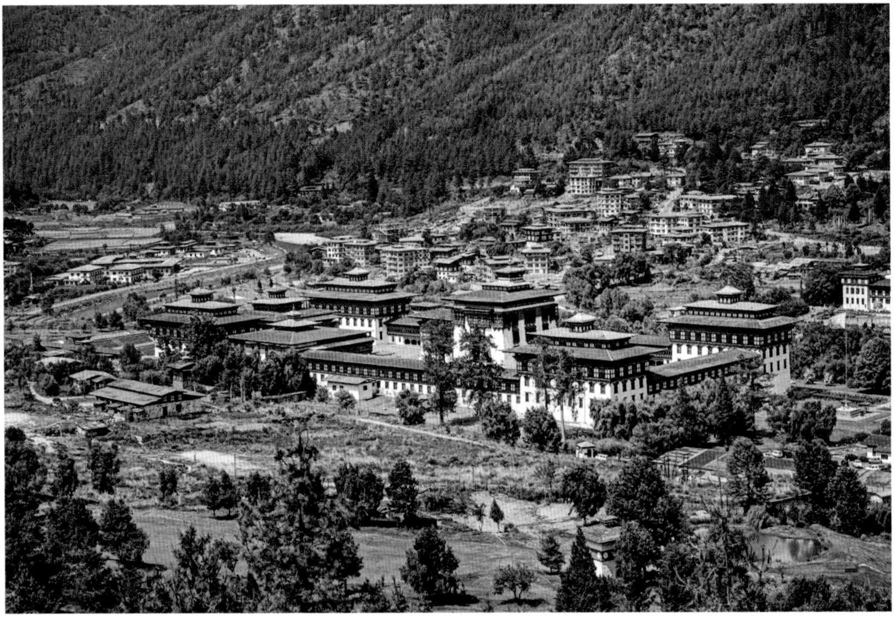

ブータン国王が暮らすタシチョ・ゾン（王宮）を中心としたティンプーの街並み。チベット仏教を国教とし、独自の建築様式の建物が点在します。

幸福度世界一と言われるヒマラヤ山中の首都

ヒマラヤ山脈東南に位置するブータン王国。ティンプーはその西部の標高2300m〜2400mの高地にあります。建物は「伝統的なブータン建築で建てること」という景観条例があるため、市街には伝統的な建造物が立ち並び、男性はゴ、女性はキラといった民族衣装をつけて歩く姿がよく見られます。メインストリートにも信号はひとつもなく、警官が手信号で車をさばいているのも街の景観を守るため。国民総幸福量という概念が強く、物質的には豊かではなくても国民は高い幸福度を維持しています。

市街北に立つタシチョ・ゾンは釘１本も使わない伝統的スタイルで建てた赤と金で彩られた宮殿（王の執務室）兼ブータン仏教（ドゥク派）の総本山で、大僧正は座所を標高1200mの暖かい旧首都プナカに移しました。壁画が美しい内部は、週末と平日の夕方の１時間だけ見学することができます。またタシチョ・ゾンの全景を上から見るには、今も尼僧が修行しているドゥプトピ尼僧院からが一番です。メモリアル・チョルテンは第３代国王ジグミドルジ・ワンチュクを讃えて建てられた３層構造の仏塔で、横には多くのマニ車があります。西南郊外の高台には高さ51.5mの黄金の大仏像、クエンセル・ポダンが立ち、市街の絶好の展望台となっています。

もっと知りたい！ 王族の豪華な伝統民族衣装や各地の織物を展示し、実演もある織物博物館や、伝統建築の古い農家を利用した民俗博物館、ブータンの珍しい切手が買える中央郵便局、ブータンの伝統武芸のダツェ（弓術）が見られる射場（チャンリミタン競技場横）、絶滅危惧種の世界三大珍獣ダーキンに会えるダーキン保護区など、市内外に見どころが尽きません。

コトル

Kotor

065

所在地／人口 モンテネグロ コトル／約2.3万人

コトルの景色は、赤い屋根の家々と青い海のコントラストが、ドゥブロブニクの美しさに匹敵すると言っても過言ではありません。

青く澄んだ湾の奥にたたずむ中世の街並み

アドリア海に面したリアス式海岸の複雑な地形を呈するコトル湾を、くの字に2回も曲がった最深部に開けた天然の良港がコトルです。

背後にロヴツェン山（1749m）などジナルアルプスの険しい断崖が3方に迫る要害の地で、その中腹に9世紀～15世紀にかけて長さ4.5km・厚さ10mの城壁を築くことによって防備を固め、アドリア海の重要交易港として、ビザンツ、セルビア、オスマン、ヴェネツィア、オーストリアなどの支配を受けつつ自治を守ってきました。

上から眺めた時の赤い甍が連なる三角形の旧市街と、青く澄んだコトル湾の海のコントラストが素晴らしく、その眺望を得るために、多くの人が救世聖母教会を経て、城壁頂上にある標高260mの聖ジョヴァンニ要塞までの1355段の石畳の階段を登っていきます。急坂で1時間はかかりますが、絶景を見たら疲れはふっ飛ぶことでしょう。

また世界一美しい湾とも言われるコトル湾の透明度は高く、海底の石まで見ることができます。世界遺産に登録された理由が中世の街並みだけでなく、海の美しさにもあることは、世界遺産名の「コトルの自然と文化・歴史地域」からも納得できます。

もっと知りたい！ コトルにフェリーで上陸する場合、湾のなかほどにヴェネツィアグラスの窓と青いドームが美しい「岩礁の聖母教会」が立つ島が見えます。

066

オルヴィエート

Orvieto

所在地／人口 イタリア共和国 ウンブリア州／約2万人

標高157mの丘の上に拡がるオルヴィエートの街並み。麓からの眺めから「天空の街」と呼ばれます。

ケーブルカーで訪れる教皇の天空都市

オルヴィエートの駅に降り立つと、隆起した凝灰岩の断崖絶壁の上に家々が立ち並んでいる光景に度肝を抜かれます。駅前からケーブルカーに乗ると、２分で標高差157mの崖上に広がるオルヴィエートの街の入口に着きます。

山上駅そばには直径13m・深さ62mもあり、248段の２重のらせん階段で下まで降りられるサン・パトリツィオの井戸があります。これは1527年の神聖ローマ帝国軍による「ローマ略奪」で、教皇領だったこの地に逃げ落ちた教皇クレメンス７世が、水源確保のため凝灰岩をくり貫いて造らせたもの。崖上の街は難攻不落ですが、水と食料が泣き所。紀元前に居住したエトルリア人も地下洞窟（ツアーで見学できる）を造るなど、籠城の際の苦労も伺えます。

13〜16世紀に何人もの教皇が隠れ住み、350人ほどの建築＆芸術家を動員して300年もかけて建造したのが、小さな街と不釣り合いなほど壮麗なドゥーオモ（大聖堂）です。街の中心にそびえる大聖堂のファサードには、金色に輝くモザイク画が描かれ、太陽に当たると美しさを増します。聖堂内のフレスコ画もミケランジェロの『最後の審判』に影響を与えたと言われます。隣の教皇宮殿も凝灰岩の大建築です。

もっと知りたい！ オルヴィエートはグルメの街で、トリュフのパスタ、生ハム、オリーブオイルが特産。街の名を冠した特産の白ワイン・オルヴィエートは絶品です。

台南
Tainan

所在地／人口 台湾（中華民国）直轄市（台湾南部）／約190万人

古き良き台南の街並み。

戦前の日本が残る“台湾の京都”

台湾を植民地とし、今も残る赤崁楼や安平古堡を築いたオランダが、38年間政庁を置いたのが台南です。オランダを駆逐した民族の英雄・鄭成功やその後の清が224年間も台湾の都とし、1665年創建という台湾最古の孔子廟や大天后宮、鄭成功を祀る延平郡王祠など、200ほどの寺廟があることから「台湾の京都」とも呼ばれ、台湾小吃の本場としても有名です。

コロニアル様式の台南駅から中心街にかけては1910〜1930年代の日本統治時代に建てられた建造物が多く残ります。ドームと塔がある赤レンガ造りの旧台南地方法院やレンガ造りで瀟洒なフランスバロック様式の旧台南州庁舎（国立台湾文学館）のような戦前の壮大な建物は、空襲で崩壊・焼失した日本の都市ではほとんど見られません。

ほかにも昭和天皇が皇太子時代に滞在された旧台南州知事官邸、列柱が戦前の銀行を思わす旧日本勧業銀行台南支店、旧台南警察署、旧台南測候所、旧山林事務所、旧台南公会堂、旧台南神社神苑の武徳殿など十数棟が立ち並びます。林百貨店は大正７（1932）年開業の日本のデパートをグルメ中心の商業施設に改装したもので、旧式の時計針表示のエレベーターに懐かしさを覚えずにはいられません。

もっと知りたい！ 台南市と台南県が合併した台南直轄市の市域は有名な関子嶺温泉も含まれるほど広大。台湾では誰でも知っている日本人技師、八田與一が1930年に造った烏山頭ダム（珊瑚潭）も市域内にあります。八田の尽力により不毛の嘉南平原に水路が張り巡らされて台湾一の穀倉地帯となりました。八田與一の像や再現された木造日本人宿舎群があり、資料や遺品が保管されます。

068

ヴュルツブルク

Wurzburg

所在地／人口 ドイツ連邦共和国 バイエルン州／約13万人

アルテ・マイン橋から見たマリエンベルク要塞。この橋は15〜18世紀初めに建造された砂岩製の橋で12人の聖人像が欄干に立ちます。

新旧2つの大司教の宮殿が立つ街

ヴュルツブルクの歴代領主が大司教でした。

その居城兼要塞が、マイン川左岸の高さ100mの丘の上にそびえる巨大なマリエンブルク要塞です。広大な敷地の河畔から中腹までは全部葡萄畑で、領主の庭園になっていました。ここから見下ろす丘一面の葡萄畑と旧市街、マイン川に架かるアルテ・マイン橋などの眺めは絶景として知られています。

要塞内の706年創建のマリア教会はドイツ最古の教会のひとつで、マインフランケン博物館にはリーメン・シュナイダーの『悲しみのマリア』などの彫刻が多数あります。両側から階段が延び、柱が全くない吹き抜けの「階段の間」は、30m×19mもある世界最大級のフレスコ天井画が圧巻です。

全生涯をこの街で過ごし、市長にもなった大彫刻家のリーメン・シュナイダーの作品はノイミュンスター教会や聖キリアン聖堂など、教会中心にいたる所に飾られています。

平和な時代となり、18世紀に大司教が移り住んだのが右岸のレジデンツで、欧州屈指のバロック宮殿と言われます。

もっと知りたい！ マイン川に架かるいくつもの橋のうち、1886年まで左岸と右岸を結ぶのはアルテ・マイン橋しかありませんでした。

しんほく（シンペイ）

新北

New Taipei

所在地／人口 台湾（中華民国）直轄市／約400万人

金鉱山街から観光地となって栄える九份の夜景。

悲情城市の九份と夕日の名所

台湾では台北（タイペイ）は北市、高雄は高市と略すので、新北市は「新台北市」の意。台北と基隆を取り巻く首都圏である台北県から直轄市に昇格した新北は、今や台北や高雄などをしのぐ台湾最大の都市に成長しました。

新北市内にあって、鹿港と並ぶ台湾三古鎮（古い街並み）として有名なのが、九份（きゅうふん）と淡水（たんすい）です。

九份は、隣の金瓜石とともに1989年のヴェネツィア国際映画祭でグランプリに輝いた台湾映画『悲情城市』の舞台となった日本統治時代に栄えた金鉱山街の跡。山の斜面に広がる階段状の街で、複雑な入り江を眼下に望む夕景や石段に並ぶ茶房などをバックにした夜景が世界的な知名度を誇ります。

淡水は、海のように広い淡水川河口にある「台湾のヴェネツィア」とも呼ばれるかつての貿易港。川面を赤く染める夕日が有名ですが、真理大学（旧淡水工商）牛津学堂、台湾一美しい学校の淡江高級中学八角堂、紅毛城、淡水教会など、赤レンガ造りの洋館が散在する美しい街並みも見逃せません。

もっと知りたい！ 市域は広大で、奇岩で有名な野柳、テレサテンの墓があり温泉が湧く海水浴場の金山、翡翠湾国際海浜リゾートと続く北部海岸から景勝地の東北角海岸（鼻頭角、三貂角、福隆海水浴場）まで、海の名所も多くあります。さらに民族舞踊が人気のタイヤル族集落がある烏来温泉、碧潭、板橋の林本源園邸、三峡、陶芸の里・鶯歌など見どころは多彩です。

アッシジ

Assisi

070

所在地／人口 イタリア共和国 ウンブリア州／約3万人

丘の上に拡がるアッシジの街。

山上にある聖フランチェスコ修道院の門前町

金持ちの息子で若い時は放蕩三昧だったアッシジ生まれのフランチェスコ（1182〜1228年）は、サン・ダミアーノ教会で神の声を聴き、信仰に目覚めて「フランチェスコ修道会」を設立しました。「清貧、従順、貞潔」の戒律を定めて、托鉢による清貧生活を続けながら人々に教えを説いて回りました。のちに彼がローマ教皇から聖人に列せられ、1253年に建造されたのが、アッシジの丘にそびえる巨大な「聖フランチェスコ聖堂」です。

斜面を利用した２層構造になっていて、入口は別というのがユニーク。上の堂には『小鳥に説教する聖フランチェスコ』など、ジョットの28枚のフレスコ画が、また下の堂ではチマブエやマルティーニなど中世のフレスコ画が壁面を飾っています。

ピンクと白の横縞模様が美しい「サンタ・キアーラ教会」はフランチェスコの最初の弟子となり、清貧を貫き通した聖女キアーラを祀ったもの。３つのバラ窓を配したウンブリアで最も美しいと言われるファサードを持つ12世紀建造の「サン・ルフィーノ大聖堂」は、２人が洗礼を受けた場所です。神の教示を受け、聖女キアーラが信仰生活を送った「サン・ダミアーノ教会」は城壁外に位置しています。

もっと知りたい！ アッシジの街の最高地点にある14世紀建造のマッジョーレ城塞からは、壁が薄いバラ色に統一された旧市街の全景と緑のウンブリア平原やアペニン山脈までを一望することができます。

プノン・ペン

Phnon Penh

071

所在地／人口 カンボジア王国／約220万人

悲劇の歴史を克服し、近代化が進むプノン・ペン。

ペンの丘にそびえる寺院が名前の由来に

カンボジア東南部、トンレサップ川など４つの河川の合流点の右岸にあるプノン・ペンは、フランスの植民地時代には「東洋のパリ」と呼ばれた美しい街です。

小高い丘の上に白いビルマ式の仏舎利塔がそびえるワット・プノンは1373年建立の最古の寺院で、ペン夫人が川に流れ着いた４体の仏像を祀るため丘の上に寺院を築いたのがルーツで、プノン・ペン（ペン夫人の丘）の由来となりました。1866年にノロダム王によりウドンから遷都され、1953年には独立したカンボジア王国の首都となりました。1975～1991年のクメール・ルージュによる大量虐殺と内戦の悲劇を経て、平和が回復すると、国王が帰国し、王宮へと戻りました。

黄と白の壁に囲まれた王宮には中央に50mの尖塔がそびえるクメール様式の黄金の瓦屋根が美しい即位殿が立ちます。王宮の南側の市内最大級の寺院シルバーパゴダは、床に敷き詰められた5329枚もの銀のタイルと、2000個以上のダイヤを散りばめた黄金の仏像が圧巻です。

トゥオル・スレン博物館はポル・ポト政権時代に多くの市民を収容した元学校の校舎（刑務所跡）で拷問部屋や独房、鎖などが保存されています。キリングフィールドは刑場の跡で、おびただしい数の頭蓋骨などが安置され、人を殺すために使ったキリング・ツリーなどが残ります。

もっと知りたい！ 王宮そばの赤いクメール様式の外観がいかにもカンボジアらしい国立博物館には、プレ・アンコール期の遺品とともに、アンコール遺跡にあったオリジナルの芸術品が展示されています。ライ王（ジャヤヴァルマン7世）座像、横たわるヴィシュヌ神の像、2mもある怪鳥ガルーダ像などは見逃せません。

072

台中（たいちゅう）

Taichung

所在地／人口 台湾（中華民国）直轄市／280万人

高層ビルがそびえる台中市街ですが、中心部を離れると豊かな自然相が広がります。

台湾第2の高峰がそびえる自然境

台中は台湾中部の中心で、新北市に次ぐ台湾第２の大都市です。台中市（省轄市）と台中県が合併して生まれたため、東京都並みに広大な市域を有します。

パイナップルケーキ、タピオカミルクティー、太陽餅などのスイーツ発祥の地でもあり、そのメッカ宮原眼科や、珍名所の虹彩巻村で知られています。

山岳観光の中心の梨山へは、近郊の豊原始発のバスに乗り、谷関温泉から3000m級の高峰群がそびえる中央山脈を横断する山岳道路の東西横貫公路沿線を通ります。

途中、日本統治時代、先住山岳民族が反乱した霧社事件で有名な霧社を経て、中央山脈を横断し、雲の上を標高3275mの道路最高地点で通過。標高1670mの高原リゾート梨山からは雪覇国家公園内にある台湾第２の高峰で富士山よりも高い雪山（3884m／日本時代の次高山）が目の前に。雲海の彼方には世紀の奇峰と言われる大覇尖山（3505m）や中央尖山（3703m）、南湖大山（3740m）などがそびえます。

一方、海岸には海面に逆さに映る幻想的な鏡張り体験ができる「台湾のウユニ塩湖」と呼ばれる高美湿地があり、台中の自然美は世界の都市の中でも随一と言っても過言ではありません。

もっと知りたい！ 台中の都心には、1917年建造の台中駅（2代目駅舎）や台中市政府庁舎、国立台中教育大学など、レンガ造りの日本統治時代の建造物が多く残ります。また、虹彩巻村は路地と家々の壁を90代の老人がカラフルなペンキ絵で塗りたくった近年注目のスポットとして知られています。

073

リューネブルク

Luneburg

所在地／人口 ドイツ連邦共和国 ニーダーザクセン州／約8万人

レンガ造り切妻屋根の商館跡の建物が並ぶ河岸。

“中世の白金”で栄えたハンザ同盟都市

赤紫色のエリカの花が咲く荒野リューネブルガーハイデをたどる観光街道「エリカ街道」を代表するリューネブルクの街は、1000年もの製塩の歴史がある塩の街として有名です。北欧などではニシンの塩漬けに欠かせないことから、当時のドイツではイルメナウ川の水運を利用して、リューベックから「中世の白金」と言われたほど貴重な塩を輸出していました。リューネブルクはその積出港として「塩街道」の起点となっていたのです。

レンガ造りの塩倉庫群が並ぶ河岸には、1332年から塩の上げ下ろしに利用した巨大なアルタークラン（昔のクレーン）が残っています（現在のものは1797年建造）。

そばのアム・ザンデ広場には、ハンザ同盟にも加盟し、塩取引の全盛期だった15〜18世紀に建造された、レンガ造り切妻屋根の美しい商館が並んでいます。

広場の一角には高さ108mのレンガ造りの斜塔がそびえる聖ヨハネス教会があります。そばの高さ56mの給水塔にはエレベーターで登れ、旧市街を眺めるのに最適です。

また、マルクト広場のバロック様式の華麗なファサードを持つ市庁舎は、現存するものではドイツ最大級の市庁舎。旧市街は戦災を免れたので中世のままのドイツが奇跡的に残っています。

もっと知りたい！ 市庁舎隣のハイネの家はハイネがよく訪れた両親の家。バッハ広場のミヒャエル教会はバッハが合唱団員をしていたゆかりの場所。旧市街外れには1980年まで操業していた製塩工場がドイツ塩博物館となっていて、中世の塩造りの様子が見られます。

コンスタンティーヌ

Constantine

所在地／人口 **アルジェリア民主人民共和国 コンスタンティーヌ県／約45万人**

深く切り立った断崖に囲まれたコンスタンティーヌの街。

橋でしか入れない峡谷上の要塞都市

コンスタンティーヌはアリジェリア東部内陸の標高626mの高原にある古都です。紀元前３世紀にヌミディア王国の都となり、ローマ帝国の支配下で当時のコンスタンティヌス帝にちなんだ名がつけられました。19世紀中頃、アルジェリアがフランスの植民地になった際も、コンスタンティーヌはフランス軍を撃退し、最後まで降伏しませんでした。断崖上の街を取り巻くルメル峡谷が難攻不落の天然の要塞となり、吊り橋でしか渡れなかったからです。

峡谷脇にあるコンスタンティヌス１世の像が立つ鉄道駅に降り立つと、目の前が百数十mの峡谷で、直立断崖となった対岸の崖っ淵に５～６階建ての家々がしがみつくように並んでいる光景が見られます。それが３方をルメル川に囲まれた断崖上の街コンスタンティーヌの旧市街で、その南にフランスが建設した新市街が広がっています。駅から中央広場までは長さ120mのペレゴ歩道橋を渡って徒歩15分。地上へはエレベーターで降りることになります。ひとつ北のエル・カンタラ橋はローマ時代の水道橋が起源で、昔はここしか橋がありませんでした。一番北のシディ・ムンド橋は1912年にできた高さ175mもある吊り橋で、高所恐怖症の方は要注意。橋の上からも旧市街の眺めがよいのですが、さらにその上の展望台からは絶景が拝めます。

もっと知りたい！ 黒いベールに白マスクが女性の伝統的衣装ですが、黒いベールは18世紀の太守でモスクや神学校を建てたことから敬愛されているサラ・ベイの喪に服すためと言われます。精巧な模様が描かれた銅盆はここの名産。アバヌ・ラムダマ通りやアクアチ・モステファ通りにいい店があります。パーティ用の金刺繍の民族衣装もよく知られています。

075

ブレゲンツ
Bregenz

所在地／人口 オーストリア共和国 フォアアールベルク州／約3万人

街の背後にそびえる標高1064mのプフェンダー山からの夜景。ロープウエイで山頂まで登れ、市街とボーデン湖の眺めが堪能できます。

湖上舞台の音楽祭で名高い湖畔の街

オーストリア、スイス、ドイツにまたがる540k㎡という広大なボーデン湖に面した風光明媚なブレゲンツは、ドイツとの国境に位置し、湖畔の街リンダウ（ドイツ）とはわずか５kmしか離れていません。

ブレゲンツと言えば、毎年７月下旬～８月下旬に催される音楽祭が有名ですが、オペラやミュージカルが行なわれる舞台のロケーションが劇的です。何とボーデン湖の湖上に設けられ、しかも派手な舞台装飾で演出され、高さ20mもある立体舞台となることもあります。7000席の客席も湖にせり出すように造られ、まさに湖上音楽会。野外オペラは珍しくありませんが、湖上オペラが見られるのはここだけです。

大胆かつ想定外の演出も驚きで、舞台の延長として湖も使用し、登場人物が湖へ飛び込んだり、湖から上がってきたり、モーターボートで去ったり上陸したりすることも。最先端テクノロジーを駆使したカラフルで幻想的なライトアップに、プロジェクション・マッピングと演出も多彩で、ウイーン交響楽団による演奏は客席後ろの建物からという具合です。

２年ごとの出し物が変わり、2021と2022年は『蝶々夫人』です。

もっと知りたい！ 音楽祭の開演は夜なので、それまでは市内観光がオススメ。旧市街にある聖マルティン塔は13世紀の砦の一部で、101段の階段を登ると、旧市街と湖が一望できます。

ネルトリンゲン
Nordlingen

所在地／人口 ドイツ連邦共和国 バイエルン州／約2万人

聖ゲオルク教会の鐘楼塔より。赤い三角屋根の家々がひしめく旧市街を、市壁が円型に町を取り囲んでいます。

唯一の完全な城壁が残る円環都市

ネルトリンゲンは、ローテンブルクやディンケルスビュールと並ぶ「ロマンチック街道３つの珠玉の街」のひとつで、1500万年ほど前にできた隕石による「リースクレーター」の盆地の中に街が形成されています。

13世紀には帝国自由都市としてフランクフルトと並ぶドイツ有数の交易都市でしたが、17世紀に交易の中心が港湾都市に移ったため衰退し、中世のままの石畳の旧市街が残りました。戦災で市の中央のマルクト広場にそびえる1505年建造の聖ゲオルク教会は被災したものの、赤レンガ屋根の旧市街や他の教会群は無傷と、大きな被害を受けたローテンブルクとは命運を分けています。

注目したいのは５つの市門と11の塔が立つ城壁（市壁）で囲まれた旧市街が「円環都市」と呼ばれる直径１kmのまん丸であること。当然、一周４kmの屋根付きの城壁もまん丸で、内側に通路がつけられ、１時間ほどで一周できます。城壁上を完全に一周できるのはヨーロッパでも少なく、ドイツではここだけ。赤瓦屋根の民家と市民の生活が至近距離で垣間見られます。

聖ゲオルク教会の高さ90mの鐘楼塔ダニエルへは350段の階段で登れ、展望台からはまん丸い旧市街の全景が一望できます。息が切れますが、城壁一周と塔上からの眺めは必見です。

もっと知りたい！ マルクト広場には木組みのタンツハウスや神聖ローマ皇帝も滞在したカイザーホーフ・ホテルゾンネがあります。また、ネルトリンゲンは漫画『進撃の巨人』の舞台のモデルとも言われている都市です。

紹興
Shaoxing

所在地／人口　中華人民共和国 浙江省／約500万人

運河を中心に広がる紹興旧市街。世界の三大美酒のひとつに数えられる紹興酒の産地としても有名です。

絶世の美女、西施を生んだ水郷の街

紹興は市内や郊外に大小の運河や水路が縦横に走る水郷で、市街東の水路に八の字に石橋がかかる「八字橋」からは黒瓦・白壁の家並みが美しく、「東洋のヴェネツィア」とも言われます。紹興の出身者は書聖・王羲之や文豪・魯迅、周恩来元首相などですが、楊貴妃、王昭君、貂蝉と並ぶ中国四大美人で、芭蕉も象潟での句にその美貌を詠んだ西施（西子）もそのひとりです。

春秋時代末期、会稽（今の紹興）を都とする越国は、呉国とは「呉越同舟」の故事があるほど仲が悪く、越王勾践は呉に戦いを挑むものの呉王夫差に敗れてしまいます。耐えがたいほど過酷な和解条件を受け入れた勾践は、市の南の会稽山に籠り薪の上に伏して屈辱を思い出し、苦い熊の肝を舐めて雪辱の時を待ち、ついに呉を滅ぼしました。これが「臥薪嘗胆」の故事です。

その成功ストーリーの影には参謀の范蠡が仕掛けたハニートラップがありました。范蠡は紹興郊外の村で絶世の美女西施を探し出し、夫差に妾として献上。夫差はその美貌に溺れて国政や国の守りがおろそかになり、弱体化したのです。

国に戻った西施は、勾践が夫差の二の舞になることを恐れた越王夫人の命で殺害されたとも、范蠡とともに他国に逃亡したとも言われています。

もっと知りたい！　会稽山麓の「蘭亭」は書道家の聖地。東晋代の4世紀の書聖・王羲之が名士41人と杯が流れてくるまでに詩を詠む曲水の宴を催した所です。行書の古典「蘭亭序」（拓本は台北故宮博物院所蔵）はここで書かれました。魯迅紀念館は『狂人日記』や『阿Q正伝』などを著した魯迅の生家です。

プレトリア
Pretoria

所在地／人口 南アフリカ共和国 パグテン州／約55万人

町がにわかに色づくのは、9～11月にかけて。街路樹のシャカランダの花が一斉に咲き、街中が紫のトンネルと化すのです。

春は紫のシャカランダの花に覆いつくされる首都

プレトリアは南アフリカ北部のマハリスバーグ山脈麓にある南アフリカの行政上の首都。

同国においては、立法がケープタウン、司法がブルームファンティーンと3権で首都がすべて異なっているのです。最初に移民したオランダ系を中心とするボーア人（アフリカーナー）が、のちに入植して南アフリカ全体に植民地政府をつくった英国系に対して反旗を翻し、1852年にトランスヴァール共和国を建国しました。その首都が指導者アンドリース・プレトリウスの名を取ったプレトリアです。

市の中心のチャーチ・スクエアには、クルーガー国立公園に名を遺すトランスヴァール共和国初代大統領ポール・クルーガーの像が立ち、フランス・ルネサンス様式の旧南アフリカ連邦議事堂や裁判所などが置かれています。

近くには時計台の32の鐘が時を告げる市庁舎もあります。東部の小高い丘に立つ赤色砂岩で造られた新古典建築のユニオンビルは大統領官邸兼政府庁舎で、黒人で初めて大統領になったネルソン・マンデラが就任演説をした場所。世界一大きなマンデラ氏の像がそびえ、町を見守っています。

もっと知りたい！ ファールトレッカー（開拓者）記念碑は丘の上に立つ高さ41mの巨大な立方体の建造物で、独立国家を勝ち取ろうとしたアフリカーナーたちの血と涙の歴史をレリーフにしており、ズールー族との戦闘を刻んだレリーフも見られます。また、1886年建造のヴィクトリア様式のメルローズハウスは、アフリカーナー側が負けた第2次ボーア戦争の和平条約調印の地です。

カルロヴィ・ヴァリ
Karlovy Vary

所在地／人口 チェコ共和国 カルロヴィ・ヴァリ州／約5万5000人

テプラー川沿いの温泉街にはパステルカラーのロココ調のホテル、ペンション、レストラン、カフェなどが並びます。

皇帝や楽聖らも湯浴みした名湯

ドイツ国境近くのボヘミア西部で、ヨーロッパ屈指の名湯が発見されたのは14世紀のこと。神聖ローマ皇帝カール４世が鹿狩りの際、湧き出る湯で鹿が傷を癒しているのを見たことがきっかけだったと伝わります。そのため、温泉のドイツ語名カールスバートとは、「カールの温泉」の意となりました。

カルロヴィ・ヴァリの湯は、肝臓病、胃腸病、糖尿病に効能があるとされ、18～19世紀には高級温泉保養地となり、マリア･テレジア、エリザベート皇后（シシィ）、ロシアのピョートル大帝、ビスマルクら皇帝、政治家から、ベートーベン、バッハ、モーツァルト、ショパン、リスト、ドヴォルザーク、楽聖、ゲーテ、シラーら文豪までヨーロッパ中の有名人が滞在しました。

カルロヴィ・ヴァリでの湯治は飲泉が主。列柱の大回廊のムリンスカー・コロナーダ、ドームが印象的なサドヴァ・コロナーダ、カール４世にちなむトルジニー・コロナーダなど10数か所の飲泉場があり、直径30㎝ほどの大きな温泉せんべい（ウエーハス）を食べながら陶器の専用カップで湯を飲みます。もちろん入浴施設も設けられています。

もっと知りたい！ 温泉街のグランドホテル・プップは1907年建造の老舗高級ホテル。チェコ名物の薬草酒ベヘロフカはカルロヴィ・ヴァリが本場です。

080

ティヴォリ

Tivoli

所在地／人口 イタリア共和国 ラツィオ州／約5.7万人

枢機卿イポリート・デステによって建設されたヴィラ・デステ。

ローマ近郊の3つの壮大なヴィラ（邸宅）

ローマの東30kmほどにあるティヴォリはローマより200m以上も高い丘の上にある渓畔の緑豊かな小都市です。この町には広大なヴィラ（邸宅）が３つもあり、そのうち２つは世界遺産に登録されています。

有名な「ヴィラ・デステ」は1549年に教皇争いに敗れた枢機卿イポリート・デステが高台にある修道院を改築。川から地下水道を引き込んで、4.5haという階段式の広大な庭園に百噴水やオルガン噴水など客人を驚かすため趣向を凝らした大小500の噴水を配したものです。

同じく街の中にあり、教皇グレゴリウス16世が1835年に造った「ヴィラ・グレゴリアーナ」は、森の中を渓流が流れ、落差100mの青く澄んだ滝グランデ・カスカータなど、大小の滝がある広大な庭園の中にローマ円形劇場や紀元前のシビラ神殿が立っています。

６kmほどローマ寄りにある「ヴィラ・アドリアーナ」は、賢帝と呼ばれた14代皇帝ハドリアヌスが２世紀の初めに広大な帝国の属領視察の際に魅了されたアテネの彩色列柱廊のポイキレやエジプトの運河（カノプス）などの建造物30余を原寸大に再現させた1.2km²もの広大な邸宅。ほかにも大テルメや多くの浴場、宮殿、劇場、図書館など、２世紀のローマと出会えます。

もっと知りたい！ 車窓展望が素晴らしい景勝区間が欧州には150ほど選定されているものの、ナポリからローマを経てフィレンツェまでのイタリア中央部には1本もありません。唯一の例外がローマからティヴォリ方面の線だけ。バス利用が99%以上ですが、ティヴォリへは列車がベスト。右手に渓流が続き、丘の上に街が見え始めたときの美しさは息を飲むほどです。

カイルアン

Kairouan

所在地／人口 チュニジア共和国 カイルアン県／約20万人

イスラム教の開祖ムハンマドの同志アブ・ザマ・ベラウィを祀るシディ・サハブモスク。

アフリカ最初のモスクが建てられた聖都

カイルアンはウマイヤ朝代の7世紀に築かれ、9～10世紀にはアグラブ朝の都となったアフリカ最古のイスラム都市で、チュニスの南160kmのアトラス山脈東端に位置します。ケロアンとも呼ばれます。3.2kmの城壁で囲まれたメディナ（旧市街）には、672年の建立で9000㎡の広大な敷地をもつアフリカ最古最大のグラン・モスクが立っています。中庭の400本の柱や馬蹄型のアーチは圧巻。3段になったミナレットからアフリカ大陸で初めて礼拝の時間を知らせるアザーンが流れたモスクということで、カイルアンはメッカ、メディナ、エルサレムと並ぶイスラム教の四大聖地に数えられています。

新市街にあるシディ・サハブ（聖なる友人）モスクはイスラム教の開祖ムハンマドの同志で聖人のアブ・ザマ・ベラウィを祀るもの。専属理髪師でもあったのでムハンマドの顎鬚を持参していて、顎鬚も一緒に埋葬されました。イスラム教徒にとっては仏歯に相当する神聖なもので、イスラム教の四大聖地となったのもうなずけます。中庭を取り巻く回廊の列柱、アラベスク模様のタイルが敷かれた床、繊細な透かし彫りやレリーフの天井とすべてが筆舌に尽くしがたく、イスラム建築で最も美しい最高傑作と讃えられています。

もっと知りたい！ 中世世界そのままのメディナにあるスーク（市場）はチュニジア随一と言われます。新市街には水不足を解消するため、862年に数十km先から水を引いた直径100mの丸い貯水池があります。これは当時では世界最高水準の技術だとされています。

嘉義（かぎ）

Chiayi

所在地／人口 台湾（中華民国）直轄市／約27万人

嘉義公園の射日塔。阿里山神木をモチーフにデザインされた、嘉義市の新ランドマークです。

阿里山の檜を日本内地に運んだ登山鉄道起点の街

南はすぐ熱帯という北緯23度27分の北回帰線下にある嘉義は、高雄、台南に次ぐ台湾南部第３の都市。高鉄嘉義駅そばにはアジア全体の文化を展示する故宮博物院の南部院区（分院）も完成しました。本院と異なるのは、中国だけでなくアジアの芸術文化も紹介していることで、アジアの茶文化や織物、有田焼、高麗青磁、インドの仏像なども展示されています。

日本統治時代に標高2500m前後の阿里山山脈の檜を日本本土に運んだ阿里山森林鉄道(71.9km）は、東京帝大の琴山博士の設計で、1911年の完成。標高差2160mをループとスイッチバックだけで登る驚異の登山鉄道ですが、その起点の街が嘉義です。嘉義駅舎はレンガ造りで次の北門駅は1912年開業当時の木造駅舎を再現しています。そばの阿里山森林鉄路車庫園には当時のミニSLや車両、ターンテーブルが展示されています。

檜意森活村には、修改築された嘉義林場の職員が住んだ日本式木造宿舎29棟が並び、ショップになっています。

1910年に作られた嘉義公園には嘉義神社跡に日本の古建築風の史蹟資料館と展望台になっている射日塔があります。1922年開所の旧監獄も残っています。

もっと知りたい！ 1931年の夏の高校（当時は中等）野球で嘉義農林学校（現・嘉義大学）が台湾代表として甲子園に初出場を果たしました。日本人、台湾人、先住民の混成チームで、エースの呉明捷の大活躍で準優勝。その奮闘は2014年の台湾映画『KANO 1931 海の向こうの甲子園』に描かれ、大学や檜意森活村にはゆかりの品が展示されています。

083

桃園（とうえん）

Taoyuan

所在地／人口 台湾（中華民国）直轄市／約230万人

大漢溪に架かる大溪橋。夜にはライトアップが行なわれます。

大渓老街のバロック建築群

桃園は台湾六大百万都市のひとつ。中心街にある1938年創建の桃園神社（現・忠烈禱（ちゅうれつし））は日本統治時代に台湾全土に造られた200ほどの神社のうちのひとつです。日台断交後に一部の鳥居を除き大半の社殿が破壊されましたが、桃園神社は住民が取り壊しに反対したために破壊を免れ、鳥居、狛犬、本殿、拝殿、社務所、手水所などがそのまま残る日本統治時代の貴重な遺構となっています。

豪商の林家がある板橋（台北近郊）から大漢渓（だいかんけい）の水運を利用しての木材交易で栄えた大渓には清代から日本統治時代に建てられた台湾随一の老街（ラオジエ）（旧市街）の家並みが残ります。

中国家具や独楽（こま）の店が並ぶ木器街の和平路のほか、貴族、豪商、官僚、知識人らが住んだ高級住宅街の中山路には玄関上部に縁起のいい動植物や漢字、ローマ字のレリーフを施したレンガ造り建築が立ち並び華麗かつ壮観です。

また、１階が店で２階が住居の騎楼と呼ばれるアーケードは170年ほど前の清代のもので、当時流行の最先端だったバロック様式で統一され、保存状態も良好です。B級グルメも有名で、硬く作った豆腐の豆干の店「黄日香」など、豆花の店がひしめいています。

もっと知りたい！ 桃園の市域は海岸に近い桃園国際空港から台湾の真ん中の中央山脈までと広く、大渓が起点で1216mの最高地点を通る山岳道路の北部横貫公路沿いには蒋介石元総統の墓所「慈湖」、樹齢2600年の檜の神木22本が残る拉拉山自然保護区、スカイウォークがある小烏来などがあります。

084

厦門（アモイ）

Amoy

所在地／人口 中華人民共和国 福建省／約430万人

福建省南部の九竜江河口付近に広がる厦門の街。

鄭成功が活躍した島は万国建築の博覧会

日本ではアモイと呼ばれる厦門は、本土と橋で繋がれた大きな島で、西南部に高層ビルが立ち並ぶ中心街があり、その沖700mに鼓浪嶼（コロンス）という面積1.7k㎡の小島が浮かんでいます。

1903年ここは共同租界となり、赤レンガ造りの旧日本領事館（現学校）、コロニアル様式の英国、スペイン、オランダなど13か国の旧領事館、別荘などを利用した無数のホテル、レストラン、カフェ、ショップなどが散在し、「万国建築の博覧会」と呼ばれています。

厦門はまた、近松門左衛門の人形浄瑠璃『国姓爺合戦（こくせんやがっせん）』でも有名な民族の英雄で、日本人の母を持つ明の遺臣、鄭成功（ていせいこう）が活躍した地。彼は厦門を根拠地にして清を討つ北伐に出るのですが果たせず、本拠を台湾に移してオランダを駆逐。台南に政権を樹立し清に徹底抗戦した人物です。

鼓浪嶼の中央にそびえる標高92.6mの日光岩は鄭成功が水軍を指揮した要塞と言われます。島の最高地点だけに眼下には亜熱帯の緑の中に立ち並ぶ数百もの洋館群が一望でき、海峡をへだてた厦門の高層ビル群を眺めることができます。

麓にゆかりの品々や資料を展示した鄭成功紀念館があるのをはじめ、海岸には巨大な鄭成功像がそびえ立つなど、今も篤く崇拝されています。

もっと知りたい！ 厦門の沖わずか7kmに浮かぶ台湾の金門島へは船で40分と日帰りが可能です。

オタワ
Ottawa

所在地／人口 カナダ オンタリオ州／約95万人

町の中心を流れるリドー運河。運河が凍結する冬季には、スケート場として利用されます。

世界一美しい国会があるバイリンガルの街

英国領カナダの首都選定は、トロント、モントリオール、ケベック、キングストンの間で激しく争われました。その結果、ヴィクトリア女王が英仏両勢力の境界であるオタワに決定し、オタワは1857年、カナダの首都となりました。

市の代表的見どころのひとつカナダ歴史博物館は、オタワ川対岸のフランス語を公用語とするケベック州ガティーノにあるなど、両都市は一体化。オタワ市民の15%はフランス系ということもあり、オタワ市民は英・仏語のバイリンガルです。

オタワ河岸の高さ50mの丘の上にあり、中央に高さ99.2mの平和の塔がそびえるネオゴシック様式の国会議事堂は、世界で最も美しい国会議事堂のひとつと言われます。搭上からのオタワ川と市街の眺めも絶景ですが、緑が基調の下院議場、赤が中心の上院議場と対照的な内部も、アーチ型天井、大理石の床、カナダの歴史上の出来事が掘り出された壁面に息を飲むことでしょう。

町の中心街を流れるリドー運河（世界遺産）は、人力で開閉される水門が階段状に24も続き、水平部分の7.8kmは冬は全面凍結して世界最長（ギネス記録）の天然のスケートリンクとなります。スケートで通勤する市民もいるという牧歌的な光景も見られる大都市なのです。

もっと知りたい！ 5月中旬には30万株という世界最大級のチューリップフェスティバルが開催されます。国会議事堂では夏の朝10時から黒い長帽子と真っ赤な制服の衛兵交代式が見られ、夜は音と光のショー「ノーザンライツ」が見られます。19世紀から続く市民の台所バイワード・マーケットではビーバーの尻尾のような形の揚げドーナツのビーバーテイルが美味です。

ザコパネ
Zakopane

所在地／人口 ポーランド共和国 マウォポルスカ県／約3万人

ザコパネ独特の三角屋根を持つ木造の家々。

タトラ山麓の独特な木造建築の街

ザコパネはポーランド南部に位置し、スロバキアとの国境をなす2000m級のタトラ山脈北麓の標高750mに広がる山岳・高原リゾートで、冬は冬季五輪候補にもなったウインタースポーツの中心地です。

雪が多いため、ザコパネの住居は独特の急傾斜を持つ三角屋根が特徴で、町や郊外に素朴な木造建築が立ち並びます。高地植物や動物などタトラ山の自然や民俗衣装などを展示するタトラ博物館の別館ヴィラ・コリバも屋根から内装・家具調度まで100％木造で、山荘を思わせるザコパネスタイルの建築。郊外には19世紀建造の高い塔がそびえる木造建築のヤシュチュルフカ教会があります。

標高1136mのグバウフカ山へはケーブルカーで、郊外の1986mのカスプローウィ山へはロープウエイで登れ、タトラ山脈の眺めを楽しむことができます。

また、ポーランド最高峰のリスィ山（2449m）など、タトラの峰々に囲まれた標高1393mの場所にあるモルスキ・オコ湖は、「タトラの瞳」とも呼ばれる深さ51mの澄んだ美しい湖で、一周１時間余りで回ることが可能です。

もっと知りたい！ ザコパネは直接ガラスに描くガラス絵で知られる民芸の宝庫。中世から作られている筒状をした羊のスモークチーズ「オスツィーペック」も名物で、野外マーケットなどで買うことができます。

087

ヴェローナ
Verona

所在地／人口 イタリア共和国 ヴェネト州／人口約26万人

円形劇場アレーナは、かつてのローマ時代に造られた円形闘技場で、紀元30年頃までに完成したと考えられています。

ローマに次ぎ古代ローマの遺跡が多い街

アディジョ河畔に広がる2000年以上の歴史を持つ古都がヴェローナです。ローマ帝国が東西に分裂したあと、５世紀には東ゴート族の王テオドリックがヴェローナに居を構え、中世の12世紀には皇帝派と教皇派の長い争いが、ロミオとジュリエットに象徴される分裂の悲劇を町にもたらします。13～14世紀にはスカラ家、15～18世紀にはヴェネツィア共和国支配下で栄え、ナポレオンのフランスやオーストリア領となったあと、1866年、イタリア王国北部の重要な都市になりました。

ヴェローナは紀元前１世紀から紀元１世紀に造られた古代ローマの遺跡が、ローマに次いで多い「第２のローマ」です。旧市街の中心エルベ広場と隣のシニョーリ広場も古代ローマの公共広場フォルムの跡で、間に立つ368段の階段で登れる高さ84mの時計塔「ランベルティの塔」からは眼下の旧市街の展望を堪能できます。

長径139m・短径110mとローマのコロッセオよりひと回り小さい円形劇場アレーナでは、７月中旬～８月に世界最大規模で音響効果抜群の野外オペラが催されます。旧市街の対岸の小高い丘にある半円形のローマ劇場からは眼下に旧市街が一望できます。

もっと知りたい！ 旧市街を囲む城壁に立つ城門の多くも紀元前1～紀元1世紀の古代ローマ時代に造られたもの。旧市街の入口のボルサーリ門は1層に2つの大きなアーチ、2～3層は6個の小さなアーチがある三層構造の壮大な門。カステル・ヴェッキオ横にはガビ門が立ち、他にレオーニ門など古代ローマの遺跡が多数残ります。

大同
Datong

088

所在地／人口 中華人民共和国 山西省／約300万人

一周することが可能な大同の城壁と、楼閣。

城壁に囲まれた北魏の都

大同は万里の長城で隔てられた中国・内蒙古自治区に接する山西省最北部の都市です。戦国時代に趙国に属した2000年の歴史を持つ古都で、398年から洛陽に遷都する494年まで100年近く鮮卑族が支配する北魏の都「平城」となりました。近郊にある中国三大石窟のひとつ雲崗石窟もこの時代に彫られたもの。「大同」となるのは1048年、遼代の副都になってからのことです。

旧市街を取り巻く一辺2kmの正方形の城壁は明代のもので、崩れかけていたものを完全に修復し、4か所の壮大な城門、見張り塔、砲塔も再現されています。

和陽街にある九龍壁は明の太祖朱元璋の第13子の屋敷の照壁（目隠し壁）として1392年に完成したもの。陶磁器製で、青・緑・黄・朱・紫の5色の瑠璃瓦で造られ、9匹の龍が浮き彫りにあしらわれました。長さ45.5m・高さ8m・幅2mと、北京の故宮、北海公園のものを含む3つの九龍壁のうち、最古かつ最大の規模を誇ります。

遼代の1062年創建の上華厳寺の大雄宝殿は、遼・金代では中国最大の木造建築物。下華厳寺にある31体の遼代の塑像のうち、ふっくらとした面持ちの合掌露歯菩薩は遼代の傑作と言われます。また、ほかに五龍壁がある善化寺、木造朱塗り3階建ての鼓楼が伝わります。

もっと知りたい！ 黄土高原が広がる南近郊には「空に懸かる寺」こと懸空寺があります。北魏後期の創建で金龍峡谷の山崖の地上60〜90mの高さに多くの堂宇を建て、桟敷で繋いだもの。「馬の尻尾3本で空中に吊るす」と讃えられる天下の奇景と言われます。遼代1056年建造の木塔寺は、高さ67m・直径30mの八角形をした5層の木造仏塔で、現存するものでは世界最古最大です。

080

ペーチ

Pecs

所在地／人口 ハンガリー バラニャ県／約16万人

クリスマスのライトアップが行なわれるセーチェーニ広場。奥に見えるのが、かつてのガーズイ・カシム・パシャモスクです。

オスマンの雰囲気漂うモスクの街

クロアチアとの国境に近いハンガリー南部にあるペーチは、オスマン帝国時代のモスクやミナレットが残る街。同時に４世紀のローマ帝国属領時代のキリスト教墓地が発見されたことから「ペーチの初期キリスト教墓所」として世界文化遺産にも登録され、さらにユダヤ教のシナゴーグもあることから、多宗教・多文化が交わる都市として2010年には欧州文化首都にも選ばれています。

印象的なのは、物見櫓の付いた城壁と石の砦に囲まれた四角い旧市街のど真ん中にあるセーチェーニ広場に、16世紀建造の高さ28m・直径18mの巨大ドームがそびえる旧ガーズイ・カシム・パシャモスク（現カトリック教会）が周囲を圧するように立っていること。その西の城壁にはミナレットが立つヤコヴァーリ・ハッサンモスクがあります。パシャメミ（トルコ風浴場）も残り、まるでトルコの街にいるかのような錯覚に陥ります。

旧市街西北の広場前には４つの塔をもつハンガリーで最も古い11世紀建立の大聖堂が立ち、真下にはペーチがソピアネと呼ばれていた４世紀のローマ属領時代の壁や天井が石で組まれたキリスト教礼拝堂跡があり、壁画や地下墓所のカタコンベも見ることができます。

もっと知りたい！ イスラム色が濃いのは、1526年に近くのモハーチの戦いで敗れ、160年ほどオスマン帝国領となっていたから。その前には1367年にハンガリー最初の大学が創立され、今も2万人が学ぶ学生の街でもあります。

チェスケー・ブジェヨヴィツェ

Ceske Budejovice

090

所在地／人口 チェコ共和国 南ボヘミア州／約10万人

ブジェミスル・オタカル２世広場。噴水の背景には市庁舎が見えます。

バドワイザーのルーツとなったビールの都

チェスケー・ブジェヨヴィツェは、プラハの南170kmの南ボヘミアにある、ピルゼン（プルゼニュ）のピルスナーとともにチェコの２大ビール銘柄のブドヴァイゼル・ブドヴァルの生産地。このビール名産地の名にあやかってできたのが米国のバドワイザー（ブドヴァイゼルの英語読み）と言われています。

ビール造りは13世紀からの歴史があり、神聖ローマ皇帝専用醸造所となったことも。今も郊外にビアホールも併設されたチェコ唯一の国営ビール工場があり、見学も可能です。

旧市街中央のブジェミスル・オタカル２世広場は133m四方の正方形をした、中世のものでは欧州最大級の広場。周囲には３つの塔がそびえる市庁舎や聖ミクラーシュ大聖堂など18世紀のアーケードを持つバロック＆ルネサンス建築が立ち並びます。広場に面した高さ72mの黒塔は1577年の建造で、360段の木の階段を登った展望台から広場の全景が一望できます。広場脇にある16世紀創業の細長いビアホール「マスネー・クラーミー」も有名です。

広場へは、プラハからチェスキー・クルムロフへ行くバスも寄る鉄道駅からわずか徒歩５分と近く、アクセスが容易です。

もっと知りたい！ チェスケー・ブジェヨヴィツェのチェスケーとは、バスで50分の有名な世界遺産チェスキー・クルムロフのチェスキーと同様、「チェコの」という意味。チェコ東部のモラビア地方にもモラヴスクー（モラビアの）・ブジェヨヴィツェと言う同名のブジェヨヴィツェがあり、それと区別するためにこの名称となりました。クルムロフも他国にもあります。

091

ウダイプル

Udipur

所在地／人口 インド ラージャスタン州／約60万人

ウダイプルのシティパレス。増改築が繰り返されたことでラージャスタン最大の宮殿となりました。

湖畔と湖中に白亜の宮殿が立つ街

16世紀、ラージプート（今のラージャンスタン州）諸族がムガル帝国に恭順の意を示すなか、メーワール王国だけは服属を拒絶。そのため、国王ウダイ・シング2世はアクバル帝にチットールガルを包囲され猛攻を受けることとなります。ウダイ・シング2世はムガル帝国軍を何度も撃退しましたが、ついに力尽きてチットールガルは落城。都を遷したのが、「湖の都」、また白い街並みから「ホワイトシティ」と呼ばれる標高762mの高原の街ウダイプルでした。

王はここに人造湖をいくつも造って水を確保し、再びムガル帝国に反抗して大半の王国領を奪回。その後の英国領時代もメーワール王国だけが唯一独立を守り通したので、藩王の称号マハラージャに対し、マハラーナ（武王）と称しました。

ピチョーラー湖に面したシティパレスは、代々のマハラーナが増築を繰り返したため、湖沿いの南北450m・東西240mという、現存するものではラージャスタン州最大の白亜の宮殿となりました。今でも宮殿南側の一角はマハラーナが住んでいますが、宮殿内は見学可能で、屋上から湖を一望することができます。また湖中に浮かぶ小島は白亜の大理石で造られたレイクパレス（離宮）で、今はインドでも一番人気の高級ホテルに生まれ変わりました。

もっと知りたい！ ピチョーラー湖北岸の山の頂には雨季の湖水氾濫に備えて建造した離宮モンスーンパレスが立ち、眼下にピチョーラー湖とその北のファテー・サーガル湖、ウダイプル市街の大パノラマが広がります。

092

ウェリントン
Wellington

所在地／人口 ニュージーランド 北島／約38万人

1902年に開業した、中心部と丘の上に広がる住宅地ケルバーンを結ぶケーブルカー。丘の上からはウェリントンの街並みが一望できます。

海山の大自然の中に市街が広がる首都

ニュージーランドの中心に位置するウェリントンは、北島最南端のクック海峡を挟んで南島と向かい合い、湾口が狭い湾であるポート・ニコルソンの奥にある天然の良港です。海と山に囲まれた丘陵状の市街が南北に細長く続いています。ウェリントンはワーテルローの戦いでナポレオン１世を破ったウェリントン侯爵にちなんだ名称で、1865年にオークランドから遷都され首都となりました。中心街のケントテラスから30分で標高196mのヴィクトリア山に登ることができます。マオリ語では「マタイ・ランギ（空を見る場所）」と言い、見張り所でもあったので、展望台からは眼下に高層ビルが立ち並ぶ市街と港の大パノラマが広がります。港ぞいに東に歩けば、10分もしないうちに自然の海岸に出られるという、他の首都には真似できないほど恵まれた海山の自然の豊かさには驚かされます。

文化と芸術の街としても有名で、長さ14mの全土の航空写真や世界最大のダイオウホウズキイカの標本、マオリ集会所、25mの戦闘用カヌーなどを展示するテ・パパ・トンガレワ国立博物館は世界最大級。映画の街としても知られ、ヴィクトリア山、国立博物館やリージョナルパーク、チョコレートフィッシュカフェなどは、映画『ロード・オブ・ザ・リング』のロケ地となりました。

もっと知りたい！ ウェリントンはCNNでベスト8に選ばれたほど有名なコーヒーの町で、ニュージーランドやオーストラリアが発祥とされるエスプレッソマシーンで作るフラットホワイトが人気です。

静岡
Shizuoka

093

所在地／人口 日本 静岡県／約70万人

日本平からの茶畑と富士山の眺め。

富士の眺め日本一の県庁所在地

静岡市は静岡県の県庁所在地で、東京から180.2km、名古屋から185.8kmと、ちょうど真ん中に位置します。

近年、港町の清水などと合併して政令指定都市となったことで市域が拡大。同時に、以前から日本一とも言われた眼下の清水港と駿河湾を前景とした日本平からの富士（最近、日本平テラスが完成）に加え、その眺めと双璧と言える薩埵峠（さったとうげ）からの駿河湾と東名高速道路＆国道１号線越しに見える富士、世界遺産「富士山」の構成資産でもある三保の松原からの富士と、２つの好展望所が加わり、最強の富士展望都市となりました。

一方都心において、最も手頃な富士展望スポットは、駿府城隣の無料で登れる静岡県庁新庁舎展望室です。ここからは真正面に浮かぶ富士を拝むことができます。

ほかにも在原業平（ありわらのなりひら）の『伊勢物語』に出てくる古東海道の難所である宇津ノ谷峠からの富士があり、ひとつの都市でアングルを変えたさまざまな富士を見られるのは静岡だけでしょう。家康が余生をここで過ごしたのも富士の眺めのためかもしれません。

もっと知りたい！ 幕末、明治政府に降伏し、謹慎した徳川慶喜の住居跡である静岡駅前の料亭・浮月楼、巨大な堀と石垣が残り、一部の櫓や城門が復元された駿府城址、家康が幼少期を過ごした今川家の菩提寺・臨済寺、家康を祀る久能山東照宮（国宝）、地名となった賤機山麓の静岡浅間神社、弥生時代の登呂遺跡、庭園がみごとな東海一の古刹清見寺など、静岡市内は見どころが尽きません。

リューベック
Lubeck

094

所在地／人口 ドイツ連邦共和国 シュレースヴィヒ・ホルシュタイン州／約22万人

リューベックのソルト・ストレージ・ウェアハウス。

正式名は「ハンザ都市リューベック」

バルト海で獲れたニシンをリューネブルクの岩塩で塩漬けにしたり、ノルウェーのベルゲンに設けたリューベックの商館を通じてタラを売却するなど、バルト海と北海の交易を独占し、14〜17世紀の300年間栄えたハンザ同盟の盟主となったのが、「バルト海の真珠」と称えられるリューベックです。その繁栄の跡はトラヴェ川と運河に囲まれた楕円形の旧市街に残っています。

旧市街の入口のホルステン門は聖マリア＆ペトリ両教会の尖塔をバックにした円錐形双塔の城門で、中はハンザ同盟にちなむ街の歴史と全盛期の1650年の市街模型を展示した博物館になっています。右手の川沿いには輸出用の岩塩と塩漬けニシンを保存した５棟の塩倉庫が並びます。旧市街の中心マルクト広場にある1159年創建の市庁舎は、暗褐色をしたドイツで最も壮麗なゴシック・ルネサンス建築で、100都市以上が加盟したハンザ同盟の会議が行なわれたハンザホールがあります。

北に500mのレンガ造りの船主組合の家は1535年にギルドの館として建造されたものです。その東の1280年建造の聖霊救護院はハンザ商人の利益で造った欧州最古の福祉施設です。そばのメンク・シュトラーセや付近の通りにはかつての有力ハンザ商人の館が残っています。

もっと知りたい！ 船主組合の家は現在はリューベックで一番有名な北ドイツ料理のレストランでラプスカウス（コンビーフとポテトの料理）と赤ワインのロートシュポンが名物。塩をフランスに運んだ帰りにボルドーワインを持ち帰ったら熟成して本場よりおいしくなったそうです。天井から船の模型が下がり、船具が飾られた雰囲気も最高です。

開封(かいほう)
Kaifeng

095

所在地／人口 中華人民共和国 河南省／約550万人

開封の夜景。

宋の都時代は「東京」と呼ばれた街

昔から中国の中心である中原に位置する街で、黄河がすぐ北を流れます。戦国時代の魏、五代の後梁、後晋、後漢、後周と宋（北宋）、金の都となったことから七朝古都と呼ばれます。

運河で江南の諸都市と結ばれ、「天下の要会」として発展したのは「東京」と呼ばれた宋（960～1127年）の首都時代で、11～12世紀は100万人を超す大都市となりました。その空前の賑わいは『清明上河図(せいめいじょうがず)』に描かれ、『東京夢華録』に記されています。『水滸伝(すいこでん)』もこの街が舞台です。

当時の建造物や遺跡は黄河の氾濫で街が完全に沈んだため、ほとんど残っていません。

宋代の開封を偲ばせるものは市のシンボルである鉄塔と繁塔の２本の舎利塔のみ。鉄塔は1049年創建の開宝寺の高さ55m・八角形13層のレンガ塔で、黄河氾濫で塔の基部８mが埋まっています。

外部の瑠璃瓦が褐色であることからこの名がつきました。細かい部分の瑠璃瓦には精巧な飛天や伎楽、菩薩、花、人物などが彫刻されていて、北宋代の瑠璃瓦彫刻芸術の傑作と言われます。高さ36.7m・六角３層と塔にしては随分ずんぐりした繁塔は977年建造の現存する最古の建造物。こちらも基台部分の６層までが地中に埋まり、顔を出しているのは３分の１ほどです。

もっと知りたい！ 城壁に囲まれた旧市街は清代のものですが、湖や池が5分の1を占める水の都なので夜景が美しいのも魅力。鼓楼市場での中国随一の夜市は宋代から続くもので夜も楽しめます。歴代王朝の王宮があったとされる龍亭公園や全身金箔の千手千眼観音がある相国寺、宋代の街並みを再現した宋都御街と清明上河園も訪れてみたい場所です。

オーフス
Arhus

096

所在地／人口 デンマーク王国 中央ユトランド地方／約28万人

国立野外民族博物館に再現された中世の街並み。

野外博物館のルーツとなった街

オーフスは酪農品の輸出港となっている天然の良港で、デンマーク第２の都市です。ユトランド半島東岸に位置しています。2017年の欧州文化首都に選ばれましたが、その理由は、次の３か所を訪れることで浮かび上がってくるでしょう。

８世紀にはヴァイキングが入植し、要塞化していますが、それよりはるか前の紀元前３世紀の鉄器時代に生きた「クラウベールマン」が、泥炭地のなかから発見されています。この人物の遺体は泥炭地で埋もれたために腐食せずに完全な姿で残っていたことで有名。800〜1050年のヴァイキング時代の発掘物と共に郊外のモースゴー先史博物館で見られます。

世界中にある野外の民家博物館の元祖がデン・ガムレ・ビュ（旧市街）国立野外民俗博物館。1550〜1900年建設の建物をデンマーク中から集め、中世の街並みとしています。古時計修理店、靴屋などで、単に建物を保存するだけでなく、当時の服をまとったスタッフたちが暮らしぶりを忠実に再現。パン屋は昔からの技法でパンを焼き売っているなど職人芸も見られます。

現代アートでは10階建ての北欧最大級のアロス・オーフス美術館が話題。屋上に虹を配したガラス張り円形の通路があり、高さ4.5m・500kgのかがむ少年巨大像が必見です。

もっと知りたい！ オーフスには、世界100大学のひとつで、コペンハーゲン大学と並ぶ双璧のオーフス大学があり、4万4000人が学ぶ学生の街でもあります。

097

長春（ちょうしゅん）
Changchun

所在地／人口　中華人民共和国 吉林省／約750万人

吉林大学医学部の校舎として使用される、旧満洲国国務院。

旧満洲の日本の建造物に出会える街

吉林省の省都である長春には旧満洲国の首都の新京（しんきょう）という過去があります。驚くのは1932年の満洲国建国時に日本が建造した巨大なレンガ造りの官公庁や商業ビル数十棟がそのまま残り、大学、病院、銀行などに転用されていること。日本の都市は戦災で崩壊しましたが、旧満洲は空襲を免れたからです。

長春駅前の春誼賓館（チュンイーホテル）は満鉄経営の大和ホテルでしたし、人民大街（旧大同大街）沿いの吉林省共産党委員会の建物は関東軍司令部、中国人民銀行は満洲中央銀行本店でしたので、さながら日本近代建築の博物館のような様相を呈しています。さらに日本の中三井百貨店も残っています。

平行する新民大街（旧順天大街）には、日本の国会議事堂そっくりの満洲国国務院、治安部、司法部、経済部、交通部、民生部など、「八大部」と呼ばれる日本が建造した官庁だった建物が並び、今は大半が吉林大学医学部などとして利用されています。

高台に立つ偽満皇宮博物館には、清朝のラストエンペラー愛新覚羅溥儀（あいしんかくらふぎ）が満洲国皇帝として政務と日常生活を送った和洋中折衷の館が３つ並びます。豪華なシャンデリアが下がり、当時の満洲皇帝の日常がマネキンや写真でわかるようになっています。

もっと知りたい！　現在の長春は吉林大学や東北師範大学など30近くの大学が集まる文教都市で、満映（満洲映画製作所）の流れをくむ長春電影制片廠があったり、長春映画祭などが行なわれたりと、映画・演劇のメッカになっています。高速列車や自動車製造でも名高い重工業都市でもあり、ポプラやライラック、桃などの街路樹が美しい緑いっぱいの街でもあります。

098

アユタヤ

Ayutthaya

所在地／人口 タイ王国 アユタヤ県／約82万人

アユタヤ王朝の都が置かれていたアユタヤ遺跡。

男装の王妃ゆかりの仏塔も立つ古都

バンコクの北80kmにある、周囲を川と運河で囲まれた東西７km・南北４kmの島が、1351年にウートン王が築いた都アユタヤの旧市街です。

大型船も遡行できる大河チャオプラヤー川の水運を利用し、中国、日本、中東、ヨーロッパとの貿易でやがて全盛期を迎えました。歴代王が建造した400もの黄金に輝く寺院群にヨーロッパ人は驚嘆しましたが、400年以上も栄えた東南アジア最大の国際貿易都市も1767年のビルマ（現ミャンマー）の攻撃で廃墟になってしまいます。日本やヨーロッパでは馬に跨っての戦いが一般的でしたが、タイの場合、戦士が乗ったのはゾウ。19代王がゾウに跨り、一騎討ちでビルマの王子を破った勝利を記念した仏塔が今も残りますが、その２代前の王妃シースーリョータイのために建てられた仏塔は悲劇を象徴するものです。1549年、ビルマの侵略を迎え撃った際、「白象王」こと17代チャクラパット王のゾウが倒れ、王は命の危機に。そこに割って入ったのが女性の戦闘参加は禁じられているため男装をしてゾウに跨った王妃でした。これにより王は助かりましたが、王妃は非業の死を遂げてしまいます。そこで愛の証と勇気を讃えて建てたのが王妃の名を冠した金色のチェディ（仏塔）・シースリョータイだと伝わっています。

もっと知りたい！ 一時は朱印船貿易や傭兵として戦った日本人が2000～3000人も住んでいた日本人村は、島東南のチャオプラヤー川東岸にあったとされます。この日本人町に登場した山田長政は王から官位を与えられるほど活躍したと伝わります。

タリン
Tallinn

099

所在地／人口　エストニア共和国 ハリュ県／約48万人

タリン旧市街の中心にある市庁舎と聖ニコラス教会。

IT国家の首都はメルヘンの街

「バルト海のシリコンバレー」と呼ばれ、Skypeを開発した世界最先端のIT国家エストニアの首都タリンは、13世紀初めにデンマーク王がこの地に築いた街を起源とし、その名は「デーン人の街」という意味を持ちます。

13世紀末にはハンザ同盟に加盟。ドイツ騎士団やスウェーデンに支配されましたが、ロシアとドイツを結ぶ港町として繁栄の時代を迎えました。

その後、ロシア支配を経て1918年に独立を果たし、エストニアの首都となります。ナチス占領を経て戦後はソ連領となりますが、1991年に再度独立してエストニアの首都になりました。

東西800m・南北900mのタリン旧市街は、２つの城門と赤いとんがり屋根の塔20からなる長さ２km弱の城壁で囲まれ、城下町のローワータウンと城がある山の手のトームペアに分かれます。高さ24mの丘トームペアには、ドイツ騎士団が建てた、歴代支配者の居城で、高さ50mの塔がそびえるトームペア城が立ち、そばの展望台からは城下町を一望できます。

城壁外に広がる新市街にはヴィル広場から東南にIT企業やホテル、大型ショッピングセンター、デパートなどの高層ビルが立ち並ぶビジネス・ショッピング街が広がっています。

もっと知りたい！　高さ20m・直径5mの円筒状の北門は囚人の世話をした太った女性に由来する「太っちょマルガレータ」、城下町の中心に立つ旧市庁舎の塔は「トーマスおじいさん」、ファサードが女性的な3つ並ぶ建物は「三人姉妹」と、それぞれニックネームがあることから、タリンは「メルヘンの街」とも言われます。

タンペレ

Tampere

100

所在地／人口 フィンランド共和国 ピルカンマー県／約22万人

「北のマンチェスター」と呼ばれたタンペレ。右に見えるのが、サルカニエミ公園の展望塔。

2つの湖に挟まれた森と湖の街

面積の半分が湖沼という、フィンランド東部の大サイマー湖水地域ほどではありませんが、タンペレのある中部も多くの湖が散在する湖水地域です。街はナシ湖とピュハ湖に挟まれ、両湖をつなぐタンメルコスキ川が市街中央を流れます。

タンペレは両湖の水位差18mを利用した水力発電によって紡績などで北欧随一の工業都市に成長し、「北のマンチェスター」と呼ばれました。かつては北欧最大の工場だった、レンガ造りのフィンレイソン工場は、文化施設やレストランとして残ります。今も川沿いは製紙パルプ工場から世界的IT企業に発展したノキアの工場跡が残っています。

森と湖に囲まれた美しい街は、ピューニッキ展望台、ナシ湖に面した高さ168mの北欧２番目に高いサルカニエミ公園の展望塔、または駅前のソコスホテルトルニ最上階（25階）のスカイバーのいずれかに登ると一望することができます。

多くの日本人のお目当てはタンペレホール内にできたムーミン美術館。トーベ・ヤンソン作の『ムーミン』の原画やスケッチ、物語の名シーン、オブジェなど、ムーミンに関するあらゆる品々を展示しています。しかも日本語の文字・音声解説もついている優遇ぶりです。

もっと知りたい！ フィンランド第3の都市タンペレは市内のあちこちに公衆サウナがあることで有名。駅から西へ2.5kmのピスパラにあるラヤポルッティ・サウナは1906年建造の市最古の公衆サウナで今も現役です。

101

ブレーメン

Bremen

所在地／人口 **ドイツ連邦共和国 ブレーメン州自由ハンザ都市／約57万人**

ブレーメンのマルクト広場。左がブレーメン市庁舎、左の二つの尖塔がそびえる建物が大聖堂。

中世以来の「自由ハンザ都市」の称号を守る街

ブレーメンは外港のブレーマーハーフェン（「ブレーメンの港」の意）とともに２市だけで１州を構成する特異な街です。司教座が置かれた８世紀後半からの長い歴史を持ち、ハンザ同盟には14世紀に加盟。リューベック、ハンブルクと共にリーダー格になりました。「自由ハンザ都市」の称号もハンブルク（ここも１市で１州）とブレーメンだけという特別扱いで、今もハンザ同盟の伝統が生きているのです。

ブレーメンの町はヴェザー川河畔にあり、中世の城壕の内側に旧市街が広がります。ハーナウから始まるメルヘン街道の終点でもあり、旧市街の中心マルクト広場には、ロバ、イヌ、ネコ、ニワトリの「ブレーメンの音楽隊」の像と、コインを入れるとそれらの声が聞こえるマンホールの蓋があります。マルクト広場には北ドイツ特有のヴェーザー・ルネサンス様式のファサードを持つ市庁舎が立ち、ドイツで最も美しい市庁舎と言われることも。地下のワイン貯蔵庫を利用したブレーマーラーツケラーも人気です。前に立つ中世ハンザ都市の伝統を守る勇士ローラント像は高さ5.5mと巨大。98.5mの双塔がそびえる聖ペトリ大聖堂は、1042年創建のドイツ最古の教会のひとつで塔上からの広場の眺めは必見です。

もっと知りたい！ シュノーア街は15～16世紀のハンザ同盟最盛期の中世の街並みが残る1角で、狭い路地にアンティークやハンドクラフトの店、ギャラリー、カフェが並ぶ楽しい場所です。

102

テトゥアン
Tetouan

所在地／人口 モロッコ王国 タンジェ・テトゥアン・アルホセイア地方／約32万人

北アフリカの町でありながら、アンダルシア風の街並みが広がるテトゥアン。

スペイン色が強い“モロッコのアンダルシア”

モロッコ最北端にあり、8世紀末からモロッコとイベリア半島の中継点として栄えましたが、1492年にイベリア半島最後のイスラム王国ナスル朝の首都グラナダが陥落すると、アンダルシア地方に住んでいたイスラム教徒やユダヤ人たちは難民となってジブラルタル海峡を渡りテトゥアンへ至りました。彼らは5kmの城壁を築き、新たに街を造り上げました。それは建物も路地も真っ白いアンダルシア風の街並みで、白壁の一部にカラフルなペイントがされた建物もあり、「モロッコ風アンダルシア」と呼べるものでした。

メディナ（旧市街）には、特産の麦わら帽子、木工、織物、陶器、パンなど職種別青空市場のスークが入り組んだ路地のそこかしこに広がり、目印となる主要道がないので迷路の街として有名なフェズよりも迷いやすい構造です。地図は役に立たず、ホテルに戻るのもひと苦労です。1912年にモロッコの大部分はフランスの植民地となりましたが、テトゥアンを含むモロッコ北部だけはスペイン領に編入され、翌年、スペイン領モロッコの首都がテトゥアンとなりました。モロッコは1956年にスペインから独立しますが、こうした過去から今でも多くの市民がスペイン語を話し、地名にもモロッコでは一般的なフランス語ではなく、スペイン語の併記も見られます。

もっと知りたい！ テトゥアンはジブラルタル海峡に臨むスペインのアルヘシラスや英領ジブラルタルからフェリーと路線バスで1時間半なので簡単にモロッコの世界遺産の街が見られるとして人気です。しかもフェズやマラケシュのように観光化されていない穴場で、旧市街のスークでは地元民の人々の生活が垣間見られます。

103

フランクフルト

Frankfurt am Main

所在地／人口 ドイツ連邦共和国 ヘッセン州／約76万人

フランクフルトの夜景。マイン川に架かるアイゼルナー・シュテークと超高層ビル群。

マイン川の両岸に広がる芸術都市

フランクフルトは、４つの100万都市（ベルリン、ハンブルク、ミュンヘン、ケルン）に次ぎドイツで５番目に大きな都市で、ライン川の支流マイン河畔に市域が広がります。

日銀やＥＵの欧州中央銀行に当たるドイツ連邦銀行、欧州２位規模の証券取引所などが集まる国際金融都市であり、国際見本市（メッセ）でも有名。フランクフルト国際空港も世界最大級のハブ空港と、経済大国ドイツの中心と言えるでしょう。

高さ337.5mのオイローパタワーや257mのメッセ塔などドイツの他の大都市ではあまり見られない超高層ビルが林立しているのも珍しく、円筒形の200m・56階建のマインタワーの屋外展望台（198m）からは超高層ビル街やマイン川などが一望できます。

芸術の街としても名高いのは、戦前の旧市街模型がある歴史博物館、彫刻のリービックハウス、近代芸術美術館、映画博物館、建築博物館、交通博物館など数十軒もの美術館や博物館などがマイン川両岸に軒を連ねているから。その様は「博物館岸」とも呼ばれるほどで、欧州屈指のシュテーデル美術館には、フェルメールの『地理学者』やディッシュバインの『カンパニアのゲーテ』をはじめ、レンブラント、モネ、セザンヌ、ピカソなど10万点が所蔵されています。

もっと知りたい！ マイン川に架かる橋アルテブリュッケやアイゼルナー・シュテークからの眺めは、「ザ・フランクフルト」と言われるほど。神聖ローマ皇帝の選挙と戴冠式が行われたドーム（大聖堂）の塔からは旧市街が一望できます。ここから戴冠式の祝宴が開かれた旧市庁舎レーマーまでは「王の径」と呼ばれます。

104

ゴスラー

Goslar

所在地／人口　ドイツ連邦共和国 ニーダーザクセン州／約5万人

木組みの建物がひしめくゴスラーの街並み。

銀で栄え、皇帝も居住した木組みの街

ゴスラーは、ホウキに乗って魔女が酒盛りをしたというハルツ山麓にある木組みの家並みで有名な街です。ゴスラー旧市街とともに世界遺産に登録されたランメルスベルク銀鉱山の銀が神聖ローマ帝国の財政を支え、11～13世紀には皇帝も居住し、帝国会議も開かれるなどドイツの中心となりました。その後、自由都市となったゴスラーは、ハンザ同盟にも加入するなど15世紀に全盛期を迎えます。

16世紀に鉱山を奪われてから急速に衰退しますが、戦災も軽微だったため当時の建造物や家並みが奇跡的に残りました。楕円形の旧市街には1500棟の木組みの建物がひしめき、その１割は16世紀以前に建てられたもので、傾いたり、中央がたわんでいる建物も。ホテル・ツァ・ベーゼ、ブルストゥーフなど、木彫りが見事な木組みが多く、壮大なバロック様式のジーメンスハウスなど多彩な木組みの建物を見るのがこの街の楽しみ方と言えるでしょう。

中心のマルクト広場にはお尻から銀貨を出す小僧像があるギルド会館（現ホテル・カイザーヴォールト）、壁や天井にぎっしり絵が描かれた「信奉の間」が見ものの市庁舎、銀鉱山の歴史を演じるからくり人形で人気のグロッケンシュピールなど、全盛期の建物が立ち並びます。

もっと知りたい！　旧市街外れにはドイツ最大の皇帝居城や大聖堂の玄関だけ残ったドーム玄関ホール、土牢などがあります。郊外には1988年まで掘り続けられたランメルスベルク鉱山の遺構があり、水車や水路、トンネル、巻き上げ櫓など、中世の坑内や敷地を見学できます。

105

オーデンセ

Odense

所在地／人口 **デンマーク王国 南デンマーク地方／約21万人**

メルヘンの世界が広がるオーデンセのパステルカラーの街並み。

アンデルセン童話を育んだ街

オーデンセは、グリム童話と並び誰もが一度は読んだことのあるアンデルセン童話の作家、ハンス・クリスチャン・アンデルセン（1805〜1875年）が生まれ、14歳まで過ごした街です。

アンデルセンは15歳の時、オペラ歌手や舞台役者を目指してコペンハーゲンへ出ました。芸能関係では芽が出ませんでしたが、大学で学んだあと、１年半近くのヨーロッパ旅行に出たことが転機となります。イタリア滞在中に書いた小説『即興詩人』で文学の才能が認められた彼は、その後は童話の創作に勤しむようになりました。そして母親の貧しかった少女時代をモデルにしたという『マッチ売りの少女』や『人魚姫』『みにくいアヒルの子』『親指姫』『裸の王様』など、多くの創作童話を生み出していくのです。

アンデルセンが２歳から14歳まで過ごしたオーデンセの家は、中に入るとすぐに父親が靴修理の仕事場にしていた裏庭に出てしまうほど小さなものです。近くの川では母親が洗濯婦をしていました。少し離れた生家はクリーム色の美しい家並みのなかにあります。隣接したガラス張りのアンデルセン博物館に童話の原稿や手紙、日記、趣味の切り絵、世界100か国近くの言葉に翻訳された童話本などが展示され、ミニシアターでは童話が上映されています。

もっと知りたい！　オーデンセの旧市街にはアンデルセンの銅像や童話をモチーフにした彫像が十数か所に散在しています。童話『赤い靴』ゆかりの聖クヌッド教会、童話作品に影響を与えたとされる刑務所、病院など、アンデルセンの足跡が随所に残ります。また、オーデンセの栄誉市民を授与された市庁舎の前にはアンデルセンの座像が立っています。

オスロ
Oslo

106

所在地／人口 ノルウェー王国 エストラン地方／約70万人

ユニークなビルが建ち並ぶオスロのビジネス街。

歩いて回れるこじんまりとした首都

オスロは、南をオスロフィヨルド最奥部に面し、３方を山に囲まれた港町で、市域の４分の３が森と田園という自然豊かな首都です。1048年、ヴァイキング王により街が建設され、13世紀末にはオスロは首都となりましたが、16世紀にはデンマークの支配下に。1624年の大火ののちクリスチャン４世が再建し、王の名にちなみクリスチャニアと改名しますが、1925年の完全独立後にオスロに戻りました。

中央駅から東西に延びるメインストリートのカール・ヨハン通りを経て、衛兵交代セレモニーが人気の突き当たりの王宮までは徒歩で20分。途中に大聖堂、オスロ大学、ムンクの『叫び』（油彩画）がある北欧最大級の国立美術館、国立劇場などが点在します。帰りは海沿いに。欧州最大級の壁画、ノーベル賞授与式会場の市庁舎、『アナと雪の女王』のモデルとなったアーケシュフース城、真っ白な大理石とガラスを多用しスロープで屋根まで上れる国立オペラ劇場と巡り、中央駅まで40分ほど。計１時間で回れるコンパクトな都市でもあります。『叫び』（パステル・テンペラ画、リトグラフ）や『マドンナ』があるムンク美術館、野外に『おこりんぼう』などヴィーゲランの彫刻群が見られるフログネル公園は市街の外れにあり、足を伸ばすことも可能です。

もっと知りたい！ 対岸にありフェリー利用が便利なオスロの博物館群はユニーク。３隻のヴァイキング船が見られるヴァイキング博物館、アムンゼンの世界最初の南極点到達に使ったフラム号博物館、木造では世界最古の教会などを全国から移築したノルウェー民俗博物館、漂着実験をしたイカダ船のコンチキ号博物館、海洋博物館が集まっています。

107

ガルミッシュ・パルテンキルヘン

Garmisch-Partenkirchen

所在地／人口 ドイツ連邦共和国 バイエルン州／約3万人

ツークシュピッツェの麓の町ガルミッシュ・パルテンキルヘン。

歩かずに登れるドイツ最高峰の麓の町

ガルミッシュ・パルテンキルヘンは、ミュンヘンの南100kmのドイツ（バイエルン）アルプス山中にある山岳&スキーリゾートです。ドイツ最高峰のツークシュピッツェ（2962m）麓にあってその雄姿を間近に見ることができ、山々を愛したリヒアルト・シュトラウスがここで『アルプス交響曲』を作曲しました。

長い地名は２つの街が合併したため。1936年のオリンピック冬季大会を開催するには、パルテンキルヘンは町の規模が小さ過ぎました。そこで時のナチス政権は隣接するガルミッシュと合併させて開催都市基準をクリアしたのです。駅の東側が当時のスキーやスケート会場が残るパルテンキルヘン地区、西側がクーアパークや旧教会があるガルミッシュ地区となっています。

ツークシュピッツェにはガルミッシュ・パルテンキルヘン駅から出る登山電車とロープウエイを乗り継ぐと、何と全く歩かずに登れてしまいます。その国の最高峰、しかも3000mの高峰に歩かずに登れるのはここだけです。オーストリアとの国境にある山頂駅に着くと、ドイツ、オーストリア、イタリア３国のアルプスの白銀の峰々が果てしなく続く、絶景が待っています。スイスに勝るとも劣らぬアルプス美を堪能できる街なのです。

もっと知りたい！ ガルミッシュ・パルテンキルヘンからインスブルック（オーストリア）まで160kmのアルプス越えの山岳鉄道は、トーマスクック編集部選定の欧州車窓展望ベスト10の絶景区間。途中、アルプス山中のバイオリン造りの街ミッテンヴァルトがあります。また、西のロイッテ方面へ向かう列車もツークシュピッツェを目の前に始終眺められる穴場の絶景路線です。

108

アビラ
Avila

所在地／人口 スペイン王国 カステーリャ・イ・レオン州／約6万人

堅固な城壁に囲まれたアビラの町。夜はライトアップも行なわれます。聖女テレサの伝説が息づく街です。

中世の完璧な城壁が今も残る高原都市

マドリードからサラマンカ方面行き列車に乗ると左車窓に万里の長城のミニ版のような城壁が続く街が見えてきます。マドリードの西北約120kmの標高1150mに広がる高原の街アビラです。城壁はレコンキスタによるアビラ奪回後のイスラム教徒の侵入を防ぐため、11世紀末にアルフォンソ6世が築いたもの。東西900m・南北450mの長方形の旧市街を囲むもので全長2.5km・高さ12m・厚さ3mもあり、9つの門と88の半円形塔が25mおきに立つという難攻不落の城壁です。保存状態がよく中世の城壁がほぼ完全な姿で残っているのはきわめて珍しいケースと言えるでしょう。

城壁上はほぼ一周できますが、通路が狭いうえ、12mと高低差もかなりあります。

高さ20mの2つの塔がそびえるアルカサル門やサンビセンテ門がある東側は特に堅牢で、両門の間の城壁に接したカテドラルは城壁も兼用し、内側正面から見ても要塞のような外見です。

北側の城壁は一転して下は緑の芝生、南側の城壁の下部は岩山と合体しています。西側城壁外の高所にあるクアトロ・ポステス見晴らし台からは、街を完全に取り囲む城壁の大パノラマが広がり、アビラの全貌を楽しむのに最適です。

もっと知りたい！ アビラは「聖人の街」としても有名。聖テレサは16世紀に修道院改革に乗り出し、厳冬でも裸足で歩くなど戒律を厳しくしてアビラをカトリック信仰の拠点にし、「裸足の修道女」と呼ばれました。生誕の部屋が伝わるサンタテレサ修道院、最初に設立したサンホセ修道院、27年間暮らしたエルカナシオン修道院など、ゆかりの名所が城壁内外に残ります。

109

フィラデルフィア

Philadelphia

所在地／人口 アメリカ合衆国 ペンシルベニア州／約160万人

フィラデルフィアの高層ビル群。

かつては全米最大の都市で首都だった米国発祥地

米国東海岸のニューヨークとワシントンD.C.の間にある米国第6の大都市です。河港になっている大河デラウエア川とスクーキル川の間に碁盤目状の市街が広がります。フィラデルフィアとはギリシャ語で「兄弟愛の街」を意味します。

18世紀に河港を利用して全米の交易の中心となり、北米最大の都市になりました。そのため、トマス・ジェファーソンやベンジャミン・フランクリンら13の植民地代表が集まっての1776年の独立宣言もこの街の州議事堂で行なわれました。今は独立記念館となり、隣には宣言朗読の時に打ち鳴らされた独立と自由のシンボル「自由の鐘」があります（ともに世界遺産に登録）。新首都ワシントンD.C.が建設されるまでの1790～1800年には米国の首都でした。

今は美術館が多く、ゴッホの『ひまわり』のほか、ピカソやマティスなど20万点以上の美術品を所蔵するフィラデルフィア美術館やルノワールの作品コレクションで知られる印象派中心のバーンズ財団美術館、ロダン美術館など、質量ともにアートの街とも言えます。また、フィラデルフィア美術館前の72段の階段は映画『ロッキー』の舞台としても有名です。階段を駆けのぼり、ガッツポーズを決める人をよく見かけます。

もっと知りたい！ 建国当初の街並みが残るのは石畳道にレンガ造りの職人たちの家が並ぶエルフレス小径。市街を一望するには270m・57階建ての市内最高所であるワン・リバティ展望台へ。

110

ミラノ
Milano

所在地／人口 イタリア共和国 ロンバルディア州／約140万人

エマヌエーレ２世のガレリアは、1865年から1877年の間に建設されたアーケードで、ミラノスカラ広場へとつながっています。

ミラノコレクションの街は芸術の宝庫

パリと並ぶ世界最先端のファッションと芸術の街ミラノは、高級ブティックと美術館が中心街に集中しているので、両方に興味がある方も短時間に交互に訪れることができて便利な街です。

間口92m・奥行158m・高さ108mもある世界最大級のゴシック建築ドゥオーモは、14世紀から多くの芸術＆建築家が500年もかけて建造したもの。白大理石の壁や屋上には、上に聖者・使徒をのせた大小135もの尖塔が林立し、まるで繊細なレース細工のような外観をしています。そのドゥオーモ正面の「エマヌエーレ２世のガレリア」は十字形をしたアーケードで、ガラス張りドームや床のモザイク模様の美しさで知られます。グッチやプラダなど高級ブティックが並ぶガレリアを通り抜けると、世界三大劇場のひとつとも言われる1788年建造のミラノスカラ座に出ます。

ミッソーニ、ミラ・ションなど高級ブティックが並ぶミラノ・モードの中心モンテ・ナポレオーネ通りや、マンテーニャの『死せるキリスト』、ラファエロの『マリアの結婚』、ジョヴァンニ・ベリーニの『ピエタ』などがあるブレラ美術館、ミケランジェロの『ロンダニーニのピエタ』で名高いスフォルツェスコ城はいずれもエマヌエーレ２世のガレリアから歩ける範囲に収まっています。

もっと知りたい！ アルプスが一望できるミラノは金融の街でもあり、商工業などイタリア経済の中心。また、西ローマ帝国やイタリア王国の首都にもなった古都としての顔もあります。世界遺産のダヴィンチの大壁画『最後の晩餐』が見られるサンタマリア・デッレ・グラツィエ教会も徒歩圏内にあります。

グダンスク

Gdansk

所在地／人口 ポーランド共和国 ポモージェ県／約46万人

靄のかかるグダンスク旧市街。時計塔は市庁舎のもの。

復元したものとは思えぬ重厚な旧市街

10世紀に成立し、ハンザ同盟都市として16～17世紀に最盛期を迎えたポーランド随一の港湾都市グダンスクは、第２次世界大戦末期、ナチス・ドイツの重要拠点だったため、独ソ戦で市街に壊滅的被害を受けました。しかし、復興に当たってグダンスクの市民は、街を戦前のままに復活させることを決意。石畳の道に石造建築がぎっしり並ぶ旧市街が、市民の手で中世のままに奇跡的な復活を果たしたのです。ワルシャワの旧市街広場は一目で新しく再建したものとわかりますが、グダンスク旧市街の14～17世紀の建造物群はどれも黒っぽく重厚な感じが演出されており、一目見ただけではとても復元とは思えません。

旧市街の入口を守るのは城壁の一部になっていた２重の門。最初の門は通路が低くて狭く、名とは正反対の「高い門」をくぐると、ルネサンス様式の「黄金の門」が現れます。こちらは高く広い門で、アーチ状の通路から、王の道と呼ばれる旧市街のドゥーガ通りと旧市街中央に高さ82mの塔がそびえる旧市庁舎まで見渡すことができます。貴族の邸宅に囲まれた旧市街の中心のドウーギ広場を経て裏門の緑の門から外に出ると、19世紀まで客船の波止場（旧港）だった運河が目の前に。両岸は15～16世紀の古い倉庫群で荷揚げ用の世界最大の木造クレーンが今も残ります。

もっと知りたい！ グダンスク観光では、レンガ造りで世界最大のゴシック教会である聖マリア教会（14世紀創建）も必訪。奇跡的に戦災を免れたステンドグラスがあり、小さくエレガントな王室礼拝堂が隣接します。高さ78mの尖塔上からの旧市街の眺めもよく、水面に影を映す7階建ての大製粉所も14世紀の建造です。

112

ワルシャワ

Warszawa

所在地／人口 **ポーランド共和国 マゾフシェ県／約180万人**

王宮広場。首都をワルシャワへ遷したポーランドのジグムント３世の記念碑を中心に、旧王宮（右）などの建物が広場を囲んでいます。

ピアノの詩人ショパンの街

ポーランドの首都ワルシャワは、５年に一度催される世界最高峰の国際ピアノコンクールに名を冠するまさにショパンの街。子供の頃に暮らした付近の宮殿、貴族の邸宅など、クラクフ郊外通り周辺には、ショパン（1810～1849年）にちなむ名所・旧跡が集中しています。

ショパンが幼い頃の遊び場としていたサスキ公園、８歳の時に初めてピアノの演奏をした大統領宮殿、高校生の時にミサでオルガンを弾いて初恋の人にも出会えたヴィジトキ教会、1826～1829年の間に学んだワルシャワ音楽院（現ショパン音楽アカデミー）、よく通った喫茶店で外観は当時のままの現カフェ・テリメナ、作曲に専念したチャプスキ宮殿（現ワルシャワ美術大学）など、枚挙にいとまがありません。

ショパン博物館には最後に使ったピアノや楽譜、手紙などがマルチメディアを駆使して展示され、聖十字架教会には本堂左の石柱下にショパンの心臓が安置されるといった具合で、まさにショパンづくしの街です。

また市街南部にある水上宮殿が立つワジェンキ公園では、巨大なショパン像の前で５月中旬～９月の日曜の12時と15時からショパンコンサートが開かれます。

もっと知りたい！ ワルシャワの西54kmにある田園地帯の田舎の村ジェラゾヴァヴォーラにはショパンの生家があります。ショパンは度々訪れ、ポプラ並木の自然、民謡の旋律マズルカやポロネーズを取り入れて名曲のイメージを楽想しました。蔦に覆われた田舎家の生家にはいつもショパンの曲が流れ、夏季の日曜にはピアノコンサートが開かれます。

113

ラバト

Rabat

所在地／人口 モロッコ王国 ラバト・サレ・ケニトラ地方／約58万人

断崖上に築かれたウダイヤのカスバ。

海と川の天然の要害に築かれた首都

12世紀、ムワッヒド朝３代のマンスールは、西側が海に面した絶壁という天然の要害となっているブー・レグレグ河口左岸に、川を除く３方にムワッヒドの城壁とアンダルシアの城壁を巡らしたメディナ（旧市街）と城塞（ウダイヤのカスバ）を築き、都としました。これがラバト（「駐屯所」の意）です。白と青に塗分けられた街並みが美しいカスバのテラスからは大西洋と対岸の街サレの眺めがよく、アルハンブラを模したウダイヤ庭園もイスラム庭園の傑作とされます。

さらにマンスールはメディナの外の川べりにサマラ（現イラク）のモスクを凌ぐ高さ80m以上の世界一のモスク造りに着手。その死により未完の塔となりましたが、それが高さ44mのハッサン塔です。今は塔と200本の支柱のみが残ります。都はフェズに移りますが、1912年にフランスの保護領モロッコとなると首都に返り咲き、1956年に独立すると引き続きモロッコ王国の首都になりました。

独立を成し遂げた国民的英雄が前国王のムハンマド５世で、その廟がハッサン塔の隣に建てられました。緑の三角屋根と化粧漆喰、イスラムタイルで装飾された外壁の白が衛兵の赤い制服にマッチし、天井の透かし彫り細工とステンドグラスから漏れる光が神秘的な空間を演出します。

もっと知りたい！ フランスが20世紀前半に造った新市街の一角にあるのが最初の支配者古代ローマの遺跡シェラ。塁壁に囲まれた中にローマ時代の浴室や邸宅の跡、凱旋門などが残ります。また、メディナから南に延びるムワッヒド朝代の塁壁の途中にも保存状態のいいルワー門が残っています。

114

クラーゲンフルト

Klagenfurt am Worthersee

所在地／人口 オーストリア共和国 ケルンテン州／約10万人

夕暮れのヴェルター湖。桟橋からは定期船が出ています。

美しく青きヴェルター湖畔の街

スロベニアとの国境に近いオーストリア南部のケルンテン州の州都クラーゲンフルトとウィーンを結ぶ幹線は、世界遺産のセンメリング鉄道区間も通る景勝路線です。ウィーンから330km、特急で約４時間でヴェルター湖の北岸に面したクラーゲンフルトに着きます。

ヴェルター湖は周囲50km・東西16km・南北1.5km・面積19k㎡と細長い湖。深さは85mもあり、美しく青く澄んでいて夏は水泳も楽しめます。

そのため北岸にはリゾートが発展し、一番右からクラーゲンフルト、グンムペンドルフ、ブラームスが恋人と過ごしたペルチャッハ、ルネサンス様式の城館やカジノがあるフェルデンなどのリゾートが等間隔で並んでいます。

市の中心から西へ４kmほどでヴェルター湖の湖畔。市営水泳場のほか、ピサの斜塔や大阪城など世界中の建造物150を縮小したミニマンドゥスが人々の目を楽しませます。

青く染まりそうな湖水が広がる桟橋からは定期船が出ていて、美しい教会がそびえるマリアヴェルトや、標高880mの高地に高さ54mの展望塔が立つピュラミーデンコーゲルなどの景勝地が多い南岸へのアクセスも容易です。

もっと知りたい！ 四角形の旧市街中央には市であるシンボルの伝説の竜の像が立つリンドヴルムの泉や17世紀の市庁舎があるノイアー広場があり、その北のアルター広場の周りには高さ72mの塔から旧市街が一望できる聖エギド教会や、中世の兵器庫がある州庁舎が立っています。そのほかにも旧市街には大聖堂や州立博物館などがあります。

115

大連（だいれん）
Dalniy

所在地／人口 中華人民共和国 遼寧省／約620万人

大連の中山広場前のロータリー。日本統治時代の建築が今も現役で使われています。

市内に日露戦争の激戦地203高地が

遼東半島南端にある中国第2の港町・大連では、租借地としたロシアがパリを模して多くのロータリーを中心とした街造りを行ないました。そのロシアとの日露戦争に勝利し、大連を得た日本がそれを継承。日本統治時代は大広場と称した中山広場のロータリーには旧横浜正金銀行（現中国銀行）、旧大連ヤマトホテル（大連賓館）、旧大連市役所（中国工商銀行）が並んでいます。近くには東洋一の大病院だった旧大連満鉄病院（大連大学付属中山医院）があり、その南には日本人高級住宅街の南山路があります。上野駅を模した大連駅前には旧大連三越百貨店（秋林女店）があり、戦前の日本が残ります。

日露戦争最大の激戦地が、今は大連市となった旅順です。旅順軍港は湾口わずか272mという天然の良港で、ロシアの太平洋艦隊は中に籠って出てきませんでした。日本軍は船を沈めて湾口を塞ぐ作戦が失敗したため、港を見下ろす小山を占領して艦隊を砲撃することにしました。しかし、そこには堅固なロシアの要塞が待ち受けていたため、攻略に当たった日本陸軍部隊は屍の山を築くばかり。それでも乃木将軍に率いられた日本軍は5か月かけてようやく203高地を占領し、その後の攻防でようやく要塞は陥落しますが、日本軍の死傷者は6万にも達しました。

もっと知りたい！ 旧満洲の入口の大連へは戦前は大阪から定期船も運航していました。「北海の真珠」と呼ばれ、夏涼しく、冬も比較的暖かい大連は日本人が最も愛した街でした。旧日本橋（勝利橋）を渡るとレンガ造りのロシア建築が並ぶロシア人街と国際色も濃厚です。

ケベック

Quebec

116

所在地／人口 カナダ ケベック州／約53万人

ケベックの古い街並みとシャトー・フロンテナック。

フランスよりもフランスらしい街

1608年、フランスはセントローレス川が最も狭まるケベック（先住民語で「狭い水路」の意）に城塞を築き、街を建設。現在のトロント以東のカナダ東部を支配するヌーベル（新しい）・フランスの首都としました。

戦いに敗れ英国領となってからも、ロウワーカナダ（ケベック州以東）の首都に。今でも北米唯一の城塞都市でフランス風の可愛い街並みが広がります。

住民の９割がフランス系でフランス文化の発祥地であるケベック（市）は北米で最もフランスの歴史・伝統・文化を感じる特異な街です。カナダの公用語は英仏両語ですが、州ごとの公用語もあり、唯一フランス語のみが公用語なのはケベック州だけです。ケベック市では旅行者と接する市民以外に英語はあまり通じません。

しかも今はフランスで話されていない古いフランス語も残っていて、フランスよりもフランスらしい街と言われています。シタデル（城塞）を守る第22連隊の指揮はカナダ軍で唯一フランス語で行われ、車のバックナンバーにも「私は忘れない」とのフランス語があります。フランスからの移民の子孫であることと、フランス語を忘れないという意味が込められているのでしょう。

もっと知りたい！ 川に面したロウワータウンは街の発祥地。北米最古のショッピングモールで欧州調のプチ・シャンプラン通りがあります。断崖上のパリ・モンマルトルを彷彿とするトレゾール通りがあるアッパータウンには壮大な城館のようなホテル・シャトー・フロンテナックがそびえ、その前は川とホテル一望の700mの板敷き歩道、テラス・デュフランがあります。

クライストチャーチ

Christchurch

所在地／人口 ニュージーランド カンタベリー地方／約40万人

クライストチャーチのカテドラルスクエア。

英国よりも英国らしい街

南島中部にある南島最大の都市クライストチャーチ。その名は、入植者の多くがオックスフォード大学のクライストチャーチ出身だったために付けられました。市の中心部の西半分を日比谷公園の16倍と広大なハグレー公園が占め、一角の植物園には250種のバラと１万種の植物が栽培されています。ほかにも市内には700以上の公園があって、街そのものが公園といった趣から「ガーデンシティ」と呼ばれています。

1975年までカンタベリー大学の校舎だったアートセンター、1867年の開所で巨大鳥やマオリ文化を展示したカンタベリー博物館、そして2011年の大地震で崩壊した街のシンボル大聖堂など、中心街にネオゴシックの建物が立ち並ぶことから、「英国よりも英国らしい街」と言われます。市電も1800年代の車両が走るほどで、19世紀が息づいている街なのです。

この英国情緒を味わうにはカンカン帽をかぶったエドワード朝の衣装に身を包んだ船頭があやつるパント舟で清流のエイヴォン川を下るのが一番。中心部をＳの字を描くように大きく蛇行して流れているので、上にあげた名所の大半が左右に展開。両岸の緑が川面に映るのを眺めながらゆったりとしたひと時を優雅に過ごすのがクライストチャーチの最適観光法です。

もっと知りたい！ 2011年の地震で崩壊した大聖堂は2027年には再建の予定。現在は折り紙構造により50年は持つという三角形をした紙の教会が日本人の坂茂氏によって仮設されています。祭壇の十字架も紙で、ステンドグラスはキリスト教と先住民マオリ文化を融合したデザインになっているのが斬新です。

ヴィテルボ

Viterbo

118

所在地／人口 イタリア共和国 ラティオ州／約7万人

旧市街の石造りの街並みにより中世の趣を感じるのは、他の街と異なり、当地産のペペリーノというグレイがかった岩で造られているからです。

教皇が住んだ保存状態のよい中世の街

ローマの北70km、列車で2時間のヴィテルボは、紀元前のエトルリア文明の中心地で、13世紀前後には多くのローマ教皇がこの街に移り住み、「教皇の街」として発展しました。7つの城門を持つ城壁で囲まれた旧市街は、教皇宮殿、貴族の邸宅、教会、塔、広場、民家など中世の街並みの保存状態がイタリア一と言っていいほどよく、知る人ぞ知る穴場の街になっています。

街が一望できるサン・ロレンツォ広場には12世紀創建のロマネスク建築で、青い天井ドームとモザイク床が美しい大聖堂と2重の細い柱と無数の彫刻で飾られたゴシック様式の回廊が優美な教皇宮殿（1261年建造）がそびえます。教皇選出の選挙の際に行なわれるコンクラーヴェの発祥もここで、次期教皇がなかなか決まらないため、選挙する枢機卿たちを1室に閉じ込め鍵をかけた（鍵がかかった＝コンクラーヴェ）のが語源に。その部屋ロッジアも見学が可能です。

旧市街南部のサン・ペッレグリーノ地区は路地が迷路のように入り組んだ一角に職人が多く住んでいます。外階段や道の上に渡り廊下を設けている家、美しいバルコニーがある家が多く、その他、塔状家屋、円天井のある家などユニークな街並みに、訪れる人は13世紀にタイムスリップしたかのような錯覚を覚えることでしょう。

もっと知りたい！ 大噴水広場のイタリア有数の噴水や、収穫祭には水ではなくワインが出るピアノ噴水など、噴水は旧市街の随所にあります。プレビシート広場のプリオリ館の中庭にある噴水からは街が一望できます。

119

カウナス

Kaunas

所在地／人口 リトアニア共和国 アウクシュタイティヤ地方／約35万人

カウナスの中心部広場に面して立つ旧市庁舎(右)。左は1720年に建てられたイエズス教会。

“東洋のシンドラー”杉原千畝ゆかりの古都

13世紀にドイツ騎士団から守る城壁が築かれたのが始まりで、15世紀にはハンザ同盟都市として栄え、1919年にソ連に併合されると一時ヴィリニュスに代わり首都にもなったのが、リトアニア第2の都市カウナスです。

この街にはひとりの感動的な日本人外交官の物語があります。

第2次世界大戦開始直後の1940年、ドイツ占領下のポーランドから膨大な難民がリトアニアに流入。多くがユダヤ人で、連日カウナスの日本領事館に日本の通過ビザを求めて押しかけました。クリスチャンでもあった代理領事の杉原千畝(すぎはらちうね)は、人道的正義感から、本国の訓令を無視して、数千人のビザを発給し続けました。領事館が閉鎖されると、ホテルに移って続行。列車がカウナス駅を離れる瞬間まで「命のビザ」を書き続けたのです。列車の窓から差し出される多くの手に向けて発せられた「許してください。私にはもう書けない！」は、映画にもなった有名な言葉です。

カウナス駅と滞在したメトロポリスホテルには、杉原を顕彰する記念プレートが設置され、旧日本領事館は杉原千畝記念館となりました。執務室の机の上にはタイプライターや万年筆、写真入りビザの実物などが展示されています。

もっと知りたい！ カウナスの石畳の旧市街には、58mの塔がそびえる「白鳥」と呼ばれる白亜の旧市庁舎、13世紀のドイツ騎士団の侵攻などでとんがり帽子の塔と城壁の一部だけが残るカウナス城、赤レンガ造りゴシック様式のペルクーナス邸（現図書館)、カウナス大聖堂、聖ニコラス教会など多くの見どころがあります。

120

チュニス
Tunis

所在地／人口 チュニジア共和国 チュニジア県／約75万人

旧市街は「メディナ」と呼ばれ、白い壁の家々が密集するなかに、グランドモスクがそびえています。

フランス風街並みと世界遺産のメディナ

チュニスは古代フェニキア人が建て、ローマ帝国と地中海の覇権を争ったカルタゴ近郊の街で、13世紀にはカイルアンに代わってハフス朝の都となり、以来、19～20世紀のフランスの保護国時代、さらに1956年の独立以後もずっとチュニジアの首都であり続けました。

2つの湖に挟まれた市街の中央を東西に貫くのは、中央が街路樹の遊歩道となっている幅50m以上のバビブ・ブルギバ通りで、ホテルやカフェが立ち並び、フランスを彷彿とさせるお洒落な雰囲気が漂います。女性もかぶりもの（ヒシャブ）をせず、酒も飲めるなど、イスラム世界ではどこよりも西欧的な街なのです。

バビブ・ブルギバ通りの続きのフランス通りの行き止まりが、新市街と旧市街の境界のフランス門。この先は世界遺産に登録されている8世紀以来のメディナ（旧市街）となります。路地が縦横に入り組み主要道路以外に入ると迷子になる恐れもあります。メディナ中央に立つのが、698年の建造でチュニジアでは2番目に古いグランドモスクで、柱などにはカルタゴ遺跡の石材が利用されています。カフェなどの屋上はテラスとして開放されていて、メディナの眺めはここからが一番です。

もっと知りたい！ 新市街には13世紀のハフス朝宮殿を利用したバルド博物館があります。「マスク」などカルタゴ遺跡からの出土品やローマ時代のモザイクなどが見もの。世界遺産カルタゴ遺跡は北東15kmの郊外にあり、列車で20分の距離。カルタゴ遺跡とその先にある地中海に面した青と白の街並みが美しい街シディ・ブ・サイトへは日帰りができます。

台北（タイペイ）

Taipei

121

所在地／人口　台湾（中華民国）直轄市／約270万人

2007年まで世界一の超高層ビルだった台北101。

“台湾の別府”の温泉と火山の街

台湾北部の淡水河沿いに広がる台湾（中華民国）の首都。2007年まで世界一の超高層ビルだった台北101や、中国歴代王朝の国宝芸術品・文物を大陸から移送した故宮博物院、夜市、グルメ、足裏マッサージ、台湾式シャンプー、占い横丁などで人気の都市ですが、実は台北にはもうひとつ、無数の温泉が散在する温泉と火山の街という顔があります。

草津の湯畑のような源泉の地熱谷を中心に、温泉街が広がる台湾最大級の温泉街・新北投温泉には、公共露天風呂や北投温泉博物館（日本統治時代の洋館共同湯）があります。

バスに乗って、硫黄の黄色い岩肌と大きな源泉池が広がる硫黄谷、鳳凰谷の地獄風景や一軒宿の温泉を見ながら、眼下の台北の夜景が見事な温泉避暑地・陽明山温泉（443m）に到着。

北に向かうと、台湾八景のひとつで、コニーデの大屯火山群がそびえる陽明山国家（国立）公園内を縫う山岳道路で、冷水抗、馬槽など「温泉街道」と呼ばれるほど温泉が点在する陽明山温泉郷に。台北からは金山行きバスで行くことが可能で、途中の噴気孔地帯の小油抗（805m）からは最高峰の七星山（1120m）に1時間ほどで登れます。

もっと知りたい！　台北の旧市街（旧城内）には、総統府（日本時代の台湾総督府）や台湾銀行本店、司法院、台北市第一高級中学、国立台湾博物館、台北賓館、台大医学学院旧館、監察院など、台湾が日本だった時代の赤レンガ造りの建造物が多く残ります。

エヴォラ
Evora

122

所在地／人口 ポルトガル共和国 アレンテージョ地方／約6万人

エヴォラのジラルド広場。エヴォラの中心で観光案内所や教会のほか、ショップが軒を連ねています。

ローマ、イスラム、キリスト教が同居する都市

エヴォラはリスボンの東130kmにあるアレンテージョ（「テージョ川の彼方」の意）地方の中心都市。紀元前57年には古代ローマの支配下に。さらに8～12世紀はスペインと同様、北アフリカより進出したイスラム王国の領土となったので、城壁に囲まれた石畳の旧市街にはローマ、イスラム、キリスト教（ゴシック、マヌエル、ルネサンス、バロック）の建造物が同居し、不思議な空間を呈しています。

コリント式の円柱がそびえ立ち、ほぼ完全な形で残るディアナ神殿は古代ローマのアウグストゥス帝を祀るためのもの。その隣にはポルトガル独特の青いアズレージョ・タイルの内壁が美しいロイオス教会（15世紀）があります。

エヴォラ大聖堂は、レコンキスタ（国土回復運動）によって町がキリスト教勢力の手に渡った直後の13世紀初めにできたので、ファサードは重厚な石造りでまるで要塞のようです。その後、増築したので、ゴシック、マヌエル、バロックと様式もさまざま。1584年にここを訪れた天正遣欧少年使節団の２人がパイプオルガンの演奏をしています。ここでは屋根にも登ることが可能で、旧市街を一望することができます。

もっと知りたい！ 白壁の家並みが続く旧市街にはほかにゴシックと繊細なマヌエル様式がミックスされたサンフランシスコ教会があり、壁面と柱に埋め込まれた5000体もの人骨に驚かされます。イエズス会の神学校だったエヴォラ大学は巨大回廊と各教室のアズレージョ・タイルが見もの。旧市街では民家と同化した城壁を越えて9kmも延びる水道橋も見逃せません。

123 ジョグジャカルタ

Yogyakarta

所在地／人口 インドネシア共和国 ジョグジャカルタ特別州／約40万人

クラトンとジョグジャカルタの街並み。

マタラム王国の王宮が立ち並ぶ“平和の街”

ジャワ島中部にある「平和の街」を意味するインドネシアの古都ジョグジャカルタは、「ジョグジャ」の通称でも呼ばれます。8～9世紀にジョグジャカルタ周辺にヒンドゥのマタラム国（古マタラム）が都を置き、16世紀末にはイスラムのマタラム国（新マタラム）がジョグジャカルタ市街の銀細工の街コタ・グデなどを都とし、第2次世界大戦後に臨時首都となった経歴から、「インドネシアの京都」とも呼ばれます。市内にスルタンの王宮や離宮が残り、民族衣装のバティック、ワヤンクリッ（人形影絵芝居）、クリス（短剣）が世界無形文化遺産になっており、ジャワの伝統文化と芸術の中心となっています。

1756年建造のクラトン（王宮）は高さ5m・厚さ3mの白い城壁で囲まれた歴代スルタンの居城で、王族の家具調度、肖像画、刀、装飾品などが展示されています。儀式の間では午前中に本場のガムラン音楽が奏でられ、ジャワ伝統舞踊を見ることができます。

タマンサリ（「美しい庭園」の意）は水の宮殿とも呼ばれる離宮で、中央の大きな水浴び場で王家に仕える若い女性たちが沐浴する様子を建物の小窓からスルタンが眺め、床を共にする美女を選んだと言われます。

もっと知りたい！ ジョグジャカルタがインドネシアの臨時首都になったのはオランダからの独立戦争中の1945～1949年の間。王宮北のソノブドヨ博物館はジャワ伝統文化の宝庫で、最上級のバティックやクリスを展示。ワヤンクリッによるヒンドゥ教の2大叙事詩「ラーマーヤナ」や「マハーバーラタ」が上演されます。

124

ヌメア
Noumea

所在地／人口 ニューカレドニア フランス海外県ヌーヴェルカレドニー／約10万人

イタリアの建築家レンゾ・ピアノによって設計されたチバウ文化センター。

リゾートだけでなく、カナック文化と芸術の中心

市内にアンス・バータやシトロン湾などサンゴ礁の美しいビーチが広がるリゾート地ヌメアですが、最大の見どころはメラネシア（黒い島々）の文化・芸術の中心になっている「チバウ文化センター」。チバウとは暗殺されたカナック民族運動の指導者の名です。

広大な丘陵のアップダウンに合わせて湾曲したカナック（メラネシア人）住居の「カーズ」を模した建物が10棟連なっています。

アフリカ産の木で、ニスが不要なイロコと鉄骨を組み合わせた構造で、強風や地震に強い建築です。

呼び物は森の中の散策路をたどると、この世に初めて生を受けた人間の創造を語るパフォーマンスが繰り広げられる「カナックの道」。いきなり、ペニスサック風の白い布をまとっただけの全裸に近いカナックの青年たちが現れ、１～２mの至近距離で無言劇を始めます。

生命の誕生から、精霊が人間にヤムイモやタロイモ造りを教え、家を建てて社会的動物に進化して行く様子、一生を終え再生するまでを音楽や振り付けダンスによって演出します。太古のメラネシア世界に迷い込んだような驚きの体験が味わえます。

もっと知りたい！ ニューカレドニアは本島（グランド・テール島）と森村桂の『天国に一番近い島』で有名になったウベア島などのロイヤルティ諸島からなる面積1万8575.5km²（四国とほぼ同じ）の熱帯の島々。ヌメアではニューカレドニア・ラグーン水族館の「生きた化石」ノーチラス（オオベソオウムガイ）と光るサンゴは見逃せません。

ダニーデン

Dunedin

所在地／人口 ニュージーランド オタゴ地方（南島）／約13万人

1906年に完成した北方ルネサンス様式のダニーデン駅の駅舎。

スコットランドよりもスコットランドらしい街

ニュージーランド南島南東部にある南島第２の都市ダニーデン。1848年にスコットランドからの移民によって建設され、1861年には近郊で金鉱が発見されたのを機にゴールドラッシュが起こると、ニュージーランド最大の都市へと急速に発展しました。今も当時のヴィクトリア朝、エドワード朝様式の建物が多く、ダニーデンとはスコットランドのゲール語で「エディンバラ」を意味することから「南のエディンバラ」とも、「スコットランドよりもスコットランドらしい街」とも言われています。

重厚な石造りのセントポール大聖堂や市議会議事堂が立つ街の中心オクタゴン（「八角形」の意）周辺には、徒歩範囲内に黒い玄武岩に白いオアマル石を配した歴史的建造物が散在します。街のシンボルは何と1906年にできた北方ルネサンス様式の鉄道駅。駅舎内部の天井や壁、床まで繊細なタイル装飾が美しくが飾っています。

また、ゴシック様式の時計塔がそびえる1809年創立のオタゴ大学は、ニュージーランド最古の名門校。同じく名門のオタゴ男子高校の校舎とともに鉄道駅と並んでダニーデンを代表する名建築です。

もっと知りたい！ ダニーデンには、ほかにも56mの尖塔がそびえるファースト教会や18世紀の貿易商のオルヴェストン邸、最近までギネスに世界一の急坂（19度）として載っていたボールドウィンストリート、ラーナック城などがあります。

リンツ
Linz

126

所在地／人口 オーストリア共和国 オーバーエスタライヒ州／約20万人

リンツの中央広場に立つ三位一体のモニュメント。ブルックナー、ベートーヴェン、モーツァルトの音楽家ゆかりの都市です。

3人の楽聖ゆかりのドナウ河畔の街

すったクルミがたっぷり入ったリンツァートルテで有名なリンツは、川幅200mもあるヨーロッパの大河ドナウ川が市のど真ん中を流れる両岸に拡がる街です。

その右岸（南岸）の旧市街には近郊で生まれたブルックナーをはじめ、３人の楽聖が作曲し、活躍した場所が点在しています。

ブルックナーは生家近くの壮麗なバロック様式のザンクト・フローリアン修道院教会で少年合唱団員やオルガン奏者をしたあと、リンツの長さ200mもある欧州最大級のハウプト（中央）広場に面した旧大聖堂のオルガン奏者を長年務めました。ハウプト広場から河畔沿いに東に向かうとブルックナー像が立ち、その先には毎年９～10月にブルックナー音楽祭が開かれる巨大なガラス張りのブルックナーハウスがあります。

ベートーヴェンも弟が住むリンツをしばしば訪れ、交響曲８番を作曲しており、ゆかりの品が河畔の丘に立つ神聖ローマ皇帝フリードリヒ３世の居城・リンツ城博物館で見られます。また、モーツアルトも招かれ滞在した館（現在はモーツアルトハウス）があり、わずか４日間で交響曲36番『リンツ』を作曲。38番の『プラハ』と共に通称のほうが作品名より有名になりました。

もっと知りたい！ 左岸は新市街で、河畔には最先端テクノロジーとアートの殿堂アルス・エレクトロニカセンター、現代美術のレントス美術館などが並びます。

アルジェ

Alger

127

所在地／人口 アルジェリア民主人民共和国 アルジェ県／約220万人

アルジェのカスバの全景。高低差120mの起伏に富んだ地形に建物が建ち並び、1992年には世界遺産に登録されました。

映画の舞台カスバで有名な“北アフリカのパリ”

映画『望郷』『アルジェの戦い』やカミュの小説『異邦人』で有名なアルジェリアの港町アルジェは、1830年のフランス植民地時代に築かれた海岸沿いの「北アフリカのパリ」と呼ばれる新市街と、16世紀のオスマン帝国が城塞として築いた高低差が120mほどもある旧市街カスバから成る街です。

カスバとはアラビア語で「城塞」の意で、アラブの国ではどこでもメディナ（旧市街）の一角にカスバがあるのが普通ですが、アルジェでは旧市街全体のことをカスバと呼びます。眼下に港を見下ろす丘の斜面に家々がへばりつくように立ち並ぶカスバには、石畳の急な坂と狭くて曲がりくねった迷路のような路地が広がり、モスクや宮殿、スークが多いのは他都市のメディナと同じ傾向と言えるでしょう。

オスマン帝国時代は海賊の根城、植民地時代は犯罪者の温床となり、映画『望郷』でお尋ね者が隠れたのもここ。独立戦争時はFLN（民族解放戦線）の戦士がここに潜伏して、ゲリラ活動を展開しました。カスバの地は『カスバの女』の「ここは地の果てアルジェリア」の歌詞が素直に受け入れられる情景です。

もっと知りたい！ カスバにあるケチャウアモスクは支配者が変わるごとに、モスクから大聖堂、再度モスクへ模様替えしてきました。周囲に60本もの石柱が立つマウレタニア王家の墓は、紀元前2世紀にこの地を支配したベルベル人のマウレタニア王国王女のものとされ、円形で直径61m・高さ32mの巨大なものです。

インスブルック

Innsbruck

128

所在地／人口 オーストリア共和国 チロル州／約13万人

正面に2000m級のノルトケッテ連峰の白銀の峰々が迫るメインストリートのマリア・テレジア通り。

白銀のアルプスが迫るチロルの都

アルプス山中の標高574mの高所にあるインスブルックは、チロル州の州都。冬季五輪を1964年と1976年の２度も開催したウインタースポーツのメッカです。ドイツとイタリアを結ぶ交通の要衝に位置し、神聖ローマ皇帝のマクシミリアン１世がチロルの都を現在のイタリア・南チロルのメラーノ（メラン）から移すとともに皇帝の居城としたのが、繁栄の契機となりました。

当時の中心である旧市街には、金箔の銅板2657枚で葺いた黄金の小屋根や市の塔、王宮、宮廷教会、聖ヤコブ寺院などがあり、ハプスブルク家の繁栄を物語っています。

歴史的な景観に加え、インスブルックでは壮大な自然を堪能することができます。中央駅から西に５分ほど歩くと凱旋門に至り、右折してメインストリートのマリア・テレジア通りに入ると、正面に2000m級のノルトケッテ連峰の白銀の峰々が迫り、アルプス真っただ中に街がある圧倒的な眺めを味わえます。正面の峰々へも旧市街外れから出るケーブルカーとロープウエイを乗り継げば、わずか17分で岩峰連なる山頂付近のハーフェレカール（2334m）まで到達。眼下にインスブルック市街が広がる絶景を目にすることができます。あっという間にアルプスの大自然に身を置ける都市はほかにありません。

もっと知りたい！ 郊外にはアンブラス城やアルプス一望のパーチャーコーフェルもありますが、面白いのは中央駅前から出るSTB鉄道。連結した路面電車が途中から登山電車と化して急勾配をどんどん登り、車窓にアルプスの峰々を眺めることができます。標高1007mのテルフェスや終点のフルプメス（1時間）まで400m以上も登ってしまう驚異の「登山市電」です。

129

サラマンカ
Salamanca

所在地／人口 スペイン王国 カスティーリャ・イ・レオン州／約16万人

4階建てアーケードに囲まれたマヨール広場。

“欧州四大学”のひとつがある大学都市

ローマ教皇から欧州でもっとも古くからある大学として、ボローニャ、オックスフォード、パリ（ソルボンヌ）大学とともに「欧州四大学」に認定されたのが、アルフォンソ９世により1218年に創立されたサラマンカ大学です。スペイン人作家のセルバンテスのほか、イタリア人のコロンブスも学び、中世には「知識を欲するものはサラマンカに行け」と言われるほど世界中から学生が集まり、今も３万2,000の学生の半分は外国人です。

スペイン風ルネサンス様式である「プラテレスコ様式」のファサードのレリーフから、髑髏に乗ったカエル像を見つけられたら学業が成就すると言われています。入口に立つ像は、16世紀に学問の自由を守るため５年間投獄され、釈放された直後に何ごともなかったように講義を始めたというルイス・ポンセ・デ・レオン教授のもので、当時の講義室が今も残っています。

大学隣には12〜14世紀建造のロマネスク様式の旧大聖堂があり、ここのサンタバルバラ礼拝堂では、昔は大学博士課程の学生が最後の口頭試問も受けていました。大学の歴史は13世紀からですが、サラマンカはローマ時代にはサルマンティカと呼ばれ、２世紀にトラヤヌス帝が建造した重厚なローマ橋が今も旧市街入口のトルメス川に架かっています。

もっと知りたい！ 旧市街の中心、マヨール広場はバラ色の砂岩で建てられた広場を囲む4階建てアーケードとチュリゲラ様式の市庁舎の豪華な飾りに夕日が当たると黄金色に輝き、「スペイン一美しい広場」と呼ばれています。昼は観光客で賑わいますが、夜は多くあるバルがサラマンカ大学の学生たちのたまり場になり、伝統の黒マント姿の学生に会えることもあります。

130

アルル

Arles

所在地／人口 フランス共和国 ブシュ・デュ・ローヌ県／約5.3万人

空から見たアルル旧市街。画面右に円形闘技場が見えます。

フランス随一のローマ遺跡群が残る古都

アルルは南フランス・プロヴァンス地方のローヌ河畔にあり、カエサルのガリア遠征以降、ローマ属州の中心として栄えました。そのため、イタリア以外では最も多くのローマ遺跡が残る都市となっています。

アルルはガリア属州（5世紀）やプロヴァンス王国（9世紀）、アルル（ブルグント）王国（10～14世紀）の首都にもなったフランスきっての古都です。

まるで、フォロ・ロマーノのような狭い地域に多くの古代ローマの遺跡が集中するのが特徴です。カエサルの時代の紀元前1世紀に建てられた古代劇場は当時最大級の劇場でしたが、今は2本の円柱が残るのみとなっています。ほかにも、床下暖房を完備して湯温が異なる浴槽やサウナ室が残るコンスタンティヌス1世代（4世紀）の共同浴場、紀元前の地下回廊、地下墓地アリスカン（3世紀～）、水道橋、城壁も残ります。

アルル最大のローマ遺跡はアクグストゥス帝代の1世紀末建造の円形闘技場。長径136m・短径107m・高さ21mの3層構造（今は2層）で、2万5000人を収容。上下各層とも60のアーチが組み合わされ、保存状態はローマのコロッセオよりよく、ほぼ創建時のままの姿を留めています。

もっと知りたい！ 世界遺産名は「アルルのローマ遺跡とロマネスク様式建造物群」で、後者の代表格は11～12世紀のサン・トロフィーム教会。正面大扉（ポルタイユ）と回廊の柱頭に刻まれた彫刻はロマネスクの最高傑作と言われます。19世紀はアルルの太陽の光と美しい自然を求めて画家ゴッホが滞在し、『アルルの跳ね橋』など多くの作品を残した地でもあります。

グラーツ

Graz

131

所在地／人口 オーストリア共和国 シュタイヤマルク州／約26万人

グラーツの眺め。中央にある黒い不思議な建物がクンストハウス現代美術館。

『豊臣期大坂図屏風』が話題の芸術の街

オーストリア第2の都市であるグラーツは、赤瓦屋根の旧市街が世界遺産に登録されているなど、中世の街並みが魅力ですが、2003年に欧州文化首都に選ばれ、近世・現代の芸術の街としての顔を持っています。文化首都に選ばれた年にできたのが中心街を流れるムーア川沿いの2つの近代アート。巨大で特異な景観から「フレンドリーなエイリアン」と呼ばれるクンストハウス現代美術館と、ムーア川に浮かぶ島のようなムーアインゼルで、今ではともにグラーツの新しいシンボルとして定着しました。

伝統的なグラーツのシンボルと言えば、難攻不落の城塞シュロスベルクに1712年建てられた高さ28mの時計塔。遠くからでもわかるように長針が時を短針が分を表しているユニークなもので、八角形の鐘楼とともに城塞に残された数少ないものです。侵攻したナポレオンの防御施設の徹底破壊という命を、この2つだけはと市民が懇願して守った貴重な文化財です。

郊外のエッゲンベルク城2階の日本の間には、2006年に偶然発見された『豊臣期大坂図屏風』が残ります。秀吉時代の大坂城と城下の神社仏閣、町屋から武士や町人までを色鮮やかに描いた屏風絵で、元々は高さ182cm・横480cmの八曲屏風だったと言われます。

もっと知りたい！ スラブ語で小さい城の「グラデツ」が市名の起源。旧市街にはシュタイヤマルクの王子と言われたヨハン大公の噴水があるハウプト（中央）広場、3万2000点という世界最大の武器コレクションを抱える武器庫、2重のらせん階段がある王宮、ホーフベッカライ・エーデッガータックスという1569年創業の皇帝御用達パン屋さんなどがあります。

ストラスブール

Strasbourg

132

所在地／人口 フランス共和国 アルザス地方／約28万人

運河が縦横に走るプティット・フランスの一角。

プティット・フランスと名付けた理由は？

ドイツとフランス間で過去５回も国籍を変えたストラスブールは国境のライン川左岸にあり、対岸はドイツのケールです。

イル川本・支流に挟まれた東西1.3km・南北１kmのまん丸に近い中洲が旧市街で、グランディル（大きな島）として、新市街とともに世界遺産に登録されました。

本流が４本に分かれ運河となっているのがプティット・フランス地区で、運河に影を映す木組みの家々が立ち並び、美しい街並みの典型になっています。「小さなフランス」と名付けられたのはドイツ領だった16世紀のこと。横浜の中華街、海外のリトル東京、リトル・ジャパンのように、狭い一角がフランス風の家並みだったから、またはフランス人が集中して住んでいたから、そう名付けられたのかと想像しますが、事実はそうではないようです。

フランス人傭兵が戦場で罹った性病を「フランス人の病気」と笑いの種にし、収容された療養所があった一角を「小さなフランス」と称したのが語源とも言われているのです。

イル川本・支流が合流したヴォーバンの堤上の展望テラスからはプティット・フランス地区の全景とその奥に尖塔がそびえる大聖堂のパノラマが一望できます。

もっと知りたい！ もうひとつの目玉、バラ色の砂岩で造られた高さ142mのノートルダム大聖堂は、1439年の完成時は欧州一の高さを誇り、石段を登った塔上からの眺めをゲーテが賞賛したと伝わります。びっしり施された彫刻は「石のレース編み」と評されるほど繊細です。

133

バンスカー・シュティアヴニツァ

Banska Stiavnica

所在地／人口 スロバキア共和国 バンスカー・ビストリツァ県／約1万人

ヨーロッパ初の鉱山技師養成学校の設立により繁栄を遂げていたバンスカー・シュティアヴニツァ。

マリア・テレジアが造った欧州初の鉱山学校

バンスカー・シュティアヴニツァはスロバキア中部の標高620mの山間にあって中世から続く金・銀鉱山街。1627年に従来の手掘りではなく、坑道に黒色火薬を仕掛け、発破により一度に大量の鉱石がとれる新採掘法が確立されると、この方法が瞬く間にヨーロッパ中の鉱山に普及しました。1762年にマリア・テレジアがヨーロッパ初の鉱山技師養成学校をバンスカー・シュティアヴニツァに設立すると、18世紀半ばにはバンスカー・シュティアヴニツァは最盛期を迎え、人口４万を抱えるハンガリー第３の都市へと成長します。養成学校を卒業した優秀な鉱山技師たちもヨーロッパ中の鉱山に散り、業績を挙げていきました。

ところが第１次世界大戦後、オーストリア・ハンガリー帝国からチェコ・スロバキアが分離すると、鉱山学校はハンガリーのショプロン、のちには同国のミシュコルツに移され、街は急速に衰退。かつてハンガリー第３の都市だった地位もミシュコルツに取って代わられてしまいました。それほど鉱山学校のあるなしは都市の栄枯盛衰に影響があったのです。

現在、往時の面影は旧市街の聖三位一体広場や聖カタリーナ教会、時計塔のある市庁舎、オスマン帝国の侵攻に備えて造られた丘の上の新・旧の城などに偲ぶことができます。

もっと知りたい！ バンスカーとは鉱山のことで、バンスカー・ビストリツァなど付近には鉱山が多くあります。閉山した鉱山跡には、鉱山の排水を有効利用したクリンガー貯水池が残り、坑道の一部は見学も可能。各自が黄色いヘルメットと大きな懐中電灯を持ち2kmの坑道を1時間で見学することができます。

ニコシア
Nicosia

所在地／人口 キプロス共和国／約32万人

パステルカラーの住宅が並ぶキプロス共和国側の住宅街。

“ニコシアの壁”で南北に分断された首都

かつてベルリンは壁で東西に分断されていましたが、今でも50年近く南北に分断されている都市があります。キプロスは1960年に英国から独立しましたが、1974年に多数派のギリシャ系住民が本国への併合を図るとトルコ軍が侵攻。島の北部約３分の１を占領して、トルコ系住民が北キプロス・トルコ共和国の独立を宣言（承認はトルコのみ）。南のキプロス共和国とに２分されてしまったのです。

180kmに及ぶ境界線は緩衝地帯のグリーンラインとなり、国連軍が今も駐留。首都ニコシアもコンクリート壁や有刺鉄線、金属フェンスなどで南北２つの街に分断されています。

ヴェネツィア時代の16世紀に築かれた4.5kmの城壁で囲まれたニコシアの旧市街には、間口45mと城門中最大のファマグスタ門や、８～18世紀のイコンコレクションで名高いビザンチン美術館、フレスコ画が素晴らしい聖ヨハネ教会などが残ります。旧市街を南北に貫くメインストリートのリドラス（レドラ）通りを北に向かったところで突き当たるのが、“国境”の検問所。2008年以降は住民も観光客も通行が自由となり、旅券を見せて一歩北の市街地に入ると、細い路地にモスクが立ち、アザーンが聞こえるイスラムの街並みを散策できるようになりました。

もっと知りたい！ 南の旧市街に立つシャコラスタワーからは南北ニコシアの市街を一望できます。城壁外にはキプロスのユーロ通貨にも描かれた紀元前3000年のポモスの偶像で有名なキプロス博物館があり、北には14世紀に聖ソフィア大聖堂として建てられ、オスマン時代にモスクとなったセリミエモスクや16世紀建造の隊商宿ビュユック・ハンがあります。

テヘラン

Teheran

所在地／人口 イラン・イスラム共和国 テヘラン州／約1200万人

混雑するテヘランの街の奥には、雪に覆われた山々が見えます。

白銀の5000m級高峰を望む高原都市

アルボルズ（エルブールス）山脈にあるピラミッドのような山容のイラン最高峰ダマヴァント山（5601m）を北に望む標高1200mの高原都市がテヘランです。

1795年からガージャール朝の都になったという新しい街で、北部は大使館が集まる新市街、南部は雑然とした庶民的な旧市街という構造。間口800m・奥行600mと中東一のバーザール（市場）の内部は迷路のように複雑で、金銀、香辛料、絨毯など職種別に多くの店が軒を連ねます。

イランというと乾燥した灼熱の砂漠のイメージが強いものの、実はスイスアルプスのような5000m前後の峰々に囲まれていて、山を越えると日本に似た温帯風景のカスピ海沿岸に出ると知れば驚く方も多いことでしょう。

市内から3200mという世界最長のテレキャビン（ロープウェイ）でアルボルズ山脈中のトーチャル峰（3962m）に向かうと、途中、眼下にテヘラン市街の大パノラマが広がります。さらにリフトに乗り換えると、夏であっても一面の雪世界で、避暑どころか凍えるような寒さに襲われます。3545mにあるホテル・トーチャルまで歩くと空気が薄く、軽い高山病にかかる危険もあるほど。冬なるとスキーに利用するリフトは富士山より高い3867mまで向かいます。

もっと知りたい! 「イラン国立博物館」にはペルセポリスの重要な石彫や、謁見の間の柱頭、ダレイオス大王謁見図などを展示。銀行地下金庫の「宝石博物館」は王家所有のコレクションで、2万7000個の宝石を配した全面金張りの「孔雀の玉座」、5万1000個の宝石で造った地球儀、182カラットの世界最大級のダイアモンド「光の海」などため息の連続です。

136

ヴァラナシ

Varanasi

所在地／人口 インド ウッタル・プラデーシュ州／約120万人

ガンジス川での沐浴の風景。ヒンドゥ教最大の聖地のひとつであるヴァラナシの沐浴の風景は、ボートから眺めることができます。

ガンジス河畔のインド最大のヒンドゥ教聖地

ヴァラナシは紀元前6世紀にはカーシー王国となったインド最古の都市で、ガンガーと呼ばれるガンジス川中流に位置します。蛇行したガンガーがここで唯一北に流れるため、ヒンドゥ教巡礼の最も重要な聖地とされ、ガンガーの水に浸ることを生涯の願いとして多くの信者がここを訪れます。一番の見ものはガンガーの河岸に設けられた「ガート」と呼ばれる階段状になった沐浴場での沐浴風景。早朝、多くの観光客がボートを貸し切りガンガーに繰り出します。太陽が川面を真っ赤に染めて昇ってくると、ガンガーの夜明けを合図に、ヒンドゥ教徒たちは一斉に沐浴を始めます。彼らは着衣のまま、茶色く濁った水に身を沈め、ガンガーの水を口に含んで太陽を拝みます。

ガンガーには最大の規模を誇るダーシャシュワメートガートなどのガートがあり、船上から眺める沐浴風景は別世界のようで幻想的です。ボートは最後に河畔の火葬場へ。井桁に組み上げた薪の上に横たえられた遺体はまたたく間に火に包まれ、墓を造らないヒンドゥ教徒の遺灰はガンガーに流されます。青空の下での火葬風景は、人の一生のはかなさを実感させられる、ここでしか体験できないショッキングな瞬間です。

もっと知りたい！ ガンガーでは日没後にはプージャーと呼ばれる礼拝儀式が行なわれます。ドラや太鼓に合わせ僧侶の祈りが響き渡り、川に花を浮かべ、蝋燭の火を灯します。

京都
Kyoto

137

所在地／人口　日本 京都府／約146万人

産寧坂から眺めた八坂の塔。

京都散策は北から南に歩くとラクチン

延暦13（794）年から1869年までの1100年近く日本の首都であり続けた日本人の心の故郷、それが京都です。江戸前期までは日本最大の都市でしたが、戦後は大都市の代名詞「六大都市」の一角を占めるものの人口は5位にまで後退。近年は札幌や福岡にも抜かれて、現在は8番目の都市となりました。

人口では劣っても、世界でも稀な「1000年の都」の歴史は伊達ではありません。神社仏閣、宮殿、離宮など、名所の数は海外の大都市にも類がなく、1週間いても、いや1か月いても回り切れないほど。人気の点では行きたい街ランキングで「世界一」となり、世界各国から観光客が押し寄せます。

二条城、清水寺、金閣寺などそれぞれひとつの世界遺産となってもおかしくない貴重な建造物が多すぎるので、17か所をまとめて「古都京都の文化財」として登録されました。紅葉時でなくてもどこも大混雑なのが玉にキズですが、唯一の例外が宇治・平等院そばの「宇治上神社」。世界遺産の構成資産になるまで京都“通（ツウ）”にもあまり知られてなかった平安後期建立の日本最古の神社です。

もっと知りたい！　京都の洛中洛外の「洛」とは古代中国の都である洛陽が語源。洛中とは今の上・中・下京区界隈、洛外とは洛東（東山）、洛北（北山）、洛西（嵐山、西山）、洛南（伏見など京都駅の南）一帯を指します。

リュブリャナ
Ljubljana

138

所在地／人口 スロベニア共和国／約28万人

リュブリャニツァ川に架けられた三本橋から見る旧市街。奥の山の上にリュブリャナ城が見えます。

アルプスを望む文化と芸術の宝庫

人口わずか30万弱のリュブリャナには何と70近い美術・博物館や劇場があり、連日複数の文化・芸術のイベントが開かれています。

こうした姿から「アートの宝庫」とも言われるリュブリャナのシンボルは、弓状に流れるリュブリャニツァ川で新市街と隔てられた高さ80mの丘の上にそびえるリュブリャナ城です。昔ながらの遊歩道を30分かけて登ると、搭上からオーストリアとの国境をなす白銀のユリアンアルプスと、眼下の旧市街に16世紀から建てられた赤レンガ屋根のバロックを中心とした、ルネサンス、アール・ヌーボーの家並みが広がります。

城下の旧市街に立つ聖ニコラオス大聖堂前の川べりでは、野菜、果物、はちみつなどの朝市が開かれます。新市街との間に架かる３本の石の橋「三本橋」は、1930年にウィーン分離派（アール・ヌーボー）の有名建築家プレチニックが築いたもので、２本はのちにできた歩行者専用のものです。近くの竜の橋もプレチニックの作で橋の欄干に「姑」と呼ばれる市の紋章であるドラゴンの彫刻が刻まれています。三本橋を渡ると新市街で、19世紀の詩人の名を冠したプレシューレン広場に至り、鮮やかなピンク壁のフランチェスカ教会が立ちます。

もっと知りたい！ オーストリア、イタリア、クロアチア、ハンガリーに囲まれたスロベニアは面積2万km²（四国ほど）、人口約200万の国。1991年にユーゴスラビアから分離独立しました。

139

ブリュージュ
Bruges

所在地／人口 ベルギー王国 ウエスト・フランデレン州(西フランダース州)／約12万人

ブリュージュ歴史地区の風景。奥に見えるのが122mの高さを持つ聖母大聖堂の尖塔です。

3つも世界遺産がある運河の街

ブリュージュは13世紀に北海に通じる運河を利用して毛織物業や商業の中心となり、ハンザ同盟にも加盟。英国や北欧との交易で得た富で北方ルネサンスの芸術を開花させ、14世紀に全盛期を迎えました。ところが15世末には河港が土砂で埋まってしまい、ブリュージュは急速に衰退。その反面、教会や尖塔、城門が立つ石畳の中世の街並みが奇跡的に残り、今では「屋根のない美術館」と呼ばれるようになりました。

この街がいかに貴重かは世界遺産が3つもあることから伺い知れます。縦横に走る運河に50の橋が架かる「ブリュージュ歴史地区」には、欧州一高い122mの尖塔がそびえ、ミケランジェロの『聖母子像』で名高い聖母大聖堂や、12～13世紀建立のブリュージュ最古のゴシック様式の救世主大聖堂、切妻屋根のギルドハウスに囲まれた欧州屈指の美しいマルクト広場などがあります。

その広場に面した83mの鐘楼は、別の世界遺産「ベルギーとフランスの鐘楼群」で、366段の階段を登ると、旧市街と運河、かつての外港まで一直線に延びる運河が一望できます。残りの世界遺産「フランダース州のベギン会修道院」は、1245年創立のベギンホーフ。白い可愛らしい宿泊棟が点在する広大な芝生の内庭に、15世紀の修道服をまとった修道女たちが姿を見せます。

もっと知りたい！ 3重並木の運河越しに古い家並みが続くダイバー通りはブリュージュのなかでも最も美しい一角。昔の外港ダムへは船か運河脇を船に乗せられる貸自転車で行くことができ、ダムからは一直線に延びる運河の彼方にブリュージュの尖塔群が見えます。

140

ハイデルベルク
Heidelberg

所在地／人口 ドイツ連邦共和国 バーデン・ヴュルテンベルク州／約15万人

ゲーテも激賞したハイデルベルクの眺め。山の中腹にそびえるのがハイデルベルク城です。

欧州の詩人や芸術家を虜にした街

フランクフルトの南100kmのネッカー河畔にあるのがハイデルベルクです。ハイデルベルクというと、化石人類の「ハイデルベルク人」を連想しますが、同都市はドイツ最古の大学町として歴史的にも重要な役割を果たしてきました。また、ハイデルベルクに留学した学生王子と少女ケティの悲恋の物語『アルトハイデルベルク』でも知られています。中世から近世にかけて長く戦乱が絶えなかったドイツにあって、ハイデルベルクは奇跡的に戦災を免れ、ネッカー南岸の美しい旧市街を残しています。

北岸の中腹につけられた哲学者の道は、ハイデルベルクを「ドイツで最も牧歌的で美しい街」と熱愛した詩人ヘルダーリンやゲーテ、ショパン、シューマン、マティソン、ヴィクトル・ユゴーなど、ヨーロッパの詩人・文化人・音楽家らが好んで散策した道で、眼下に旧市街、古城、アルテ・ブリュケ（古い橋）をネッカー川越しに見下ろす景色はヨーロッパ屈指のものです。

西から東に歩くと、終点はゲーテが「ここからの眺めは世界のどの橋も及ぶまい」と激賞した古い橋で、橋を渡ると1386年創立のドイツ最古のハイデルベルク大学がある旧市街に出ます。山腹に築かれた古城ハイデルベルク城のテラスからは、眼下の旧市街と古い橋の眺めが圧巻です。

もっと知りたい！ ハイデルベルク城の地下バーには直径7mでワインが22万ℓ入る世界最大の大樽があり、今も現役で使われています。

141

クアラルンプール
Kuala Lumpur

所在地／人口 マレーシア 連邦直轄地／約180万人

クアラルンプールのシンボルとなったペトロナス・ツインタワー。

モダンなモスクとビルが林立する首都

熱帯雨林気候のマレーシア本土（マレー半島）の中央西海岸寄りにあるクアラルンプールは、高層ビルが立ち並ぶ近代都市です。

英国領マレー連合州の首都となった19世紀から20世紀中頃にスズとゴム生産の中心となり発展。1957年には英国から独立してマラヤ連邦となり、1963年にマレーシア連邦と国が変遷しましたが、クアラルンプールはずっと首都であり続けました。

イスラム国家の首都で、市内・郊外にモスクが林立します。市内最古のモスクは1909年建造のマスジット・ジャメで、ほかはみな近代的な造りとなっています。マレーシア最大のブルーモスクはすべてが大理石で造られ、ドームの大きさだけなら世界一の規模を誇ります。また、ステンドグラスの美しさは必見です。

近代都市クアラルンプールのランドマークはペトロナス・ツインタワー。日本と韓国の会社が１棟ずつ請負い、両塔を繋ぐブリッジをフランスの会社が担当した超高層ビルです。1998年の完成時は88階建て452mで、世界一の高層建築となりましたが、2003年に台北の台北101に抜かれました。

もっと知りたい！ KLタワーは高さ421mと、ツインタワーにわずかに及びませんが、標高94mの丘に立つのでツインタワーよりも高く見えます。スカイデッキにはガラスがありません。

アンドラ・ラ・ベリャ
Andorra la Vella

142

所在地／人口 アンドラ公国／約2.3万人

ピレネー山脈の山々に抱かれたアンドラ・ラ・ベリャ。

ピレネー山中の欧州最高所の首都

フランスとスペインの国境をなす3000m級のピレネー山脈。その山中にある小さな国家アンドラの首都は、標高1409mと欧州首都中で最も高い場所に位置します。

フランスのトゥルーズからバスに乗ると、バスはどんどん高度を上げ、欧州有数の山岳ハイウェイを国境のピレネー越えにかかります。最高地点の2408mへと向かう道路はヘアピンカーブの連続ですが、アルプスに劣らぬ山岳の雄大を極めた絶景を間近に見ることができます。

約３時間で着く山間のアンドラ・ラ・ベリャは、2012年まではタックス・ヘイブンで知られ、今も税は低く、パリラ川沿いに広がる細長い近代的市街には酒、タバコ、香水や欧州各地のブランド品、電化製品などの免税店が並び、スペインとフランスを中心に欧州中から買い物客が殺到します。

温泉リゾートとしても有名で、ガラス張り三角塔が立つカルデア温泉が湧いています。

石畳の旧市街にはサンエステバン教会、郊外には石造円柱塔が立つ国内最古のサンタ・コロマ教会などロマネスク様式の教会群があり、首都からは教会群やミラドール・ロックデルケール展望台など、ピレネーの大自然を堪能できる路線バスやツアーバスが多発しています。

もっと知りたい！ アンドラ公国は面積418㎢で人口7.8万人。1993年に独立し、国連にも加盟しました（EUは未加盟）。スペイン・カタルーニャのウルヘル司教とフランス大統領が共同元首。公用語はカタルーニャ語で、通貨はユーロに統一されましたが、元首だけでなく言葉、通貨、郵便ポストもアンドラ独自のものはなく、スペインとフランスの両方のものを使用しています。

143

ルンド

Lund

所在地／人口 スウェーデン王国 スコーネ県／約10万人

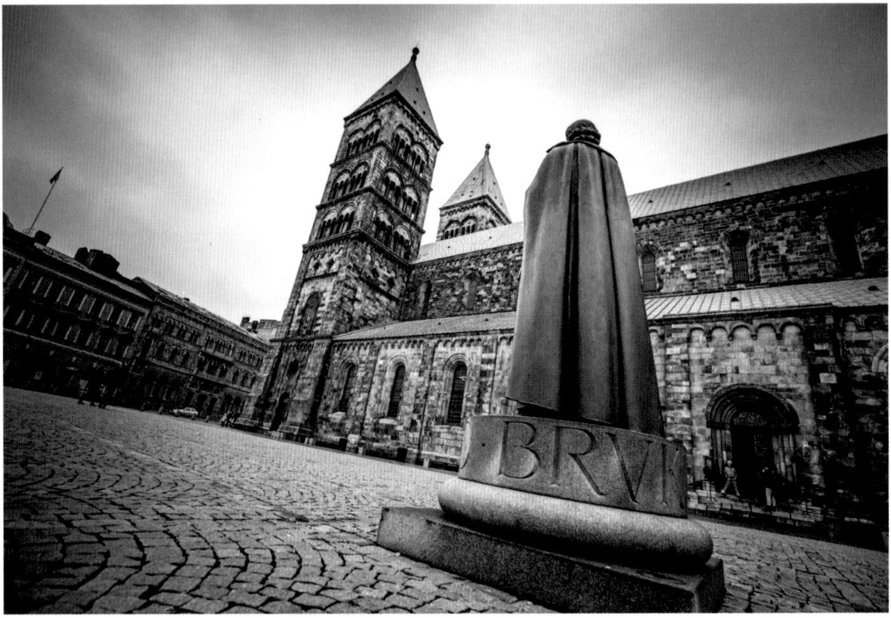

ルンド大聖堂。地下礼拝堂入口の柱には、キリスト教を恐れて教会を倒そうとしたジャイアント・フィンかしがみついています。

北欧のキリスト教の中心だった大学都市

ルンドはスウェーデン最南端のスコーネ地方にある大学町で、ルンドとはスウェーデン語で「林」を意味します。スコーネ地方がスウェーデン領になったのは1658年以降で、それまではデンマークの街でした。そのため、今でも首都ストックホルムからは列車で４時間以上かかる一方、コペンハーゲンからは１時間と通勤圏内です。

11世紀にデンマーク王のクヌートが街を建設しました。12世紀には北欧で初めて大司教区が置かれ、北欧中の教会を統括。13世紀には北欧最大の都市となり、北欧の経済・文化・宗教の中心になりました。

1145年創建の大聖堂は総石造りロマネスク様式で黒ずみ、歴史を感じさせます。入口左手の天文時計は12時と15時に聖母マリアやキリストなどの仕掛け時計が時を告げます。

1438年、この大聖堂に神学校が設けられ、のちに1668年創立のルンド大学となりました。スウェーデンではウプサラ大学に次いで２番目に古く、旧市街に大学の建物が点在しているので、町全体がキャンパスの趣です。人口の４割が学生と教職員とも言われ、世界一の大学都市とも言えるでしょう。

もっと知りたい！ 民俗野外博物館（クルトゥーレン）は移築された17〜18世紀のスコーネ地方の民家や教会が立ち並び、スウェーデン織りや民族衣装などを展示。ヴァイキング時代のルーン文字が刻まれた銘文がユニークです。大学生が多いので旧市街には雰囲気のいいカフェが多くあります。

144

コルドバ
Cordoba

所在地／人口 スペイン王国 アンダルシア州／約33万人

メスキータとコルドバの町。

欧州最大の都市だったイスラム王国の都

8世紀から13世紀にかけて、イベリア半島はイスラムのカリフ王国が支配していました。11世紀まで後ウマイヤ朝の都となったのがコルドバで、最盛期の10世紀には300のモスクが林立する人口50万を抱える欧州最大の都市へと発展しました。やがて欧州中から留学生が集う文化学問の中心となり、「西方の真珠」と呼ばれるようになります。

そのシンボルが間口136m・奥行き186mで2万5000人収容のメスキータ。紅白を交互に配した2重の馬蹄型アーチの大理石柱が856本も立ち並ぶ「円柱の森」が、キリスト教会ばかり見てきた目にはショックを与えるほど新鮮に映ります。金のモザイク天井が圧巻のマスクーラ、メッカの方向を示す繊細なアラベスク模様が豪華なミフラーブなど、イスラム建築の美しさに衝撃を受けたキリスト教徒は、13世紀にコルドバを奪回したものの、メスキータを「聖マリア大聖堂」とするにとどめ、破壊しなかったほどです。ところが16世紀に中央部を壊して新たにキリスト教大聖堂の中央祭壇に改造することに。許可を与えたスペイン王カルロス1世は着工後にメスキータを訪れましたが、改築後の姿を見て「世界のどこにでもあるようなものを造るために、世界にひとつしかないものを壊してしまった」と後悔したと言われます。

もっと知りたい！ メスキータ周辺はユダヤ人街で、白壁に花の鉢が飾られた「花の小路」と石造りの16のアーチが今も残る古代ローマ時代の「ローマ橋」があります。5月にはパティオ祭も行なわれるコルドバ名物の美しいパティオ（中庭）は、サン・バシリオ通りの住宅にあるものが有名。「ビアーナ宮殿」では息を飲むほど美しいパティオが14も見られます。

145

ボローニャ
Bologna

所在地／人口 イタリア共和国 エミリア・ロマーニャ州／約40万人

ボローニャ名物のポルティコ。屋根付きの歩行者用通路となって重宝されています。

欧州最古の大学と世界一のアーケード

イタリア北部のフィレンツェとミラノの間にあって、2000年に欧州文化都市に選ばれたレンガ造りの街並みが美しいボローニャは、「大学とアーケード、食いしん坊の街」です。

ダンテ、コペルニクス、ガリレオ・ガリレイらが学んだボローニャ大学は、1088年創立という欧州最古の大学。校舎だったアルキジンナージオ宮殿（現図書館）では世界初の解剖が行なわれた階段教室も残ります。キャンパスは斜塔の先に移転しましたが、今も８万5000の学生が学ぶ時代を超えた超伝統校です。大学ができると、欧州中から学生や教授が殺到しました。しかし当時は小さな町だったので住む家が全く足りません。そこで市当局は道路に屋根付き柱廊のポルティコ（アーケード）を造り、その上に家を増築することを義務化。今では丘の上のサン・ルカ教会への7.5kmのポルティコをはじめ、総延長は40km近くに及び、世界一長いアーケードがある街になったのです。現代になっても雨・雪や夏の日差しを避けるのに役立っています。

グルメでは、タリアテッレ・ボロニェーゼ、ラザーニャ、トルティリーニ入りスープ、モルタデッラ（特大ソーセージ）が有名。イタリア各駅に駅弁があった90年代はボローニャ駅のものは温かいラザーニャにチキン、チーズ、りんご、デザート、小ボトルワインという品揃えでした。

もっと知りたい！ ボローニャでは皇帝派の攻撃に備えるのと威信を示すため貴族たちが競って高い塔（砦）を立てた結果、12〜13世紀には200本近くが林立。現代まで残ったのが旧市街真ん中のポルタ・ラヴェニャーナ広場にそびえる2本の塔で、やや傾いた97mのアジネリ塔は500段近い階段で登れます。48mのガリセンダ塔はかなり傾いています。

146

哈爾賓（ハルピン）

Harbin

所在地／人口 中華人民共和国 黒竜江省／約1100万人

1907年にロシア軍兵士の軍用教会として創建された聖ソフィア大聖堂。

帝政ロシアの街並みが残る“小モスクワ”

アムール川の支流で川幅が500mもある大河である松花江の河畔に広がる中国最北の大都市ハルピンにはロシア風のヨーロッパ建築が目立ちます。

これらは1896年の露清条約で旧満洲での権益を増大させ、ハルピンを統治した帝政ロシアが19世紀末から20世紀初めに建てたもの。その当時「キタイスカヤ通り」と呼ばれていた松花江河畔まで延びる南北1.5kmほどの中央大街は今もハルピン一の目抜き通りです。

石畳の歩行者天国にはモスクワをモデルにした塔のある帝政ロシア時代のレンガ造りの建物ばかりが70軒以上立ち並びます。ロシア時代の1906年建造のモデルンホテルは今も馬迭爾賓館（Modern Hotel）として営業しており、尖塔のあるバロック様式の旧松浦洋行などを見ると、ヨーロッパの街を歩いている錯覚に陥ります。

東に平行する地段街にもロシア建築は多く、ドームのある旧桃山小学校（現兆麟小学校）もそのひとつ。そばには1907年建造のレンガ造りで、高さ53mのネギ坊主形ドームがいかにもロシアを感じさせる聖ソフィア大聖堂（現建築芸術館）がそびえています。ハルピン駅そばの紅博広場に立つ赤いドームの黒竜江省博物館も帝政ロシア時代のクラシック建築です。

もっと知りたい！ 年の3分の2を占める冬になると、松花江に厚さ2mの氷が張り、氷点下40度を記録するほど極寒の地。祭りも冬がメインで、1月の氷祭りは世界3大氷祭りと呼ばれるほど有名です。会場は数か所ありますが、松花江の巨大な中洲、太陽島西で開催の「氷雪大世界」は氷の中に無数のLED電球を埋め込むなど、夜のライトアップが大規模で見応えがあります。

シギショアラ
Sighisoara

147

所在地／人口 ルーマニア ムレシュ県／約3万5000人

シギショアラ旧市街の街並み。奥に14世紀に築造された高さ64mの時計台がそびえます。

ドイツのギルドが造った中世の城塞都市

トランシルヴァニアアルプス山脈と東カルパチア山脈に囲まれ、ルーマニアの3分の2を占めるトランシルヴァニア地方は、第1次世界大戦まではハプスブルク帝国の東辺のハンガリー領でした。帝国の辺境の防御のため、12世紀に王の命でザクセンのドイツ人職人や商人が入植したのがシギショアラで、入植者たちは石造りの城壁と共に肉屋、鍛冶屋、仕立て屋、皮なめし、靴職人など、ギルド（同業者組合）別に14の見張り塔（砦）を建設。さらに14世紀に全員で旧市街入口に4つの小塔を持つ高さ64mの時計塔を建てました。

石畳の坂と階段の多い旧市街は中世のままの姿をとどめて狭いものの、100棟ほどの民家と2つの広場、4つの教会があります。「学童階段」と呼ばれる木製の屋根付きの175段の石階段を登ると、山上教会に至ります。ここと、時計塔の物見台は赤レンガ屋根の民家群が一望できる眺望スポット。また、麓の新市街のティルナパ川に架かる橋からは小高い丘に今も9つの塔がそびえる旧市街が一望でき壮観です。

ドイツ人植民者の子孫の大半は去りましたが、今も住民の4分の1を占めるドイツやハンガリー系市民と、各所に残るドイツ語の標識が、シギショアラの歴史を物語っています。

もっと知りたい！ シギショアラで生まれた有名人というと吸血鬼ドラキュラのモデルとなったワラキア公ヴラド・ツエペシュ3世がいます。時計塔そばの、ドラゴンの看板が下がる黄色い壁のレストラン「カサ・ヴラド・ドラクル」がドラキュラの生家と言われ、父のヴラド・ドラクルが4年間幽閉されていました。

148

メキシコシティ
Mexico City

所在地／人口　メキシコ合衆国／約900万人

碁盤の目状に住宅が広がるメキシコシティ。900万人もの人々が暮らす大都市の下には、アステカ帝国の都が眠っています。

アステカ王国の都の上に築かれた高原都市

メキシコの首都メキシコシティは、南部の標高2240mにある高原都市。広大なテスココ湖が広がるこの地にやってきた高度な文明を持つアステカ人が、1325年に湖を干拓して島を造り、テノチティトラン（現メキシコシティ）の街を築き首都としたのが始まりです。

しかし、繁栄は200年も続きませんでした。

1519年、スペイン人のコルテスのアステカ征服によって、壮麗な大神殿、宮殿などがそびえていたアステカ帝国の政治・宗教の中心地は徹底的に破壊され、その上に240m四方の世界最大級の広場ソカロが築かれ、姿を消したのです。また大神殿の跡地には240年以上かけてカテドラル（メトロポリタン大聖堂）が、第９代モクテスマ２世の宮殿跡には間口200m以上もある国立宮殿が建てられ、アステカ帝国の痕跡は跡形もなく消されていったのです。

それから500年、スペインから独立したメキシコの首都は人口900万の米大陸屈指の大都市となり、パリのシャンゼリゼを模して作った、高層ビルが立ち並ぶメインストリートのレファルマ通りは都心を斜めに貫き、西南端のチャプルテペック公園内のメキシコ国立人類学博物館に、マヤ、アステカ、テオティワカンの古代メキシコ文明のエキスが収蔵されています。

もっと知りたい！　市街南部の溶岩地帯にあるメキシコ国立自治大学は1551年創立の米大陸で2番目に古い大学です。路線バスも走っているほど広大なキャンパスには、60人以上の建築家が完成させた40以上の建物が点在します。特に中央図書館の壁面に描かれた世界最大の立体モザイク壁画『民衆から大学へ、大学から民衆へ』は有名です。

ジブラルタル
Gibraltar

所在地／人口 イギリス 海外領土（直轄植民地）／約3.2万人

ジブラルタルの町を見下ろす「ザ・ロック」。左に海の上に伸びる滑走路が見えます。

眼の前がアフリカの街は滑走路を横断して入国

アフリカ大陸が目の前に迫る、北緯36度のヨーロッパ大陸最南端の街（正確にはタリファのほうがやや南）であるジブラルタルの中心街には赤い２階建てバスが走り、パブ、フィッシュ＆チップスの店と英国本国と変わりません。自由港ゆえ、酒やタバコ、香水などの免税店が並び、表示はすべて英語です。同都市は15世紀以来スペインの領土でしたが、1713年のユトレヒト条約で英国領になりました。公用語は英語ですが、スペイン語を話す住民が多く、面積6.5㎢と狭いものの軍事・海上交通上の要衝でもあります。

ロープウエイで「ザ･ロック」と呼ばれる直立する石灰岩の一枚岩の最高峰ターリク山（426m）に登ると、東側は海まで落ち込む直立断崖で要塞を築くにはまたとない地形。西側も山頂近くは急峻で麓に市街と港、滑走路が広がります。南はわずか14kmのジブラルタル海峡を隔ててアフリカ大陸（モロッコ）の山々が指呼の間に迫り、アフリカの近さに驚きます。

ザ・ロックの山腹には砲台や軍事用トンネルがあり一大要塞になっています。「ザ・ロックの岩山に猿がいる限り英国の統治が続く」という言い伝えがあり、ザ・ロック山上には250匹ほどの猿が保護されています。

もっと知りたい！ スペインの街ラ・リネアのバス停から歩いて英国領ジブラルタルに入ると、突然信号が赤となり踏み切りが下がります。列車が通過するなら普通ですが、轟音と共に目の前を何と飛行機が離陸。南北5km・東西1.2kmの半島状の狭い土地の北端に滑走路が東西に延びている（一部は海の上）ので道路とは平面交差にせざるを得ないのです（現在立体交差にする工事中）。

150

ローマ
Roma

所在地／人口 イタリア共和国 ラツィオ州／約290万人

ローマの観光地のひとつトレヴィの泉。帝政ローマ時代に起源をもち、18世紀に壮麗なバロック建築へと生まれ変わりました。

昔はローマ帝国、今はイタリアの永遠の首都

ローマの語源となったロームルス王ら7代による伝説の王政ローマ（前8～前6世紀）のあと、共和政ローマ（前507～前27年）ではアッピア街道などローマ街道とローマ水道橋を整備。ローマ帝国の首都として100万都市になった帝政ローマ期には、前27年に初代皇帝アウグストゥスがフォロ・ロマーノを築き、5世紀までローマの政治・経済の中心になりました。

1世紀に入ると整然とした街造りがなされ、壮大なコロッセオやパンテオンが造られ、トラヤヌス帝代（98～117年）に帝国は最大版図に。カラカラ浴場もこの時代のものです。

395年にローマ帝国が東西に分割されると、西ローマ帝国の都はミラノやラヴェンナに移り、476年に西ローマ帝国が滅亡したあとはやがて東ローマ帝国の支配下となり、長い停滞期に入ります。

15世紀中頃にローマ教皇領の首都となったことで復活。フィレンツェに代わりルネサンスの中心にもなります。16世紀～17世紀にはメインストリートのコルソ通りなどポポロ広場から都心へ放射状に延びる3本の通りとサンピエトロ大聖堂の丸屋根、18世紀にはスペイン広場、トレヴィの泉などの広場が完成し、現在のローマ観光の名所が出そろいました。

もっと知りたい！ 近世のローマは1797年にナポレオンにより占領され、その後のオーストリアの支配を経て、1861年にイタリア王国の首都となり、ローマ教皇領だけではなく全イタリアの中心となります。都心のヴェネツィア広場に立つ壮大なヴィットリオ・エマヌエーレ2世記念堂はイタリア王国初代国王を讃えたもので、1911年建造とローマでは最も新しい観光名所です。

ラホール
Lahole

151

所在地／人口 パキスタン・イスラム共和国 パンジャブ州／約1100万人

ラホールに建てられたモスクのひとつバードシャーヒー・モスク。

ムガル朝4代の皇帝が築いた城塞がある古都

ラホールはパキスタン北部パンジャブ地方のインド国境にあり、カラチに次ぐパキスタン第2の大都市です。パキスタンとインドがムガル帝国というひとつの国だった時代、デリー、アーグラーとともにムガル朝の首都としたのがラホールでした。

3代皇帝アクバルは16世紀後半、アーグラー近郊から都をこの地に移し、東西424m・南北340mという広大な敷地に赤砂岩の城塞ラホール城（世界遺産）とモスクを築きました。4代ジャハーンギール帝は大理石と90万の宝石をふんだんに散りばめた小宮殿ナウラカを築造。さらにシャー・ジャハーン帝が赤砂岩の宮殿を白い大理石に作り変えたのを皮切りに「40柱の間」と呼ばれるデワーネ・アーム（謁見殿）や、鏡のモザイクで埋め尽くした妃のためのシーシュ・マハル（鏡の宮殿）を建造。コーランにある地上の楽園を現世に再現しようと、400以上の噴水、滝、水路を配した幾何学模様のシャーラマール庭園（世界遺産）を造営しました。

そして、ベンガル湾からアフガニスタンまでの帝国の最大版図をなした6代アウラングゼーブ帝は、10万人収容の当時世界最大のバードシャーヒー・モスクを建造。4代かけて豪壮な宮殿造りが完結したのです。

もっと知りたい！ ラホール博物館はパキスタン最大の博物館。ガンダーラ美術の仏教彫刻やインダス文明の出土品を展示。『断食する仏陀像』は必見。ラホールから東へ1時間のインドとの国境「ラーガ国境」ではフラッグセレモニーが観光客にも人気。毎日夕方の国境閉鎖時間になると、両国の国境警備兵が国境ゲートまで行進してリーダー同士が握手を交わし、国旗を降ろすセレモニーが行なわれます。

152

リヴァプール

River Poor

所在地／人口 イギリス マージーサイド州／約50万人

ロイヤル・リバー・ビルディングと、音楽史を変えた伝説のロックバンド、ビートルズの像。

ビートルズが今も生き続けるレトロな港町

イングランド中部西海岸にあるビートルズとイングランドサッカーのプレミアリーグの強豪「リヴァプール」で有名な港町リヴァプールは、19世紀に植民地や米国との貿易港として栄えました。全盛期を象徴するものが、マージー川沿いに広がる港の中心にある世界最大級の桟橋ピア・ヘッド。ロイヤル・リヴァービルやキュナードビルなど「三美神」と呼ばれるレトロで堂々とした建物群が立ち並びます。その南のアルバートドックには、1846年建造の世界最初の耐火倉庫を利用したタイタニック号の展示があるマージーサイド海洋博物館や、ビートルズのサクセスストーリーを写真やパネルで詳しく紹介したビートルズ博物館の「ビートルズ・ストーリー」があります。後者では名曲「イマジン」などのBGMが流れ、レノンの丸眼鏡やオリジナルアルバムなどが展示され、ファン垂涎の場所として人気です。

「マジカル・ミステリー（バス）ツアー」では無名だったころ出演していたマシュー・ストリートの「キャヴァーン・クラブ」、レノンが5歳から23歳まで住んだ家、赤い門扉の孤児院跡「ストロベリー・フィールズ」、「ペニーレーン」など、楽曲のモチーフとなったレノンやポールのゆかりの地を、ビートルズのナンバーを聞きながら巡ることができます。

もっと知りたい！ カトリックのリヴァプール・メトロポリタン大聖堂は、サン・ピエトロ大聖堂よりも巨大な大聖堂を目指したものの、工事が中断。それでも高さ166mの円塔は壮大です。リヴァプール大聖堂も英国国教会の本山カンタベリー大聖堂を上回る規模で、尖塔上からは市街が一望できます。

153

青島（チンタオ）
Qingdao

所在地／人口 中華人民共和国 山東省／約900万人

青島に建ち並ぶドイツ風建築の家々。

ドイツの洋館が立ち並ぶ"小ベルリン"

1898〜1914年までドイツの租借地だった港町の青島は、海水浴場が続く保養地でもあり、ビーチ沿いとその背後の丘陵に立ち並ぶ建物に「小ベルリン」と呼ばれた頃の面影が今も色濃く残っています。

赤と緑の時計塔がメルヘンチックな「旧青島駅舎」、海に面してドイツ租界時代に建てられた「桟橋賓館」、高さ60mの双塔が立つ「天主堂」、ドイツ総督府だった壮大な「旧市政府庁舎」、青屋根の時計塔がそびえる「基督教堂」、元ドイツ総督官邸で青島で最も美しい洋館と言われる「青島迎賓館」など、瀟洒な木造やレンガ造りの洋館が立ち並んでいます。

第１海水浴場の弓なりのビーチ、青い海、オレンジ屋根で統一されたレンガ造りや瀟洒な木造のドイツ風洋館群を眼下に見下ろす小魚山公園は風光明媚な展望台で、ぜひ登りたいところ。

第２海水浴場に面する別荘街の八大関にも瀟洒な住宅が多く、花崗岩で造られた優美な花石楼はかつて蒋介石の別荘でした。

青島湾に突き出た440mの「桟橋」の先端に立つ二層の回瀾閣（かいらんかく）は青島ビールのラベルに描かれた楼閣で、海から起伏に富む美しい「中国のドイツ」を眺められます。

もっと知りたい！ ドイツの置き土産は日本でも人気の青島ビールとワイン。労山のミネラルウォーターもおいしいことで有名です。その労山は市の東郊にそびえる標高1130mの東と南を海に囲まれた断崖絶壁の険しい山。青島ビールもここの湧き水を使用して製造されています。

ウィーン
Wien

154

所在地／人口 オーストリア共和国／約150万人

美しいバロック建築が立ち並ぶウィーンの旧市街。

ハプスブルク帝国の皇帝・王妃・王女は全員甘党

600年にわたるハプスブルク帝国の都ウィーンには、王家の紋章である双頭の鷲とK&Kのマークが表示された「王家御用達」のカフェ・コンディトライ（洋菓子喫茶店）が4軒もあります。王宮から歩いて30秒のデーメル、王宮から至近のゲルストナー、ハイナー、スルッカです。

マリア・テレジア（1717〜1780年）は当時貴重だった砂糖を使ったお菓子が好物で、宮廷内に菓子を担当する役職を設け、フランスに輿入れした娘のマリー・アントワネット（1755〜1793年）は国民の食糧難の叫びに「パンがなければお菓子を食べればいいのに」と語ったと言われ、欧州最古の焼き菓子クグロフ（グーゲル・フプフ）を毎朝食していたと言われます。

フランツ・ヨーゼフ1世（1830〜1916年）と、シシィこと王妃エリザベート（1837〜1898年）はそれに輪をかけた甘党で、カイザーシュマーレン（皇帝のパンケーキ）をデザートとしたヨーゼフはデーメルによく通い、皇帝専用だった部屋には肖像画があります。彼はここのアンナトルテとクグロフがお気に入りでした。

シシィもデーメルのケーキを毎日届けさせていましたが、一番の好物はゲルストナーのスミレの砂糖漬けだったと言います。

もっと知りたい！ ハプスブルク王家の遺産は旧市街を囲む城壁跡にできた長さ4kmの環状道路リング沿いの壮大な建造物群から伺い知れます。王宮、オペラ座、美術史美術館、国会議事堂、市庁舎、ブルク劇場、ウィーン大学などで、リングを一周する市電の車窓から見られます。シュテファン大聖堂やベルヴェデーレ宮殿、郊外のシェーンブルン宮殿も必見です。

155

ミンスク
Minsk

所在地／人口 ベラルーシ共和国／約195万人

ミンスク駅の正面を出たところにそびえるシンメトリーの1対の建物「ミンスクゲート」。

“ソ連のテーマパーク”と呼ばれる街

ベラルーシのほぼ中央、ドニエプル川の支流スヴィスワチ川河畔にあるミンスクは、1067年に築かれた1000年の歴史を持つ都市です。バルト海と黒海を結ぶ中継点として発展しますが、モスクワとワルシャワ間の線上という戦略上の要衝にあるため、モンゴルの侵入、リトアニア併合、ポーランドへの同化を経て、ロシアによる支配と歴史に翻弄される運命をたどりました。第2次世界大戦では独ソ戦の激戦地となったため、市街地が壊滅の憂き目を見ています。川沿いの旧市街のトラエツカヤも戦前の街並みを再現したものです。

ロシア革命以降、ソ連に加盟していたベラルーシがソ連崩壊後に独立すると、ミンスクはベラルーシとCIS（独立国家共同体）の首都となり、現在に至ります。

ミンスク中央駅からメインストリートの独立大通が北に延び、駅そばの独立広場には旧ソ連諸国から撤去されたはずのレーニン像が今も残ります。

さらに通り沿いにはソ連時代の郵便局やKGB本部、十月広場の共和国宮殿、労働組合本部など、スターリン式の重量感漂うビルが整然と並び、街全体が「ソ連のテーマパーク」とも呼ばれているのもこの都市ならではの特徴です。

もっと知りたい！ 白亜の聖霊大聖堂（正教）には奇跡が起こると信じられている「ミンスクのイコン」が伝わります。また「赤い教会」と呼ばれる赤レンガ造りの聖シモン聖エレナ教会には長崎のカトリック教会から贈られた長崎の鐘が残るなど、興味深い教会が数多くあります。

156

オフリド
Ohrid

所在地／人口 北マケドニア共和国 オフリド湖畔／約4万3000人

丘の上に立つサミュエル要塞からは旧市街とオフリド湖の素晴らしい眺めを堪能できます。

世界屈指の透明な湖畔にある正教教会群

北マケドニアの西南端、アルバニアとの国境に広がる東西15km・南北30km、面積358k㎡と大きなオフリド湖は、最深288mに達し、20mという世界有数の透明度を誇る湖です。

この青く澄んだ美しい湖畔にある街が湖名と同じオフリドで、9～14世紀は市内に365もの教会がひしめき、「マケドニアのエルサレム」とも呼ばれました。旧市街西端にある、湖畔の切り立つ岬に立つピンク色レンガ造りの聖ヨヴァン・カネオ教会は特に美しく、街のシンボルともなっています。

10～11世紀にはブルガリア帝国の皇帝サミュエルがオフリドを都に定め、湖を除く3方に城壁を築きました。

14世紀の終わりにはオスマン帝国に支配され、教会内のフレスコ画は塗りつぶされましたが、近年修復され、往時の美しさが蘇りました。11～14世紀に描かれた800点ものビザンツ様式のイコンは守り抜かれ、イコン博物館で鑑賞することができます。

2～3階の出窓が大きく道路にはみ出す造りのオフリド伝統様式の民家が多い旧市街には、紀元前2世紀の古代ローマ劇場もあり、オフリドの歴史の古さを物語っています。

もっと知りたい！ オフリドには、ほかにキリル文字を考案したとされる聖クリメントの聖遺物を収めた聖クリメント教会や、聖マリア教会、聖ソフィア教会、聖ナウム教会など、多くの東方正教会の教会群が点在しています。

157

ホイアン
Hoi An

所在地／人口 ベトナム社会主義共和国 クアンナム省／約12万人

ホイアンの夜はドゥボン川の灯篭流しの無数の明かりが幻想的。ナイトマーケットと共にホイアンのアフターダークの楽しみに。

17世紀の海のシルクロードの国際貿易港

ホイアンはベトナム中部のドゥボン川河口近くにある町で、チャンパ王国からグエン朝代にかけて、都フエの外港として栄えた街です。最盛期は16〜17世紀で、当時は河港を利用しての海のシルクロードの中継貿易港として、日本や中国、オランダ、ポルトガルなどの船が頻繁に来航していました。日本は御朱印船の時代にあたり、貿易商人もホイアンに多数移住。最盛期には1000人以上に達し、日本人街も作られました。

しかし、19世紀には土砂が堆積したため交易の拠点はダナンに移り、ホイアンの貿易港としての役割は終わりました。同時に17世紀の街並みが現代に残ることとなったのです。その日本人街と中国人街の間には、1593年、日本人の手による（または中国人、ベトナム人と一緒に）と伝えられる来遠橋が架けられました。長さ18m・幅３mの中国風の屋根が付いたアーチ橋で、橋の中央には船の安全を祈る祭壇が設けられています。ホイアンのシンボルで、夜は灯篭流しの明かりとともに美しくライトアップされます。日本が鎖国となると街は中国・華南各地の華僑の独壇場となり、福建や潮州など、出身地別の会館が建てられました。越中日の建築様式を折衷したタンキーの家（進記家）は、室内の彫刻が素晴らしくベトナム国宝第１号に指定されました。

もっと知りたい！ ホイアンはグルメの街としても有名で、カオラウ（汁なし麺）、ホワイトローズ（エビのすり身のクレープ包み）、揚げワンタンが3大名物です。

158

慶州（けいしゅう）
Gyeongju

所在地／人口 大韓民国 慶尚北道／約26万人

空から見た慶州の街並み。

“韓国の京都”は新羅1000年の都

慶州は、紀元前57年から高麗（こうらい）に滅ぼされる935年までの約1000年間にわたって新羅の都として栄えました。正確には朝鮮半島を統一したのは668年（以降が統一新羅時代）で、それまでは百済や高句麗と鼎立した三国時代の新羅の都です。

慶州駅に近い中心街の遺跡は三国時代のものが主で、大陵園（古墳公園）には、１～４世紀の新羅王族の墓でお椀を伏せたような丸い古墳23基が散在します。そのほかにも、東洋最古の天文台とも言われる瞻星台（せんせいだい）、新羅王朝の華麗な装飾品や仏教美術品が見られる慶州国立博物館も慶州の見どころです。

仏教を国の精神的拠りどころとする新羅は８世紀、慶州郊外に石垣を築いた堅固な造りの仏国寺を建立します。大雄殿前には高さ10.4mの多宝塔と釈迦塔が立ち、標高475mの吐含山上にある石窟庵では花崗岩の石窟ドーム内に高さ3.4mの釈迦如来坐像が安置されています。触ればへこみそうな肌の弾力が感じられ、とても純白の花崗岩で造られているとは思えないほど。冬至には日の光が如来像に当たる設計で、仏国寺の２つの塔とともに新羅仏教芸術の最高傑作とされています。

もっと知りたい！ 慶州には「慶州歴史地域」「石窟庵と仏国寺」以外に朝鮮時代の両班の家屋など160棟を保存した「韓国の歴史的集落群・河回と良洞」の3つの世界遺産があり、大都市以外では珍しいケースと言えます。

159

アレッツオ

Arezzo

所在地／人口 イタリア共和国 トスカーナ州／約10万人

グランデ広場。街自体が映画『ライフ・オブ・ビューティフル』の舞台となりました。

骨董市や槍試合で名高いルネサンスの街

アレッツォは中世にはフィレンツェやシエナと共にルネサンスの花が開いたトスカーナの美の都で、フィレンツェの南90kmに位置します。

紀元前のエトルリア時代は文化と芸術の中心で、頭がライオンで、胴は山羊、尻尾は毒蛇というギリシャ神話の青銅像『アレッツオのキメラ』が出土しています。また、イタリア三大詩人のペトラルカや音階ドレミ考案のグイド・モナコ、ルネサンスの建築家ヴァザーリなどもこの街の出身でした。

城壁で囲まれた旧市街の中心グランデ広場は10mもの傾斜が付いた台形の広場で、多くの宮殿に囲まれています。ウフィツィ美術館を建設したヴァザーリ作の回廊が美しいこの広場では、毎月第１土日曜に欧州屈指の骨董市が開かれ、６月下旬の土曜と９月第１日曜にはサラセン人を模した人形を14世紀の衣装の騎士が馬上から槍で突く勇壮な馬上槍試合が行なわれます。

40ものアーチからなるファサードが広場に面し、アレッツオ一美しい教会との評価を受けたサンタマリア・デッラ・ピェーヴェ教会や、ピエロ・デッラ・フランチェスカの代表作でルネサンス絵画の最高傑作『聖十字架伝説』があるサンフランチェスコ教会など、見どころは尽きません。

もっと知りたい！ グランデ広場から坂を上がると、とんがり帽子の鐘楼がそびえるドゥオーモ（大聖堂）とメディチ家の城塞があります。また、駅近くには古代ローマの円形闘技場とエトルリアの壺コレクションで知られる考古学博物館があり、旧市街には骨董品店や金銀細工の店も目に付きます。

ディンケルスビュール
Dinkelsbuhl

160

所在地／人口 ドイツ連邦共和国 バイエルン州／約1.2万人

ディンケルスビュールに残る中世の街並み。

4つの城門と無数の塔がそびえる水郷の街

北海とドイツ、イタリアを結ぶ南北交易路の中心にある帝国自由都市として、14〜15世紀に最盛期を迎えたディンケルスビュールの街は、その後交易路から外れたのが幸いして600年前の中世の街並みが現代に残ることとなりました。ロマンチック街道の交通不便な「3つの珠玉の街」を結ぶため1971年に誕生したのがヨーロッパバスでしたが、他の2つのローテンブルクやネルトリンゲンとの違いは、ドイツ全土を荒廃させた17世紀の三十年戦争のみならず、第1次、第2次世界大戦でも奇跡的に被害を免れたこと、1985年には駅も廃止されてバスでしか行けなくなったこと、一周できる城壁の外側は池や水濠、草地などのどかな水郷風景が広がることの3点です。

水濠に城壁や塔が映るヴェルニッツ門をくぐると、すぐに楕円形の旧市街の中心マルクト広場に出合います。まずはマルクト広場にあるゲオルク教会の222段の階段を登り、高さ61mの塔上から旧市街を一望することをオススメします。隣に立つ1440年建造の7階建てのホテル・レストランのドイチェスハウスは精緻な装飾が美しい木組み建築。切妻屋根ゆえ4階以上は屋根裏部屋ですが、天蓋付きベッド、中世家具の部屋もあります。また、ユースホステルもゼクリンガー門前の城壁内にあり、16世紀の穀物倉庫を利用した7階建て木組み建築です。

もっと知りたい！ この街最大の祭が7月中旬に10日間も行なわれるキンダーツェヒェ（子供祭り）。三十年戦争の際、街がスウェーデン軍に包囲されて破壊される危機に陥った際、街を救うため子供たちが敵の将軍に懇願して、街が救われたという故事に基づき、子供たちの時代パレードが練り歩きます。

161

エゲル
Eger

所在地／人口 ハンガリー ヘヴェシュ県／約5万5000人

今も迷路のような地下要塞が残るエゲル城からの眺望。

“牡牛の血”で有名なワインの里

16世紀、ハンガリーの国土の大半がオスマン帝国に制圧され、北部山岳地方にあるエゲルにもオスマン勢力が迫りつつありました。城壁に囲まれた13世紀建造のエゲル城を守るのは、わずか2000のハンガリー軍。敗北必至と見られましたが、エゲルのハンガリー軍は英雄ドボー・イシュトヴァーンの活躍で4万のオスマンの大軍の包囲を打ち破るという偉業を成し遂げました。この奇跡の撃退は、地産の赤ワインのおかげと伝わります。

城に立て籠ったハンガリー軍は士気をあげるため、濃い赤色をした地ワインを一気に飲みほしました。すると、これを見たオスマン軍は牡牛の生き血を飲んでいると勘違いし、恐れをなして退散したというのです。この故事から赤ワインにエグリ・ビカヴェール（牡牛の血）という名がつけられました。

そのワインを、安いゆえに籠城兵士のようにたらふく飲めるのが、郊外の広大なブドウ畑に囲まれた美女の谷。崖を掘った穴倉式のワインセラーが50軒以上も並び、エグリ・ビカヴェールや白のムシュコータイ、レアニカなどの地ワインを樽からガラスのスポイトで取り出しての試飲が可能で、ペットボトルで買うこともできます。

もっと知りたい！ 「美女の谷」の名は美女が接待してくれるのではなく、安くておいしいので飲みすぎて誰もが美女に見えるからだと言われています。

162

ブエノス・アイレス

Buenos Aires

所在地／人口 アルゼンチン共和国／約290万人

「南米のパリ」と称されるブエノス・アイレスの夜景。

アルゼンチンタンゴ発祥の地の“南米のパリ”

海のように広い南米のラ・プラタ川に面した港町がブエノス・アイレス。市名はスペイン語で「良い空気、風」を意味し、碁盤の目のように整然とした美しい街路が果てしなく広がり、「南米のパリ」とも呼ばれています。16世紀以降スペインの植民地だったアルゼンチンが、19世紀に独立すると、その首都となりました。

5月広場には、大統領官邸であるカサ・ロサダ（ピンクの館）や南米各国の独立を成し遂げたサンマルティン将軍の棺が眠る大聖堂などが立ち、市街を南北に貫く両側16車線という世界一広い7月9日通りには高さ67.5mの白いオベリスクがそびえ立ちます。通りに面するコロン劇場は空前の繁栄を極めた1908年に19年かけて完成した、パリ・オペラ座やミラノ・スカラ座と並ぶ世界三大劇場のひとつで、6階席まである内部の装飾を見ると息を飲まずにはいられません。

欧州からの移民が上陸した港のボカ地区はタンゴの発祥地で、赤・黄・青などカラフルな建物が軒を連ねる通り、カミニートのバーからは哀愁に満ちたタンゴの旋律が漏れてきます。サンテルモ地区には、タンゴ楽団の生演奏と踊りを楽しみながら食事ができるダングリアが多く、最も伝統ある「エル・ビエホ・アルマセン」は客席との距離が近いので迫力あるショーが楽しめます。

もっと知りたい！ 市街北部の高級街レコルタ地区にあるアテネオは英国ガーディアン紙に世界で2番目に美しい図書館として紹介されました。劇場だった建物を利用しているので、内装も趣があり、1階椅子席はすべて本棚になっています。ステージはカフェになっていて、そこで本を読むこともできます。

163

ポカラ
Pokhara

所在地／人口 ネパール連邦民主共和国 ガンダキ・プラデーシュ州／約43万人

サランコットの丘からのポカラの眺め。

8000m級のヒマラヤが展望できる別天地

ポカラはカトマンズの西200km、ネパール中部の標高約800mにある高原リゾートです。アンナプルナ山群のほか、マナスルやダウラギリなど8000m級のヒマラヤ山脈の高峰群を湖面に映すペワ（フェワ）湖の湖畔に広がる街で、標高差が7000m以上ある山々が目の前に広がるロケーションは、迫力満点。特に山々に映える夕日が、湖面を赤く染める夕景は格別です。

トレッキングなどしなくても、居ながらにして万年雪のヒマラヤの大景観を眺められる場所は稀で、山好きな方には夢のような都市と言えるでしょう。

面積5.2km²と、ネパールでは２番目に大きなペワ湖東岸のレイクサイドから南岸のダムサイドにかけて、ホテル、ゲストハウス、レストラン、カフェ、土産店などがひしめくリゾートタウンが広がり、カフェなどで山を眺めて過ごす長期滞在者も少なくありません。

観光客は早朝、湖の北にある標高1592mのサランコットの丘を目指します。その目的は日の出。アンナプルナⅠ峰（8091m）、双耳峰の形から「魚の尻尾」を意味するマチャプチャレ（6963m）、マナスル（8163m）、ダウラギリ（8167m）などが赤く染まる赤富士ならぬ「赤ヒマラヤ」となる瞬間は荘厳のひと言です。

もっと知りたい！ サランコットの丘へはツアーバスやタクシーでのアクセスが可能。下りはトレッキング（所要2時間の初心者コース）もオススメです。また、丘には5つ星のアンナプルナビューなどホテルも多く、ダムサイドの西の湖岸にも5つ星ホテルのフィッシュテル・ロッジがあります。

ダマスカス

Damascus

164

所在地／人口 シリア・アラブ共和国 ダマスカス県／約160万人

家々が密集するダマスカスの住宅地。現在内戦の戦場となり、破壊が続いています。

世界最古の都市と言われるイスラム四大聖地

世界最古の都市のひとつと言われるのが、4000年の歴史があるとされるシリアの首都ダマスカス。アッシリア、バビロニア、ペルシャ、ローマなどに支配されましたが、イスラム勢力がこの地を占領すると、661年から750年までウマイヤ朝の首都となり、繁栄の時代を迎えます。しかし、その後はまた、モンゴルやチムールの侵略を受け、1516年にはオスマン帝国、1920年にはフランスの支配下（委任統治領）に。都市の歴史が長いだけに時の覇権国による支配の歴史も長くなりました。

それでも、一時代を築いた都市の多くが、遺跡と化したか、地方都市としてしか残っていないのに対し、1946年にシリアが独立を果たすと、1200年ぶりに首都として復活したのは世界的に見ても稀有な例です。

しかも今も東西1.7km・南北１kmほどの楕円形の旧市街と７つの門が現存しています。ウマイヤ朝の６代カリフのワリード１世が10年かけて715年に完成したタテ150m・ヨコ100mと巨大なウマイヤ・モスクは完全な形で現存する世界最古のモスクとしてイスラムの四大聖地のひとつとなっています。

もっと知りたい！ ダマスカスにあるウマイヤ・モスク以外の3か所のモスクは、イスラム教徒でないと入れませんが、ウマイヤ・モスクは例外。隣には十字軍を破り、エルサレムを奪回したアラブの英雄サラディーンの廟があります。また、旧市街の東半分はキリスト教徒地区となっています。

165

シーラーズ

Shiraz

所在地／人口 イラン・イスラム共和国 ファールス州／約120万人

壮麗なシャー・チェラーグ廟はシーア派聖地のひとつです。

歴代王朝の都となったイラン人の心の故郷

シーラーズはザクロス山脈中の標高1540mの高原にあり、バラが咲き乱れる美しい街です。18世紀後半にザンド朝の都だったシーラーズは、紀元前6～4世紀にインダスからエジプトまでの大帝国を築いたアケメネス朝やササン朝も都としたイランの発祥地。この地方（州）名のファールスがアラビア語読みでペルシャとなります。イスファハンが「イランの京都」なら、シーラーズは奈良・大和路といったイラン人の心の故郷と言えるでしょう。近郊にある有名なペルセポリスへの観光基地ですが、ハーフェズやサァディの2人の有名な詩人を輩出し、彼らの廟が置かれる街としても有名です。

イラン人すべてが敬愛し、ゲーテにも影響を多く与えた偉大な詩人ハーフェズの廟は八角形のあずまやで、奥のチャイハーネ（喫茶店）のヌードル・アイスクリームが絶品です。

一方サァディ廟のチャイハーネは金魚が泳ぐ地下の水槽の周りに席が配されユニーク。サァディはこの街の魅力を「シーラーズを訪れる者は彼らの故郷を忘れるであろう」と言っています。

バラが咲き乱れるエラム（楽園）庭園はイラン各地のペルシャ式庭園群（世界遺産）の白眉で、糸杉の並木道とエラム宮殿の外壁に施された装飾の繊細美にも心を奪われます。

もっと知りたい！ シーア派聖地のひとつ、シャーチェラーグ（ランプの王）廟はその名の通り、ライトに浮かび上がる廟の卵形ドームは、この世のものとは思えない妖しいまでの美しさで思わず「イスラム教徒になってもいいかも」と思うほど。ナスィーロル・モルク・モスクはステンドグラスの赤・青・黄・緑などの光が柱や絨毯に映り、とても美しいモスクです。

166

シエナ

Siena

所在地／人口 イタリア共和国 トスカーナ州／約5.4万人

丘の頂に大聖堂がそびえるシエナの町。

フィレンツェと覇を競ったルネサンスの美の都

都市国家シエナ共和国の古都シエナは、金融業で13〜14世紀に全盛期を迎え、トスカーナの覇権をフィレンツェと競った街です。ルネサンス期には優雅で神秘的な画風のシエナ派の本拠地として芸術の面でもフィレンツェの強力なライバルでした。

３つの丘にまたがっているため、城壁に囲まれた旧市街は石畳の坂道や石段が多く絵画的な美しさで知られます。貝殻の内側のような緩いスロープの扇形をしたカンポ広場はイタリアで最も美しい広場と言われ、中央にガイアの噴水がある広場では、７月２日と８月16日のパリオ祭で華麗な中世の衣装行列とともに、広場を一気に駆け抜ける地区対抗の勇壮な競馬が行なわれます。

広場に面したプッブリコ宮殿（現市庁舎）の高さ102mのマンジャの塔は、螺旋階段で塔上まで登れ、眼下のまさしく扇形になっている広場の形がよく見えます。シエナの赤と呼ばれる街並みと郊外の緑まで一望できる眺めは絶景です。

少し離れたドゥオーモはフィレンツェの花の聖母寺に負けないものをと200年もかけて建造されたもの。ファサードや内部の天井・柱・床までモザイクや彫刻で飾られ、鐘楼の白黒の美しい縞模様も必見です。

もっと知りたい！ 市庁舎2階の美術館ではドウッチョやロレンツエッティなどシエナ派のフレスコ画が見られます。ゴシック様式のドゥオーモは規模でもフィレンツェ以上のものをと目指しました。建設費不足とペスト流行などで果せなかったものの、美しさではひけを取りません。ドゥオーモ内のピッコロミニ家の図書室の壁面に描かれたフレスコ画も必見です。

167

ツェレ

Celle

所在地／人口 ドイツ連邦共和国 ニーダーザクセン州／約7万人

ツェレの街並み。旧市街のポスト通りにはホウキに乗った魔女がレンガ模様で描かれた木組みの家があります。

カラフルな木組みが立ち並ぶ"北ドイツの真珠"

ツェレはドイツ北部の荒野リューネブルガーハイデにあるリューネブルク大公の城下町。1000年の歴史があり、14世紀以降リューネブルク大公やハノーファー王朝の居城として発展しました。中央駅と旧市街の間にある堀に囲まれたツェレ城はいくつものドームがそびえる壮大な宮殿ですが、14世紀創建のルネサンス式礼拝堂や17世紀のバロック式オペラ劇場と様式が入り組んでいて、多様な顔を見せてくれます。

城に近接した旧市街の槍通りでは、1471年に槍試合で落馬して亡くなったオットー侯爵の死を悼んで、現場の薬局前に馬の蹉跌が埋められています。

ツェレの旧市街には主に16〜17世紀に建てられた480軒もの木組みの建物が集中していますが、ツェルナー通りの建物は切妻屋根の木組みで統一された美しいもの。ドイツには木組みの街がよく見られますが、ツェレの木組み建築はピンク・ブルー・グリーン・イエローなどに彩色されていてとてもカラフルで、「北ドイツの真珠」と呼ばれています。

彫刻、紋様、銘刻のいずれも惚れ惚れする、最も美しい木組み建築と称えられる6階建てのホッペナーハウス（1532年建造）や、1526年建造とツェレ最古の緑色の木組みの家も残ります。

もっと知りたい！ 旧市街の中心のマルクト広場には木組みではありませんが、ヴェーザールネサンス様式の堂々たる建物の旧市庁舎があり、広場の南には高さ74.5mの塔に234段の階段で登ると旧市街が一望できる市教区教会があります。

168

カルカソンヌ

Carcassonne

所在地／人口 フランス共和国 オード県／約5万人

カルカソンヌは、夜のライトアップによる幻想的な雰囲気から、多くの観光客が訪れます。

欧州唯一の2重城壁都市

スペインとの国境に近いフランス西南部に欧州唯一の２重の城壁に囲まれた城塞都市があります。それがカルカソンヌ。周囲をぶどう畑に囲まれ、２重にめぐらされた城壁は総延長３kmに達し、とんがり屋根の塔が53もそびえています。２重の城壁の間はリス（矢来）となっていて、一周（1.5km）すればその堅固ぶりを堪能することができます。

街の名の由来はマダム・カルカス伝説から。８世紀にフランク王国のカール大帝が５年間もこの街を包囲しましたが、女領主カルカスはシテの騎士団を率いて耐え抜きました。６年目に食糧も尽き、豚１頭と小麦数袋のみになった際、カルカスは一計を案じます。豚に小麦をありったけ食べさせて太らせ敵陣に投げ入れたのです。すると、敵将は城内にまだ食糧は十分あると勘違いして撤退。このときに鳴らした勝どきの鐘から、カルカスの鐘が鳴るで「カルカ・ソンヌ（鳴る）」となったと伝えられます。

ただし２重の城壁ができたのは13世紀のこと。同地を支配下に収めたフランス王ルイ９世が外側の城壁も建造して難攻不落の城塞に変えたのです。17世紀にスペインとの間に平和条約が結ばれて、城塞は無用の長物になりましたが、今もその威容を保っています。

もっと知りたい！ カルカス像が立つ2重の城門となっているナルボンヌ門から城壁内のシテに入ると、歴代領主の城、コンタル城と「シテの宝石」と呼ばれステンドグラスが美しいサンナゼール大聖堂があります。シテのホテルは高いですが、シテの中心にあるユースホステルは安くてオススメです。

169

ポート・ルイス
Port Louis

所在地／人口 モーリシャス共和国 ポート・ルイス県／約15万人

コロニアル風建造物群が並ぶポート・ルイスの港町。

もうひとつの天国に一番近い島

1896年にアフリカ・マダガスカル島の東に浮かぶモーリシャス島を訪れた『トムソーヤの冒険』の作者マーク・トウェインは、その類まれな美しさを「神はモーリシャスを最初につくり、それをまねて天国をつくった」と表現しました。その首都が島西北部の港町ポート・ルイスです。「インド洋の貴婦人」とも呼ばれるこの島を16世紀に発見したのはポルトガル人で、16世紀末にオランダ領、18世紀初めにフランス領、19世紀初めに英国領、1968年に独立と支配者はめまぐるしく変わりました。そうした歴史から７割を占めるインド系移民のほか、クレオール系、華人、欧州系と人種も多彩。市の中心には英国ではなく、フランス時代の地名や建物が目立ち、ヤシ並木が続く広場プラス・ダルムと、お洒落なコロニアル風建造物群が美しく目を引きます。

世界でここ以外ではほとんど見られないものが２つあります。それは、飛べない鳥ゆえ、入植した人間の乱獲によって300年前に絶滅したドードーのはく製(レプリカ)がある自然史博物館と、1847年にモーリシャスが英国の植民地として初めて発行した１ペンスと２ペンスの切手。現存するのは世界でもわずかで、２種が同時に見られるのは切手ファン憧れのブルーベニー博物館だけなのです。

もっと知りたい！ アプラヴァシガートは、奴隷制廃止で労働力が不足し、急遽インドから大量の移民を受け入れた建造物群で、波止場や門、病院、キッチン、トイレ、馬小屋などが残り、世界遺産に登録されています。中心街の小高い丘の上に1840年に築かれたアデレード砦からは市街と港の眺めが楽しめます。

170

オークランド

Auckland

所在地／人口 ニュージーランド オークランド地方／約165万人

火山に囲まれた都市オークランドとスカイタワー。

“帆の街”はクレーターだらけの“火山の街”

北島北部の太平洋とタスマン海を隔てる地峡に市街が広がるオークランドは、ニュージーランド最大の都市。ワイタンギ条約で英国植民地となった直後の1841年からウェリントンに遷都される1865年まで、ニュージーランドの首都となった古都でもあります。自前の船での船遊びを好む市民が多く、ヨットやボートなど小型船舶の免許を持つ人口比が世界一ということから、「帆の街」と称されます。

このニュージーランド最大の街と沖合の島々には、何と50ほどの火山が散在。「火山の街」としても知られています。中心街からわずか4km南の標高196mのイーデン山はすり鉢のような噴火口が残るマオリの要塞跡で、山頂からは市内と海上にいかにも火山とわかる地形がアチコチに散らばっているのが見えます。その南の羊が放牧された丘ワンツリーヒル（183m）も2万年前に噴火した死火山。対岸デヴォンポートのビクトリア山も死火山で、シティ高層ビル街の眺めが格別です。なだらかな259mの円錐形火山の島ランギトト島（フェリーで25分）は、徒歩1時間の頂上からの海を隔てたシティの眺めが圧巻。その沖にあるビーチが美しい火山島ワイヘキ島（フェリーで40分）はワイナリーが多く、原生林の森も広がっています。

もっと知りたい！ シティのスカイタワー（328m）は南半球一高い塔で展望台から命綱を付けて一周するスカイウォークや「ソフトバンジー」のスカイジャンプがユニーク。

アレッポ

Aleppo

171

所在地／人口 シリア・アラブ共和国 アレッポ県／約170万人

モスクのミナレットが林立するアレッポの街並み。現在、内戦により多くの建物が被害を受けています。

4000年の歴史をもつ世界最古の都市のひとつ

アレッポはトルコとの国境に近いシリア西北部にある、首都ダマスカスに次ぐ、シリア第2の大都市です。紀元前2000年からの4000年以上の歴史を持つ世界最古の都市のひとつで、その悠久の歴史はまるで世界史を辿るようです。紀元前20～17世紀はヤムハド王国の首都として栄え、その後はヒッタイト王国、アッシリア、アケメネス朝ペルシャ、古代ギリシャ、ローマ帝国、ビザンツ帝国と支配者がめまぐるしく代わり、637年にイスラム化しました。その後も、セルジュク朝やエジプトの諸王朝の支配下で十字軍や蒙古からの攻撃を守るイスラム側の前線基地となりました。

さらに16世紀からの長いオスマン支配のあと、20世紀初めにフランスの委任統治領となり、1946年に独立。いまではシリアや中東を代表する歴史都市です。

高さ50mの丘に深い堀に囲まれた周囲2.5㎞の巨大な楕円形の城塞アレッポ城は、紀元前10世紀にヒッタイト人が宮殿として建てたものを、11～12世紀の十字軍の攻撃に備えて城門にオリーブ油落としを設けるなどして要塞化。十字軍の包囲から陥落を免れ、蒙古の攻撃にも耐えた堅牢な城です。城塞の眼下にはアレッポ旧市街の眺めが広がります。

もっと知りたい！ 残念ながら、内戦で石造りドームの下のうす暗い迷路のような市場内に1500店がひしめく世界最大級のスーク（市場）は焼失。8世紀建造の大モスクの高さ45mのミナレットは崩壊し、現在修復中です。紀元前29～18世紀に栄えた古代シュメールやウガリット、エブラなどの遺跡からの出土品を収蔵する国立考古学博物館は再開しました。

172

イスファハン
Esfahan

所在地／人口 イラン・イスラム共和国 ファールス州／約160万人

イマーム広場に面した門に対し、45度傾いて建てられたイマームモスクの礼拝堂。

“世界の半分”と讃えられた“イランの真珠”

ザクロス山脈中腹の標高1590mの高原にある、1597年アッバース１世（大帝）が開いたサファーヴィ王朝の都がイスファハンです。

大帝は約510m×160mの南北に細長いイマーム広場（旧王の広場）を造り、広場南に美しい鍾乳石飾りのエイヴァン（玄関）を持つ「マスジェデ・イマーム」（旧王のモスク）、北に広大なバザール、東に淡黄色をしたドームの王室専用のモスク「マスジェデ・シェイフ・ロートフォラー」、西にアーリガープ宮殿を建設し、広場全体を２階建てアーケードで囲いました。

ところが広場に面するイマームモスクの玄関から真っすぐに礼拝堂を築くと、信者はメッカのある西南ではなく、南に向かって祈ることになってしまいます。これを防ごうとした結果、礼拝堂は門から45度傾いて建てられるという特異な構造となりました。

イマーム広場中央の広大な池に映るペルシャンブルーのドームがそびえるイマームモスクの美しい夜景を眺めると、17世紀の繁栄ぶりを形容した「世界の半分」という言葉に納得されることでしょう。

もっと知りたい！ 市街中央を流れる広大なザーヤンデ川に架かる人専用の石橋のうち、2層構造のハージュ橋の上層中央は夜、王が宴を開いたテラスがあります。2層構造で33のアーチが閉じてダムの役割もするスィー・オ・セ橋は長さ300m・幅14mと長大で夜景が圧巻です。

173

デュッセルドルフ
Dusseldorf

所在地／人口 ドイツ連邦共和国 ノルトライン・ヴェストファーレン州／約62万人

デザイン性の高いビルが立ち並ぶデュッセルドルフのメディアハーバー。

欧州唯一の日本人街もあるアートの街

デュッセルドルフはライン川沿いにあって、詩人ハイネが生まれ、ゲーテやブラームス、シューマン、メンデルスゾーンが活躍した芸術の街。美術館や博物館も多く、近年は斬新な現代建築の宝庫となっています。また、ベルリンと並ぶモードの街でもあって、「小パリ」の称も。日系企業が500社以上進出し、約6000人というロンドン、パリに次ぐ数の邦人が暮らす、日本と密接な関係にある都市です。中央駅前から延びるインマーマン通りは日本人街と呼ばれるほどで、日本のあらゆる種類の店が並ぶその景観は、欧州ではほかに類がありません。

中央を運河が流れる幅85mのマロニエ並木が1km近くも続くケーニヒスアレー（通称「ケー」）は1805年にナポレオンが造ったもので、高級ブティックやブランド店が立ち並ぶ、世界で最も美しいショピングストリートと言われます。

州立のK20美術館は20世紀の作品を集めた美術館で、ピカソ、マティス、シャガールのほかシュールレアリズムの作品も収蔵。19世紀の旧州議会議事堂を改装したK21美術館は21世紀の現代美術を紹介。25mの高さにまるで巨大なハンモックのようにスチールメッシュを張り巡らせ、歩いたり、登ったり、腰かけたり、寝たりもできる作品は超ユニークです。

もっと知りたい！ 旧市街（アルトシュタット）はケーとライン川の間の1km四方の石畳の一角で、数百軒の飲み屋が集まり、ドイツで一番長い（酒場の）カウンターと呼ばれています。1797年生まれの詩人ハイネの生家もここにあります。

広州（こうしゅう）
Guangzhou

174

所在地／人口 中華人民共和国 広東省／約1500万人

貿易港として発展を始めた広州は、現在、人口1500万人を超える大都市へと変貌しました。

出島のような人工島に旧租界の150軒の洋館

広州は北京や上海と並ぶ中国三大都市（人口は重慶が１位）とされる華南最大の都市です。珠江（しゅこう）デルタの付け根にある中国有数の貿易港で、「食在広州」と呼ばれる広東料理の本場としても知られます。

19世紀中頃、広州が中国で初めての対外貿易港となると、清は珠江沿いの土地の北側を掘削して運河を造り、東西900m・南北300mの楕円形の人工の島「沙面島」を造成。東の５分の１をフランス、残りを英国の租界としました。そこに、英、仏、独、日、米の列強の領事館や多くの企業がレンガや石造りの洋館を建造。日本からも三井物産や横浜正金銀行、日本郵船など多くの大企業が参入しました。カトリックや英国国教会の教会、銀行、郵便局、病院、ホテル、住宅、バー、テニスコート、プール、公園なども完備した洋風の街が出現したのです。

今は街路樹が森のようになった沙面大街などの広い道路の両側に150軒ものクラシカルな洋館が立ち並び、とても中国とは思えません。教会は今も教会ですが、日本領事館は会社オフィス、壮大なフランス領事館は広東外事博物館に、ほかもホテル（勝利賓館、沙面賓館）、カフェ、レストラン、病院などとして利用されており、当時の広州が今も息づいています。

もっと知りたい！ 沙面島の珠江に面した広州の南側は元外国船専用の波止場で、現在は市民が太極拳などを楽しむ沙面公園になっています。

ウプサラ
Uppsala

175

所在地／人口 スウェーデン王国 ウプサラ県／約15万人

街のランドマークであるウプサラ大聖堂は、中世から17世紀まで国王や王妃の戴冠式が行なわれていました。

植物学者リンネを輩出した北欧最古の大学町

ウプサラはスウェーデン中部にあって、北欧最古の大学と代々国王の戴冠式を行なった大聖堂で有名な街。新ルネサンス様式の宮殿風外観のウプサラ大学は1477年創立の北欧最古の大学です。入口には「自由に思考することは素晴らしいが、正しい知識を得ることはさらに偉大である」との言葉が掲げられています。

多くのノーベル賞受賞者を輩出してきましたが、そのひとりに世界的な植物学者リンネ（1707〜1778年）がいます。

ウプサラ大学の教授になると、その名声を聞き、世界中から学生が集まったというリンネは、生物分類の基本となる種を表すのにラテン語の大文字の書き出しで「属名」と小文字で「種名」で表す「二名法」を確立。界、門、網、目、科、属、種と分類される基礎を造りあげました。バロック様式のリンネ庭園には、リンネが世界中から採取した1300種の草花だけが咲いており、300年の歴史があるこの庭園を日本の上皇陛下も訪問されています。

高さ120mの尖塔が市内どこからでも見える北欧最大級の大聖堂は1435年の建造。偉大なリンネはここに眠っています。

もっと知りたい！ グスタフ・ヴァーサ王が16世紀に建てたピンクのウプサラ城は高台にあり、街を一望できるスポット。北郊外のガムラ・ウプサラは6世紀の王族の饅頭型古墳が残る「スウェーデン版飛鳥」です。

176

ストックホルム

Stockholm

所在地／人口 スウェーデン王国 ウップランド地方／約88万人

ストックホルムの旧市街ガムラ・スタンの一角。

ノーベル賞ゆかりのスポットが散在する水の都

ストックホルムは市の面積の13％が水面で、水に浮かぶ都市であることから、「北欧のヴェネツィア」とも呼ばれるヨーロッパでも最も美しい都市のひとつ。それを実感するにはメーラレン湖に突き出すように立つ市庁舎の高さ106mの塔展望台に登るのが一番です。王宮や大教会、国会議事堂などが立ち並ぶ旧市街のガムラ・スタンが湖に浮かぶ島であることがわかります。

市庁舎の青の間は国王も列席するノーベル賞受賞者の晩餐会で有名ですが、地下のレストランでは晩餐会メニューが味わえ（２名から要予約）、食器も同じものを使用します。

それに先立つ授与式はコンサートホールで行なわれ、市庁舎と共にガイドツアーで授与式会場も見学できます。その北の市立図書館は吹き抜け３階建ての円形エントランスホールに360度に書棚がレイアウトされ、内装を美しく演出しています。館内のビストロカフェでは、恒例となっている椅子の裏に書かれた過去の受賞者のサインに注目。晩餐会のアイスクリームだけならここで味わうことができます。

ガムラ・スタンにあるノーベル博物館では、歴代ノーベル賞受賞者の歴史などを学ぶことができます。

もっと知りたい！ 王宮の対岸にあるグランドホテルは、ノーベル受賞者が泊まる1874年創業の老舗最高級ホテル。泊まることは無理でも1階のレストランのグランド・ベランダで本場バイキング（スモーゴスボード）を味わえます。

177

シントラ
Sintra

所在地／人口 ポルトガル共和国 リスボン県／約37万人

白い壁と赤い屋根が特徴的なシントラ宮殿と家々。2本の円錐塔は台所の煙突です。

緑の中に宮殿・城塞が散在する“エデンの園”

リスボンの西28kmのシントラは、緑あふれる丘陵にいくつもの宮殿や城塞が散在するポルトガル一の保養地。街中が植物園のようなこの美しい街を英国の詩人バイロンが「エデンの園」と称賛し、歴代ポルトガル王室も好んで夏の離宮を建てた地域です。

街の中央にあるシントラ宮殿は15〜19世紀に歴代国王の夏の離宮となったアズレージョ（青タイル）をふんだんに使ったポルトガル全盛期の宮殿。天井が30mもある部屋など豪華ですが、外観はシンプルでトンガリ帽子のような2本の巨大な円錐塔が特徴的です。

王宮前広場の背後の標高450mの山頂には7〜8世紀に築かれたムーア城塞を守る「ヨーロッパの万里の長城」とも言われる石造りの城壁がうねうねと延びています。

さらにその奥の標高529mの山頂には、19世紀にフェルナンド2世が元修道院を「夢の城」にすることを目指して、ゴシック、ルネサンス、マヌエル（マヌエル1世時代の様式)、ムデハル（イスラム風）の各様式を取り入れて改造したペーナ宮殿がそびえます。宮殿の外観はピンクにイエローというメルヘンチックなもの。テラスやムーア城塞からは眼下の緑の森林とシントラの街、大西洋の大パノラマを楽しめます。

もっと知りたい！ 12世紀の王族の邸宅を改築したレガレイラ宮殿も見所のひとつで、らせん階段が続く深い井戸や飛び石のある池などの大庭園が魅力です。

178

ヤズド

Yazd

所在地／人口 イラン・イスラム共和国 ヤズド州／約52万人

鳥葬の場であった「沈黙の塔」から見る夕日。「沈黙の塔」の塔上には、中央に残った骨を投げ込むための直径10mの穴が残っています。

かつて鳥葬していたゾロアスター教の砂漠の街

イラン中央のヤズドは、標高1200mの砂漠のなかにある3000年の歴史を持つ古都です。一帯は強烈な日差しを受ける乾燥地帯にあたるため、人々は水不足と暑さ対策のため、世界最大規模のカナート（地下水路）網と、自然エネルギーだけでできる日干し煉瓦建築の街を造り上げました。さらに建物の真ん中に煙突のような高い採風塔（バードギール）を設け、暑い空気を上に逃がし、地下水路の水で家を涼しくしました。その最大のものは高さ33.8mの採風塔を持つドラウト・アーバード庭園（世界遺産）で、ヤズドは大昔から最先端のエコシティを作り上げてきたと言えるでしょう。

ここはまた、世界最古の宗教とされるゾロアスター教の本山の地でもあります。火・木・土を神聖なものとして、それを汚す火葬や土葬を禁止し、鳥（ハゲワシ）による鳥葬として人を自然に還す習慣が連綿と受け継がれてきました。

1930年代に鳥葬は禁止になりましたが、今でもこの街には信徒は多く、ゾロアスター教の寺院、アテーシュ・キャテ（火の家）では1500年前から燃え続ける聖火が崇拝の対象となっています。郊外の高さ50mの岩山の上には鳥葬を行なっていた「沈黙の塔」が2基残っています。

もっと知りたい！ ヤズドは街全体が歴史都市ヤズドとして2017年に世界遺産に登録されました。すでに登録されていたヤズドのカナート（2016年登録）が「ペルシャ式カナート」、ドラウト・アーバード庭園（2011年登録）が「ペルシャ式庭園」として構成資産に追加され、3つの世界遺産をもつ、イランでも必訪の街のひとつとなりました。

179

ルアン・パバーン

Luang Phabang

所在地／人口 ラオス人民民主共和国 ルアン・パバーン県／約10万5000人

托鉢へ向かうルアン・パバーンの少年僧たち。

仏都の性格を色濃く残す街

ルアン・パバーンは1357年にランサーン王国の都となった古都で、18世紀にはルアン・パバーン王国の都として再び首都になりました。ラオス北部のメコン川にカーン川が合流する半島状の地形に当時の旧市街が広がっています。

ルアン・パバーンの朝は僧の托鉢で始まります。托鉢はこの国の風物詩で、ラオス中で見られますが、ルアン・パバーンには80以上の寺があるため僧侶の数が半端ではありません。托鉢行列はざっと数百人に達し、まさにオレンジ（僧衣の色）軍団というべき迫力。まだあどけない少年僧の姿も見受けられます。僧はお金を持たないので、人々が鉢に入れてくれた米やおかずが日々の糧となります。仏教の国ラオスの人々の生活に触れられる瞬間です。

黄金のパバーン仏を安置する旧王宮（国立博物館）はメコン河岸に立ち、来賓用の桟橋まで備えます。

1560年に王家の菩提寺として建立されたワット・シェントーンはラオスで最も豪壮な寺院。地面につきそうなほど屋根が張り出している典型的なルアン・パバーン様式の代表作です。本堂裏の『生命の樹』とレッドチャペルの2か所のカラフルなモザイク画は必見です。

もっと知りたい！ 金色の仏塔が立つ高さ150mのプーシーの丘からは、眼下の王宮や旧市街が一望でき、夕日が素晴らしいことで知られます。夕景を堪能したあと下山すると、ナイトマーケットが始まっていて、少数民族モン族の少女たちが色鮮やかな布や手造りアクセサリー、財布、バッグを路上のゴザの上に広げて売る姿が見られます。

マルメ

Malmö

所在地／人口 スウェーデン王国 スコーネ地方／約31万人

5階ごとのブロックが上に登るにつれて徐々にねじれていくデザインの高層ビル「ターニング・トルソ」とマルメの街。

かつてデンマークだったスウェーデン南部の中心

対岸は海峡に架かる長さ16kmの鉄道・道路併用橋のオーレスン・リンク橋（橋梁は7845m）で結ばれたデンマークの首都コペンハーゲンというスウェーデンの最南端の国境の街がマルメです。海峡に面したスカニア公園からは真横から橋の全景が一望でき、壮観です。

スカニア公園のそばに立つターニング・トルソは高さ193m・54階建ての北欧で最も高いビル。５層分を1塊として上に行くほどねじれたユニークな形状をしていて、最上階では90度ねじれています。省エネと最先端の環境技術を取り入れたスペインの世界的建築家サンティアゴ・カラトラバによる設計で、新ランドマークとなりました。その南１kmの市の中心にある大広場には、1546年建造の重厚な市庁舎と、1571年の創業の６階建ての赤いレンガ造りで、ガラス装飾の天井などアンティークな内装に目を見張るライオン薬局が立ち、そばには98mの尖塔がそびえる14世紀建造の聖ペトリ教会があって、一転して中世の世界に迷い込んだかのような印象を受けます。

マルメは17世紀にスウェーデン領となりましたが、デンマーク時代の1434年に築かれたのが２重に張り巡らされた堀と運河に囲まれたマルメ城で、北欧に現存する最古の城塞です。周囲は広大な緑の公園で、大広場から西へ徒歩５分で賑やかな市街地から大自然に一転します。

もっと知りたい！ 大（ストー）広場に続く小（リラ）広場には、1588年建造の木組み建築のフォルム・デザインセンターがあります。スウェーデン家具など北欧デザインの日用品や雑貨が展示・販売されています。

181

ウィリアムズバーグ
Williamsburg

所在地／人口 アメリカ合衆国 バージニア州／約1.5万人

18世紀の街並みが忠実に再現されたコロニアル・ウィリアムズバーグ。

18世紀のバージニア州都を復元した野外博物館

1699年、英植民地バージニア州の州都がウィリアムズバーグに移されました。州都になる前の1693年創立のウィリアム＆メアリー大学は南部では最古、全米でもハーバード大学に次ぐ歴史を有する全米屈指の名門大学で、文化に加え、南部諸州の政治・経済の中心となったのです。ところが1780年、州都が現在のリッチモンドに移されると、急速に衰退していきました。

そこで、1920～1930年代に近代的建物を撤去して最盛期の18世紀の街並みを忠実に再現したのが「コロニアル・ウィリアムズバーグ」です。英国が植民地を統治する拠点とした総督邸、1715年建造のアメリカ最古の英国国教会のブルートン教区教会、独立運動指導者たちの集会場ローレイ・タバーン（居酒屋）、国会議事堂、裁判所、武器庫、鋳造所、監獄、宿屋、病院などオリジナルの建物88が元の土台の上に再建・修復され、18世紀のバージニア州都が蘇りました。

コロニアル・ウィリアムズバーグは単なるテーマパークではありません。建物だけでなく、人も18世紀もまま。スタッフや住民は実際にそこに住み、18世紀当時の衣装をまとい、当時の生活様式と言葉を踏襲しているのです。それゆえに、車は入れず、徒歩もしくは馬車で古きよきアメリカが体験することができるのです。

もっと知りたい！ ウィリアムズバーグは英国王ウィリアム3世にちなんで名づけられました。コロニアル・ウィリアムズバーグは一般市民も住んでいるので入場は無料ですが、歴史的建物や靴職人、馬具造りなど各種伝統技術の見学は有料。建国のヒーローに扮したスタッフによるスピーチや、裁判所での模擬裁判なども行なわれ、18世紀のアメリカにタイムスリップできます。

ローテンブルク

Rothenburg Ob der Tauber

182

所在地／人口　ドイツ連邦共和国 バイエルン州／約1.1万人

メルヘンチックな中世の街並みが広がるローデンブルク旧市街。

ワイン一気飲み元市長が救った中世の街並み

中世のまま残る街並みとしてロマンチック街道の華であるローテンブルクが、最大の危機を迎えたのが三十年戦争時、1631年のこと。プロテスタント側のローテンブルクがカトリック軍に包囲されたのです。降伏要求を拒否し籠城したものの、あえなく街は陥落。敵の将軍ティリーは市参事全員を処刑し、街も焼き討ちにすると宣告してきました。市民はティリーに焼き討ちを思い留まるように懇願しますが、拒否されてしまいます。

そうしたなか、占領軍をもてなす市参事会酒宴場で、街の宝だった選帝侯の3.25ℓ（約一升瓶２本）入り大ジョッキでの飲酒を勧められたティリーは、「この大ジョッキのワインを一気飲みできたら、処刑も焼き討ちも止めてやろう」と、無理難題を無茶振りします。

すると元市長のヌッシュが進み出て「私は倒れて死んでもいいが、言ったことは果たして欲しい」と約束を取り付けると、大ジョッキになみなみと注がれた地元産のフランケンワインを一気に飲み干したのです。ヌッシュはその場に倒れましたが、ティリーは感銘を受け、宣告を撤回し、街は守られました。この故事をもとにヌッシュが大ジョッキを飲み干す市参事宴会館のからくり時計は毎日人気を呼んでいます。

もっと知りたい！　17世紀の危機を乗り越えたローテンブルクでしたが、第2次世界大戦では旧市街の40%（北東部）が空爆に遭っています。それでも市民の努力によって街は復活。市庁舎の鐘楼（60m）に登ると城壁に囲まれた赤瓦の旧市街が城壁外の緑の海の中に浮かぶ絶景が見られます。

183

ジャカルタ
Jakarta

所在地／人口 インドネシア共和国 ジャワ島・首都特別州／約1100万人

ジャカルタの独立記念広場にそびえるモナス。

植民地時代のオレンジ屋根の白亜の建物

ジャワ島西部に位置するジャカルタは、東南アジア最大の都市です。1619年に同地を支配下に収めたオランダ東インド会社がバタヴィアと改称。第２次世界大戦後までオランダの植民地でしたが、1950年に独立してジャカルタに戻りました。ジャガタラとも言い、日本ではじゃがいもの語源となり、「じゃがたらお春」でも有名です。オランダ時代最初に官庁街が築かれたのは港近くのコタ地区で、ファタヒラ広場にある旧市役所のジャカルタ歴史博物館が当時を伝えます。

コタ駅前のインドネシア銀行博物館とともにオレンジ屋根の白亜の美しい建物が植民地時代の建造物の特徴で、街は「東洋の真珠」と呼ばれました。市の中心の独立記念広場には塔頂部に35kgの純金で造られた炎の装飾があしらわれた高さ137mのモナスがそびえ、115m地点にある展望台から都心一帯を望むことができます。この広場の周囲には多くの名所があり、西のギリシャ神殿風白亜の国立中央博物館にはジャワ原人（ピテカントロプス）の頭骸骨（レプリカ）、ボロブドゥールの仏像、中国や古伊万里の陶磁器などが収蔵されています。北には元オランダ総督の官邸だった大統領官邸が置かれ、北東には巨大ドームのある12万人収容の東南アジア最大、世界でも３番目に大きな白亜のモスク「インティクラル（独立の意）」がそびえ立ちます。

もっと知りたい！ 市街南部のタマン・ミニ・インドネシアは1万8000以上の島に300の民族が住む広大な多民族国家のインドネシアを理解するのに最適なテーマパークで、ジャワ、バリ、スマトラ、スラウェシなど各島特有の建造物が立ち並びます。熱帯雨林の森の中のようなラグナン動物園ではコモドドラゴンやオランウータンを見ることができます。

184

ルツェルン

Luzern

所在地／人口 **スイス連邦 ルツェルン州／約8.2万人**

ロイス川の河口に架かるカペル橋と八角塔の水塔。

湖・川・城壁に囲まれたスイスで最も美しい街

ルツェルンはスイス中部にあり、中央駅を降りると駅前正面から右にスイス建国ゆかりのフィーアヴァルトシュッテ（4つの森林州）湖が大きく広がる風光明媚な場所。左は湖から流れ出るロイス川で、駅の対岸が旧市街。その後ろが今も残る城壁で、街は城壁と湖と川とで守られていました。

ロイス川の河口に斜めに架かる長さ204mのカペル橋は1333年に架けられた現存する欧州最古の屋根付きの木橋で、橋の途中に高さ43mの八角塔の水塔が立ちます。カペル橋の梁の部分には市やスイスの歴史の絵が描かれていて、今はルツェルン観光のシンボルですが、昔は湖からの侵入を防ぐために巡視を行なう城砦の一部でした。少し上流の1408年建造のシュプロイヤー橋も80mの屋根付き橋で、『死の舞踏』などの67枚の板絵で飾られています。

1386年に築かれたムーゼック市壁（城壁）は、フレスコ壁画が美しい家々が並ぶ旧市街北側の870mが今も残り、9つある見晴塔のいくつかには登ることができます。ここから赤茶色屋根の中世の街並みと湖、近くのリギ山、ピラトス山や白銀のアルプスの峰々の遠望などの大展望を眺めたとき、ルツェルンがスイスで最も美しい街と言われるわけが納得できるのです。

もっと知りたい！ 市壁の東端近くにある『瀕死のライオン像』は、1792年のフランス革命の際、パリ、チュイルリー宮殿でルイ16世やマリー・アントワネットに忠誠を尽くし、勇敢な死を遂げた786人のスイス人傭兵を悼んで製作された碑です。

クエンカ

Cuenca

所在地／人口 エクアドル共和国 アスアイ県／約42万人

特徴的な青いラインの入った屋根のドームがそびえる、クエンカの大聖堂。

パナマ帽で名高いコロニアルの高原都市

キトの南440km、アンデス山中の標高2580mの高原にあるエクアドル第3の都市がクエンカです。正式名はサンタ・アナ・デ・ロス・リオス・デ・クエンカ。気候がよく、海外からの退職移住者に人気の都市です。

インカの皇帝トゥパック・インカ・ユパンキが帝国北部の中心としてクスコに匹敵する街を建設したのが前身で、インカを征服したスペインは1557年、碁盤目状の整然としたルネサンス様式の市街を造り上げました。大小6つの青いドームがそびえる大聖堂はじめ、無数のカトリック教会が林立するコロニアルな街並みは400年もの間完全に保存され、1999年には世界遺産に登録されました。郊外のトゥリの丘からは眼下にオレンジ色の屋根が美しい市街が広がります。

クエンカはマラリアの特効薬キニーネと麦わら帽子のパナマ帽の生産で有名。19世紀後半、住民の手先が器用なのに気づいた州知事は、パナマ帽の原料で、エクアドルの海岸にしか生育しないトキヤ草（パハ・トキージャ）を取り寄せ、街はパナマ帽造りの一大生産地になったのです。クエンカの特産としてパナマ経由で輸出したのがパナマ帽と呼ばれるようになりました。クエンカには工房や店舗を兼ねたパナマ帽博物館があります。

もっと知りたい！ クエンカから80kmの標高3200mほどの高所にはマチュピチュに似たエクアドル最大のインカ遺跡のインカピルカ遺跡があり、太陽の神殿や墓、食糧庫、インカ道の一部が残っています。インカよりも先に栄え、月を信仰した先住民カニャリの家のレプリカも見られます。

186

コインブラ

Coimbra

所在地／人口 **ポルトガル共和国 コインブラ県／約15万人**

モンデーゴ川を隔てた対岸から眺めたコインブラの街。

最初の都は最古の大学と悲恋の地

古代ローマからの歴史を持つコインブラは、1139～1255年にかけてポルトガル王国最初の首都として栄えました。首都移転後も1290年には欧州で最も古い大学のひとつコインブラ大学が設立され、ポルトガルの文化の中心となります。旧市街の城壁の一部だったアルメディナ門を抜け、石畳の坂道を登ると丘の頂上に立つ大学へ至ります。大学では映画『美女と野獣』の舞台となった図書館の豪華絢爛な本棚が必見です。リスボンのファドが主に女の情念を歌うのに対し、コインブラのファドは伝統の黒マント姿の男子学生が心を寄せる女性に、ギターをつま弾きながら甘いセレナーデを歌うのがルーツになっています。

川幅が300mもあるモンデーゴ川を隔てた対岸からの立体的に広がる旧市街と大学の丘の展望がコインブラ随一の絶景ですが、この対岸地区にペドロ王子とイネスの悲恋の物語の舞台「涙の館」（現ホテル）があり、広大な庭園に彼女の涙が湧き出ると伝えられる「涙の泉」が公開されています。イネスは刺客に殺害されるという悲劇的な最期を迎えますが、彼女の遺体が安置されていたのが、今は廃墟となっている旧サンタ・クララ修道院。王子は王位につくと、彼女を掘り出し、アルコバサへ連れ戻ったと言われます。

もっと知りたい！ 中世、コインブラには貧しい者に施しをする慈悲深いイザベラ王妃がいました。彼女は施しをスカートのひだに隠して城外へ出ようとするところを王にとがめられました。仕方なくスカートを広げると、それはバラの花だったという「バラの奇跡」で知られ、のちにコインブラの守護聖人となった王妃の棺は、高台にあるため旧市街の眺めがいい新サンタ・クララ修道院に納められています。

187

サンパウロ
Sao Paulo

所在地／人口 ブラジル連邦共和国 サンパウロ州／約1200万人

ゴシック様式のサンパウロ・メトロポリターナ大聖堂は、南米最大級の大聖堂です。

世界一日本人移民が多い南米最大の都市

サンパウロは、標高800mの高地の気候がコーヒー栽培に適していたことから、移民による大量生産と輸出が盛んになり、1960年代のブラジルの奇跡で、南米だけでなく南半球でも最大の都市に発展しました。日本人移民もブラジル全体では200万人近く、サンパウロ州だけでその７割を占めるなど、ニューヨークと同様人種のるつぼとなっています。

サンパウロ市にはロサンゼルスのリトルトーキョーと並ぶ世界最大規模の日本人街「リベルダーデ地区」があります。今は、中国や韓国系も増えたため東洋人街と名を変えましたが、カルボン・ブエノ通りには大きな鳥居や大阪橋などがあり、街灯は提灯形で、鳥居や日本庭園もあり、日本の文化色の濃い一帯となっています。また、1908年、笠戸丸で外港のサントスに入港した日本人移民が、約60km内陸にあるサンパウロまで乗ったSLは動態保存され、リベルダーデからはやや離れたサンパウロ移民博物館前から25分のSL旅ができます。

日系のホテル、レストラン、スーパーが溢れ、日本語が通用するリベルダーデにはブラジル日本移民資料館があり、移民船内の様子やコーヒー栽培など農園での生活、日本人街が形成された過程などが、所持していた品物、写真、映像などから伺い知ることができます。

もっと知りたい！ ルノワール、モディリアーニ、ティントレット、グレコ、ゴッホ、ピカソ、ゴヤ、マチスなどの傑作があるサンパウロ美術館は、欧米以外では随一の西洋美術コレクションで有名ですが、懸垂式モノレールのような構造の外観や展示方法もユニーク。壁を取り払い、ガラスの中の絵画がまるで宙に浮いているように展示され、近くで見ることができます。

188

ニューオーリンズ

New Orleans

所在地／人口 アメリカ合衆国 ルイジアナ州／約36万人

フレンチ・クォーターの街並み。ジャズの聖地バーボンストリートもフレンチ・クォーターを横切っており、ジャズの演奏が聞こえてきます。

ジャズ発祥の地はアメリカ人にも異色で面白い街

アングロサクソン系アメリカ人にとってもエキゾチックな街が、ジャズ発祥の地で、音楽の都と言われるニューオーリンズです。

大河ミシシッピ川の巨大な河港を持つニューオーリンズは、３分の２の住民がアフリカとカリブ海の黒人であることに加えて、フランスとスペインの植民地だった上に、カナダ・アケイディアからの大量の移民（略して「ケイジャン」）が住み着き、その子孫たちと文化が交じり合って独特の雰囲気が漂っています。

18〜19世紀のフランスとスペイン植民地時代の街並みを残す、ミシシッピ川沿いのフレンチ・クォーターには、1849年建造のポンタルバアパートなど装飾された鉄格子にアイアンレースのバルコニーを巡らせたタウンハウスが立ち並び、他のアメリカの街と比べて明らかに異質です。

ルイ・アームストロングもここから羽ばたいたというバーボンストリートには、24時間営業のジャスバーやライブハウスが立ち並び、どこからかジャズの演奏が聴こえてきます。近くには伝統的ジャズのライブ演奏が聴けるプリザベーションホールもあり、現存する北米最古のセントルイス大聖堂が立つジャクソン広場はいつもストリートミュージシャンたちで賑わっています。

もっと知りたい！ フレンチ・クォーターは全米一のグルメの街とも言われ、フランスやスペインの支配者階級のクレオール料理とフランス系カナダ人労働者のケイジャン料理はもとより、ポーボーイ・サンドイッチ、スパイシーなジャンバラヤシチュー、「カフェ・デュ・モンド」のチコリ入りカフェ・オ・レとベニエ（ふわふわドーナツ）など、食いしん坊にはたまらない街です。

180

アントワープ
Antwerp

所在地／人口 ベルギー王国 アントウェルペン州／約53万人

『フランダースの犬』において、主人公ネロがルーベンスの名画のもとで悲劇の最期を遂げるアントワープ大聖堂。

『フランダースの犬』の舞台ホーボーケン

ベルギー第２の大都市アントワープは、英国女流作家ウイーサの作品で、日本でアニメとして大人気となった『フランダースの犬』の舞台ですが、物語の中心は市電で30分ほどの郊外にあるホーボーケンでした。

電停から少し戻るとネロとパトラッシュが祖父と一緒に葬られていると言われる聖母生誕教会があり、傍らに「ネロとパトラッシュの像」が立っています。

１kmほど離れた風車小学校の校庭には５分の１に縮小したミニ風車もあり、当時の記録にも風車小屋に12歳の女の子が住んでいたとあります。

アントワープの中心街に戻り、クロートマルクトの市庁舎は絵画コンクールの発表が行なわれた場所。ここでネロ少年はたったひとつ残された希望も消え去り、失望してしまいます。隣の聖母大聖堂には、画家を夢見て、いつかは見たいと願いつつ、お金がないために果たせなかったルーベンスの祭壇画『キリストの昇架』『キリストの降架』『聖母被昇天』が飾られています。大聖堂前には横たわるネロとパトラッシュの像があり、近くには牛乳市場の跡が残り、ネロ少年の悲劇を偲んでいます。

もっと知りたい！ ダイアモンドの加工・取引で知られるアントワープは、「アントウェルペン」「アンベルス」とも呼ばれます。ネオバロック様式の中央駅は世界一美しい駅との評も。ファッションとアートの街としても有名で、ファッションの歴史がわかるモード博物館や屋上から旧市街の眺めがいいミュージアムMAS、ルーベンスの家など見どころが多い街です。

モスクワ

Moscow

所在地／人口 ロシア連邦／約1270万人

モスクワの歴史的シンボルとなっているクレムリンと聖ワシリー大聖堂。

3度の滅亡の危機を脱したロシアの都

ヨーロッパ最大の都市はどこでしょうか？ パリ？ ロンドン？ 実は1300万人近い人口を抱えるロシアの首都モスクワなのです。

モスクワは12世紀に砦が築かれたことでその歴史が始まりますが、13世紀にモンゴルの襲撃によって壊滅的被害を受けました。東欧・ロシアの人々のトラウマとなった「タタールのくびき」からロシア人も完全に脱するのは15世紀終わり頃。その後、19世紀のナポレオン、20世紀のナチス・ドイツとあわや陥落の危機を迎えますが、その都度克服してきました。モスクワはいわば不死身の都市なのです。

都市のシンボルとなっているのが、800年の歴史を持つロシア帝国の宮殿クレムリン(城塞の意)です。20の塔門を持つ高さ５～19m・厚さ６m・周囲2.2kmの城壁で囲まれ、その姿はまさに「城塞」。今の形となったのは、15世紀後半にイワン大帝（３世）がロシア正教の本山ウスペンスキー大聖堂などの三大聖堂を建造してからのことです。200年ほど都はサンクト・ペテルブルグに移りましたが、それ以外はずっとロシア（ソ連時代も含めて）の首都はモスクワで、クレムリンが政治権力の中心となってきました。

もっと知りたい！ 695m×130m・面積7万3000㎡という広大な石畳の赤の広場もイワン大帝が造ったもので、色とりどりの玉ねぎ形ドーム屋根が美しい聖ワシリー大聖堂のほか、花崗岩で造られたレーニン廟、1893年完成のグム百貨店、赤レンガ造りの国立歴史博物館などが囲んでいます。

191

ロンダ

Ronda

所在地／人口 **スペイン王国 アンダルシア州／約34万人**

深さ150mのタホ峡谷によって2つに分かたれたロンダの街。

峡谷に2分された断崖上の白い街

標高739mの高原に広がるロンダの地形には誰もが息を飲むことでしょう。深さ150mのタホ峡谷が街を新市街と旧市街の２つに裂き、断崖上に白い家々が崖にしがみつくように立ち並んでいるのです。峡谷に架かり、両市街を結んでいるのが1793年完成の３連アーチの石橋「ヌエボ橋（新しい橋の意）」で中央のアーチは２階式。高さは98mもあります。新市街側の橋詰には旧市庁舎だったパラドール（国営ホテル）があり、ビエホ橋（古い橋の意）から両市街につけられた左右の峡谷沿いの道をたどると橋を眺める絶景ポイントが点在し、目のくらむような風景を堪能することができます。

パラドールから新市街を東へ峡谷沿いの公園を下っていくと、ヌエボ橋ができるまで両市街を結ぶ唯一の歩行者専用橋となっていた1616年建造のアーチ式石橋「ビエホ橋」に。この橋は水面まで31mと低い位置に架かり、渡ると石畳の坂道が続く迷路のような旧市街に至ります。旧市街にはイスラム王国時代のアラブの浴場や王の館、キリスト教会などが散在しており、恰好の散策スポットとなります。新市街のアラメダ・デ・タホ公園も、新旧両市街が急に落ち込む西側の断崖の淵にあり、緑の田園風景が広がっていてまた驚かされてしまいます。

もっと知りたい！ 新市街には1785年に造られたスペイン最古の闘牛場が残ります。ここ出身の闘牛士フランシスコ・ロメロは赤い布ムレータと肩マントだけで牛をかわす現代の闘牛を考案した人物です。普段は博物館ですが、直径66mの石造り闘牛場には5000人収容でき、９月には18世紀当時の伝統的ゴイエスカ闘牛が催されます。

192

カルタヘナ

Cartagena

所在地／人口 コロンビア共和国 ボリーバル県／約120万人

旧市街（セントロ）では、色とりどりのコロニアル風の家並みが来訪者の目を楽しませてくれます。

海賊や英仏の襲撃から守った難攻不落の城塞

コロンビア北部のカリブ海に面した港町カルタヘナは、南米植民地化の拠点としてスペインが1533年に築いた街で、インカ帝国の金、ポトシ銀山の銀をはじめ、エメラルド、タバコ、香辛料などを南米各地から収奪し、採掘した膨大な富をスペイン本国に送る積み出し港となって空前の繁栄を遂げました。

ところが、それに目を付けたカリブの海賊や英仏の襲撃をたびたび受けることになったため、スペイン人はアフリカから大量の奴隷を連れてきて、高さ12m・厚さ17mに及ぶ城壁を４kmも街に巡らせたのです。

同時に旧市街の東の高さ40mの丘の上に中南米のスペイン植民地でも最大級のサン・フェリペ要塞を20年余りかけて造り上げます。侵入されても敵に見られずに移動できる地下通路など、要塞内の通路は複雑を極めました。湾口にはサンフェルナンド要塞も建造。もう一方の要塞との間には青銅の鎖を渡して、非常時にはそれで敵艦船の侵入を阻む戦術でした。サン・フェリペ要塞の難攻不落ぶりが実証されたのは1741年のこと。数十隻もの英国艦隊が２か月も街を包囲しましたが、丘の上からの砲撃の凄まじさに、さしもの英国艦隊も退却していきました。

もっと知りたい！ 城壁上のカフェ群から見る夕日は旧市街を走るコーチェ（馬車）とともに人気。また、サン・フェリペ要塞東の標高187mのポパの丘からは同要塞と旧市街が眼下に一望できます。

セゴビア

Segovia

所在地／人口 **スペイン王国 カステーリャ・イ・レオン州／約5.6万人**

セゴビアに残るローマ時代の水道橋はスペインを代表するローマ時代の遺構です。

スペイン一の水道橋・城・大聖堂がある街

標高1000mにある高原都市セゴビアの旧市街へ向かうバスからの水道橋との出会いは、まさに劇的。古代ローマ時代の１世紀に、花崗岩を積み上げただけで、167の２重のアーチで支えあう工法で造られた高さ約28m・長さ728mの壮大な水道橋が目の前に突然現われ、誰もが驚かされるのです。その支柱の間をやっとバスはすり抜けてアゾゲホ広場に着きます。なぜ、そんな高さが必要かというと、２つの川が鋭角に交わる断崖上に築かれた旧市街に水を引かなくてはならないから。16.2km先から水を引くスペイン最大、欧州でも有数の水道橋なのです。

城壁に囲まれた旧市街中央に立つ高さ88mの大聖堂は､スカートの裾を広げた姿にたとえて「大聖堂の貴婦人」と称され、美しさではスペイン一と言われるカテドラルです。

旧市街西端の高さ100mの断崖が天然の要塞をなすアルカーサル（セゴビア城）は、14世紀から王都をマドリードに移すまで歴代カステーリャ（スペイン）国王の居城となりました。奥の高さ80mの塔からは旧市街や赤茶けた大地の素晴らしい眺めが堪能できます。また、城外に出て美しい城の全景を見上げられる地点まで来ると、映画『白雪姫』の舞台となった理由がわかることでしょう。

もっと知りたい！ ローマ水道橋は1884年まで実際に使われていたと言います。旧市街へは水道橋脇の階段を登っても行くことができ、水道橋の高さまで到達できます。水道橋下の1860創業の老舗レストラン、メゾン・デ・カンディドは15世紀の家を改造。水道橋を眺めながら、名物の子豚の丸焼きがいただけます。

シアトル

Seattle

所在地／人口 アメリカ合衆国 ワシントン州／約75万人

シアトルの街と1962年の万国博覧会の時に建てられた展望タワー「スペースニードル」。186mの高さを持ち市内展望に最適。

日系人8500人が日本人街を造った港町

シアトルは太平洋岸北西部のフィヨルド、ピュージェット湾に面した天然の良港。夏涼しく、冬もアラスカ暖流のため温暖。19世紀中頃、ロッキーを越えて入植した人々は先住民のスクアミシュ族の酋長シアトル（地名の由来）と交渉して先住民を保留地に移動させ、街を建設しました。シカゴと結ぶ大陸横断鉄道のグレート・ノーザン鉄道と、北太平洋航路の日本郵船（横浜山下公園の氷川丸もその一隻）により、アジアと五大湖地方・東海岸を結ぶ東洋貿易の中継ぎ港として発展しました。日本人の入植も1880年代と早く、1930年代には8500人と全盛期を迎えています。

日本人街があったのは、酋長の像と先住民のトーテムポールが立つ、シアトル発祥地のパイオニア・スクエアとインターナショナル・ディストリクト一帯のダウンタウンで、日系スーパーの宇和島屋や昔は歌舞伎劇場だった日本館、アジア・太平洋諸島系米国人の歴史・文化・芸術を紹介するウイング・ルーカー博物館、日系人移民の歴史や遺物を展示する州日本文化会館などがあり、「日系アメリカ人ゆかりの地めぐり」の日本語ガイドマップがもらえます。また、一角にある移民帰化局は、開戦時には日系人が拘束・尋問された場所で、日系人の受難を今に伝える場所でもあります。

もっと知りたい！ シアトルはメジャーリーグベースボールのシアトル・マリナーズの本拠地、セイフコフィールドがあり、ボーイングやマイクロソフト、アマゾン、スターバックス・コーヒーなどの発祥地としても名高い都市。先住民とアジア美術のコレクションが充実のシアトル美術館や、シアトル・アジア美術館などアートの街としても有名です。

195

アレキパ

Arequipa

所在地／人口 ペルー共和国 アレキパ県／約92万人

2階建ての回廊がめぐらされたアルマス広場。建物の壁は白い火山岩で作られています。

白い火山岩で建てられた家並みがまぶしい“白い街”

ペルー南部にあるこの国第2の大都市アキレパは、周囲を6000m前後のアンデスの峰々に囲まれた標高2380mの高地にあります。クスコやプーノなどで高山病に苦しめられたスペイン人が、適度な高度で気候もいいことに注目し、ペルー南部やボリビアの植民地統治の拠点として、1540年に建設した街です。格子状に広がる旧市街の中心・アルマス広場には、広場の一辺を大聖堂が占め、残りの三辺に1階にアーケード、2階に現在カフェなどに利用できるベランダを配する2階建ての回廊を巡らせました。広場から少し離れた、車や人通りの少ないサン・ラサロ地区には、石畳の狭い路地に街創建時の古い家並みが残ります。

すべての建造物が街の北東にそびえる「ペルー富士」ことミスティ山（5822m）からとれる白い火山岩でインカの土台の上に建てられ、まぶしいほどの純白の街並みです。1579年建造のサンタカタリーナ修道院では、敬虔なドミニコ会の修道女たちが1970年まで暮らしていました。2万㎡の敷地にいくつものパティオ（中庭）を囲んで大小の礼拝堂、宿舎群や共同の浴場・洗濯場などが散在。台所には黒いススが残るかまどや鍋などが置かれたままになっています。カラフルな回廊が迷路のように張り巡らされ、花鉢が飾られるなど、さながらアンダルシアの様相です。

もっと知りたい！ 500年前のインカの歴史・文化を展示するアンデス聖地博物館には、アンパト山（6288m）山頂で発見された保存状態が極めていい13歳前後の少女のミイラ「ファニータ」が。火山の噴火を鎮めるために生贄にされたと言われます。

196

曲阜（きょくふ）

Qufu

所在地／人口 中華人民共和国 山東省／約65万人

孔子の出身地である曲阜にある孔廟。

日本にも影響を与えた孔子ゆかりの地

春秋時代末の傑出した思想家・政治家・教育家で、儒学の祖となった孔子（こうし）（紀元前551～479年）を祀る孔廟は、生誕の地である曲阜にあります。

儒学はのちに儒教として国教にまでなり、中国のほか、朝鮮でも政治の基本になって、日本にも大きな影響を与えました。

曲阜がある魯（ろ）の国で生まれた孔子は苦学して仕官。魯国の大臣まで務めましたが、国を追われ、諸国を20年も行脚することとなります。そうしたなかで「仁」を重んじ、家庭生活の倫理を確立することによって国家が繁栄すると説きました。教育にも力を注ぎ、3000人もの弟子に教えを授けたと言われ、その教えの核心や高弟たちとの問答がのちに編纂され『論語』となって世界にも広まりました。

「孔廟」は歴代王朝により増築され、南北１km・466室という広壮な規模に。なかでも柱に彫られた雲龍が見ものの大成殿は、北京故宮の太和殿、泰山の岱廟と並び、中国三大宮殿建築に数えられます。孔廟に隣接して役所兼孔家の私邸の「孔府」があり、こちらも463室もある壮大な邸宅です。

もっと知りたい！ 孔廟から柏並木が美しい神道を北上すると孔子と一族の墓「孔林」で、周囲7.3kmもある広大な墓園のなかに1000もの盛り土があり、一族が眠っています。

197

ザグレブ

Zagreb

所在地／人口　**クロアチア共和国／約80万人**

ザグレブのイエラリッチ広場。周囲にはザグレブ大聖堂などのスポットが点在します。

バロックの街並みが続く“小ウィーン”

クロアチアの首都ザグレブは、中欧とアドリア海を結ぶ要衝として８世紀に生まれ、16世紀にはハプスブルク帝国の支配下に入りました。そのため、碁盤目状の市街にはオーストリア風のバロックやネオゴシックの建物が多く、「小ウィーン」とも言われます。

中央駅からホテル、レストラン、カフェなどが並ぶ市の中心のイエラリッチ広場（旧共和国広場）へは徒歩15分ほどですが、最初の10分は札幌の大通公園を３分割したように縦に長い３つの広場が連なり、広場の多い街であるという印象を受けます。

イエラリッチ広場裏手の石段を登ると野菜や果実、はちみつなどが買えるドラツ市場。そばのネオゴシック様式のザグレブ大聖堂には105mと104mの双塔がそびえ、市のシンボルとなっています。長さ66mと世界一短いケーブルカーのウスピニャチャに乗ると30秒で旧市街に到着。13世紀に建造された見張り塔のロトルシュチャック塔へ登ると街が一望できます。

聖マルコ教会も13世紀の建造で、赤茶色、青、白の色タイルで屋根に描かれた素晴らしい紋章のモザイク画を見ることができます。入口に向かって左の紋章がクロアチア王国（スラヴォニア、ダルマチア）、右がザグレブを表しています。

もっと知りたい！　旧市街の石の門は13世紀の城壁を守る城門のうち唯一残る東門。1731年の大火の際、奇跡的にマリアのイコンが無傷で見つかり、三角屋根の城門階上の暗い礼拝堂に安置されています。

198

桂林
Guilin

所在地／人口　中華人民共和国 広西チワン族自治区／約530万人

桂林では奇峰岩が林立する独特の景観のなかに都市が広がります。

カルスト地形の奇峰群の中にある街

川沿いにある平地に屹立した無数の奇岩・奇峰が織りなす山水の美の真っただ中に街が広がり、人々が生活している。そんな都市を見たことがあるでしょうか？

石灰岩が堆積していた海底が約３億年前に隆起して地表に現れたあと、長い間の風雨による浸食で世界でも類の見ない独特の奇峰群となった世界的なカルスト地形が桂林です。

このカルスト地形はさらに柳州からベトナム・ハロン湾まで700kmも延々と続いていて、ハロン湾では無数の奇峰が海の中から顔を出しているわけですから、大変なスケールのカルスト地形であることがわかります。

中心街で奇峰群の中にビルが林立する不思議な風景を見るには、かつての王城跡の大学キャンパス内にそびえる高さ66mの独秀峰か、畳彩山の主峰で標高223mの市内最高峰の名月峰からが最適。いずれも歩いて300段ほどの石段を登る必要があります。

もうひとつの典型的カルスト地形である鍾乳洞では桂林最大の蘆笛岩がオススメ。日本の鍾乳洞と違って洞内が派手なカラフル照明に照らされ、映像が流されています。

もっと知りたい！　TV番組などで見る川の左右に鋭角三角形のような奇峰群が展開する本格的風景を堪能するには、桂林近郊から出航する漓江下りの観光船（約4時間）に乗る必要があります。「幽境」冠岩や、左右の奇峰群が川面の映る九馬画山といった水墨画の世界、川底の石が透けて見える黄布倒影、奇岩に囲まれた絶景の街・興坪などを見て終点の陽朔に到着します。

ブリュッセル
Brussels

所在地／人口 **ベルギー王国／約117万人**

グラン・プラスに面して並ぶギルドハウス。壁に飾られた紋章がそれぞれの職業を表わしています。

世界一美しい広場があるグルメの都“プチ・パリ”

ベルギーの都市ブリュッセルは10世紀末にロートリンゲン公が砦を築いて以来、1000年の歴史を持ち、12世紀にはケルンとフランドル地方の毛織物交易の要衝となりました。その後ブラバント公やブルゴーニュ公国、スペイン・ハプスブルク家、フランスの支配下でフランドルの商業の中心として繁栄。1831年には独立してベルギーの首都になりました。現在はEUの交通の要衝として、EUやNATOの本部が置かれるなど欧州の中心となっています。

中世の全盛期を彷彿させるのが世界遺産となっている中央駅そばの110m×68mの広場グラン・プラス。15～17世紀の全盛期に建てられたゴシック、バロック、コロサル（イタリアバロックのフラマン様式）などの建築様式の32軒の建物が並びます。うち７割は同業者組合ギルドの集会所で、ヴィクトル・ユゴーは「世界で最も豪華で美しい広場」、ジャン・コクトーは「絢爛たる劇場」と絶賛しました。星の家前のセルクラエスの像に触ると幸運が訪れると言われます。

中央にそびえる高さ96mの尖塔を持つ市庁舎の400段近い階段を登ると眼下にグラン・プラスとギルド群の眺めが広がります。向かいの「王の家（市立博物館）」には、世界中から小便小僧像に贈られた衣装のコレクションが収蔵されています。像はすぐ近くにあり、こちらも必見です。

もっと知りたい！ ベルギーは北半分がオランダ語圏、南半分がフランス語圏で、境界の北にあるのに、フランス語話者が大半のブリュッセルでは両国語併記。チョコレート、ワッフル、フリッツ、赤いビールもおいしいグルメの国の都で、王の家の横を入ったイロ・サクレ地区は「食堂横丁」とも呼ばれ、フランス、ベルギー料理のレストランが軒を連ねています。

ベルゲン

Bergen

200

所在地／人口 ノルウェー王国 ヴェストラン地方／約27万人

茶、オレンジ、黄、白と色とりどりの建物が並ぶベルゲンのブリッゲン地区。

フィヨルドと山々に囲まれた北欧の港町

ベルゲンは7つの山と7つのフィヨルドに囲まれ、海岸間近まで迫る山の中腹まで木造の家々が立ち並ぶ風光明媚な港町。ノルウェー南部の北海に面した西海岸に位置します。1070年にオーラフ1世が街を建設し、最初の都トロンハイムに代わり、12〜13世紀にノルウェー2番目の首都となりました。

1360年にハンザ同盟に加盟すると、17世紀まで北ノルウェーのロフォーテン諸島で造られる脂の乗った高級ブランドの干しダラと欧州大陸の穀物との交易都市として最盛期を迎えます。その後、19世紀に至るまでベルゲンが北欧最大の都市でした。

交易の中心となったのが、ドイツ人ハンザ商人たちの居留地だったブリッゲン（ノルウェー語で「ふ頭」の意）地区で、港に面した急傾斜に切妻屋根で統一された木造の建物が十数軒立ち並んでいます。茶、オレンジ、黄、白と色とりどりの奥行きのある建物群は、ドイツ商人の仕事場と倉庫、住居を兼ねたもので、奥まで入れると60軒以上にもなる木造長屋。1704年建造の1棟はブリッゲン博物館となり、ハンザ商人の仕事場、住居が再現されています。表通りの建物はアトリエやブティック、レストランとして利用されています。

もっと知りたい！ ケーブルカーで登れる標高320mのフロイエン山からは市街と港が一望でき、夜景も最高です。港に面した魚市場では小エビ、カニ、スモークサーモンなど新鮮な魚介が買えます。郊外の入り江に臨む高台には、『ペールギュント』などを作曲したグリーグが住んでいた家トロールハウゲン（魔物の棲む丘）があり、夏はコンサートも行なわれます。

オックスフォード

Oxford

所在地／人口 イギリス オックスフォードーシャー／約16万人

オックスフォードは、古色蒼然としたゴシック様式の建物が立ち並び、「夢見る尖塔の街」とも呼ばれています。

映画のロケ地にもなった世界最高の大学がある街

オックスフォードはロンドンの西北100km、テムズ川上流の緑の田園風景のなかに英語圏最古（世界でもボローニャ大学やパリ大学に次いで３番目）のオックスフォード大学がある学生の街で、町全体が大学のキャンパスとなっています。

オックスフォード大学は大学ランキング１位の常連で、ケンブリッジやハーバード大学などと並ぶ世界トップクラスの大学です。サッチャー首相やアラビアのロレンス、『不思議の国のアリス』の作者ルイス・キャロルなど、世界の政治家、文化人、ノーベル賞受賞者など、著名人の多くがこの大学の出身です。

ひとつの大学ではなく、39ものカレッジから成り、英国最小のカテドラルでもある学内最大のカレッジ、クライストチャーチの大学の食堂とは思えないほど美しいグレートホールに続く階段は、映画『ハリー・ポッター』シリーズの「ホグワーツ魔法魔術学校の階段」のロケ地のひとつとなりました。

ほかにもニューカレッジの回廊と中庭、大英博物館に次ぐ1100万冊の蔵書があるボドリアン図書館など、『ハリー・ポッター』の多くのロケ地が点在しています。

もっと知りたい！ 尖塔の街を一望するには、高さ23mのランドマーク、カーファックス（交差点）タワーからか、セント・メアリー教会の塔展望台（62m）からがオススメ。後者からは八角形の巨大ドームがそびえるラドクリフ・カメラ（写真中央左寄りの建物）がよく見えます。

サバンナ

Savannah

所在地／人口 アメリカ合衆国 ジョージア州／約14万人

19世紀の綿花倉庫を改装した赤レンガ造りのブティックやカフェ、レストランが並ぶ石畳のリバーストリート。

北軍も破壊をためらった古き良きアメリカ

1733年、大西洋からサバンナ川を20kmほど遡ったこの地に、碁盤の目のような全米最初の計画都市が築かれました。碁盤の目＆格子状の街並みは世界に無数にありますが、特筆すべきは、スクエアと呼ばれる緑豊かな公園（広場）を中心に一区画を造り、その区画を前後左右に増やしていくというユニークな都市計画です。この計画に基づいて24ものスクエアが形成されています。最大のスクエアはフォーサイスパークで、樫の木から垂れ下がるスパニッシュ・モス（ツタの一種）がトンネルをなし、さながらジャングルのようです。

河港の街サバンナは、南部で生産される綿花の取引で19世紀には全米屈指の豊かな港湾都市へと発展します。

南北戦争の際、町々を焼きながら南下してきた北軍のシャーマン将軍も、この街の美しさに破壊を思い留まり、リンカーンに向けて「閣下の誕生日を祝し、この美しい街を残すことにした」との電文を打ったと伝わります。そのおかげで、石畳にレンガと石造りの瀟洒なコロニアル風の建物が立ち並ぶ、全米でも稀な18〜19世紀の歴史的町並みが残され、米国人憧れの古き良きアメリカのシンボルとなっています。

もっと知りたい！ サバンナには、南部で最も美しい聖ヨハネ大聖堂、脱走した奴隷を地下にかくまい、酸素を送るための穴が床に残るファースト・アフリカン・バプティスト教会、元綿商人で銀行家だった豪壮な邸宅オーウェン・トーマスハウスなど、多くの見どころがあります。

203

西安（せいあん）

Xi'an

所在地／人口 中華人民共和国 陝西省／約1000万人

西安鐘楼。明朝初期の洪武帝の時代の1384年に建てられ、16世紀に現在地へ移された歴史的建築です。

楊貴妃ゆかりの華清池温泉

西安は西周、秦、前漢、隋、唐など13王朝の都となった3000年の歴史を持つ「中国六大古都」のひとつ。周囲13.7kmもあり、上を徒歩や自転車で一周できる城壁で囲まれた西安城（市街）は明代のもので、長安（ちょうあん）と呼ばれた全盛期の唐長安城（市街）の10分の1に過ぎません。

初代太宗（たいそう）など唐の歴代皇帝が政務を取った大明宮跡、同じく唐の皇帝玄宗（げんそう）が中国四大美人のひとり、楊貴妃（ようきひ）と過ごした興慶宮跡などは公園となり、城壁外に位置しています。

玄宗は秦始皇帝陵や兵馬俑に近い東郊外の温泉が湧く華清池（かせいち）に離宮を造り、冬期の半年を楊貴妃と過ごしました。

２人のラブストーリーは白居易の『長恨歌（ちょうごんか）』に「後宮の佳麗三千人､三千の寵愛一身に在り」、湯浴みする姿は「春寒くして浴を賜う華清の池、湯は滑らかに白くつややかな肌を洗う」と詠まれています。

楊貴妃が好物のライチを早馬でも３日かかる遠方から取り寄せさせたのもこの離宮。華清池には楊貴妃が入った花の形の浴槽の海棠湯（かいどうとう）が復元され、池にはなまめかしい入浴姿の像が立っています。

もっと知りたい！ 華清池は、日本軍に加え共産党軍とも戦っていた蒋介石が滞在中に襲撃されて軟禁され、張学良から国共合作を迫られた西安事件の現場でもあり、銃弾の跡も残っています。

204

キャンベラ

Canberra

所在地／人口 オーストラリア連邦 ACT（オーストラリア首都特別区域）／約40万人

モダンなデザインの連邦議会議事堂。ロビーはカラフルな大理石造りで、議場も含め見学することができます。

幾何学模様に設計された未来都市

1901年に英国から独立したオーストラリアでは、首都選定を巡りシドニーとメルボルンの２大都市が争い、決着がつきませんでした。そこで両都市の中間に位置するキャンベラ（先住民アボリジニ語で「人々が集う場所」の意）に決定し、米国の建築家グリフィンが新都市造りを設計。1911年に着工しました。

グリフィンは、高さ150mのジェット噴水がある人工のバーリー・グリフィン湖を挟んで北側をダウンタウンのシティヒル、南側を官庁街・大公使館街のキャピタルヒルに分け、ロータリーとなった両ヒルの中心から放射状に道路を造り、その１本を、両ヒルを南北に結ぶメインストリートに設定しました。キャピタルヒルの頂上に建設されたモダンな国会議事堂は、地上部分が一部でほとんどが地下というユニークなデザインとなっています。

国会から東北方向へは、湖を間に挟むもう１本の基軸線を設定。線上には白亜の旧国会議事堂、ユーカリ並木が続くアンザック・パレード、オーストラリア戦争記念館があり、バスで行ける標高843m（市街は600m弱）のエインズリー山の展望台からは眼下に一直線に見えます。緑あふれる自然とモダンな建築物が見事に調和する新都市が完成し、1927年から首都となりました。

もっと知りたい！ 湖畔南岸にはアボリジニの芸術作品が充実した国立美術館、カフェテリアから湖の眺めがいい連邦高等裁判所、キャプテンクックの航海日誌などがある国立図書館、北岸のコモンウェルスパークにはジェット噴水の眺めがいいレガッタポイントなど見どころは多く、ほとんどが無料です。

205

大理（だいり）
Dali

所在地／人口 中華人民共和国 雲南省／約70万人

ライトアップされる大理古城の五華楼。東西南北4つの城門と五華楼が復元されています。

「中国のカトマンズ」と呼ばれる大理石の産地

雲貴高原の標高2000mに近い高原に、南北に細長い湖の青く澄んだ洱海（じかい）があります。その西岸に広がる古都が大理石にその名を冠する大理です。西には大理石の産地である4000m級の蒼山19峰がそびえ、頂上近くの3920mまでロープウエイで登れるので、大理と洱海を眺望に収めることができます。

唐代は南詔（なんしょう）国、宋代は大理国という独立国の都でしたが、元代にその領土に組み込まれ、大理国は消滅しました。城門と城壁で囲まれた今の大理古城（旧市街）は明代のもので、伝統民家も表通りは土産店などになってやや味気ないものの、城楼に登ると一変。眼下に古色蒼然とした群青色の瓦屋根と白壁だけが見え、「中国のカトマンズ」とも言われています。1980～90年代には欧米や日本のバックパッカーたちの人気を集めました。

石畳の路地に入ると人口の半分以上を占める少数民族ペー（白）族の伝統民家が見られますが、近郊の喜洲や藍染めの周城といったペー族集落に行くのがベスト。ペー族独特の大理石でできた白壁の四合院造り民家が軒を連ね、白いブラウスに赤い上着、刺繍入りの原色の帽子、銀の髪留めを付けたペー族民族衣装姿の女性が籠を背負って歩く姿に出合うことができます。

もっと知りたい！ 大理のシンボル三塔は、9世紀建立の高さ約70m方形16層の塔など3本の仏塔から成り、池に映る姿が白眉です。

206

アムステルダム

Amsterdam

所在地／人口 オランダ王国 北ホラント州／約120万人

「〇〇のヴェネツィア」を称する街は多くありますが、規模で本家に匹敵するのはアムステルダムのみ。運河クルーズは日中より夜がベスト。

水に浮かぶ運河と橋の街

ドイツからの列車が駅に到着する直前に、湖の上に浮かぶように現れる幻想的な街並み、それがアムステルダムです。いくつもの運河が同心円状に広がり、それを貫くように無数の放射状の運河が交わるので、湖の上に街が浮かぶように見えるのです。運河の数は165で全長50kmにも達し、1500本以上の橋が架かっています。もうひとつのヴェネツィアとも言える都市です。

13世紀に北海に通じるアムステル川河口にダムを築いたのが街のルーツで、15世紀にはバルト海や北海沿岸のハンザ同盟都市と交易する港町として発展。16世紀には同地の商人が地中海や新大陸、アジアとの交易にも乗り出し、オランダ東インド会社を設立。17世紀には中継貿易を一手に握り、スペイン没落後の世界の海の制する黄金時代を迎えました。

その最盛期の17世紀に扇形をした旧市街に造られたのが中央駅を中心に同心円状に広がるヘーレン、カイゼル、プリンセンの主要３運河です。間口で税金が決まるため、極端な例は間口１～２mという細長い４～５階建ての建物ばかりが並びます。また、「黄金の湾曲」と呼ばれるヘーレン運河の両側には階段破風が特徴の豪商たちの館が建てられました。

アムステル川に架かるマヘレの跳ね橋は夜景の美しさで知られています。

もっと知りたい！ アムステルダムにある国立美術館にはフェルメールの『牛乳を注ぐ女』など4点のほか、レンブラントの『夜警』『自画像』などが展示されています。

キャンディ

Kandy

所在地／人口 スリランカ民主社会主義共和国 中部州／約13万人

きらびやかに飾り立てられた象が練り歩くキャンディのペラヘラ祭。

仏歯を祀るシンハラ王朝最後の都

スリランカのほぼ中央の標高465mの高原にあるキャンディは、1815年に英国の植民地となるまで、1592年から栄えたシンハラ王朝最後の都です。

4世紀にインドからもたらされた仏陀の犬歯は、王の権威の象徴とされ、安置する仏歯寺も首都の移動とともに、最初の都アヌラーダプラからポロンナルワ、そしてキャンディへと移動してきました。

シンハラ様式の堂々たる石造り建築の仏歯寺では歴代王家が守り抜いてきた仏歯を安置する黄金の仏舎利容器を、1日3回太鼓とラッパを合図に始まるプージャーの儀式で参拝できます。

仏歯は7～8月のペラヘラ祭の時だけ寺の外に持ち出されます。電飾に彩られた100頭ものゾウと音楽隊、きらびやかな衣装をまとったキャンディダンサーたちが街をパレードします。

仏歯寺に隣接する16世紀建造のヨーロッパ風の王宮は考古学博物館、王妃の宮殿は王冠など王国時代の宝物やキャンディダンスの衣装などを展示した国立博物館になっています。

また、市街中央に横たわり、仏歯寺が面するキャンディ湖は最後の王が1807年に12年かけて造った美しい人造湖で、湖中の小島は王のハーレムでした。

もっと知りたい！ ペラヘラ祭で披露されるアクロバティックで躍動感あふれるキャンディダンスは、いつでも夕方にキャンディ・アート協会や、キャンディアートクラブなどで鑑賞できます。ホテルは植民地時代に建てられた白亜のコロニアル調のクイーンズホテルが中心街にあります。湖南の小高い丘レイクビューからは湖と仏歯寺が一望できます。

208

ポートランド
Portland

所在地／人口 アメリカ合衆国 オレゴン州／約60万人

ウィラメット川越しに望むポートランドの市街地。右に架かる橋はホーソン橋。

バラと日本庭園で有名な全米で最も暮らしやすい街

2000kmの大河コロンビア川と合流するウィラメット川河畔に広がるポートランドは、消費税がなく治安も良好な上、ライトレイルMAXと市電、バスの公共交通が充実。車がなくても不便を感じさせない環境にやさしい街であることから、全米で最も住みやすい都市として知られています。

温暖な気候からバラの栽培に適し、ローズガーデンなど多くのバラ園があり、毎年６月の３週間は1907年からの歴史があるローズ・フェステバルが開催され、「バラの街」としても有名です。

ウィラメット川左岸のダウンタウンには1892年創立の西海岸最古のポートランド美術館があり、北西部に住むネイティブ・アメリカンの工芸品や織物などに特色があります。ダウンタウンを見下ろす西側の丘には広大なワシントンパークが広がり、そのなかに1915年開園という全米最古の国際バラ試験農園（通称「ローズガーデン」）があり、ランドマークになっています。４～10月には500種以上、１万株のバラが咲き乱れ、６月に開花のピークを迎えます。

遠くにフッド山（3425m）を望むポートランド日本庭園は、池泉回遊式庭園から枯山水の石庭まで５つの庭園様式を網羅した国外では最も本格的な日本庭園として知られています。

もっと知りたい！ この街の住みやすさのひとつに、総延長400kmにわたって整備された自転車専用道があります。また、ポートランドは若者文化から発展した何でも自分で作るDIYの中心地でもあります。

チャールストン
Charleston

209

所在地／人口 アメリカ合衆国 サウス・カロライナ州／約13万人

チャールストンを走るメインストリート。奥に見えるのがセント・ミカエル・エピスコパル教会。

綿花と奴隷貿易で栄えた南北戦争開戦の地

チャールストンは大西洋から遡ったアシュレー川とクーパー川の合流点の半島にある港(河港)町です。

先住民との鹿皮貿易の中継港として栄え、カロライナ植民地の首都となった17～18世紀には、メインストリートの交差点の４つ角に最古の教会であるセント・ミカエル・エピスコパル教会や役所、裁判所などを配する規則正しい街造りに着手。南部各地と同様、綿花のプランテーションによる経済的発展と、プランテーション経営者が黒人労働者を求める奴隷市場があることから、18世紀後半にはボストン、ニューヨーク、フィラデルフィアに次ぐ港へと発展します。

1861年、奴隷解放とそれに反対する南部諸州の軋轢から、「アフリカ奴隷のホームタウン」であるチャールストン沖にあって連邦軍が守るサムター要塞を南軍が砲撃。これが南北戦争の開戦を告げる衝突となりました。フレンチ・クォーター地区のピンク壁の酒場「ピンクハウス」や、1713年建造の火薬庫などが残り、レインボウローにはカラフルなパステルカラーの建物が立ち並びます。また、車がやっとすれ違えるほどの２km四方の歴史地区には、300以上の建物があって往時を偲ばせてくれます。

もっと知りたい！ チャールストンは1920年代に流行したチャールストン・ダンス発祥の地です。

210

ザルツブルク
Salzburg

所在地／人口 オーストリア共和国 ザルツブルク州（州都）／約15万人

司教宮殿を起源とするホーエンザルツブルク城（中央の丘上）が見下ろすザルツブルクの街。

モーツアルトが活躍した大司教の街

ザルツブルクは神童と呼ばれたモーツアルトが生まれ、25歳まで過ごし、8月のザルツブルク音楽祭でも有名な音楽の街ですが、大司教の街としての顔もあります。

同地の大司教は一時、ローマ教皇に匹敵する権力を有し、ホーエンザルツブルク城塞を居城としました。その権力の象徴とも言えるこの城は、130m下の旧市街を見下ろす山上に堂々とそびえる、1077年に建造され、完全に中世のまま残る中欧最大の城です。

旧市街にもモーツアルトが大司教の前で演奏したレジデンツ（大司教宮殿）があり、その隣は大聖堂と、「北のローマ」と言われた宗教色が随所に見られます。

モーツアルトの生家は17歳まで暮らした旧市街にある黄色い家で、自筆の楽譜や初めて使ったヴァイオリン、ピアノなどが見られます。5歳で初の作曲、6歳の時にはウィーンにてマリア・テレジアの御前で演奏。その後ここを拠点に父とパリやロンドン、イタリアなどへ旅行し、オペラを上演。17歳で新市街・マホルト広場の「モーツアルトの家」に引っ越したあとは10代での代表曲とされる交響曲24・25・29番や、ヴァイオリン協奏曲を作曲しています。25歳の時に大司教フロイドと衝突し、ウィーンに出て大音楽家への階段を一気に駆け上がることになります。

もっと知りたい！ ザルツブルクはミュージカル『サウンド・オブ・ミュージック』の舞台。ドレミの歌ゆかりの「ミラベル庭園」と「メンヒスベルクの階段」、トラップ邸の「レオポルツクローン宮殿」、エーデルワイスを歌った「祝祭劇場」、マリアがいた尼僧院「ノンベルク修道院」、ガラスの部屋の「ヘルブルン宮殿」など、映画のロケーション地が随所に残ります。

211

ブラジリア
Brasilia

所在地／人口 ブラジル連邦共和国 連邦区／約300万人

ブラジリアの中心となるブラジル国会議事堂。

ブラジルの内陸に出現した近未来都市

大西洋岸に偏っていた大都市を内陸部にも建設して国土の均衡的発展を図ろうと、1960年にリオ・デ・ジャネイロからブラジル高原の標高1100mのブラジリアに遷都したのがジュセリーノ・クビチェック大統領。未開の大草原セラードを切り開いて３年半で新首都を建設しました。

ルシオ・コスタが都市設計した人造湖パラノア湖畔に広がる新首都の市街の形は、上空から見ると飛行機の形にそっくりなことに気付きます。

機首部分には大統領府、国会議事堂、最高裁、胴体部分には９階建ての官公庁街や大聖堂、ビジネス・ホテル街、テレビ塔、翼部分には各国大使館や高層住宅ビル群をレイアウト。ニューヨークの国連本部を設計したモダニズム建築の鬼才オスカー・ニーマイヤーが主要建築物の設計を担当しました。

２人の戦士像が立つ三権広場にある国会議事堂は、ドーム型の上院、皿のようなオブジェの下院、28階建ての中央棟からなり、「釈明の宮殿」と呼ばれる大統領府はパラノア湖畔に立ちます。16弁の花びらや王冠に見える斬新なフォルムのカテドラルは天井の青・緑・白のステンドグラスが、ドンボスコ教会は一面紫の美しいステンドグラスが映えます。

もっと知りたい！ ブラジリアは南緯15度47分の熱帯に位置しますが、1100mの高原なので気候は温暖。ブラジリアへは国内主要都市から飛行機（国際線も）やバスが多発しており、アクセス環境は良好です。

212

メラーノ（メラン）

Merano(Meran)

所在地／人口 イタリア共和国 トレンティーノ・アルト・アディジュ州／約3万8000人

丘の上に家々が立ち並ぶメラーノの街並み。

温泉が湧くアルプス山中のチロル発祥の地

イタリアなのにバスに乗り込む乗客も運転手もドイツ語で会話している地方があります。それは住民の半分がドイツ語を日常的に用いる南チロルと呼ばれる地域。道路表記などもイタリア語とドイツ語が併記され、先にドイツ語が来ることもあります。

国境のブレンナー峠の南のドロミテ、ボルツァーノ、メラーノ一帯の「南チロル」は、ドイツ語を公用語とするオーストリア・ハンガリー帝国領でしたが、1918年の第１次世界大戦の結果、イタリアに割譲され、住民はオーストリアに移住するかイタリア人になるかの選択を迫られました。結果イタリアに残った人々がドイツ語で日常生活を送っているわけです。

現在のチロルの中心はオーストリアのインスブルックですが、15世紀までチロル（伯領）の都だったのが3000m級のアルプスに囲まれた標高320mの温泉保養地メラーノ（メラン）です。市街北の標高600mの丘に広がるドルフ・ティロル（チロル村）は眼下にメラーノを望むのどかな村ですが、こここそ1141年に領主が初めて「チロル」伯爵を名乗ったチロル発祥の地であり、伯爵のチロル城も残ります。ロープウエイで1323mのホーエムートまで登れ、南チロルの白銀の峰々と渓谷が一望できます。

もっと知りたい！ メラーノ市街にはオーストリアの皇太子が1480年に建てたプリンチペスコ城、パッシリオ川沿いには白大理石製のシシィの像（1922年作）などもあります。シシィ（エリザベート）がよく滞在した温泉付きのトラウトマンスドルフ城は宿泊もできます。温泉はクアハウスや巨大なテルメ・メラーノなど20以上も。ロープウエイとリフトで2420mにあるメラン2000へも行けます。

213

リスボン
Lisbon

所在地／人口 ポルトガル共和国 リスボン県／約56万人

テージョ川を望むアルファマ地区は1755年の大地震で唯一残った古い街。全盛期のリスボンが垣間見られます。

大航海時代の栄光を留める7つの丘の街

テージョ川河口にある港町リスボンは７つの丘の街と呼ばれ、至るところ坂だらけ。そのためケーブルカーが多く、市電もまるでジェットコースターのように石畳の坂道を疾走します。

紀元前12〜８世紀頃からの歴史があるとされる西欧最古の都市で、古代ローマ（紀元前２世紀）、西ゴート王国（５世紀）、イスラム王国（８世紀）の支配下に。12世紀にアフォンソ１世がレコンキスタで奪回して、翌年ポルトガルの首都となりました。

市内に残る豪壮な建造物群は全盛期を迎えていた15〜17世紀の大航海時代のものです。

白亜の大理石造りのジェロニモス修道院はバスコ・ダ・ガマの世界一周を記念して建てられたもので、２層造りの回廊の壮麗さは欧州屈指。テージョ川に突き出た５層の城塞・ベレンの塔は大航海時代の船の見張り台で、ともに世界遺産に登録されています。

丘のひとつの旧市街アルファマにそびえるサン・ジョルジェ城は歴代支配者の居城です。そこは眼下にオレンジの屋根が連なるリスボン市街、まるで海のように広いテージョ川、川に架かる2277mと欧州最長の吊り橋で金門橋に似た４月25日橋の大パノラマが広がるリスボン一の好展望台となっています。

もっと知りたい！ ファドレストランが多いバイロ・アルト地区にあるカルモ修道院は1755年の地震で屋根が崩壊。青空が見えるまま保存されています。近くのサン・ロケ教会はザビエルゆかりのイエズス会の教会で、天正遣欧使節団がここを宿舎としました。

214

蘇州
Suzhou

所在地／人口　中華人民共和国 江蘇省／約1100万人

運河に小舟がひしめく蘇州の景観。

中国の名園が集まる“東洋のヴェネチア”

蘇州は「臥薪嘗胆」や「呉越同舟」の言葉が生まれた春秋時代（紀元前５世紀）の呉の国の都。五代十国時代の呉越国の都にもなった2500年の歴史を持つ古都です。

市内には東西約３km・南北５kmの旧市街を囲む太い運河をはじめ、大小の運河、水路が網の目のように張り巡らされ、無数の石造りの太鼓橋が架かる景観は、「東洋のヴェネチア」と称えられました。運河沿いにくすんだ瓦屋根と白壁の家々が立ち並び、小舟が行きかう山塘河を一望する新民橋や上塘河に架かる広済橋からは、今も水郷蘇州の典型的風景が眺められます。

また、蘇州には現存する蘇州最古の庭園である滄浪亭（宋代）のほか、中国各時代の代表的庭園である獅子林（元）、拙政園（明）、留園（清）の蘇州四大名園をはじめとする200もの庭園があり、北京の頤和園、承徳の避暑山荘と並び、「中国四大名園」には「江南の名園の冠」拙政園と花窓からの借景がすばらしい留園の２つが入っているのが蘇州のすごいところ。

色白の蘇州美人と名園のある邸宅に住み、余生を送るのが中国人の至福とされていました。「上有天堂　下有蘇杭」と、杭州と並んで蘇州も極楽に匹敵すると讃えられる所以です。

もっと知りたい！　南郊外の京杭大運河には唐代に建設され、53ものアーチ式橋げたが連なる長さ317mの宝帯橋が架かっています。西北郊外の小山、虎丘は呉王闔閭の墓所で、高さ48mで15度傾く中国最古のレンガ塔「蘇州の斜塔」が立っています。西郊外の寒山寺は除夜の鐘で有名。東北郊外の陽澄湖は上海ガニの名産地です。

215

セビリア

Sevilla

所在地／人口 スペイン王国 アンダルシア州／約69万人

グアダルキビル川の岸には、13世紀にアラブ人が建てた十二角形で高さ36m監視塔「トーレ・デル・オロ(黄金の塔)」がそびえます。

オペラの舞台のアンダルシアの中心都市

1492年のコロンブスによる新大陸発見後、地中海からグアダルキビル川を70km遡るセビリア河港が新大陸との貿易の独占港となり、16〜17世紀の大航海時代に空前の繁栄を遂げます。

ロッシーニの『セビリアの理髪師』、ビゼーの『カルメン』、モーツァルトの『フィガロの結婚』『ドン・ジョバンニ』など多くのオペラの舞台となり、19世紀以降はフランメンコの本場ともなりました。現在は春祭で１週間以上フラメンコが踊り続けられるほど。普段はサンタクルス街にたくさんあるタブラオで激しい踊りの本格的フラメンコが鑑賞できます。

全盛期の16世紀初めに117年もかけて完成したのが世界で３番目に大きなセビリア大聖堂で、歴代４人のスペイン王が担ぐコロンブスの棺は、コロンブスがいかにスペインに富と繁栄をもたらしたかを物語ります。

市街が一望できる高さ98mのヒラルダの塔はモスクのミナレットでした。

アルカサルはイスラム文化に心酔したペドロ１世がムデハル様式で建造した宮殿で、アルハンブラを彷彿とさせる繊細なアラベスクの装飾や内庭・噴水池が美しく、インディアス古文書館にはコロンブスの直筆原稿など大航海時代の記録を保存しています。

もっと知りたい！ セビリア美術館はムリーリョ、ベラスケス、スルバラン、バルデス・レアルなど15世紀のセビリア派コレクションの宝庫。闘牛もフラメンコと並ぶ本場で「マエストランサ闘牛場」はスペイン有数の闘牛場です。

216

バルパライソ

Valparaiso

所在地／人口 チリ共和国 バルパライソ州／約26万人

展望台から市街や港が一望できるコンセプションの丘へ登る途中の坂道の石段。壁には、カラフルな壁画アートの「青空美術館」があります。

チリ硝石と欧州航路で栄えた港町

1536年にスペインの探検隊により発見され、植民都市として建設されたバルパライソは、1818年にチリが独立すると、チリ海軍の本拠地になるとともに、首都サンティアゴの外港としてチリ硝石の積出港となって発展しました。アメリカ大陸太平洋岸と欧州を結ぶ、南米最南端のマゼラン海峡経由航路の船舶が必ず停泊する港として南米最大の港となっていきます。空前の繁栄は欧州各国から大量の移民を呼び寄せ、市域の大半を占める丘陵には欧州各国の建築様式の色彩豊かな家々が競うように建てられていきました。

ところが、1914年のパナマ運河の開通により、南米大陸の南端にあって、気象条件に左右されるマゼラン海峡航路を使う船が激減。街は斜陽化しましたが、1991年に国会議事堂がサンティアゴから移ったことで立法上の首都となり、さらに2003年にカラフルな街並みが「バルパライソの海港都市の歴史的町並み」として世界遺産に登録されたことで、「天国の谷」を意味する栄光の港町は復活を遂げました。港沿いの平地以外は急な坂道や階段が続く丘という地形から、港・中心街と丘陵間の移動にはアセンソール（スペイン語で「エレベーター」の意）の路線が1855年から現在までに15も開通し、市民の足として今も10路線が活躍しています。

もっと知りたい！ 1855年開通の最古のコルディジュラ・アセンソールは市中心のソトマヨール広場・プラットふ頭と丘上を結ぶ昔のままの路線で、車両、プラットホーム、駅舎も木造。傾斜は50度を超しスリル満点です。

217

揚州（ようしゅう）

Yangzhou

所在地／人口 中華人民共和国 江蘇省／約460万人

揚州の景勝地のひとつ痩西湖。遠くに見えるのは湖に架かる五亭橋。

鑑真和上を生んだ文化芸術の古都

長江北岸にある揚州は春秋時代（紀元前８～５世紀）に呉王夫差（ふさ）が築いた古都。隋唐代の景勝地で、隋代には煬帝（ようだい）が離宮を建て、洛陽から龍船をしたてて揚州で遊んだことが記録されています。また、日本から派遣される遣唐使も、揚州に上陸したあと長安に向かっていました。

そうした揚州にあって、痩西湖（細長いことから「やせた西湖」の意）の北端に立つのが李白や杜甫も訪れた南北朝時代の大明年間（５世紀）創建の大明寺。８世紀にこの寺の住持をつとめていたのが揚州で生まれた鑑真（がんじん）です。日本の留学僧から仏教の戒律を日本に広めるため僧を派遣してほしいと懇請された鑑真は、弟子たちに「誰か行くものはいないか？」と告げますが、国禁を破ってまで日本へ行こうとする者は誰もいませんでした。

「それなら私が行こう！」と当時すでに老境の55歳となっていた鑑真は決意。しかし途中、弟子の密告や漂流などで何度も失敗を繰り返し、ついに鑑真は失明までしてしまいます。しかし、753年、６回目の渡航でようやく渡航に成功。鑑真はすでに66歳になっていました。

かくして来日を果たした鑑真は、奈良に戒壇を設け、のちに唐招提寺を開いて日本の仏教発展の礎を築き、帰国することなく76歳で亡くなりました。

もっと知りたい！ 北京と杭州を結ぶ京杭大運河が市内を通るため、物資の集散地となり、文人墨客も訪れ文化芸術の中心に。清代には乾隆帝が運河を利用してのリピーターとなりました。中原や北京の皇帝にとって中国の典型的風景が広がる江南の地は天国だったようです。

ソウル

Seoul

所在地／人口 **大韓民国 ソウル特別市／約980万人**

南大門の通称で知られる崇礼門。都市化が進み周囲をビル群が囲んでいます。

東京（23区）を凌ぐアジア最大級の国際都市

ソウルの首都としての最初の歴史は、三国時代の百済の都「漢陽（漢江の北岸にあり、北は陽を表すことから）」として4世紀から公州に遷都した475年まで。その後、首都は統一新羅の慶州、高麗の開城と、ソウルを離れ、統一王朝としては初めて、500年以上に及ぶ朝鮮王朝（1392〜1910）の首都漢城となります。現在ソウルに残る宮殿群や南大門などもこの時代のものです。

京城と名を変えた35年間の日本統治時代（1910〜1945年）を経て、大韓民国の首都ソウルとして今日に至りますが、朝鮮戦争中の1950〜1953年は釜山が臨時首都になりました。

戦後、20年ほど経済的には北朝鮮の後塵を拝するほどでしたが、1965年の日韓条約のあと漢江の奇跡と呼ばれるまでにソウルは急速に発展し、高層ビルが立ち並びました。最初は日本統治時代から都心だった漢江北岸だけでしたが、南岸の新市街・江南地区や汝矣島にも超高層ビルが林立。今では東京と変わらぬ都市景観となりました。

人口は東京23区よりやや多く、地下鉄営業キロ数は逆に東京メトロのほうがやや長く、環状線も東京にはJR山手線、ソウルには地下鉄2号線があるなど、拮抗する東アジアのライバル都市になっています。

もっと知りたい！ 市街中央を漢江が東西に流れ、右岸（北岸）の江北は昔からの旧市街（中心街）で官公庁、ソウルの銀座、明洞、昌徳宮、景福宮、徳寿宮、昌慶宮など多くの朝鮮王朝時代の王宮と宗廟、ソウルタワー、南大門市場、東大門市場、名門延世大学、梨花女子大などがあり、ソウル観光の中心となっています。ソウル駅には日本統治時代の駅舎も現存します。

サンマリノ
San Marino

219

所在地／人口 サンマリノ共和国（サンマリノ市）／約4500人

山麓に広がるボルゴ・マッジョーレの街を見下ろすロッカ・グアイタ。

難攻不落の城塞は世界最古の共和国

サンマリノは４世紀初め、キリスト教迫害を逃れた石工のマリーノらがアペニン山脈のティターノ山（739m）山上に共同体を造ったのが始まり。中世には高さ200mもある砂岩の垂直断崖という自然の要塞の力で独立を守りぬきました。その後山頂部に３つの砦を築いて13世紀に現存する世界最古の共和国へと脱皮。ローマ教皇からも独立を認められています。

サンマリノへ向かうには、リミニからサンマリノ行きバスに乗り国境の川を渡ったあと、ヘアピンカーブが連続する山道を50分かけて登ります。終点で下車してエレベーターで上がると、城壁に囲まれた市街地入口の城門に到着します。

防御塁が要所に築かれ町全体が要塞の趣。坂を上ってようやくネオゴシック様式の共和国宮殿（政庁）が立つ、市の中心のリベルタ広場に出ます。

市街東側の絶壁には山頂部に11〜14世紀に順次築かれた３つの塔を持つ要塞が並んでいます。手前が最初にできたロッカ・グアイタ。次がロッカ・チェスタでここからはサンマリノの切手によく描かれる絶壁上のロッカ・グアイタと下界の街、さらにはアドリア海とアペニン山脈の雄大な景色が見られます。森の中の遊歩道をたどると、３つ目のロッカ・モンターレに至ります。

もっと知りたい！ 周囲をイタリアに囲まれたサンマリノ共和国は面積61.2km²（大田区ほどの広さ）の、世界で5番目に小さな独立国。人口も3.3万人と少ないので顔見知りが多く、公平を期すため裁判官は全員イタリア人というユニークさ。その首都が山上のサンマリノ市。麓のボルゴ・マッジョーレからロープウエイで登ることもできます。

220

テルアビブ

Tel Aviv

所在地／人口 イスラエル国／約42万人

テルアビブのディゼンゴフスクエア。白い建物が周囲を囲んでいます。

4000年の歴史の旧市街と白いバウハウスの新市街

地中海に面したテルアビブはイスラエルの空の玄関口であるとともに各国が大使館を置く、事実上の首都。ヤッフォ（ヤッファ）と1950年に合併し、正式名はテルアビブ・ヤッフォと言います。旧市街に当たるヤッフォは4000年以上の歴史を持つ世界最古の都市のひとつ。古代から地中海の重要な港であり、エルサレムへの玄関口であることから、十字軍やナポレオン、オスマン帝国などの侵略が絶えませんでした。新約聖書に出てくる聖ペテロゆかりの皮なめしのシモンの家や、現存する最古の「海のモスク」などのモスク、教会・修道院が多く、海にはギリシャ神話のアンドロメダの岩など伝説に彩られた建物が点在しています。

オスマン帝国時代の1909年、ユダヤ人がヤッフォの北に新市街「テルアビブ」（春の丘）の街と港造りを開始。1920年からはドイツ・ヴァイマルで生まれた、現代建築のスタンダード・デザインのバウハウス建築を同地にもたらし、気温・湿度が高い土地柄に適応すべく、西側に涼風を取り入れるベランダを設け、平坦な屋根の上で涼をとれるようにした白色の明るい建物を4000軒も建造しました。熱を反射する白亜の建造物が並ぶ中心街が誕生し、それは「白い都市」として世界遺産にも登録されています。

もっと知りたい！ 1948年、テルアビブでイスラエルの国家樹立が宣言され、テルアビブが首都となりました。その直後の第1次中東戦争でイスラエルは西エルサレムを占領。1967年には東エルサレムも占領して、エルサレムを首都と宣言しましたが、国際社会は認めずに（最近アメリカなど一部の国は認めている）テルアビブを首都と見なし、各国はテルアビブに大使館を置いています。

221

フエ

Hue

所在地／人口 **ベトナム社会主義共和国 トゥアティエン・フエ省／約35万人**

フエのシンボルであるグエン朝時代の王宮。

ベトナム最後のグエン王朝の都

フエは1802～1945年のベトナム最後の王朝、グエン朝の都で「ベトナムの京都」とも言われます。幅400mのフォーン川で新市街と隔てられた北岸の2.2km四方の旧市街は、川・堀で２重に囲まれています。1804年、ベトナムは清の朝貢国となり、国号も「越南」としました。

旧市街に北京・故宮を模して造られたグエン朝13代の王宮は、堀と縦604m・横620m・高さ４mの城壁で囲まれ、面積は故宮の半分の規模。入口の午門は五鳳楼という望楼を持つ壮大な正門でコの字型の門には５つの入口（通路）が開かれています。正面中央の門は皇帝と各国大使専用、左は文官、右が武官用で両脇の門は兵士と馬用となっています。太和殿も80本の朱塗りの柱に玉座と故宮そっくり。その先に皇帝が政務をとり、生活の場でもある壮大な紫禁城がそびえます。

1945年に最後の皇帝バオダイ帝が退位し、グエン王朝は滅亡しましたが、フォーン川沿いには歴代皇帝の陵墓が散在しています。２代ミンマン廟と蓮池に木造建築の月見殿が立つ４代トゥドック廟ともに中国の影響が強い造りですが、フランスの植民地となったあとの12代カイディン廟は陶器やガラス片のモザイクできらびやかに装飾され、フランスや西洋の強い影響がうかがえます。

もっと知りたい！ 廟以外の人気の見どころとして、市街はずれには高さ21mの八角7層の中国風の塔が立ち、「天女の寺」と呼ばれるティエン・ムー寺があります。王宮内の「閲是堂」ではユネスコ無形文化遺産の（宮廷雅楽）が鑑賞できます。民族衣装のアオザイは1828年にベトナムの標準服に制定され、フエが発祥の地と言われています。

222

吐魯番（トルファン）

Turpan

所在地／人口　中華人民共和国 新疆ウイグル自治区／約60万人

葡萄棚で有名な青年路。夏は50度近くに達する高温の地でありながら、カレーズによりトルファンは緑豊かな都市となっています。

世界で最も暑く、乾燥し、低く、甘い都市

色鮮やかな民族衣装姿のウイグル族が住むトルファンは、天山山脈南麓の最も低い地点は海面下154mというトルファン盆地の砂漠のなかにあるオアシス都市です。夏は50度近くに達する中国で最も暑い場所として有名で、「火州」とも呼ばれていました。一方で冬は氷点下30度と極寒の地となる激烈な気候です。また、世界で海から最も離れているので、年降水量は20mmもなく、極めて乾燥しています。

ところが、郊外の葡萄溝という峡谷は水路が縦横に走り、樹木が青々と生い茂る絶好の避暑地。ここでとれる馬の乳房に似た「馬奶子（マーナイツ）」など、何百種類もの良質の葡萄は水分が多くて甘く、皮が薄くて透き通った緑色をしていることから、「火州緑宝石」と讃えられています。

超乾燥地帯なのに水が豊富なのは2000年前に西アジアから技術が伝わったカレーズ（地下水路）のおかげ。天山山脈の豊富な雪解け水を盆地の勾配を利用してトルファンまで引いているのです。20～30mおきに井戸（竪坑）を掘り、蒸発を防ぐため暗渠で繋げて４～10kmの地下水路を造ったもの。水道が普及し400ほどに減りましたが、かつては1000本、総延長5000kmに達し、万里の長城、大運河と並ぶ古代中国の三大建築工事とも言われています。

もっと知りたい！　郊外には高さ37mのイスラム建築の蘇公塔や、インドに向かう三蔵法師が寄り10年後の帰路に再訪したときには滅んでいたという高昌故城、地表温度が90度に達する『西遊記』で有名な火焔山、峡谷に掘られた77の仏教石窟のベゼクリク千仏洞、土で築かれた世界最大規模の遺跡の交河故城など、無数の遺跡が散在しています。

上海(シャンハイ)

Shanghai

223

所在地／人口 中華人民共和国 直轄市／約2450万人

租界時代の建物が並ぶ外灘地区の夜景。

租界時代の巨大西洋建築が立ち並ぶ大都市

上海は1842年の南京条約で開港し、その１等地に英仏の租界が設けられたことが大発展の礎となりました。英国租界はのちに日本を含めた欧米列強の共同租界に拡大し、各国がこぞって建築を進めていきました。黄浦江に面した外灘（バント）には、租界時代の1910〜1930年代に建造された新古典主義様式を中心とした石やレンガ造りの西洋建築が立ち並んでいます。

アール・デコのブロードウェイマンション（現上海大厦ホテル）は78m19階建ての当時最も高い摩天楼で眺めの良さは随一。向かいの1846年開業のアスターハウスホテルは上海初の本格的洋風建築で、最近までバックパッカーのたまり場だった安宿の浦江飯店は上海証券取引所でした。

緑青色のピラミッド型屋根をもつ超名門のキャセイホテル（現フェアモント和平飯店北楼）、２階に世界一長いロングバーを持つ上海倶楽部ビル（現ウォルドルフ・アストリアホテル）、今も上海海関という税関である江海関、新古典様式の香港上海銀行ビル（現上海浦東発展銀行）、銀行らしいイオニア式円柱が立つ横浜正金銀行（現中国工商銀行）など枚挙に暇がありません。

フランス租界はその南の外灘南部から准海路一帯に広がり、ゴシック式のキャセイマンション（現老錦江飯店）や瀟洒なフランス倶楽部（現花園飯店）など優雅なホテルとして残っています。

もっと知りたい！ 出遅れた日本は単独の租界要求を拒否され、共同租界の一角の四川北路と呉淞路を中心とした現虹口区に。10万人もの日本人が住んだので租界を越えて、北の魯迅公園まで拡大しました。今では都心に隣接している好立地ゆえ再開発で旧・内山書店などを除いて日本風の家屋や街並みは少なくなり、山陰路や東横浜橋などの標識に往時の面影が残ります。

アーグラ

Agra

224

所在地／人口 インド ウッタル・プラデーシュ州／約160万人

タージ・マハルとアグラの町。

世界一お金をかけた世界一美しい建物

デリーの南200kmのヤムナー河畔にあるアーグラは、1526年にムガル朝初代から５代まで、デリーに遷都した２代を除いて、計１世紀近くもムガル帝国が都を置いた古都です。

５代シャー・ジャハーン（在位1592〜1658年）は、15歳の時にペルシャ系の大貴族の娘で12歳のムムターズ（略称「タージ」）・マハルという美少女を見初めました。結婚し、即位した後もハーレムに多くの美女がいたのに、彼女だけを溺愛しました。即位前に父と対立し逃避した時も、また戦場にも必ず伴い、苦楽を共にしたと言われ、子も14人をもうけることとなります。

ところが、ムムターズは毎年のように子を産み続けた末、産褥によって38歳の若さで死亡。王は嘆き悲しみ、国民を２年間の喪に服させるとともに、金に糸目をつけずに妃のための廟を建設しました。インド中やヨーロッパからも計２万人の工匠を集め、22年かけて完成させた、世界一美しい建造物と言われるタージ・マハルです。しかし、国家財政が傾くほどの巨費を投じたことから、シャー・ジャハーンはのちの６代アウラングゼーブ帝にアーグラ城の「囚われの塔」に死ぬまで幽閉され、毎日ヤムナー川越しに美しい廟を眺めて暮らしました。死後は対岸に黒い廟を建てる計画でしたが、果たせず、妃の棺の横に王の棺が並べられています。

もっと知りたい！ タージ・マハルは高さ58mの白大理石造りで、左右対称に加え、噴水池に逆さに映る上下対称美が魅力。幾何学模様はダイヤやサファイア、翡翠、トルコ石など30種の貴石を嵌め込んだものです。朝は赤みを帯びてバラ色に、日中はまぶしいほど白く輝き、夕暮れ時は黄金色に染まり、満月の夜は月の光に照らされて青白く浮かび上がります。

ベルリン
Berlin

225

所在地／人口 ドイツ連邦共和国 ベルリン州／約365万人

ベルリンのシンボルのひとつブランデンブルク門。ベルリンの壁建設の際には東ベルリン側に属し、ドイツ統一後、大改修が行なわれました。

悲劇の壁が今も旅人に訴えかけるドイツの首都

ドイツの首都ベルリンは、1709年からプロイセン王国、1871年からドイツ帝国の首都となりました。戦後は東西ベルリンに分かれ、東ベルリンは東ドイツの首都に。西ベルリンは東ドイツに浮かぶ西ドイツの飛び地（最大の都市）となり、分断の歴史を経た1990年に再統一されて、再び全ドイツの首都となりました。

西ベルリン市域を150kmに渡り完全に取り巻いていたベルリンの壁は、市民などによって大半が破壊され倒されましたが、一部は保存されています。イーストサイドギャラリー（ベルリン東駅から徒歩５分）は、1.3kmものベルリンの壁に世界中のアーティストたちがカラフルな壁画を描いたものです。ニーダーキルヒャー通りにある元秘密警察ゲシュタポ本部跡のテロのトポグラフィー（ポツダム広場駅から徒歩５分）や、監視塔などが復元されたベルリン・ウォールメモリアル（ベルリン北駅から徒歩５分）には絵など描かれずコンクリートむき出しの当時のままの壁が残っています。また東ベルリンへの出入りの検問所であったチェックポイント・チャーリーには国境検問所のレプリカがあり、ベルリンの壁博物館では脱出した東ベルリン市民の写真や壁に関する生々しい資料が展示されています。

もっと知りたい！ ベルリンは市域の3分の1が森や公園、河川・湖と自然が溢れる大都市。らせん階段でドームの上まで登れる連邦議会議事堂や、高さ114mのベルリン大聖堂のドーム上、368mのテレビ塔展望台から緑あふれる市街が一望できます。また、5つの博物館からなる「博物館島」と「ポツダム・ベルリンの宮殿と公園」の構成資産「シャルロッテンブルク城」の2つの世界遺産があります。

226

ケープタウン

Cape Town

所在地／人口 南アフリカ共和国 西ケープ州／約380万人

テーブルマウンテンからは、山々と海に囲まれたケープタウンの景観を一望に収めることができます。

奇峰や奇岩、海に囲まれた美しい港町

アフリカ大陸南端のケープ半島の西付け根にあるケープタウンは、1652年、オランダの東インド会社が天然の良港を補給基地としたのがルーツ。南アフリカ発祥の地として「マザーシティ」とも呼ばれます。1815年に英国植民地の首都となりましたが、1910年、行政上の首都はプレトリアに移り、現在は議会が置かれる立法上の首都となっています。

四方を大西洋の青い海と奇岩の山々に囲まれたケープタウンの景観は美しく、世界で最も自然が美しい都市のひとつとして知られます。

市街の北には港とテーブル湾が広がり、東には英軍の要塞が築かれた標高1001mのデビルスピーク、西には奇岩ライオンズヘッドがそびえます。

そして市街南に、屏風のように切り立った垂直の崖となってそびえ立つのが標高1086mのテーブルマウンテン。霧がかかると市民は「山にテーブルクロスがかかった」と言うように、山頂部分が3kmも平らという特徴を持ちます。山全体が国立公園に指定され、ロックダージーなど多くの野生動物が生息。山頂へは360度回転する円形ロープウエイで登れ、市街と奇岩の山々、海の絶景が眼下に広がります。

もっと知りたい！ 15世紀末にバスコ・ダ・ガマが欧州・インド間の喜望峰周りの航路を発見しました。その喜望峰はケープ半島の南端にあります。アフリカ大陸の最南端と思われていましたが、実際は南東150kmのアガラス岬が最南端でした。喜望峰へ向かう途中のボルダーズビーチにはおびただしい数のケープペンギンのコロニーがあり、観光客を和ませてくれます。

ボルドー

Bordeaux

227

所在地／人口 フランス共和国 ジロンド県／約24万人

ボルドーの中心であるブルス広場にある世界最大の水鏡「ミロワール・ドー」。周囲の建物が映る夜景は、訪れる人を幻想の世界へと誘います。

月の港ボルドーは世界最大のワイン積み出し港

ボルドーの名を聞けば多くの人がワインを連想することでしょう。フランス南西部のガロンヌ川に面した港町であるこの都市は世界最大の良質ワインの輸出港です。川幅が500mもある河港が三日月を描くことから、かつて「月の港」と呼ばれた商業港は川下に移り、川沿いのシャルトロン地区のワイン商の酒蔵群も郊外に移転しましたが、一部のワイン商や酒蔵は現在も残っています。川沿いには4階の高さに統一された洒落た建物が並び、17のアーチからなる長さ490mのピエール橋、ファサードと内装がフランス一美しい劇場と言われる大劇場、12万6000㎡と欧州最大級のカンコンス広場、街並みが世界最大の水鏡に映り得も言われぬ美しさのブルス広場の夜景は最高です。

1994年、京都で「世界歴史都市会議」が開催された時、フランスからの参加はパリとボルドーだけだったことからもわかるように、紀元前3世紀からの古い歴史があり、ローマ、西ゴート、イスラムの支配を経てアキテーヌ公国の首都となりました。ボルドーの黄金時代は西インド諸島などとワインと黒人奴隷、マホガニーとの三角貿易で栄えた18世紀で、19世紀以降は戦争のため何度もパリから政府が移り、臨時首都にもなりました。

もっと知りたい！ ガロンヌ川左岸の旧市街にはフランスで2番目に高い高さ114mの鐘楼を持つサン・ミッシェル大寺院、王の門の「最後の審判」の彫刻で名高いサンタンドレ大聖堂、サン・スーラン大寺院の3つが世界遺産「フランスのサンティアゴ・デ・コンポステーラの巡礼道」の構成資産になっています。

228

マラッカ
Malacca

所在地／人口 マレーシア マラッカ州／約47万人

マラッカの日の出。この町はマラッカ海峡に面し、最重要航路の要衝となってきました。

5か国の建物が混在する海峡に臨む街

今も東西海上交通の要衝で、夕日の美しさで有名なマラッカ海峡に臨むマラッカ。15世紀にスマトラの王子がマラッカ王国を建国し、明やイスラム諸国との香辛料貿易の中継港として繁栄しました。その後、16世紀にポルトガル、17世紀にオランダ、19世紀に英国の植民地になるなど目まぐるしく支配者が変わったので、旧市街に残る当時の建築物も各時代のものが混在しています。丘の上にはオランダとの戦いに備えてポルトガルが築いたサンチャゴ砦とセントポール教会が立ち、旧市街の中心オランダ広場には濃いピンクで統一されたキリスト教会と1650年建造の総督邸が並んで立ちます。また、コロニアル調の独立記念館は旧英国の社交クラブですし、15世紀のマラッカ王国の王宮を復元した木造の「スルタンハウス」もあります。

そうした現代マラッカの主人公は住民の大半を占めるマレー人と華人。華人男性とマレー人女性の間の子孫がプラナカンで、男性はババ、女性はニョニャと言います。巨万の富を得た人物が1861年に建て、4代に渡り住んでいた3棟の邸宅を公開したのが、「ババ・ニョニャ・ヘリテージ博物館」で、プラナカンの人々の豪華絢爛な室内装飾や調度品などに習慣と生活をうかがい知ることができます。

もっと知りたい! マラッカは1941～1945年は日本が占領。1957年にマレーシアは英国から完全に独立した際、ラーマン首相が独立宣言をしたのが、マラッカの独立記念館の前でした。マラッカ海峡の夕日は冬ならセントポールの丘から眺められます。ほかに回転展望塔のマラッカタワーからもオススメです。

229

トロント

Toronto

所在地／人口 カナダ オンタリオ州／約275万人

超高層ビル群のスカイラインを眺めるにはフェリーで15分の湖中の島トロント・アイランドからが一番。特に夜景は多くの人に賞賛されます。

オンタリオ湖に超高層ビルのスカイラインを映す

五大湖では最小ながら、四国４県よりも広いオンタリオ湖北西岸にあるトロントは、カナダでは最大、北米でもニューヨーク、ロサンゼルス、シカゴに次いで４番目に大きな都市です。

1976年から2008年まで32年間も世界で最も高い建造物だったCNNタワーをはじめ、100m以上の超高層ビルが500以上もあり、世界で４番目の摩天楼都市です。

同時にトロントは多くの有名美術館・博物館が設置された文化都市でもあります。

オンタリオ美術館はスペイン・ビルバオの建築の傑作グッゲンハイム美術館を設計したフランク・ゲーリーが手掛けた北米最大級の美術館。ロイヤル・オンタリオ博物館はアルバータ州で発掘された恐竜の骨格標本やオンタリオ州先住民の文化・芸術と生活などに関する600万点を展示するカナダ最大の博物館です。

18世紀末にニューアーク（現ナイアガラ・オン・ザ・レイク）から遷都され、植民地アッパーカナダの首都となり、1834年にはヨークからトロントと改名。19世紀中頃にはカナダの首都ともなりました。トロントとは先住民ヒューロン族の言葉で「集まる場所」を意味し、その名の通り、100もの民族が集まる人種のるつぼとなっています。

もっと知りたい！ 湖畔にそびえるランドマークのCNNタワーは高さ553.3mの電波塔で、113階342mのガラス張り展望台から、351mの回転展望台、最も高い356mのハーネスを付けての屋外を歩くスリル満点のエッジウォークまで、4つもの展望台が設けられています。

230

澳門（マカオ）

Macau

所在地／人口 中華人民共和国 マカオ特別行政区／約68万人

ファサードだけが残る聖ポール天主堂跡とマカオの街並み。

ポルトガルと中国の文化が融合した街並み

大航海時代の16世紀、ポルトガルは珠江デルタの河口にあるマカオを居留地として獲得し、アジアでの交易とキリスト教布教の根拠地としました。17世紀の初めに日本が鎖国体制を整えるまでは、長崎との貿易もこのマカオを舞台に行なわれています。

その後、ポルトガルは1887年に中葡和好通商条約でマカオを割譲させ、ポルトガルの植民地としました。1999年に中国に返還されるまでに建てられたポルトガルと中国の建築様式が融合した歴史的建造物22、広場８か所が、「マカオ歴史地区」として世界遺産に登録されています。

マカオの地名の起源とされる媽閣廟（まかくびょう）は明朝代の1605年建造のマカオ最古の建物で、セナド広場はマカオ政庁などパステルカラーのコロニアル建築に囲まれています。今は石造りのファサードだけが残る聖ポール天主堂跡は、1602年に建てられ、キリスト教布教の中心となっていたアジア最大のカトリック教会の跡。それを見下ろす小高い丘に築かれたモンテの砦にはオランダ軍を撃退した砲台が数台残ります。聖ロレンソ教会はマカオで最も美しい教会です。

マカオ市街と港を一望できる標高92mの市内最高所に築かれたギア要塞には、修道女の聖母礼拝堂であるギア教会と中国では初の近代的な灯台と言われるギア灯台が立っています。

もっと知りたい！ マカオへは香港からは多発のフェリーで1時間。香港・ランタオ島にある香港国際空港からは全長50kmという一部海底トンネルの海上ハイウエイである「港珠澳大橋」を利用したバスでもマカオ入りできます。

デリー

Delhi

231

所在地／人口 インド 連邦直轄地／約1700万人

王妃によって建てられたムガル帝国２代のフマユーン帝の霊廟。

王妃が愛する王のために建てた白亜の廟

市街東南部に立つ世界遺産フマユーン廟はタージ・マハルの逆バージョンで、妃のハージ・ベグム（ハミーダ・バーヌー・ベーグム）が不慮の死を遂げたムガル帝国２代のフマユーン帝（在位1530〜1540年、1555〜1556年）を祀るために建てたものです。

在位期間が２分されていることからわかるように、詩歌を愛する文人肌だった皇帝は戦には弱く、間の15年間はスール朝に父が獲得した帝国領を奪われ、シンド地方やペルシャへの亡命生活を続ける苦難の人生を歩みました。

そうしたなか、ペルシャで14歳のハージ・ベグムに出会い、一目ぼれして求婚。やがて妃は優しい性格の帝を深く愛するように。ところが、ペルシャの援軍を得て帝国を奪回するも、わずか半年後、図書館の階段を踏み外し、頭を強く打って47歳で非業の死を遂げます。

王妃は嘆き悲しみ、９年もかけて、のちのタージ・マハル建造のモデルとなる美しいペルシャ風の廟を建てました。それが高さ38mの白大理石のドームがそびえるフマユーン廟で、ペルシャ風の象嵌細工が施され、ペルシャ独特の四分割の美しい庭園で飾られます。５代シャー・ジャハーン帝もこの逸話をヒントにタージ・ハマルを建設したのかもしれません。

もっと知りたい！ デリーは、ムガル朝5代のシャー・ジャハーンがアーグラから遷都した旧市街のオールド・デリーと、英国植民地の首都として建設された新市街のニューデリーから成ります。世界遺産としてはほかにムガル朝前の5つのイスラム王朝のひとつが建てた、72.5mのクトゥブ・ミナールとオールド・デリーのレッドフォート（デリー城）の2つがあります。

232

ブカレスト

Bucuresti

所在地／人口 ルーマニア／約170万人

独裁者チャウシェスクが贅の限りを尽くして建設した国民の館は、革命後、政府の主要施設となりました。

欧州最大の建物がある“バルカンの小パリ”

ブカレスト都心の広大な革命（旧ゲオルギウ・デジ）広場には、円柱と丸屋根があるギリシャ神殿風のアテネ音楽堂や1722年建造のクレツレスク教会、ブカレスト大学図書館、国立美術館（旧共和国宮殿）、旧共産党本部などが並びます。

1989年12月、旧共産党本部前の２階バルコニーで10万の民衆に向かい最後の演説を行なったチャウシェスク大統領は、ヘリコプターで逃走。直後に市民革命が起こり、銃撃戦で1500人以上の市民が犠牲になった革命発端の地となりました。

その一因となったのが市民の困窮をよそに広場近くの広大な敷地に1500億円以上をかけて建造した地上10階、地下４階、テニスコートより広い部屋を含む部屋数3000以上の壮大な議事堂宮殿（旧国民の館）。欧州最大、世界でもペンタゴン（米国国防総省）に次いで２番目の巨大建造物で、床、柱、階段すべて大理石で、金銀＆宝石で装飾という超豪華さでした。バルコニーからは眼下にシャンゼリゼを模して造った3.5kmの統一通りが一直線に延びています。1984年に着工するも、革命で中断。工事を続行するかもめましたが、1997年に完成し、国会や美術館の入る主要施設へと性格を変えて残りました。

もっと知りたい！ ブカレスト郊外には18～19世紀のルーマニア各地の農家やマラムレシュ地方の木造教会、水車、風車など200棟近くを移築した国立農村博物館があります。また、途中には第1次世界大戦の勝利を祝して、1922年にパリ・凱旋門を模して凱旋門が建てられました。

233

ナイロビ

Nairobi

所在地／人口 ケニア共和国／約440万人

ナイロビ国立公園に生息するシマウマ。動物たちがよく活動する朝6～9時や夕方4～7時が見学に適した時間です。

首都にある野生動物400種が生息する国立公園

大都市の中で野生動物を見たいときは動物園に行くと決まっていますが、ナイロビでは市内からわずか7kmのケニャッタ国際空港そばにある、ケニアで最初かつ最小の面積117km²のナイロビ国立公園で多様な野生動物たちを見ることができます。

広々とした草原の中に小高い丘や川、アカシアの林などがあり、野生のままに自由に移動するライオンやチーター、キリン、シマウマ、ガゼル、ダチョウなど400種もの野生動物を屋根が開くサファリカーから直接目の前で見られるのです。

遠景がナイロビの高層ビルのスカイラインというのが、ケニアやタンザニアの野生動物が棲むメジャーな国立公園や野生保護区とは異なる風景です。

ナイロビは標高1700mほどの高原にあり、赤道直下にもかかわらず快適な気候で、105m・30階建ての東アフリカ最大のコンベンションセンターや140m・38階建てのタイムズタワーがそびえるアフリカ最大級の近代都市へと成長しました。乾季の晴れた空気の澄んだ日には、北にケニア最高峰のケニア山（5199m）、南にアフリカ最高峰のキリマンジャロ山（5895m）を望めることもあるワイルドシティです。

もっと知りたい！ ナイロビから10kmのナイロビ国立公園の外れにあるボーマス・オブ・ケニアは、ケニアに住むマサイやキクユ、ルオー、ギリヤマ、カンバなど42の民族の伝統的住居が散在し、各民族の踊りや音楽、儀式、手工芸などを披露する「ケニア文化村」が開かれています。

234

ハーグ
Den Haag

所在地／人口 オランダ王国 南ホラント州／約50万人

ホフ池に面したハーグの国会議事堂。

王宮、国会、政府、各国大使館がある事実上の首都

北海に面するオランダ随一のビーチリゾートの街ハーグは、オランダの立法・行政・司法の中心で各国の大使館や王室の宮殿まで置かれ、オランダの実質的な首都となっています。国際的な司法の街としても知られ、国際司法裁判所（平和宮）や国際刑事裁判所もハーグに置かれています。アムステルダムは憲法上の首都ですが、王室も１年の大半をハーグで過ごすので、アムステルダムの王宮のほうが離宮といった雰囲気です。

ハーグはオランダ語では「デン・ハーハ（フ）」、正式には「スフラー・フェンハーヘ（伯爵の生垣）」と言います。伯爵の生垣＝領地とは、1248年にホラント公ウィレム２世が狩猟地だったこの地に、城郭ビネンホフ（「中庭」の意）を建造したのがルーツであるため。実に800年近い歴史を持つ都市なのです。

現在、ビネンホフは国の三権の機関が集まる建造物群となりました。レンガを敷き詰めた中庭の中央に立つレンガ造りのとんがり帽子の双塔、リッダーザール（騎士の館）は13世紀に建てられた最古の部分で、今は国会議事堂になっています。堀に面したマウリッツハイス美術館は17世紀の元貴族の館で、フェルメールの『真珠の首飾りの少女』やレンブラントの作品で知られます。

もっと知りたい！　現オランダ国王の居城ハウス・テンボス宮殿はビネンホフ東の森の中にあります。騎士の館での国会開会式（9月）は華やかな制服の儀仗兵が整列し、国王が8頭立ての四輪馬車で到着します。

本日のテーマ かつての都はどこも古都の風格

235

重慶（じゅうけい）
Chongqing

所在地／人口 中華人民共和国 直轄市／3100万人

日中の洪崖洞。夜になると美しい夜景が広がります。

中洲の丘陵に超高層ビルが林立する街

重慶は長江上流にある人口3000万人を超える中国最大の都市。面積も8.24万㎢と、北海道よりも広いメガシティです。春秋時代の巴国の都で日中戦争では日本軍の南京占領により、蒋介石が中華民国の首都を1937年から1946年まで南京から重慶に移したことで日本軍の空爆を受けました。長江と嘉陵江（かりょうこう）との合流点の3方を川に囲まれた半島状の丘陵にマンハッタンを彷彿とさせる超高層ビルが林立する市街地が広がります。四方は山に囲まれているので「山城」と呼ばれています。

三峡下りの観光船が出る半島最先端の朝天門ふ頭は標高160mで、標高237mの市街地へはかつては100段の石段を登らなくてはならず、「棒棒さん」という天秤棒で荷物を運ぶ運搬人（有料）が名物だったほど市街地は急な丘陵上にあり（今はエスカレーターやエレベーターが各所に設置済)、川幅300～500mある長江対岸に渡るのには今もロープウェイが利用されています。

市街北側の嘉陵江沿いを走るモノレールは川沿いの高層マンション最上階の中に駅があり、地下鉄は丘陵上の駅から約100m、地下31階まで降りるのに10分近くかかる塩梅です。半面、立体的に街が広がる夜景の美しさは中国一とも言われ、洪崖洞が代表的名所となっています。

もっと知りたい！ 重慶は長江三峡下り観光船の発着地や市内にある世界遺産「大足」の観光基地といった感じで、市内に有名な見どころはありませんが、嘉陵江の崖上にある市内最高地点の鵝嶺公園からの眺めは格別。また重慶には名温泉が多く、郊外の南温泉には蒋介石が3年間滞在していたホテルもあり、モダンな温泉リゾート北温泉も人気を集めています。

釜山（プサン）
Busan

236

所在地／人口 大韓民国 釜山広域市／約350万人

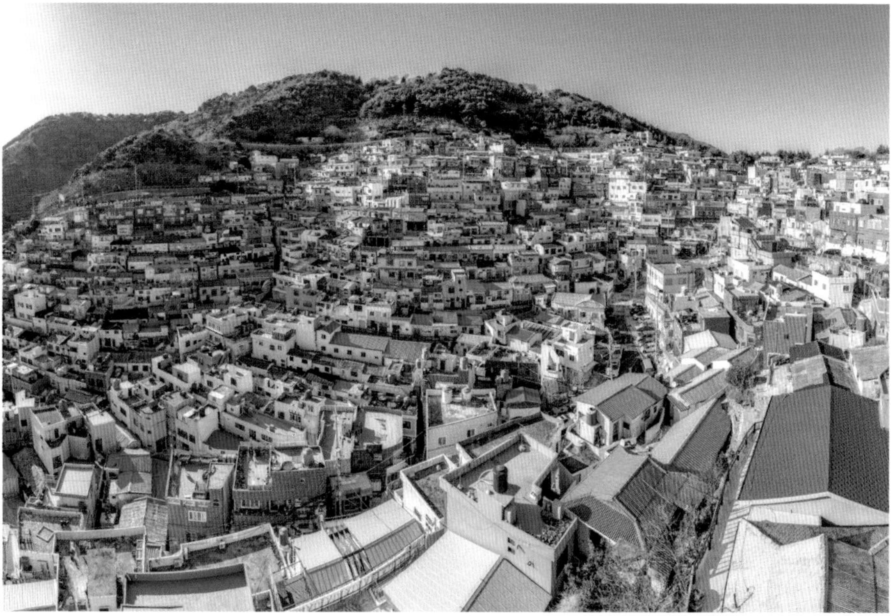

山の頂上近くまでぎっしりとカラフルな家々が立ち並ぶ甘川洞文化村。

朝鮮戦争避難民が住んだ密集集落が青空美術館に

朝鮮半島東南端にある釜山は、1878年の開港以来、朝鮮半島の玄関口として急速に発展。世界有数の貿易港として韓国第２の大都市となりました。

釜山へのアプローチはフェリーが最適。朝、目を覚ますと、山の頂上近くまでぎっしりと家が立ち並ぶ独特の景観に驚くことでしょう。

山の中腹は、坂道となった急傾斜の斜面に赤・水色・白などカラフルな家がびっしり立ち並ぶ「甘川洞文化村」となっていて、多くのアーティストが住みつき、一帯が壁画と「星の王子様」などのオブジェで溢れています。「ハヌマウル」の屋上展望台からは“釜山のマチュピチュ”とも呼ばれる甘川洞の全景が一望できます。

釜山は毎年10月に10日間開催されるアジア最高、世界でも５大映画祭とも言われる釜山国際映画祭で有名です。白砂のビーチと温泉で有名な海雲台の一角にある映画祭専用の「映画の殿堂」はサッカー場2.5倍の広さで、163m×61mの単独の屋根としては世界最大の屋根があり、夜は約４万3000個のLED照明が輝きます。映画祭中は4000人収容の大スクリーンの野外劇場を中心に300本以上の作品が鑑賞できます。映画祭以外でも館内の映画館で上映（不定期）があります。

もっと知りたい！ 釜山は東アジア文化都市に選ばれましたが、グルメも文化のひとつ。釜山は大漁港でもあり、フェリー港そばのチャガルチは韓国最大級の海産物市場で、1階の魚店で新鮮な魚介を買い、2階の食堂で調理してもらえます。

237

ヴィクトリア
Victoria

所在地／人口 カナダ ブリティッシュ・コロンビア州／約8.5万人

3000個の電球によってライトアップされる州議事堂。1916年の完成で、屋根の上にキャプテン・バンクーバーの像が設置されています。

花いっぱいの英国よりも英国らしい街

南北500kmと巨大なバンクーバー島の南端にあり、1849年には英国植民地となって、ヴィクトリア女王の名を冠した西海岸で最も古い歴史を持つ港町です。夏涼しく、冬も緯度の割に温暖な西岸海洋性の気候が本国の英国に似て、厳しい気候環境が多いカナダの都市のなかでは異色。古き良き英国の街並みと趣が残るヴィクトリアは、カナダ人がいつかは住んでみたいと憧れる街とされています。

6月下旬から9月いっぱいは街灯に色とりどりのフラワーバスケットがぶら下げられ、「ガーデンシティ」とも言われるヴィクトリアの最も美しい季節。その究極の花の美が郊外にあるブッチャートガーデンです。日本人造園家が20世紀初めに手掛けたもので、東京ドーム5個分の広大な園内には700種100万株以上の花が咲き乱れます。

港に面して2つのランドマークが立っています。蔦のからまるフェアモント・エンプレス（皇后）ホテルは1908年創立のクラシカルなホテルで、「皇后のお茶」と称するアフタヌンティーは旅人憧れの的。壮大な石造りの州議事堂は1897年建造とさらに古く、3000個の電球で縁取られくっきり夜空に浮かぶ様は誰をもこの街を忘れがたいものにするでしょう。

もっと知りたい！ 2009年に上皇夫妻が訪れたガバメントハウスは元ブリティッシュ・コロンビア州副総督の豪壮な邸宅。カナダガンやリスが多いビーコンヒル公園にはカナダを東西に横断するトランス・カナダハイウエイの起点を示すマイル0の記念碑が立ちます。

238

サマルカンド

Samarqand

所在地／人口 ウズベキスタン共和国 サマルカンド州／約52万人

美しい青のモザイクと装飾に彩られるサマルカンドの町。

チンギス・ハンは破壊し、チムールは建設した

サマルカンドはシルクロードの要衝として栄えていましたが、ホラズム王朝代の1220年、チンギス・ハン率いるモンゴル軍によって街が完膚なきまで破壊され、住民の４分の３が虐殺されるという悲劇に見舞われます。

そのサマルカンドを再建したのは、モンゴルの末裔と言われるチムール（1336〜1405年）でした。1370年にチムール朝を興し中央アジアから西アジアまでの旧モンゴル帝国の西半分を支配下に収め、サマルカンドを帝国の都にすべく建設に着手。帝国各地から工匠や芸術家を集め、青を基調とするモザイクで装飾したモスクや廟、メドレセ（神学校）を建てていきました。同じモンゴル系なのに、「チンギス・ハーンは破壊し、チムールは建設した」と言われる所以です。

チムールの時代に建設されたのは「青の都」を象徴する大ドームがそびえるグリ・アミール廟（チムールを埋葬）とビービー・ハーヌイモスクですが、チムールの死後も帝国は16世紀初めまで存続し、レギスタン広場にはサマルカンド・ブルーのモザイク装飾が美しい３つのメドレセが建てられ、街は「東洋の真珠」「イスラムの宝石」と称賛されるようになります。チムール帝国が滅んだのちも、王族のひとり、バーブルがインドへ侵攻してムガル帝国を興しました。

もっと知りたい！ アフラシアブの丘にソグト人により築かれたマラカンダは、サマルカンドの前身となる町で、紀元前4世紀に訪れたアレクサンドロス大王が「話に聞いていたより数倍美しい」と絶賛したとされます。その丘の麓にはチムール朝王族たちの廟とモスクが一直線上に並ぶシャ ヒ・ジンダ廟群があります。

239

マニラ

Manila

所在地／人口 フィリピン共和国 マニラ首都圏／約180万人

夕暮れのマニラ。マニラ湾の夕日は世界的にも有名です。

“世界三大夕日”の港町

1571年にフィリピンを植民地としたスペインは、海とパシグ川に3方を囲まれたマニラ北部に周囲4kmの城壁をめぐらせた城塞都市イントラムロス（世界遺産）を建造。北端にサンティアゴ要塞を築きました。

総督邸やマニラ大聖堂、サント・ドミンゴ教会など多くの教会・修道院、病院、学校、数百もの住宅からなるひとつの街でした。

19世紀に米西戦争でスペインが敗れ、フィリピンはアメリカの植民地に。1941年に、日本軍に占領されると、1945年、奪還に動いた米軍の無差別砲撃でほぼ壊滅。唯一、奇跡的に残ったのは最古の石造り建築の聖アウグスティン教会だけでした。

イントラムロス以外にマニラは、釧路やマラッカ海峡（またはバリ島）と並ぶ世界三大夕日（場所は諸説ある）の「マニラ湾の夕日」で名高い都市です。マニラ湾に面したロハス大通り沿いの椰子並木の歩行者天国のベイウォーク沿いが昔から夕日鑑賞の名所で、真っ赤に燃える大きな夕日が海の彼方に沈んでいきます。

もっと知りたい！ 独立の英雄ホセ・リサールが処刑された地に像が立つリサール公園から海に向かうと、海上に大きくせり出した形のホテルと一緒になったオーシャンパーク（水族館）があり、1階カフェ・レストラン街のテラス、もしくは2階の野外バー、またはパサイ地区のホテルのガラス張りロビーで座って落日の時間を迎えるのがオススメ。

240

ナポリ

Napoli

所在地／人口 イタリア共和国 カンパニア州／99万人

「世界三大美港」、「世界三大夜景」に数えられるナポリの港。夜景も見られる夕方に行くのがベスト。

世界三大美港&世界三大夜景の街

「ナポリを見てから死ね！」と、旅好きの人には聞き捨てならぬ格言を残したゲーテですが、地元ドイツのハイデルベルクの「古い橋」からの眺めと、ストラスブール（当時ドイツ領）の大聖堂塔上からの眺めについても、「他にどこも及ぶまい」と絶賛しているので、「またか！」と思う向きもあるでしょう。でも、シドニー、リオ・デ・ジャネイロと並ぶ「世界三大美港」であり、函館、香港と並ぶ「世界三大夜景」（これは日本発らしい）と知ると、俄然、おおげさではないと思えてきます。

ヴェスヴィオ火山をバックにナポリ市街と青いナポリ湾が広がる世界三大美港の眺めは、ヴォメロの丘にあるサンテルモ城屋上やサンマルティーノ国立美術館25室からが知られています。

しかし、ゲーテが「ナポリを見てから死ね！」と思わず発した絶景は3.5kmほど西南の海際にある高級住宅街ポジリポの丘からだったようです。イタリア鉄道地下線のメルジェリーナ駅から南へ500mの港そばから出ている地下ケーブルカーに乗り、ひとつ目で下車。左へ行くと「世界三大夜景」で知られた展望台があり、付近には海の見えるテラス席もあるカフェ「ミラ・ナポリ」やホテル「パラディソ」があり、ゆっくり鑑賞することができます。

もっと知りたい！ ナポリ市は市が県都のナポリ県と合併した形のナポリ・メトロポリタン・シティとなりました。青の洞窟があり、皇帝も別荘を構えるほど世界一美しい島と言われるカプリ島、世界遺産アマルフィのあるソレント半島、ポンペイ遺跡、1000mまでバスで登れ、徒歩40分で火口に着くヴェスヴィオ火山（1281m）と、世界一自然が美しい街でもあるのです。

ケルン

Koln

241

所在地／人口 **ドイツ連邦共和国 ヴェストファーレン州／約110万人**

ホーエンツォレルルン橋（右）から眺めたケルン大聖堂。

632年かけて完成した当時世界一高い建造物

ドイツには百万都市が４つあり、ベルリン、ハンブルク、ミュンヘンに次ぐ４番目の大都市がライン河畔に開かれた都市ケルンです。ライン川西岸にローマの植民都市（コロニア）が築かれたのは紀元前１世紀のこと。そのコロニアがケルンの語源となっています。フランス語ではコロンで、フランス占領下で名付けられた有名な香水オー・デ・コロンとは「ケルンの水」の意。４世紀には司教座、８世紀には大司教座が置かれ、ローマ・カトリックの拠点となりました。

ケルンのシンボル大聖堂は正式にはザンクト・ペーター＆（ウント）マリア大聖堂と言い、初代が建てられたのは４世紀のこと。今の大聖堂は３代目で、２代目が焼失した直後の1248年に着工されました。ところが宗教改革の混乱と資金不足でファサードと片方の尖塔ができただけで、工事は300年近くも中断。ようやく1880年に延べ632年かけて完成へこぎつけました。双塔の高さは157mという当時世界一の高さを誇り、1996年には世界遺産に登録されています。

ライン川べりのケルン中央駅前にそびえ立つその大きさは、あまりの壮大さにカメラに収まらないほど。ライン川に架かる鉄道・歩行者専用のホーエンツォレルルン橋（409m）を渡った対岸から撮るのがよいでしょう。

もっと知りたい！ 世界最大のゴシック建築と言われる大聖堂は109mの高さまでらせん階段で登れます。ケルン市街とライン川の素晴らしい眺めが楽しめます。

242

コルカタ
Kolkata

所在地／人口 インド 西ベンガル州／約450万人

タージマハルをモデルに建設されたヴィクトリア記念堂。

英国植民地時代のインドの首都

詩聖タゴールとマザー・テレサという2人のノーベル賞受賞者ゆかりのインド第3の大都市コルカタ（旧カルカッタ）は、ガンジス川支流のフーグリー川左岸に位置します。1690年に英国の東インド会社が置かれ、やがてインドが大英帝国の植民地になると、コルカタは1911年まで英国領インドの首都として機能しました。

当時、英国が建造した壮大な建築物は川べりの都心部に多く残ります。旧ダルハウジー広場には東インド会社が建てた高さ66mのドームを持つ中央郵便局とライターズビル（書記＝下級社員の社宅）、高等裁判所など英国領時代を思わす重厚な建物が並びます。その南のフーグリー川とメインストリートのチョーロンギー通りの間を南北に3kmも続く一面芝生のマイダーン公園中央には、東インド会社を守るために川と堀で囲まれた中に構築したウイリアム砦が残ります。

ほかにも、公園内や公園に接してジョージ王朝様式の旧インド総督官邸の「ラージ・バワン」や、インド皇帝を兼ねたヴィクトリア女王を記念するためタージマハルをモデルに17年かけて建造した白大理石造りのヴィクトリア記念堂、高さ60mの尖塔がそびえるインド最古の教会堂であるセント・ポール大聖堂が立ち並び、19世紀の英国を色濃く残しています。

もっと知りたい！ 中央駅に当たる赤レンガ造りのハウラー駅は、市街から川幅500mはある大河フーグリー川に架かる長さ705mのハウラー橋を渡った対岸（右岸）にあります。植民地時代の150年前からある赤レンガ造りの堂々たる建築で、23番ホームまであるインド最大級の駅です。

243

シカゴ
Chicago

所在地／人口　アメリカ合衆国 イリノイ州／約275万人

シカゴのミレニアム・パーク。大きな豆のような彫像は、インド出身の彫刻家アニッシュ・カプーア作の「クラウド・ゲート」。

五大湖に臨む摩天楼発祥の地はアートのメッカ

五大湖のひとつミシガン湖は面積5.8万km²と琵琶湖の83倍、または九州＋四国と想像できないほどの広さ。そのミシガン湖西南の湖岸に広がるアメリカ第３の大都市がシカゴです。

1998年まで443mと世界一高い超高層ビルはシアーズ（現ウィリス）タワービルで、今も100m以上の超高層ビルの数は600棟近くと、ニューヨークや香港に次ぎ世界３位。ミシガン湖上から見た水に浮くような摩天楼群のスカイラインは壮観です。1871年の大火で３分の２の建物が焼け、高層の耐火建築としたもので、世界最初の高層ビルも1884年建造・10階建てのホーム・インシュランスビルと、摩天楼発祥の地はニューヨークでなくシカゴでした。

博物館や美術館が林立し、ブルースやジャズの第２のメッカとなった文化と芸術の街で、世界最大級の恐竜骨格があるフィールド自然史博物館、カリブ海のサンゴ礁そのままのシェッド水族館、月の石があるアドラープラネタリムが有名。ギュスターヴ・カイユボットの『パリの通り雨』やジャオルジュ・スーラの『グランドジャット島の日曜日の午後』といった印象派の作品を展示するシカゴ美術館と、ミレニアム・パークのクラウド・ゲートはシカゴを代表するアート・スポットです。

もっと知りたい！　シカゴ交響楽団は全米で5本の指に入る世界最高のオーケストラのひとつ。リリック・オペラ劇場はニューヨークのメトロポリタン、サンフランシスコのオペラ劇場と並ぶ全米三大オペラハウスのひとつです。

ナイアガラ・オン・ザ・レイク

Niagara-on-the-Lake

244

所在地／人口　カナダ オンタリオ州／約1.4万人

時計台がシンボルのメインストリート「クイーン通り」。

18世紀の街並みが広がるカナダで一番美しい街

日本人の大半はナイアガラの滝だけを見て帰ってしまいますが、実はすぐ北の五大湖最小ながら四国ほどあるオンタリオ湖に注ぐナイアガラ川河口（左岸）に、カナダで一番美しい街（1996年に選定）があることを知ったら、残念に思うことでしょう。

市名の通り湖にも面するこの街は、1792年に英国領アッパーカナダ（現オンタリオ州南部）の首都となるも、1812年には国境を接する米国との戦争で焼け野原になってしまいます。現在はその後の18世紀中頃に建てられた英国風の歴史的な街並みが残っています。

シンボルの時計塔が中央にそびえるクイーン通りは、街灯に色とりどりのフラワーバスケットが吊るされ、馬車が闊歩する歴史地区のメインストリート。その中央には英国皇太子も泊まった1864年建造のプリンス・オブ・ウエールズホテルが立ち、優雅なロビーでアフターヌンティーをいただけます。

そばには1866年開業の薬局（現薬局博物館）があり、裏通りや路地にはヴィクトリア様式の瀟洒の邸宅やＢ＆Ｂなどが立ち並び、「英国よりも英国らしい街」とも言われます。

もっと知りたい！　ナイアガラ・オン・ザ・レイクの東の河畔に1799年に築かれたフォート・ジョージは対岸がアメリカという国境の最前線の砦で、1812年の米英戦争で破壊されたものが復元されました。友好国となった今も大砲がアメリカをにらんでいます。

245

北京
Beijing

所在地／人口　中華人民共和国 直轄市／約2200万人

近年、大発展を遂げつつある北京。銀河SOHOや中央電子台ビルなど、未来的なビルが建ち並びます。

中国三大悪女が君臨した故宮と頤和園

中国三大美人に対して三大悪女と呼ばれるのが、唐の武則天（則天武后）、前漢の呂后（劉邦の妃）、清の西太后（1835～1908年）。このうち西太后は、咸豊帝の第３夫人で、帝の死去後に実権を握って代々皇帝を操り50年近く清帝国に君臨しました。

北京郊外にあるのが、西太后が軍艦建造資金を流用した巨費を投じて再建したと言われる頤和園。日清戦争の敗因のひとつとされ、彼女の桁外れの浪費が経済的に国力を弱めたのが、清滅亡の遠因となったとされます。

290万㎡の敷地の４分の３を占める昆明湖の壮大さを実感するには正門からではなく、裏の北宮門からがベスト。長く急な階段を登りきると高さ59mの万寿山頂上に着きます。足元に広がる人造湖の昆明湖のスケールの大きさに度肝を抜かれることでしょう。

湖畔まで降りて湖沿いに西に向かうと、西太后の宴会や娯楽のための聴鸝館、西太后のお気に入りの大理石で造られた長さ36mの石の船「石舫」、東に向かうと西太后の住居だった楽寿堂や政務をとった玉座が置かれた仁寿殿、西太后が好んだ吹き抜け３階建ての京劇場と、西太后ゆかりの建物がずらりと並び、彼女の贅を極めた生活を垣間見ることができます。

もっと知りたい！　北京の都心に広がる紫禁城（故宮）では、実子の光緒帝が溺愛していた珍妃を生きたまま井戸に投げ込んだり、光緒帝毒殺などの疑惑を持たれるなど、西太后にまつわる血なまぐさい事件が伝わります。

246

バンコク
Bangkok

所在地／人口 タイ王国／約830万人

チャオプラヤー川沿いにそびえるワット・アルンの偉容。

バンコクは渋滞知らずの水上バスでの移動がベスト

バンコクはジャカルタと並ぶ東南アジア最大級の都市。市街を蛇行しながら南北に流れるチャオプラヤー川を中心にかつては縦横に水路が発達し、「東洋のヴェニス」と呼ばれた水の都ですが、その様相は大都市化で薄れつつあります。

道路は世界有数の渋滞で知られますが、右岸と左岸の40ほどの船着き場に寄港しながら運航するチャオプラヤー・エクスプレスと呼ばれる水上バスなら渋滞知らずです。

エメラルド仏が安置されたワット・プラケオがある王宮、黄金に輝く涅槃仏があるバンコク最古最大のワット・ポー、河畔に高さ75mの尖塔がそびえるワット・アルンなどの名所のほか、主要観光ホテルの大半が川沿いにあるので、観光客にも利用価値大です。

市内で見られた本格的な水上マーケットがバンコク南西80kmのダムノン・サドアクに移って久しいですが、新鮮なトロピカルフルーツや野菜、魚介、肉などを山積みにした小舟が運河をびっしりと埋め尽くしていて壮観です。

売り手はほとんどが女性で、かん高い売り声が響き渡るおかゆや麺を食べさせる屋台小舟も行きかっています。

もっと知りたい！ 1887年開業のマンダリン・オリエンタルホテルはサマーセット・モームらが定宿としたアジアを代表する最高級ホテル。宿泊客でなくてもBTSサパーンタクシン駅前のサートン桟橋から多発の無料送迎ボートでホテル専用桟橋へ行けます。河沿いの1等席のリバーサイドテラスでコーヒーやケーキやサンドイッチなど軽食をいただくこともできます。

247

九江（きゅうこう）

Jiujiang

所在地／人口 中華人民共和国 江西省／約480万人

長江下流域に広がる九江の都市景観。右手の山々が廬山です。

『枕草子』にも登場する名山は中国屈指の避暑地

三国志の赤壁の戦いで活躍した呉の水軍の根拠地が、長江と京九鉄道が交わる交通の要衝にある九江です。

その市街南にピラミッドのような主峰の漢陽峰（1474m）をはじめ、1000m級の山々が林立する南北29km・南北20kmの山塊が有名な廬山があります。山上への山道は毛沢東の七言律詩『登廬山（とうろざん）』に「四百旋」とあり、山塊の、長江と中国最大の淡水湖である鄱陽湖（はようこ）の間にあることから霧に包まれることが多く、急傾斜のヘアピンカーブを繰り返すスリル満点のバス旅が続きます。

山上は平坦な高原状の山で、牯嶺街（クーリンチェ）という別荘を中心とした街並みが広がります。夏でも22度を超えない絶好の避暑地ということから、清代末から欧米やロシアの要人、牧師、金持ちたちが洋風の別荘を数えきれないほど建ててきました。最も美しいと言われる蒋介石夫妻の別荘「美廬」も、元は1903年に英国人が建てたもの。その後、毛沢東や周恩来、鄧小平（とうしょうへい）なども様式別荘を構えています。

白居易（はくきょい）が詩で「香炉峰（こうろほう）の雪は簾（すだれ）をかかげてみる」と詠んだ香炉峰は、清少納言の『枕草子』にも出てくるほど有名。李白は３段に落ちる落差155mの三畳泉瀑布の絶景を詠んでいます。

もっと知りたい！ 断崖絶壁、雲海、瀑布が三大魅力の山水画の世界の廬山は、紀元前126年に司馬遷が『史記』に書くなど、古来、黄山と並び、皇帝のほか、杜甫や蘇東坡ら文人墨客に愛されてきました。「美廬」では蒋介石と周恩来による国共合作が、劇場では戦後共産党の廬山会議が開かれるなど、廬山は歴史の舞台ともなりました。

248

モントリオール

Montreal

所在地／人口 カナダ ケベック州／約170万人

北米最大のカトリック聖堂であるノートルダム大聖堂。

フランス語では「モンレアル」と言う“北米のパリ”

1535年、フランスの探検家ジャック・カルティエがセント・ローレンス川の巨大な中洲モントリオール島を発見。島の中央にそびえる標高233mの山を「モン・ロワイヤル（王の山）」と名付けたのがその名の由来です。1642年にフランス人が入植してフランスの植民地「ヌーベル・フランス」に。毛皮取引の中心として栄えますが、1760年、英国軍に占領され、英国領カナダの首都となりました。19世紀後半からは全盛期を迎え、戦後もカナダ最大の都市でしたが、1970年代のケベック分離主義者のテロで多くの企業がトロントに移り、今ではカナダ第２位の都市となっています。住民はフランス系が７割以上を占め、州の公用語はフランス語と、フランス色が濃い街です。ダウンタウンには高層ビルが立ち並びますが、石畳に石造りの建物が特色の川沿いの旧市街がパリの下町を思わせることから、「北米のパリ」とも呼ばれます。ただ、国際都市だけに、州都ケベックに比べてバイリンガルの市民も多い傾向にあります。

モントリオールで注目したいのは北国ならではの生活の知恵の結晶。旧市街西側のダウンタウンには極寒の冬や悪天候でも、地上に一歩も出ずに食事や買い物、アミューズメントが楽しめる全長30kmの世界一の地下街が張り巡らされています。

もっと知りたい！ 旧市街には1829年建造の北米最大のノートルダム聖堂が立ちます。モン・ロワイヤル公園からは高層ビル街とセント・ローレンス川が一望できますが、そばの高さ97mの緑のドームがそびえるセント・ジョセフ礼拝堂はサンピエトロ大聖堂に次ぐ世界で2番目に大きいカナダーの教会です。

249

アンティグア グアテマラ

Antigua Guatemala

所在地／人口 グアテマラ共和国 サカテペケス県／約3.5万人

旧市街に設置されたアーチ状の時計台とコロニアル建築群。奥にはアグン山が見えます。

地震で放棄されたグアテマラ3番目の都

グアテマラ３番目の首都アンティグア グアテマラ（単に「アンティグア」とも）が北緯15度ほどと熱帯にあるのに涼しいのは、３方をアグン山などに囲まれたシェラマドレ山脈中の標高1520mの高原にあるためです。1543年に、中米ほぼ全域とメキシコ南部チアパス州を管轄するスペイン植民地グアテマラ総督府の首都として栄えましたが、1773年に発生した大地震で多くの建物が崩壊。そのため1776年に首都はグアテマラ・シティに移されました。

しかし、街に愛着を持つ市民は古都を見捨てず、バロック様式の教会・修道院群や平屋の民家を修復・再建して、1979年には世界遺産に登録されるまでになりました。山道を15分ほど登った十字架の丘からは、正面に火山型も同じコニーデで標高も3760mとほぼ同じことから「グアテマラ富士」と呼ばれるアグン山の雄大な景観が広がり、眼下には碁盤目状の旧市街を一望することができます。

1736年建造のカプチナス教会・修道院は地震の被害も少なく、礼拝堂は原型を留め、18のアーチに囲まれた美しいパティオ（中庭）が見所。また、旧市街の石畳道をまたぐアーチ状の時計台はパステルカラーのコロニアル建築群とマッチしてランドマークになっています。

もっと知りたい！ ほかにもパステルカラーの黄と白が美しいラ・メルセー教会や最大規模のサンフランシスコ教会、白亜のサンホセ大聖堂など見どころは多くあります。修道院の一部は「カサ・サントドミンゴ」のように改装されて素敵な修道院ホテルになっています。近くには世界で最も美しい湖のひとつと言われる紫色のアティトラン湖があります。

ナッシュビル
Nashville

250

所在地／人口 アメリカ合衆国 テネシー州／約70万人

カンバーランド川が流れるナッシュビルの夜景。

音楽好き憧れの地“カントリーミュージックの首都”

ナッシュビルはテネシーワルツで知られたテネシー州の州都で、メンフィスに次ぐ州内第２の大都市。カンバーランド川の水運と鉄道が通る南部の軍事的要衝だったため、南北戦争の激戦地となりましたが、終結とともに発展。1897年の州制100周年のテネシー万博では原寸大のアテネ・パルテノン神殿のレプリカを忠実に建造しています。屋根やファサードの彫刻群もある創建時の姿なので美しく、内部には巨大な女神アテナ像も。夏には古代ギリシャ演劇も見られます。

その後はカントリーミュージックの一大中心地となり、1925年にラジオ放送が開始されたカントリーミュージック公開ライブ放送の「グランド・オール・オプリ」が全米で空前のヒット。テレビ放送化され、今も続いているアメリカ最古の番組となっています（土曜19時から）。その会場が1891年建造のゴスペルの礼拝堂だったレンガ造りのライマン公会堂で、20世紀前半の巨匠たちがここで公演してきました。

へ音記号の形をし、ピアノの鍵盤を模した窓をもつカントリーミュージック殿堂博物館では、カントリーミュージックのビデオ、有名ミュージシャンの衣装、プレスリーのキャデラックなど、１世紀以上に及ぶカントリーミュージックの歴史の集大成が見られます。

もっと知りたい！ ブロードウェイ・ヒストリック・ディストリクトには昼間からカントリーミュージックの生演奏が楽しめるバー、レストランの「ホンキートンク」が並んでいます。全市では100か所以上あります。マダムタッソーミュージアムもここではミュージシャンが中心。カントリーミュージックゆかりの地を巡るにはバスツアーが便利です。

シャーロットタウン
Charlottetown

251

所在地／人口 カナダ プリンス・エドワード・アイランド州／約3.3万人

シャーロットタウンにはいたるところで可愛らしい住宅をみつけることができます。

『赤毛のアン』の島にあるカナダ発祥の地

面積5660k㎡（茨城県ほど）とカナダ最小の州であるPEI（プリンス・エドワード・アイランド州）は、セントローレンス湾に浮かぶ島で、一島で一州を構成しています。４州からなるアトランティック・カナダのひとつで、州都シャーロットタウンは英国王ジョージ３世の王妃の名に由来します。

ダウンタウンにはカナダ建国と『赤毛のアン』ゆかりの地が多く残ります。

1847年に建造されたジョージアン様式のプロビンスハウスは、1864年に各植民地の代表が集まってカナダ連邦の独立を決めた「シャーロット会議」の場です。その「連邦誕生の間」が２階にあります。

また、カナダ建国100周年を記念して建てられたコンフェデレーションセンター・オブ・ジ・アートでは、夏季に60年近く続くロングランの『赤毛のアン』のミュージカルを見ることができます。

そばのヴィクトリアロウは1880年代の歴史的建物が並ぶ一角で、裏通りには物語を彷彿とさせる可愛い住宅が立ち並んでいます。

もっと知りたい！ 島内の鉄道は廃止され、施設も壊されました。線路跡は40kmのコンフェデレーション・トレイルとしてハイキング・サイクリングコースになっていますが、『赤毛のアン』作者モンゴメリがフェリーから降りたあと乗り継いだ赤レンガ造りの旧・シャーロットタウン駅舎は健在です。

252

サンクト・ペテルブルク
Saint Petersburg

所在地／人口 ロシア連邦 サンクト・ペテルブルク連邦市／約540万人

モイカ川越しに眺める聖イサアク大聖堂。サンクト・ペテルブルクは、いくつものロシア正教の教会によって飾られています。

ピョートル大帝が築いた“ヨーロッパ三大美都”

サンクト・ペテルブルクはモスクワに次ぐロシア第2の都市で、フィンランド湾の最奥部のネヴァ川河口に位置します。ロマノフ王朝の「ピョートル大帝」ことピョートル1世（1672～1725年）は遅れたロシアの近代化を図り、欧州先進諸国の技術と文化・芸術を取り入れた人物です。自らオランダやイギリスに長期滞在し、お忍びで軍事や産業に直結する造船・砲術など欧州の最先端技術を学びました。

1703年にはネヴァ川河口に港湾都市の建設を開始。街は42島を400の橋で結んで、運河を縦横に巡らせ「北のヴェネツィア」が完成。1712年にサンクト・ペテルブルクと命名し、新首都としました。

スウェーデンのカール2世との北方戦争の最中、ネヴァ川中洲にペテロパブロフスク要塞を築き、今では122.5mと街で一番高い尖塔を持つペテロパブロフスク教会も建立。1712年には長い戦争に勝利し、以後サンクト・ペテルブルクは200年以上首都として続きました。ピョートル1世が西欧に負けない美しい街をと作り上げげた運河沿いの街並みは、今や欧州通ならうなずく、パリやプラハと並んで「ヨーロッパで最も美しい街」とも呼ばれています。

もっと知りたい！ ピョートル1世は、妻のエカテリーナ1世のための夏の離宮・ペテルゴフを西30kmのフィンランド湾岸に建造。金色像と豪華な噴水が庭園を飾ります。この離宮はじめ、エルミタージュ美術館（冬宮）や旧海軍省、旧参謀本部、カザン寺院、近郊のエカテリーナ宮殿などは、世界遺産「サンクト・ペテルブルク歴史地区」の構成資産となっています。

253

ブダペスト
Budapest

所在地／人口 ハンガリー 首都／約175万人

夜景の美しさはヨーロッパでも一番と言われ、「ドナウのバラ」と称えられるブダペストの夜景。

欧州一夜景の美しい街は"ハンガリーの別府"

ドナウ川が市街中央を南北に流れるブダペストは、1837年に右岸（西岸）の城下町ブダと左岸の商都ペストが合併してできた日本の福岡・博多の成り立ちに似た街。「ドナウの女王」や「ドナウのバラ」と呼ばれるヨーロッパで最も美しい街のひとつです。

街の歴史はローマ帝国の属領の都になった106年からで、9世紀にアールパート率いるアジア系のマジャール族が定住。エステルゴム、オーブダのあと、13世紀にブダに王宮を築きました。

ドナウ河畔には、尖塔が林立し宮殿と見間違う世界一美しいと言われる国会議事堂や、13世紀の建造でシシィ（エリザベート）ゆかりのマーチャーシ教会､世界一美しい劇場と市民が誇るヴィガドーなどが立ち並び、ブダ側の漁夫の砦などから見降ろすドナウとペストの夜景の美しさで有名です。

市街80か所から湧き出ている温泉も、ブダペストならではの特徴です。それも大半がブダのドナウ川べりにあって市民も共同浴場風温泉館で朝風呂を浴びてから出勤、仕事帰りにも1日の疲れを温泉でと、温泉好きにはうらやまし過ぎる環境。オスマン帝国時代の浴室のトルコ風ドーム天井に月や星の形のステンドグラスが散りばめられ、差し込む光が幻想的です。

もっと知りたい！ 地下鉄1号線は欧州大陸最初（欧州全体ではロンドンに次ぎ2番目）の地下鉄で、地下1階ほどの浅い所を走ります。カフェ・ジェルボーはシシィがよく通った1858年創業のブダペスト最古の洋菓子喫茶。カフェ・ニューヨークは世紀末に文人のたまり場だった金装飾の豪華絢爛なアール・ヌーボー建築。地質学研究所もアール・ヌーボーの代表作です。

サンティアゴ

Santiago

254

所在地／人口 チリ共和国 首都州／約570万人

サンティアゴの街を囲むアンデスの絶景。中央のビルが、64階建て300mと南米一の高さを誇るグラン・トーレ・サンティアゴ。

6000m級のアンデスを望む南米最大級の都市

サンティアゴは太平洋に臨む超細長い国チリのほぼ中央、山々に囲まれた標高543mの盆地にあり、地中海性の快適な気候で知られます。6000m級の峰々が1000kmも続く世界で最も長大なアンデス山脈の峰々が間近に迫る、世界で最も山岳風景が美しい街ですが、近年はスモッグが原因で絶景がかすんで見えることが増えてしまいました。サンティアゴという街は中南米やスペインにいくつもあるので、正式にはサンティアゴ・デ・チレ（チリのサンチャゴ）と言います。

1541年、マポチョ川左岸をスペインのバルディビアが街を占領した際に先住民の反撃に遭い、砦を築いて立て籠ったのが高さ69mのサンタルシアの丘。旧市街中央にあるので、市街の眺めを楽しめます。その後バルディビアは、アルマス広場の周りにメトロポリタン大聖堂（1588年）、総督府（現中央郵便局）、最高裁（現国立歴史博物館）を建てて町をスペイン化させました。以降、サンティアゴは1818年のチリ独立まで長い植民地支配の時代になります。

旧市街北東の地上340mのサンクリストバルの丘から見る、標高6800mのトゥブンガト山などアンデスの白銀の峰々が夕日で赤く染まる、赤富士ならぬ「赤アンデス」の夕景の素晴らしさは筆舌に尽くしがたいものがあります。

もっと知りたい！ 新市街の64階建て300mのグラン・トーレ・サンティアゴは南米で一番（南半球でも2位）高い超高層ビル。62階のスカイ・コスタネラ展望台からもアンデスの絶景や市街の夜景が見られます。旧市街の中央市場にはレストランが無数にあり、太平洋の新鮮な魚介が味わえます。

255

ボストン

Boston

所在地／人口 **アメリカ合衆国 マサチューセッツ州／約67万人**

ボストンの港とフィナンシャル・ディストリクトの眺め。

独立戦争の舞台となったアメリカ最古の都市

大西洋岸のチャールズ川河口にあるアメリカ有数の港町ボストンは、アメリカ独立戦争発祥の地で、英国植民地時代から400年近い歴史を持つアメリカ最古の街のひとつです。

1630年に英国の清教徒が街と港を築き、フランス植民地アカディア（現カナダ・ノバスコシア州一帯）との貿易で栄えました。しかし英本国からの重税に苦しんだ末に、植民地政策に反発する人々がイギリス東インド会社の船荷を海に投棄したボストン茶会事件が起こり、英国からの独立戦争（1775～1783年）へと突入しました。

独立戦争の発端となった事件の場や史蹟をめぐる4kmのフリーダム・トレイルが、独立戦争直前の英軍の野営地跡であるアメリカ最初の都市公園ボストン・コモンから延びています。地面に赤い線が引かれているので、それを辿ってみるとよいでしょう。

1773年のボストン茶会事件の集会が行なわれたオールド・サウス集会所、ここでも独立宣言が読み上げられたアメリカ最古の公共建築物である旧議事堂（1713年建造）、ボストン虐殺事件（1700年）の跡、独立戦争のヒーローであるポール・リビアの家などを経て、バンカー・ヒルの戦い（1775年）の記念塔が立つ丘がゴールとなります。

もっと知りたい！ ボストンは郊外にハーバード大学とマサチューセッツ工科大学がある文化&学問の街としても有名。また、日本と東洋美術、古代エジプト文物の世界屈指の収蔵を誇るボストン美術館や名門ボストン交響楽団などがある芸術都市でもあります。

チェンマイ

Chiang Mai

256

所在地／人口 タイ王国 チェンマイ県／約27万人

チェンマイ有数の観光地ワット・プラタート・ドイステープ。

“北方のバラ”と呼ばれたランナー王国の都

バンコクの北720km、北部山岳地帯にあるタイ最高峰ドイ・インタノン（2565m）などに四方を囲まれた標高310mの高地にあるチェンマイは、日中も涼しい絶好の避暑地。11～１月になると最低気温が15度以下に下がります。冬でもじっとしていると汗が噴き出すバンコクから寝台列車に乗り、同地に至る直前には寒さで目が覚めるほどで、気候の違いに驚かされます。

1292年、タイ北部のランナー王国のメンラーイ王が都をチェンライから移し、新しい街（チェンマイ）を建設。その後、他王朝との抗争はありましたが、700年間チェンマイ王朝は命脈を保ちました。

北部の文化の中心で、周辺に住むモン、カレン、アカ、ヤオ、リス族など山岳少数民族との交流を通じて、独自の文字を持つランナー文化が開花。建築や仏像の様式をはじめ、美術工芸、料理、言葉などもタイ中央部とは異なり、まるで別の国へ来たような錯覚に陥ることでしょう。

1.5km四方の濠と城壁に囲まれた碁盤目状の旧市街と、郊外には歴代王朝が建てた多くの寺院が残ります。また、城壁の多くは取り払われましたが、各辺中央（南辺は２つ）に立つ５つの城門が残り、往時を伝えています。

もっと知りたい！ 旧市街には北タイ芸術の最高傑作と言われる壁画があるワット・プラシン、メンラーイ王が街創設時に建て、かつては王宮であったワット・チェンマン、木造本堂が残るワット・ムーングンコンなどの見所が。西北郊外15kmには、306段の石段を登った標高1020mの山上に金色の仏塔が立つ最も重要なワット・プラタート・ドイステープがあります。

257

イスタンブール
Istanbul

所在地／人口 トルコ共和国 イスタンブール県／約150万人

アヤ・ソフィアとイスタンブールの街並み。マルマラ海と黒海を結ぶボスポラス海峡を挟んで２大陸にまたがって都市が広がります。

二大宗教が攻めぎあう東西文化の十字路

イスタンブールはヨーロッパとアジアの２大陸にまたがるトルコ最大の都市ですが、それはキリスト教とイスラム教が攻めぎあいの場となる都市であることも意味します。330年、ローマのコンスタンティヌス帝はローマからこの地に遷都。都市の名をコンスタンティノープルとしました。395年にローマ帝国が東西に分裂すると、東ローマ（ビザンツ）帝国の都となり、最盛期の６世紀には当時世界最大の聖堂アヤ・ソフィアを建造。916年もの間キリスト聖堂であり続けましたが、1453年にコンスタンティノープルがオスマン帝国によって占領され、イスタンブールと改名されました。この時、聖堂を飾っていたビザンツ美術の華、金地のモザイク画も漆喰で塗りつぶされ、ミナレット（尖塔）が加えられ、モスクに改築されました。

モスクの時代も477年と聖堂時代の半分しか続かず、オスマン帝国が崩壊するとアタチュルクの政教分離政策で1934年、イスラムのモスクではなくなり、二大宗教の歴史を物語る博物館に。漆喰がはがしたところ現れた壮麗なモザイク画が人々を驚かせました。ところが、2020年、イスラム教のモスクとして現役復帰。正教諸国の反対のなか、金曜礼拝の間は偶像崇拝となるモザイク画に幕が張られ、普段はモザイク画も見られるという信仰と観光の綱引きが続いています。

もっと知りたい！ 6本のミナレットが立つブルーモスクは内部が青を基調とした2万枚以上のタイルで装飾されているゆえの通称で、正式にはスルタン・アフメット・モスクと言います。ボスポラス海峡を望む高台にあるトプカピ宮殿は歴代スルタンの居城で、美しい装飾タイルと数々の財宝、男子禁制のハーレムが見ものです。

天津（てんしん）
Tianjin

258

所在地／人口 中華人民共和国 直轄市（華北）／約1600万人

津湾広場と海河の夜景。

8か国の租界に洋館が2000軒もある街

北京の外港として発展した天津は、北京、上海、重慶と共に省に属さない直轄市のひとつ。

アロー戦争後の1860年の北京条約で、英国を皮切りに８か国もの租界が天津に設けられました。８か国というのも中国の都市では唯一ですが、海河両岸に広がる東西５km・南北６kmほどの中心街のうち、西北角にある東西２km・南北1.2kmの天津城（旧市街）は中国人居住地として残したものの、他のすべてが外国の租借地という屈辱的な有様でした。

左岸（東岸）は、上からオーストリア・ハンガリー帝国、伊、露、ベルギー。右岸（西岸）は、上から日本、仏、英、独の租界地として分割されてしまいました。各国はそこに無数の自国様式の豪壮な洋館を建造。今も英国租界を中心とした海河沿いや濱江路沿いと五大道には計2000棟ほどが残り、上海や武漢の租界地と並ぶ中国屈指の洋館街となっています。

都市の一部が占領されたような租界は中国にとっては残念な歴史ですが、市はたとえばイタリア租界跡を「意式風情街」と名付け、洋館の外観をそのままに残して、内部をホテル、レストラン、カフェ、ショップなどに改装し利用しています。その商魂のたくましさを感じずにはいられません。

もっと知りたい！ 英国租界を中心に馬場道など5つの道の沿道に立つ洋館は「天津五大道近代建築群」として観光スポットになっています。1920年代に建てられた天津外国語大学や旧天津工高学院主楼、北疆博物院、旧満洲国領事館などがあります。また、英国租界の川べりに立つ利順徳大飯店は1863年建造の豪壮な洋館ホテルです。

札幌
Sapporo

259

所在地／人口 日本 北海道・石狩支庁／約196万人

雪の舞う札幌市時計台。この時計台は、もともと「旧札幌農学校演武場」として建てられたものでした。

クラーク博士ゆかりの大自然のなかの都市

神戸、京都を抜き、日本で5番目の大都市となった北の都・札幌。札幌と聞いて誰もが連想する人物と言えば、クラーク博士ことウイリアム・スミス・クラーク（1826～1886年）でしょう。北海道開拓の指導者育成のために招かれたアメリカ人農学者で、1876年に札幌に札幌農学校（現北海道大学）を開校。わずか9か月の在籍でしたが、1期生との別れの際、馬上から発した「ボーイズ・ビー・アンビシャス（少年の大志を抱け！）」の言葉はあまりに有名です。

そうしたクラーク博士を称え、南北1.5km、地下鉄4駅間に広がる178万㎡という広大なキャンパスの北大正門付近にはクラーク博士の胸像が立っています。

北大構内には有名なポプラ並木やイチョウ並木が続き、キャンパス中央のメインストリートを北に進むとクラーク博士が酪農・畜産経営の実習施設として構想した札幌農学校第2農場があります。開校の翌年の1877年には畜産・追入所及び耕馬舎（モデルバーン）と赤い屋根の穀物庫（コーンバーン）が完成。のちにサイロ付きの放牧舎や種牛舎、製乳所などもでき、計9棟が国重要文化財に指定されています。

また、郊外の羊ヶ丘展望台には右手を挙げる「丘の上のクラーク」の立像が立てられています。

もっと知りたい！ 都心の旧道庁裏の北大植物園にはハルニレの巨木が茂るなど開拓時代とあまり変わらない風景が広がりますが、これもクラーク博士が植物学や園芸学の実践教育には植物園が必要であると提言して1877年に開園したものです。

260

バンダル・スリ・ブガワン
Bandar Seri Begawan

所在地／人口 ブルネイ・ダルサラーム国／約14万人

大理石で建てられた白亜のスルターン・オマール・アリ・サイフディーンモスク。

石油・天然ガスで栄える近代都市

ブルネイは知っていてもその首都の名バンダル・スリ・ブガワンを知る人はあまりいません。しかし、石油・天然ガスの富でひとり当たりのGDPは日本と大差ない33位（2018年）。イスラム国ゆえモスクが林立する近代的な街並みが広がり、まるで中東の産油国のような趣です。

ラグーンに面して立つジャメ・アスル・ハッサナル・ボルキアモスク（ニューモスク）は、高さ58mの大小の黄金ドームと４本のミナレットがそびえる5000人収容のアジア最大の王立モスク。ドームの天井を美しいステンドグラスが飾ります。一方、水面に影を映す金色のドームがまぶしい白亜のスルターン・オマール・アリ・サイフディーンモスク（オールドモスク）は、大理石や水晶など高価な貴石を使用していて、夜になるとライトアップが行なわれます。また、郊外のイスタナ・ヌルル・イマンは1800室余りを有する20万㎡の世界最大級の宮殿です。

逆に東南アジアらしい風景を探すと、それはブルネイ川中洲にあります。都心から近く、水上タクシーで簡単に行ける距離にあって４万人が住む世界最大の水上集落カンポン・アイールです。隙間が空いた板を渡しただけの通路が多いものの電気・水道が完備され、近代的な家が多いのも産油国の水上集落ならではの光景と言えるでしょう。

もっと知りたい！ ブルネイ（正式にはブルネイ・ダルサラーム国）は熱帯雨林気候のボルネオ（カリマンタン）島北部にある面積5770k㎡（三重県ほど）、人口約40万人の立憲君主国。1984年英国から独立し、ASEANにも加盟しています。イスラム教（スンニ派）国で公用語はマレー語。豊かな産油国で所得税はなく、教育・医療費も無料です。

261

ホノルル

Honolulu

所在地／人口 アメリカ合衆国 ハワイ州(州都)・オアフ島／約35万人

上空から見たホノルルとダイアモンドヘッド。

多くの火口跡が造った自然が美しい都市

ダウンタウンにアメリカ唯一の宮殿であるイオラニ宮殿がある、かつてのハワイ王国の首都ホノルル。王朝の保養地だったワイキキビーチは、当時は砂浜ではなく、オアフ島北部のノースショアやカリフォルニアから白砂を運んで作った人口の砂浜です。でも、海は昔のままで美しさに変りはありません。

ワイキキと共にホノルルのシンボルであるダイアモンドヘッドは標高232mの死火山で、頂上に直径1.2kmの火口があり、山頂へのトレイルは急な階段やトンネルが続きますが、展望台からのサンゴ礁の青く澄んだ海とワイキキの高層ホテル街の眺めは素晴らしく、麓のバス停から45分で登ることができます。

真珠湾の東から島の中央を東西に連なるコウラウ山脈の南が全部市域と広大で、シーライフパークまでがホノルル。その手前のハナウマ湾は映画『ブルーハワイ』の舞台で、全米一のビーチにも選ばれた火口跡の湾。透明なサンゴ礁の海でシュノーケリングのメッカとなっています。

その山側にあるのが火口跡のココ・クレーターで、急傾斜ですが45分で山頂に。ここからの眺めは眼下のハナウマ湾から遠くダイアモンドヘッドやマカプウ岬までとオアフ島一とされます。

もっと知りたい！ ホノルル市バス「ザ・バス」は上記観光スポットのすべてに行けるだけでなく、オアフ島全島を網羅する路線網があり、真珠湾や片道2時間のポリネシア文化センターなど、島内各地の観光の足として利用できます。

ダブリン
Dublin

262

所在地／人口 アイルランド レンスター地方／約120万人

トリニティ大学そばのテンプルバーエリアには800軒ものアイリッシュパブがあり、ケルトの伝統的民族音楽が聴こえてきます。

アイルランド苦難の歴史を刻む歴史都市

ダブリンはアイルランド島東海岸の中央にある首都。都市の名はアイルランド語で「黒い水たまり」を意味する言葉に由来します。988年に入植が始まったと言われることから、1988年に1000周年を迎えた古い歴史を持つ都市ですが、さらに古く、ヴァイキングが砦を築いた9世紀からの歴史があるとも言われます。

12世紀からは英国による長い支配の歴史が続き、1916年のイースター蜂起の独立戦争で、1937年にエールとして独立。1949年には英連邦からも離脱しました。

高さ120mの「光の塔」がそびえるメインストリートのオコンネル通りにあるギリシャ建築風の中央郵便局は、イースター蜂起でのアイルランド側の総司令部が置かれていました。市街西部のキルメイナム刑務所（現博物館）はイースター蜂起の反乱者を収容したアイルランド人の戦いと苦難の歴史を象徴する場となっています。1592年創立のトリニティ大学図書館には世界一美しいと言われる1200年前の聖書の福音書装飾写本『ケルズの書』（国宝）があります。『ガリバー旅行記』を著したジョナサン・スフィフトが司祭を務めていた聖パトリック大聖堂、1038年建造のダブリン最古の教会である聖クライストチャーチの大きな地下礼拝堂なども見逃せません。

もっと知りたい！ ギネスストアハウスでは黒ビール・ギネスの製造工程が見られ、市街一望の最上階での500mℓの試飲が待っています。

承徳（しょうとく）
Chengde

263

所在地／人口 中華人民共和国 河北省／約380万人

清の時代の離宮である「避暑山荘」を囲む12の寺院から成る「外八廟」。そのひとつでラサのポタラ宮を模した普陀宗乗之廟。

世界最大の離宮がある清代の夏の首都

北京の東北230km、標高313mの高原にある承徳は夏でも20度を超えない避暑地であることと、ロシアからの北京防衛の地理的要衝であることから、1703年、清朝４代康熙帝（こうきてい）が夏の離宮「避暑山荘」の造営を始め、乾隆帝（けんりゅうてい）の代の1790年に完成しました。歴代皇帝は毎年４～９月の半年、「熱河行宮」とも呼ばれたこの離宮で政務をとり、少数民族の王や外国使節と接見しています。

避暑山荘の庭園は「中国四大庭園」のひとつとされますが、面積5.6㎢と、ほかの３つに比べてずば抜けた規模を持ちます。蘇州の拙政園や留園の30倍以上、同じ清代の夏の離宮「頤和園」と比べても２倍に達するほどです。周囲10kmのレンガ造りの城壁で囲まれた広大な敷地は康熙・乾隆帝が心酔した江南の風景を再現した水苑区が眼下に一望できる「宮殿区」と、庭園の大半を占める水苑区・平原区・山区からなります。「水苑区」には庭園のシンボル煙雨楼、冬でも凍らない温泉源の熱河泉などが、島が浮かぶ広大な湖畔に散在。その北の「平原区」はモンゴルの懐柔のためのパオ（ゲル）が並びます。林、渓谷、山からなる「山区」はあまりに広大なのでバスでの移動となります。山上からは山荘を取り巻く「外八廟」や高さ38mの磬錘峰が一望できるなど、皇帝の権力の大きさを実感できます。

もっと知りたい！ 「外八廟」は城壁の北側に散在する寺廟の総称で、乾隆帝がチベットやモンゴル民族懐柔のため、両民族が信仰するチベット仏教の寺廟を18世紀に建立したもの。最大の寺院、普陀宗乗之廟はラサのポタラ宮を模したもので「小ポタラ宮」の別名で呼ばれます。7層の瑠璃牌楼の屋上からは避暑山荘の城壁が見えて壮観です。

264

チェンナイ
Chennai

所在地／人口 インド タミルナードゥ州／約720万人

チェンナイの聖トーマス大聖堂。

洋館や教会が立ち並ぶ南インドの玄関口

観光ずれしたデリーやアグラなど、北インドの都市を離れ、南インドの玄関チェンナイに着くと、同じ国とは思えない、東南アジア風ののんびりゆったりした空気にやすらぎを覚えます。1639年に英国東インド会社が設立され、防衛のためにセント・ジョージ要塞を築いたのが街発展の始まり。高さ6mの城壁に囲まれた砦内には、アジア最古の英国国教会の聖メアリー教会や、旧マドラス提督の館、要塞博物館などが置かれました。周囲のジョージタウンはインド商人たちが造った街で、赤いレンガ造りの洋館ながら塔はインド寺院風の高等裁判所、中央に時計塔がそびえるインド・サラセン様式赤砂岩造りのチェンナイ中央駅など、植民地時代の街並みが広がります。

旧都市名のままの赤レンガ造りのマドラス大学から7kmも続く、世界で2番目に長いマリーナビーチの中ほどに白亜のサン・トメ教会があります。紀元72年に当地で布教中に殉教した十二使徒のひとり聖トーマスの墓の上に16世紀にポルトガル人が建てた（19世紀再建）ものです。

そのそばには南インドの寺院建築であるドラヴィダ様式のカパーレシュワラ寺院が立ち、色彩豊かな彫刻を全面に施した高さ37mのゴープラムと呼ばれる塔門がそびえます。

もっと知りたい！ 南60kmの近郊にあるマハーバリプラムも見逃せません。3～9世紀のパッラヴァ王国の都カーンチプラムの外港で、ベンガル湾の波に洗われる「海岸寺院」は7～8世紀に造られた切石を積み上げた美しい寺院で、7つのうち大半は海に沈み、現在残るのはこの寺院のみ。巨大な丸い岩「クリシュナのバターボール」も見ものです。

ホーチミン
Ho Chi Minh

265

所在地／人口 ベトナム社会主義共和国 東南地方／約850万人

ホーチミン市人民委員会庁舎。20世紀初頭にサイゴン市庁舎として建設されました。背後にそびえるのはビンコムセンター。

瀟洒な建物が立ち並ぶ“プティ・パリ”

ベトナム南部のメコンデルタの北にあるベトナム最大の都市ホーチミンは、1975年の南北ベトナム統一前は南ベトナム（ベトナム共和国）の首都サイゴンでした。そのため、「サイゴン駅」「サイゴン川」「サイゴン港」など、1975年にホーチミンと改名される前の街の名「サイゴン」を名乗る公共施設も多く見かけます。19世紀半ばから20世紀半ばまで１世紀にわたり、ベトナムはフランスの植民地となり、サイゴンには広くて優雅な並木道と西洋風の街並みが造られました。

独立して70年も経つ今でも、サイゴン川までまっすぐに延びるドン・コイ通り沿いには本国から建材を取り寄せて1833年に建造した赤レンガ造りの聖マリア教会をはじめ、パリにある名所を模したフランス風の建物が立ち並びます。

オルセー駅（美術館）を模してドーム型のガラス張り天井が素敵な中央郵便局、プティ・パレを思い出す市民劇場（旧南ベトナム下院議場）、その隣の1880年建造の最も伝統あるコンチネンタルホテル、パリ市庁舎をモデルにしたホーチミン市人民委員会庁舎（旧サイゴン市庁舎）、1925年に開業したレトロなアール・ヌーボー風のマジェスティックホテルなど、まさに「東洋のパリ」を実感することができます。

もっと知りたい！ 1927年建造のレックスホテル、大きな時計台がある1914年建造のベン・タイン市場、1866年建造のフランス人官僚の家だった革命博物館、1927年建造の仏・ベトナム融合建築の歴史博物館など、フランス植民地時代の建物はまだまだたくさんあります。植民地時代のノドロン宮殿は独立後、大統領官邸となり、今は統一宮殿になっています。

266

ジャイプル
Jaipur

所在地／人口 インド ラージャスタン州／約350万人

ジャイプルの街のランドマークのひとつ風の宮殿（ハワ・マハル）。

天文台造りの名君が築いたピンクシティ

ラージプート（ラージャスタン地方）の藩王（マハラージャ）ジャイ・シング２世（1680〜1743年）は1727年、狭く水不足の岩山の城塞アンベールから平野に都を移し、７つの門を持つ高さ６m・周囲10kmの銃眼付き城壁を築いた街に自らの名を付け「ジャイプル」としました。

碁盤の目のように整然とした旧市街の建物はすべてローズ・ピンクの赤砂岩で建てられ、城壁を含む街全体がバラ色を帯びていることから「ピンクシティ」と呼ばれています。旧市街の４分の１を占める広大な宮殿シティ・パレス（現在も子孫が住む）もピンク色の７階建ての構造です。

ジャイ・シング２世は女性に対し、当時の風習だった夫への殉死、多額の結婚持参金、女嬰児殺しなどを禁止した啓蒙的な名君としても知られます。風の宮殿は、無数の窓を持つピンク色をした５階建ての建物ですが、映画撮影のセットのように、奥行がまるでありません。これは、夫以外の男性に顔を見せることができない王妃や後宮の女性たちが、顔を見せることなく街の様子を見られるようにマハラージャが建設したものであるためです。

また、天文学の才があり、太陽の運行で運勢を読むインド最大の天文台ジャンタル・マンタルを建造。広大な敷地には高さ27mの針を持つ巨大な日時計、星座観測儀など30余が並んでいます。

もっと知りたい！ ジャイプルの旧市街全体も2019年に世界遺産に登録され、タージ・マハルのあるアーグラ、デリーと共に「ゴールデン・トライアングル」と呼ばれるインド観光の御三家となっています。

ベオグラード
Beograd

267

所在地／人口 セルビア共和国／約180万人

空から見たベオグラード。右に見えるのは聖サワ大聖堂と図書館。

欧州屈指の城塞を持つドナウ河畔の街

水運の中心ドナウ川と北イタリア、イスタンブール、エーゲ海を結ぶ陸の交易路の要衝ベオグラードは、古くから争奪戦の舞台となってきました。紀元前４世紀にケルトが現在のカレメグダンの地に城塞を築いたのを皮切りに、ローマ、フン族、ゴート、ビザンツ、ギリシャ、ブルガリア帝国、ハンガリー、オスマン帝国、オーストリア・ハンガリー帝国と、目まぐるしく変わる支配者がそれを示しています。ベオグラードがユーゴスラビア王国の都となったのは、第１次世界大戦後の1918年になってからのこと。20世紀末、連邦の解体に伴う内戦で、コソボをめぐりベオグラードはNATO軍の空爆を受け、最終的にはユーゴスラビア連邦が７つの国に分かれ、セルビアの首都となって現在に至ります。

市一番の見どころはドナウとサヴァの合流点の丘の上に築かれたカレメグダン城塞（トルコ語で「戦いの丘」）で、先端にはオスマンの支配から脱した勝利者の像が立ちます。軍事博物館には、実際に使われた膨大な武器が展示され、城塞をめぐる幾多の攻防の歴史を紹介。また、ローマの井戸や中世の時計塔、オスマン時代の石造り城門に浴場と、城塞の歴史にまつわる遺物も残り、中洲の大戦争島からは幾重にも城壁を巡らせた堅固な城塞の様子を伺うことができます。

もっと知りたい！　カレメグダンだけでなく都市全体もドナウ川にサヴァ川が合流する地点のサヴァ川右岸に旧市街、左岸に新市街が広がります。ベオグラードとはセルビア語で「白い街」。セルビアは面積8.8万㎢（北海道よりやや大きい）で人口約900万人。公用語はセルビア語です。

香港

Hong Kong

268

所在地／人口 中華人民共和国 香港特別行政区／約753万人

ヴィクトリア・ピークから眺めた香港の夜景。

世界三大夜景&世界三大美港で知られる港町

カイタック空港着陸時の宝石箱をひっくり返したような香港都心のまさに世界一の夜景は今や幻となりましたが、昔から函館やナポリと並び世界三大夜景と称される香港は、2012年に夜景観光コンベンション・ビューローが選定した「世界新三大夜景」でも長崎やモナコと共に選出されました。どちらにも選ばれたのは香港だけでした。加えて、世界三大美港に香港が入ることもあり、世界屈指の美しい都市のひとつと言えるでしょう。

九龍（クーロン）の尖沙咀（チムサアチュイ）プロムナードからビクトリアハーバー越しの香港島の摩天楼群の黄昏時の夜景も捨てがたいのですが、香港島の最高峰（552m）であるヴィクトリア・ピーク肩の展望台（標高約400m）からの香港島の超高層ビル群を全景にした港と九龍までの大パノラマ夜景にはとどめを刺されます。

しかし、人気がありすぎるために、ピークトラム（ケーブルカー）は行きも帰りも長蛇の列。待たずに乗れる中環からの山頂行路線バスの利用が賢明です。山裾をぐるぐる巻きながら登るので段々と下界の光の海が大きくなる様子もロマンチック。もちろん昼の眺めもよく、ピークトラムも空いています。

もっと知りたい！ 香港は公共交通の種類も世界一。広州行きの高速列車などの九広鉄道、MRT（地下鉄）、新界の軽便鉄道、世界で3つしかない香港島の2階建て市電、バス、ミニバス、香港島～九龍間のスターフェリー、各島行の一般フェリー、マカオ行高速船、ケーブルカー、標高差135mを23基でつなぐ800mの世界一長いエスカレーターと多彩です。

269

ハノイ
Hanoi

所在地／人口 ベトナム社会主義共和国／約810万人

ハノイのリン・ダム湖を中心とした夕景。

多くの王朝が都とした1000年古都

ハノイは1010年に李朝が都とし、1802年に阮朝がフエに遷都するまでの約800年と、戦後は再び北ベトナム、1976年の統一後はベトナムの首都となった1000年古都です。南ベトナムの首都だったホーチミンに比べ人口では遜色ないものの、経済の中心ホーチミンのような高層ビル群は見られず、政治と文化の中心として首都らしい落ち着いたたたずまいが残っています。

市街中央のタンロン（昇龍）遺跡は、1010〜1804年の李朝、陳朝、胡朝、阮朝と王朝は代わり、都の名も昇龍から東京、東都などと変われど、首都は現ハノイのままと、歴代王朝の宮殿でした。そのため昇龍皇城の地下には各時代の遺跡が重なって存在しています。フエへの遷都の際、建築物の多くは解体・移築されたのであまり残っていません。

遺跡のシンボルである瑞門（南門）は下に中央の皇帝専用の通路を含め５つの出入口があり、楼上からは宮城全体が見渡せます。皇帝の住居の敬天殿は今はありませんが、４匹の龍がにらむ龍の階段が残ります。敬天殿跡は仏領時代にフランス軍の軍司令部に、その後はベトナム戦争中のベトナム軍の司令部にと、近現代史の舞台になりました。その奥には女官たちの控室だった後楼が立っています。

もっと知りたい！ 壮大なレンガ造りの正北門や、最上層に大きな丸い見張り窓がある5層の東門など阮朝（1802〜1945年）のハノイ城塞の遺跡も見逃せません。また、湖中に島が浮かぶホアン・キエム湖の周囲には、パリ・ノートルダム大聖堂を模したハノイ大教会とオペラ座を模したハノイ歌劇場があり、フランス植民地時代の建物が多く残っています。

アレクサンドリア

Alexzndria

270

所在地／人口　エジプト・アラブ共和国 アレクサンドリア県／450万人

地中海に面したアレクサンドリア。沖合いにはプトレマイオス朝時代の遺跡が沈んでいると言われます。

交易と学問の中心だった“地中海の真珠”

アレクサンドリアは、ナイルデルタの北西端の地中海に面した港街で、エジプト第２の都市です。紀元前332年にマケドニアのアレクサンドロス大王がその名を冠した街を建設。その部将のプトレマイオスが古代エジプト最後の王朝となるプトレマイオス朝を興し、紀元前305年にアレクサンドリアを首都としました。以降同地は、西の東地中海、東の紅海を通じてインド洋沿岸との交易の中心地となりました。交易で得た富を基に歴代王たちは、ヘレニズム文化を地中海世界にも広めるため書籍を収集し、世界一膨大な蔵書を誇る図書館や教育研究所を造りました。こうした風潮を受けて、アルキメデスや幾何学のユークリットなどが活躍し、商業だけでなく、学問と文化の中心地となり、世界最初の100万都市となるほど繁栄を極めました。

300年ほど続いたプトレマイオス朝でしたたが、紀元前30年にこの街を深く愛した女王クレオパトラ７世を最後に滅亡し、ローマ帝国の支配下に入ります。世界最大級の図書館も戦乱で炎上し、７世紀のイスラム侵入で蔵書も散逸してしまいました。図書館と並ぶプトレマイオス朝時代のシンボルであった高さ135mの「ファロス島の大灯台」は世界七大不思議のひとつでしたが、14世紀の地震で全壊してしまいました。

もっと知りたい！　今は地続きのファロス島の大灯台は伝説と思われていましたが、最近の調査で灯台の一部が海底に沈んでいるのが発見され、実在が判明しました。ローマの属領時代の遺跡には2体のスフィンクスが守る高さ27mの「ポンペイの柱」や、600人収容の円形劇場（2世紀）と浴場跡などがあります。

ムンバイ

Mumbai

所在地/人口 インド マハーラーシュトラ州/約1300万人

プロジェクション・マッピングまで行なわれる壮麗なチャトラパティ・シヴァージ・ターミナス駅。

大英帝国全盛時のコロニアル建築が立ち並ぶ街

ムンバイは、アラビア海に面するインド最大の貿易港で西インドの中心です。デリーに次ぐインド第2の大都市で、1995年にマラーティー語のムンバイに改名。16世紀にポルトガルがゴアの補助港として城塞を築きボンベイと名付けたのが始まりで、王家間の婚姻でボンベイは英国に譲られました。

1687年、英国東インド会社が砦を築き、北は旧ビクトリア・ターミナス駅、南はプリンス・オブ・ウエールズ博物館、西はムンバイ大学にかけてを城壁でぐるりと囲みました。現在のフォート地区で、造幣局や高等裁判所、旧税関、タウンホール、中央郵便局、セント・トマス教会、グランドホテルなど、当時の石・レンガ造りのネオゴシック建築が立ち並びます。いずれも壮大で大英帝国の威光と面影が色濃く残ります。

1853年、旧ボンベイからターナー間にインド最初の鉄道が開通。その始発駅チャトラパティ・シヴァージ・ターミナス駅（ビクトリア・ターミナス駅から17世紀のマラーター王国の国王の名に変更）は、1887年建造のビクトリア朝ゴシック・リバイバル様式の宮殿を思わせる巨大建築で、正面の時計は直径3.2mもあります。駅舎自体も単独の世界遺産となっています。

もっと知りたい！ インド門前には1903年開業のインド・サラセン様式の最高級ホテル・タージ・マハル・ホテルが立ちます。タタ財閥の創業者が、インド人であることを理由に高級ホテルへの宿泊を断られたことに腹を立て、もっと豪華なホテルをインド人の手で建てると誓って実現したもの。レストランでの定食ターリーや朝食ブッフェなどは手ごろな料金です。

272

サン・ミゲル・デ・アジェンデ

San Miguel de Allende

所在地／人口 メキシコ合衆国 グアナファト州／約18万人

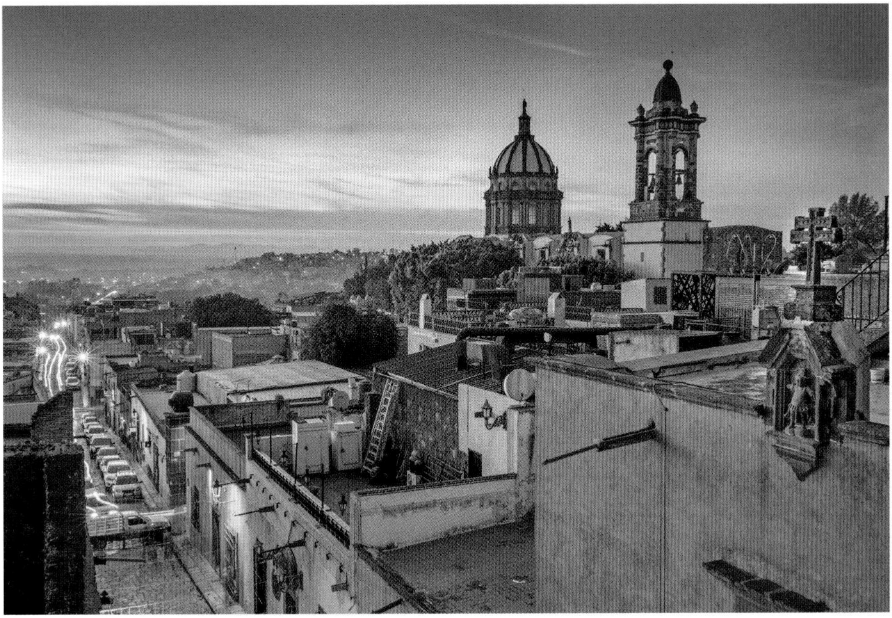

夕暮れのサン・ミゲル・デ・アジェンデ。

2年連続世界一美しい街に選ばれたアートの街

有名な米国旅行誌の「世界で最も美しい街ランキング」において、京都を抑え２年連続１位に選ばれた街がサン・ミゲル・デ・アジェンデです。メキシコ中央高原の標高1870mの高地にあり、1542年に街を建設した修道士の名を取り、サン・ミゲルと名付けられたのですが、のちにここからメキシコ革命の指導者が出たので、彼の名も冠して今の名になりました。

メキシコや中南米の美しい街々はグアナファトのように銀鉱山の街が目立ちますが、ここは職人の手仕事による手工業で発展した街です。特産のブリキ細工や版画・陶器など工芸品の作り方やアートを学べるアジェンデ美術学校もあり、世界から芸術家が集まるアートの街としても有名です。

細い石畳道の坂が多い歴史地区には、赤・茶・ピンク・黄など暖色系のコロニアル建築が立ち並び、中心のソカロ広場には地元産のサーモンピンクの石材を用いたパステルカラーのサン・ミゲル地区教会の尖塔がそびえます。この教会は無名の先住民の職人が欧州の教会の絵ハガキだけを見て設計したネオゴシック建築で、夕暮れ時に訪れると、夕日を浴びて濃いピンクとなり一段と美しさを増します。

もっと知りたい！ 外観は何の変哲もない公共図書館は、一歩中に入ると赤を基調とした人物画や動物画が壁と天井に描かれていて壮観。エルニグロマンテ文化会館にもメキシコを代表する壁画家が部屋の壁全体に描いた大壁画があります。近郊のヘスス・ナサレノ・デ・アトトニコルの聖地は、教会の身廊や礼拝堂を飾るメキシカン・バロックの壁面装飾が圧巻です。

273

ジョードプル
Jodhpur

所在地／人口 インド ラージャンスタン州／約130万人

新旧宮殿間の旧市街の建物は害虫対策のため青く塗られ、“ブルーシティ”と呼ばれます。

難攻不落の城塞が見下ろす“ブルーシティ”

ジョードプルは、ジャイプルの西300km、広大なタール砂漠入口の街。「インドのユダヤ人」と呼ばれる商才に長けたマールワール商人の故郷です。ラージプート諸族の藩王ラオ・ジョーダー（1410～1489年）は、マンドールから都をこの地に移し自らの名を冠しました。

高さ120mの赤砂岩の岩山の上に高さ36m・長さ10kmの堅固な城壁と7重の城門を持つインド有数の雄大なメヘランガール城塞を1475年に建造しました。窓ひとつない難攻不落の砦で、街を圧するようにそびえ立ちます。まるで宙に浮いているようで、アテネのパルテノン神殿のごとき美しさです。

遷都をしたことや城壁の規模もそうですが、ムガル帝国に続く大英帝国支配下でも自治権を得て、インド独立まで藩王国を存続させた手法は、ジャイプルのウダイ・シング藩王がラオ・ジョーダー王の「臣下の礼さえとれば、統治は今まで通り任せるというのなら、その礼をとる」という政策に範をとったと思えるほど似ています。

1944年には間口195m・奥行103mの左右対称で中央にドームがそびえるウマイド・バワン宮殿が完成。一部が豪壮なマハラージャホテルとなった宮殿には今も藩王の子孫が住んでいます。

もっと知りたい！ 街の背後の荒涼としたタール砂漠の影響で、ジョードプルは晴れの日が多く「サンシティ」とも呼ばれます。旧市街のサダルバザールの中央にはガンダ・ガル時計塔が立ち、城塞とともに漫画『ワンピース』のアラバスタ編のモデルとも言われています。

274

サラエボ

Sarajevo

所在地／人口 ボスニア・ヘルツェゴビナ サラエボ県（首都）／約21万人

イスラムの職人街を起源とするバシチャルシャ。

悲劇の内戦から蘇った“小イスタンブール”

1992～1996年にかけて、サラエボの街を内戦の悲劇が襲いました。砲撃で街は破壊され、市内だけで死傷者は6万を数えました。それから30年近く経つなかで街は復元され、現在街はかつての賑わいを取り戻しています。

ターミナル駅であるサラエボ中央駅から東に向かうと、カトリックと正教の大聖堂が隣り合うハプスブルク帝国時代の西欧風の旧市街に出ます。しかし、道路の「サラエボ・ミーティング・オブ・カルチャー」の標識を境に、周囲の風景はモスクとミナレット（尖塔）が立ち並ぶイスラム世界に一変。15世紀にオスマン帝国に支配されたあと、地方長官が1531年に建造した緑と白のミナレットがそびえる市内最大のカジ・フスレブ・ベグモスクや1566年に皇帝が建立した皇帝モスクなど全市に160以上のモスクが林立するまさに「小イスタンブール」という風情です。

その中心の赤レンガの古い家並みが軒を連ねるバシチャルシャは、金銀・銅細工、水差し、鍛冶屋など職種ごとに500軒ほどが集まる16世紀からの職人街で、さながら中東のバザールに迷い込んだよう。カフェで銅製の器でトルココーヒーと甘いトルコ菓子を堪能しながら、この町の歴史に思いを馳せるのも一興です。

もっと知りたい！ ボスニア・ヘルツェゴビナは面積5.1万km²（ほぼ九州＋四国）、人口350万人の国。ムスリムのボシュニャク人とクロアチア人のボスニア・ヘルツェゴビナ連邦とセルビア人のスリプスカ共和国からなる連邦国家でサラエボも2分されています。この街は第1次世界大戦のきっかけとなったサラエボ事件の地（ラテン橋が現場）でもあります。

275

バンクーバー

Vancouver

所在地／人口　カナダ ブリティッシュ・コロンビア州／約68万人

バンクーバー発祥の地とされる「ガスタウン」には、レンガ造りの建物を利用した建物が並び、世界唯一の蒸気時計がシンボルとなっています。

海・山・森の大自然の中にある大都市

バンクーバーは太平洋岸のフレーザー川河口にあるカナダ第３の大都市。海、山、森の大自然の中にあり、夏涼しく、冬は温暖な西岸海洋性気候であることから、世界で最も住みやすい都市とも言われます。入植の始まりは19世紀後半で、市制施行からまだ135年ほどと歴史は浅い都市です。入植が始まって間もなくフレーザー川上流で金鉱が発見されてゴールドラッシュになり、モントリオールと結ぶ大陸横断鉄道も開通して急速に発展しました。

バラード入り江に北に突き出た小半島の南半分にダウンタウンが広がり、北半分は針葉樹林に覆われた約４㎢（日比谷公園の25倍）という北米最大級のスタンレーパークになっています。外周はシーウォールと呼ばれる8.8kmの遊歩道＆サイクルロードになっていて、途中に先住民ハイダ族など部族ごとのトーテムポール９本を集めた公園があります。

西に突き出た半島先端にはスタンレーパークに匹敵する広大なキャンパスのブリティッシュ・コロンビア大学があり、バラ園からは太平洋や付近の山々が一望できます。上皇夫妻も訪れた本格的な池泉回遊式庭園の新渡戸稲造記念公園や人類学博物館などもあり、旅行者も自由に散策できます。

もっと知りたい！　バンクーバーとノース・バンクーバー間の海に架かる1500mのライオンズ・ゲイト橋は歩いても渡れ、ウィスラーに向かう途中の絶景で知られるハウ海峡沿いの2000m前後の雄大な山々が一望できます。ノース・バンクーバーには高さ70mのキャピラノ吊り橋があり、ロープウェイで登れるグラウスマウンテンからはバンクーバーが一望できます。

276

カトマンズ
Kathmandu

所在地／人口 ネパール連邦民主共和国 バグマティ・プラデーシュ州／約145万人

カトマンズのダルバール広場にあるカラ・バイラヴァ寺院。

仏教＆ヒンドゥ教の寺院都市

ネパールの首都カトマンズは、ヒマラヤ前衛の山々に囲まれたネパール盆地の標高1336mの高所にあります。４世紀のリッチャビ王朝時代前からの歴史がありますが、ネパール文化の黄金時代は13世紀からのマッラ王朝時代。15世紀には今のカトマンズと近郊のパタンやパクタプールを中心とする３王国に分裂しましたが、３王国が繊細な彫刻で装飾された芸術性の高い宮殿・寺院・堂塔を競うように建てた結果、それが各都の中心広場であるダルバールに残り、1769年のゴルカ朝による統一後も首都となったカトマンズに残ることとなりました。

カトマンズには仏教やヒンドゥ教各派の寺院が密集しているにも関わらず争いもなく共存しています。ところが、ダルバール広場の周囲にあった多くの寺院が2015年の地震で崩壊し、現在は修復が続いています。

カトマンズ市の中心から西２kmにある急な石段を登った高さ77mの丘の上には「目玉寺」ことスワヤンブナート寺院がそびえ立ちます。2000年前からあったと伝えられるネバール最古の仏教寺院で、黄金のストゥーパ（仏塔）には仏陀の知恵の目が四方に描かれています。境内からのカトマンズ盆地の眺めは圧巻です。

もっと知りたい！ スワヤンブナート寺院に加え、高さ36mのネパール最大の仏塔のあるボタナート寺院、ネパール最大のヒンドゥ寺院であるパシュパティナートがカトマンズの三大寺院です。カトマンズ・ダルバール広場にはパタンやパクタプールのダルバール広場と同様にクマリの館があります。初潮を迎える前の少女を生き神として崇拝するもので、目が合うと幸せになると信じられています。

277

スクレ

Sucre

所在地／人口 ボリビア多民族国 チュキサカ県／約30万人

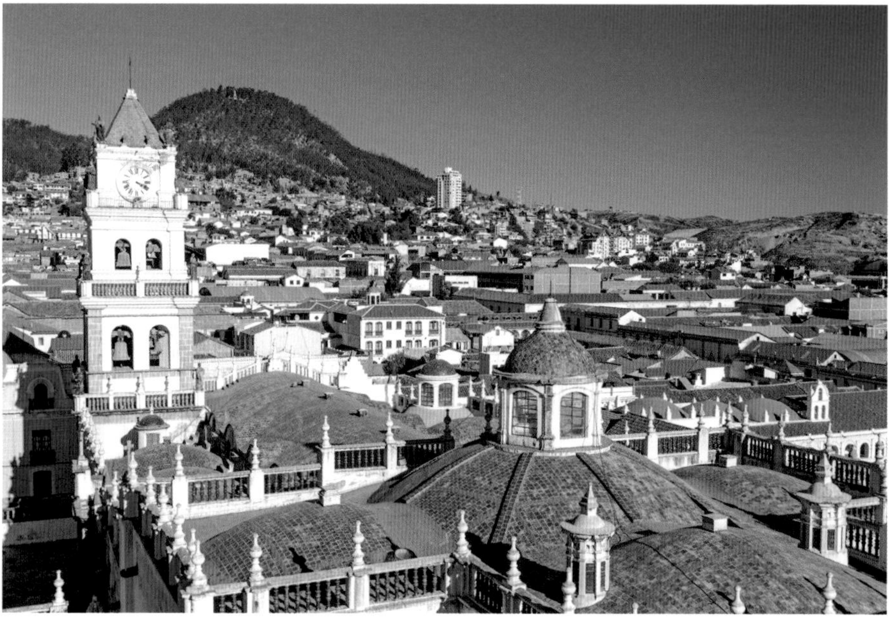

白い壁の建物が軒を連ねるスクレの街並み。

憲法上は今も首都の“白い街”

1545年、ボリビア中央部にある標高4000mのポトシで銀鉱脈が発見され、スペイン人たちは高山病を避けるため、東北165kmにある標高2800mのこの地に銀の管理所のための街を建設。銀を意味する「ラ・プラタ」と名付けました。1809年、ラ・プラタはチュキサカと名を変えますが、この地でスペインへの反乱が起き、中南米各国に飛び火します。

1825年にはボリビアの独立が宣言され、チュキサカが首都に。1839年に中南米革命の父シモン・ボリバルにちなんで国名がボリビアに変わったのを機に、初代大統領の名にちなんで「スクレ」と改名されました。

ところが、1890年に行政府や議会などがラパスに移り、スクレには最高裁判所だけが残りました。憲法上の首都はスクレですが、実際の首都はラパスというわけです。

条例で建物を白く塗ることが義務づけられているため、市庁舎や教会から民家まで家々の壁はまぶしいほどの白一色で「白い街」と呼ばれています。古都だけに白亜の４層の塔がそびえるカテドラルをはじめ教会や修道院は多く、白い街には上品な雰囲気が漂います。高台となっている中心街北側のレコレタ展望台からはオレンジ屋根の白い家並みを一望することができます。

もっと知りたい！ 1580年から50年もかけて建てられたラ・メルセー教会の金で装飾された祭壇・説教台はまぶしいほど。金銀細工が施されたマリア像は、ダイヤモンド、サファイヤ、ルビー、真珠など数万個の宝石で飾られる豪華さで、銀の富がいかに莫大だったかを物語っています。

ビルバオ

Bilbao

278

所在地／人口 スペイン王国／約35万人

ビルバオの街並み。左側に見えるのが、ビルバオの街が蘇るきっかけとなったフランク・ゲーリー設計によるビルバオ・グッゲンハイム美術館。

美術館により蘇った鉄鋼の街

スペインの北東部、ビスケー湾に注ぐネルビオン川の河口より12km上流に拡がるビルバオは、バスク地方の中心都市で、1300年にビスカヤの領主ディエゴ・ロペス・デ・アロによって建設されました。

製鉄、機械、造船などの工場が立ち並ぶスペイン屈指の港を持ち、18世紀には新大陸との交易で繁栄。商工業や金融でスペイン有数の都市としての歴史を歩んできました。

しかし、石油危機が起こった1973年以来の経済不況に加え、バスク地方における工業労働者の社会主義運動と民族運動の拠点であったことが災いします。

独立を目指す過激派（ETA）がテロ活動を活発化させたことで社会不安が続いたため、経済を支えた鉄鋼業や造船業が1980年代に衰退。その結果、ビルバオの産業は壊滅状態となってしまいます。

こうした危機に対してビルバオは、インフラや文化事業に投資を行なうことで都市の活性化を図りました。1997年のビルバオ・グッゲンハイム美術館開館のほか、河川環境の改善、LRTや公園の整備により、産業都市から文化・芸術都市へと変貌を遂げたのです。

もっと知りたい！ ビルバオのグッゲンハイム美術館はアメリカのグッゲンハイム美術館の分館ですが、船や魚に見える外観がユニークで、無料で見られる屋外展示の花でできた高さ10m以上の犬やチューリップが名物です。

279

シャウエン

Chaouen

所在地／人口　モロッコ王国 タンジェ・テトゥアン・アル・ホセマイカ地方／約3.5万人

一面の青で彩られたシャウエンの街路。地面や石段全体が青に塗りたくられているのは行き止まりのケースが多いようです。

群青色に塗られた青の世界

シャウエンは、荒々しい岩肌を見せるリーフ山脈中腹の斜面に家々がへばりつくように立ち並ぶ街で、世界遺産の２つの街フェズとテトゥアンの間にあります。メディナ（旧市街）入口に立つ門を一歩入ると、家の壁から扉・通路・石段まですべて青一色のメルヘン世界が目の前に広がります。坂や石段が多く細い路地が迷路のように入り組むメディナを歩くと、まるで水の底にいるようです。

メディナ全体が青く塗られているのは、寒色系の青で冷涼感を演出するため、虫除けのため、地元産の石灰岩が元々青味がかっていたためなど諸説ありますが、レコンキスタで15世紀末にスペインから逃れてシャウエンに移り住んだユダヤ人が聖なる色である青色の街を造ったという説が有力です。

鮮やかな群青色が基調ですが、水色から紺色までさまざまなブルーで塗られ、上半分は白壁のままの家もありバラエティに富んでいます。花鉢風に壁に掛けられたり、通路脇に置かれたりする植木鉢はとてもカラフルです。窓の木枠にオレンジなどさまざまな色のアラビックなデザインが施されている家も多く見受けられ、見飽きることはありません。

もっと知りたい！　メディナ中心のウタ・アル・ハマム広場に立つカスバ（要塞）の塔に登ると、メディナ中心部の眺めがよく、15分ほど山道を歩いた高台に立つモスクからは「青い宝石箱」と呼ばれる旧市街の全景が一望できます。

ジャイサルメール
Jaisalmer

280

所在地／人口 インド ラージャスタン州／約6万人

夕日を浴びて黄金に輝く湖上のジャイナ教寺院。ジャイサルメールならではの光景です。

ラージャスタン最古の城が立つ“ゴールデンシティ”

ジョードプルの西285km、パキスタン国境まで100kmというタール砂漠のど真ん中にあるジャイサルメールは、『アラビアン・ナイト』の世界を彷彿とさせる砂漠のオアシスです。シルクロードの重要な隊商都市として、インドと中央アジアや中東・エジプトを結ぶ交易で繁栄しました。

1156年、ラージプート諸族のラーワル・ジャイサル王は、高さ76mの丘の上を２重の城壁で囲み、99もの望楼が林立する難攻不落の城塞を築いて、藩王の名を取り、街の名をジャイサルメールとしました。この城はラージャスタンでは最古の城のひとつとなりました。

城塞もそれを取り囲む東西１km・南北1.2kmの旧市街に築かれ、びっしり密集した家々も金色を思わす黄色い砂岩でできており、日没時は街が黄金色に輝くので「ゴールデンシティ」と呼ばれています。

城塞内には銀の傘蓋がまぶしい謁見室や12～15世紀建造のジャイナ教寺院が設けられました。狭い石畳の旧市街には７階建てもある貴族や豪商たちの高層住宅ハーヴェリーが立ち並び、レースのように繊細な透かし彫りが、窓やバルコニーなどを含めた壁全体を埋め尽くしています。一見、木彫りのように見えますが、実は石（砂岩）。ラージャンスタン建築美の極致です。

もっと知りたい！ 市北西郊外のサンセット・ポイントからは砂漠の落日を浴びて黄金色に輝く城塞が遠望できます。また、西40kmには白い砂が吹き寄せられてできた風紋の美しい砂丘が幾重にも重なります。ラクダをバックに砂丘の彼方に夕日が沈む雄大な風景は強烈な印象を与えてくれます。

281

サント・ドミンゴ

Santo Domingo

所在地／人口　ドミニカ共和国／約92万人

コロンブスの像が立つ首座大司教座聖堂前の広場。

新大陸のヨーロッパ人最初の入植都市

スペインの援助を受けたコロンブスが1492年に発見した「新大陸」は、実は大陸ではなく、エスパニョーラ島でした。この島にスペインが最初に築いた街が今のサント・ドミンゴです。1496年に入植したスペインはこの地に新大陸最初の植民都市を建設。オサマ川西岸に中央広場を中心とした碁盤目状のソナ・コロニアル（旧市街）を築き、大聖堂や宮殿、病院、大学を建て、新大陸における植民都市の雛形としました。

のちに、スペインはサント・ドミンゴを、メキシコや南米など新大陸各地の探検と征服の拠点とし、征服後は大量の金銀を本国に送り、スペインに空前の繁栄をもたらしました。

カジェ・デ・ラス・ダマスは1502年に造られた最古の街路。1510年創建のコロンブス宮殿はスペイン総督となったコロンブスの長子の邸宅で、内装や調度から当時の様子を伺い知ることができます。サンタ・マリア・ラ・メノール大聖堂は、王の命でセビーリャの大聖堂を模して建てた総サンゴ石造りの首座大司教座聖堂で、遺言によりコロンブスの遺体が安置されていました（今は1992年完成のコロンブス記念灯台に安置）。また、海賊の襲来から守るために築いた、オサマ砦の出入りする船を監視したバルコニーからは街や港を一望することができます。

もっと知りたい！　エスパニョーラ島は西インド諸島の中のキューバ、ジャマイカ、プエルトリコと連なる大アンティル諸島のひとつです。サント・ドミンゴはエスパニョーラ島の東3分の2を占める（西3分の1はハイチ）ドミニカの南部海岸にある港町で、同国の首都。「サント・ドミンゴ歴史都市」として1990年に世界遺産に登録されました。

ミッテンヴァルト
Mittenwald

282

所在地／人口 ドイツ連邦共和国 バイエルン州／約7300人

美しい壁画で飾られたヘマルテハウスが並ぶミッテンヴァルトの街並み。

“生きた絵本”と呼ばれる壁画の街

ミッテンヴァルトは、オーストリアとの国境にあるアルプスに囲まれた標高920mのフレスコ壁画とバイオリン造りで有名な街です。オーバーマルクトを中心に立ち並ぶ、繊細で色使いがカラフルなフレスコ壁画の家々は「ヘマルテハウス」と呼ばれ、この街に立ち寄った絵師が村人のもてなしを受け、お礼に家の壁に壁画を描いたのが始まりとされます。街のシンボルの教会の塔もバロック式の壁画で覆われ、ゲーテは『イタリア紀行』のなかでこの街を「生きた絵本」と絶賛しました。

バイオリンは17世紀にマティアス・クロイツがイタリアのクレモナでストラディバリとバイオリン造りの修行をして故郷にバイオリン造りを伝えたもので、幼い頃のモーツアルトもここのバイオリンを使用。街にはバイオリン造りの工房が多く、珍しい弦楽器博物館もあります。

壁画の街は多くありますが、ここはアルプスど真ん中。ロープウェイで標高2385mのカルヴェンデル山の2244mまで登れ、また、街から北へ歩いて１時間のところに周囲360度が白銀のアルプスという絶景のお花畑「ブッケルヴィーゼン」もあり、大自然に囲まれたフレスコ壁画の街という点でほかとは異なる趣を見せてくれます。

もっと知りたい！ ミッテンヴァルトはバイエルンの州都ミュンヘンからは列車で1時間40分ですが、オーストリアのインスブルックからは1時間弱と近いです。インスブルック～ミッテンヴァルト～ガルミッシュパルテンキルヘン間はトーマスクック時刻表編集部選定のヨーロッパ車窓展望ベスト10のアルプス越えの絶景区間です。

283

ベルファスト

Belfast

所在地／人口 イギリス 北アイルランド／約34万人

ベルファストの中心部にあって観光名所のひとつとなっている市庁舎。

帰属問題に翻弄された北アイルランドの主都

アイルランド共和国のあるアイルランド島にあって、東北部は北アイルランドとしてイギリス領となっています。その主都がベルファストで、同島第一の工業都市となっています。

世界有数のリネン工業地帯であるとともに、タイタニック号などの建造で知られるハーランド・ウルフ造船所があり、また航空機産業なども盛んです。

アイルランド島におけるベルファストの特殊性は、プロテスタント系住民の比率の高さにあります。ベルファストを含む北アイルランドはイギリスからの植民者が多く住む地域であり、イギリスとの結びつきの強い地域でした。こうした背景から、長らくイギリスの支配下にあったアイルランドが独立する際、同地域はイギリスの統治下に残ることとなりました。カトリック系の公民権運動が盛んになった1969年には、北アイルランドを将来的にイギリスに帰属したままにするのか、それともアイルランドへ帰属するかを巡り、北アイルランド紛争が勃発。ベルファストでもプロテスタント系住民とカトリック系住民の間で衝突が起こるようになり、以後、両派は居住地域を分けるようになりました。紛争は1998年のベルファスト合意に基づく和平合意が交わされて終結しましたが、30年におよぶ紛争の跡を市内各地にみることができます。

もっと知りたい！ ベルファストにあるベルファスト・クイーンズ大学の図書館には、アダム・スミスの蔵書の一部が所蔵されています。

マンダレー

Mandalay

284

所在地／人口 ミャンマー連邦共和国 マンダレー地方／約95万人

マンダレーの周囲にそびえる丘には全体にわたって寺院やパゴダが立ち並んでいます。

パゴダが林立する仏教信仰の中心

マンダレーはミャンマーのほぼ真ん中のエーヤワディ河畔にあるミャンマー最後のコンバウン王朝の都です。ミンドン王が1860年にアマラプラから都をこの地に移して以降、英国の植民地となって1885年にヤンゴンに遷都されるまでミャンマーの首都として栄えました。また仏都として敬虔な仏教信徒の心の拠り所であり、王宮を中心に碁盤目状の旧市街には数百の僧院やパゴダが立ち並んでいます。３km四方の高さ８mの城壁と東西南北の堀の中央にかけられた橋でしか出入りできない（今は東門からのみ）堀とで囲まれた壮大な王宮は、第２次世界大戦時の連合軍の爆撃により焼失。城壁だけが残りました。近年、建物が復元され、展望塔から赤茶屋根の王宮全景が一望できるようになりました。

王宮東のシュエナンドー僧院は総チーク材で建造された木造建築で、緻密なレリーフが施され、ミャンマー彫刻芸術の最高傑作と言われます。以前は王宮の一角にあったのをこの地に移築したもので、移していなければ焼失していました。仏様が救ってくれたと信じられています。

王宮北の標高236mのマンダレーヒルは丘全体に寺院やパゴダが立ち並ぶマンダレー最大の仏教聖地。頂上のパゴダのテラスからは街が一望でき、夕日の名所としても有名です。

もっと知りたい！ 旧市街には仏教の経典全文を刻んだ729枚の石版を1枚ずつ白い小パゴダに納めたクトードパゴダがあります。また、10km南のアマラプラは前首都ですが、その東のタウンタマン湖にかかる長さ1.2kmのウーベイン橋は170年前建造の世界最長の木造橋で、CNNが選んだ夕景ベスト12の1位。今やマンダレーを訪れる旅行者の必訪地となりました。

285

コロール
Koror

所在地／人口 パラオ共和国 パラオ州／約1.3万人

コロール島に広がるコロールの街並み。

日本統治時代の南洋庁があった旧南洋群島の都市

1885年にスペイン、その後ドイツが支配していた南洋群島（現ミクロネシア）の623の島々は、第１次世界大戦後の1920年に日本の委任統治領となります。日本は「ミニ総督府」の南洋庁を設置。その後、病院や国民学校（小学校）、中学校、高等女学校などを建て、道路などのインフラを整備していきました。

この時期、パラオの首都は空港がある最大の島バベルダオブ島のマルキョクに遷都されましたが、戦前から同島と陸続きのコロール島のコロールがパラオの中心で、南洋庁パラオ支庁舎（本庁は戦災で焼失）は今も裁判所として現存しています。1940年創建の南洋神社は10万坪近い敷地の官幣大社でしたが、戦災により当時の建造物は石灯篭と石橋が残るのみ。パラオ国立博物館には日本統治時代の写真や歴史資料などが保存されています。

また、エピソン博物館には腰ミノにトップレスだった戦前の写真、貨幣、珍しい貝殻、戦闘用カヌー、アバイの模型など民俗資料がマネキンとジオラマで展示されています。釘１本使わないアバイの実物は空港そばのアイライに現存。高い三角屋根をもつ合掌造り風の男子専用の集会所で、軒下や梁に人や動物、船などの絵で歴史や伝統を伝えています。

もっと知りたい！ 旧南洋群島はパラオのほか、ヤップ、サイパン、ロタ、テニアン、トラック（チューク）、ポナペ（ポンペイ）、マーシャル（マジュロ）などからなる島々です。戦前は現地人が通う公学校では日本語による教育をしたことと、日本語由来のパラオ語が多いため、日本語での意思疎通が可能。今もアンガウル島（州）の公用語のひとつは日本語です。

ゴール

Galle

286

所在地／人口 スリランカ民主社会主義共和国 南部州／約10万人

ゴールの全景。オランダ植民地時代に建てられた教会が残ります。

欧州3か国が覇権を握った時代の城塞がある港町

スリランカの南端に近い西南海岸にあるゴールは、ガルとも呼ばれる大航海時代からの城塞がある港町です。スリランカ有数のビーチリゾートでもあるこの街は、大航海時代の16世紀末にポルトガルが征服して砦を築きました。17世紀中頃にはポルトガルを破ったオランダの東インド会社の支配下に入り、花崗岩で城壁が造られました。2004年のスマトラ沖地震でも城壁内のゴールの旧市街は被害を受けなかったほどですから、その堅固さが伺えます。ゴールが最も繁栄したのもこのオランダ植民地時代のことでした。

ところが、18世紀末に英国が支配権を奪いその植民地に。この欧州３か国に代わる代わる植民地支配を受けた歴史的な旧市街が「ゴールの旧市街と要塞」として世界遺産に登録されています。

城壁の入口、オールドケートの外側には大英帝国の紋章が、また内側にはオランダ東インド会社VOCのマークが今も残り、植民地支配の歴史を伝えています。また右回りに砦を一周すると、オランダ時代のオールドダッチホスピタルだった白亜の２階建て商業ビル、1848年創建の高さ18mの灯台、モスク、仏塔がそびえる仏教寺院、オランダと英国時代の３つの教会があり、この地を支配した国や宗教の複雑ぶりを物語ります。

もっと知りたい！ 城塞内の国立博物館には3か国の植民地時代のコレクションが展示されています。城塞内にはクラシックホテルを改造した瀟洒な高級ホテルもあり、アフタヌンティーを楽しむことができます。

287

バルセロナ

Barcelona

所在地／人口 スペイン王国 カタルーニャ州／約170万人

グエル公園から眺めるバルセロナ市街。

サグラダ・ファミリアの完成を待つ芸術の都

地中海に面したバルセロナは、港付近のゴシック地区、路地が入り組み雑然とした旧市街、それを3方から囲む整然とした新市街から構成されます。碁盤目状と称される街は京都など世界中に多くありますが、実際は細長い長方形で、バルセロナのように正方形を数百も並べたような「本当の碁盤目」のような街は珍しい存在です。

バルセロナは、カタルーニャ地方の伝統を生かした近代芸術「モデルニスモ」を代表する建築家アントニ・ガウディ（1852〜1926年）の存在なくして語れません。彼の最初の作品は、パトロンだった大富豪のグエル邸でした。ガウディは、円錐塔と多数の奇妙な煙突群が突出する斬新なデザインで驚かせています。次の作品のグエル公園は、ベンチは直線という常識を破り、蛇行する曲線がエンドレスに続く長大なベンチに色タイルを貼り付けるなど、ガウディの自由な発想とオリジナリティが遺憾なく発揮された作品となりました。

最も有名なサグラダ・ファミリア教会は着工した1882年から完成まで300年はかかると言われていましたが、ITの活用などでその半分の2026年には竣工の予定。奇しくも1926年につまずいて市電に轢かれるという事故死から100周年の年に当たります。

もっと知りたい！　世界遺産「アントニ・ガウディの作品群」にはほかに、カサ・ミラやカサ・バトリョ、カサ・ビセンス、近郊サンタ・クローマ・コロニアのグエル教会などがあります。

288

ヴァレッタ
Valletta

所在地／人口 マルタ共和国／約7000人

マルタ騎士団が城塞化したヴァレッタは、マルタ島の入り江の多い東北部の海岸に位置しています。

オスマン帝国と戦ったマルタ騎士団ゆかりの都市

マルタの首都ヴァレッタの面積は小さな半島の北半分のわずか0.8k㎡。世界最小のミニ国家ヴァチカン市国の倍ほどと極めて狭い地域に建物がぎっしり立ち並ぶ首都です。いかに狭い首都かはマルタの全面積316k㎡のわずか400分の１しかないことからわかります。ほかの国の例ではほぼ同じ広さのアンドラは16分の１、リヒテンシュタインやサンマリノでは９分の１の面積が首都で、ミニ国家では国自体がとても小さいのでその割合が普通なのです。

ヴァレッタの狭さが異例なのは中世の狭い要塞都市がそのまま首都となったからで、代表的観光名所がそのまま政府機関や公共施設となっています。

武器庫が騎士の鎧や武具が並ぶ博物館となっていて、マルタ騎士団総長館が大統領府と国会議事堂に、最も美しい建物であるカスティーリャ騎士宿舎は首相官邸に、プロヴァンス騎士宿舎はマルタ巨石神殿群から発掘されたマルタのヴィーナスなどが展示された国立考古博物館となっています。

市門から聖エルモ砦まで１kmのリパブリック通りでは、蜂蜜色の石灰岩で造られた建物のほとんどにバルコニーと出窓が付いています。観光名所のほとんどはこの通り沿いにあります。

もっと知りたい！ 16世紀、1万足らずの聖ヨハネ（マルタ）騎士団はオスマン帝国の5万の大軍の包囲を守り抜き、再度の襲来に備え、街を堅固な要塞都市とすることに。城壁を分厚くし、周囲に深い堀をめぐらせたのが今残る要塞です。1578年建造の聖ヨハネ大聖堂の内部は豪華で、騎士団の出身言語別に8つの礼拝堂があり、地下には騎士団総長らが眠っています。

ベルヒテスガーデン

Berchtesgaden

289

所在地／人口 **ドイツ連邦共和国 バイエルン州／7800人**

2つの赤い玉ねぎ形ドーム屋根が印象的な聖バルトロメ僧院。

ヒトラーの別荘鷲の巣もあるバイエルンアルプス

3000m近いバイエルンアルプスの峰々に囲まれた古くからの高級保養地で、「アルプスの庭園」と呼ばれるその美しさは、ヒトラーやナチス高官がこぞって別荘を構えたことから伺い知ることができます。

ドイツで最も美しいと言われるエメラルドグリーンのケーニッヒ湖は南北7.7km・東西1.7kmと細長く、周囲はフィヨルドのように切り立つ断崖になっています。静寂さを保つためエンジン音が出ない観光船で湖上に出ると、ドイツで3番目に高い双耳峰のヴァッツマン（2713m）の絶壁が迫ります。2つの赤い玉ねぎ形ドーム屋根の聖バルトロメ僧院が美しい湖の真ん中で名物になっているトランペットが演奏されると峰々に何度もこだまして、なんともロマンチック。

東郊外の標高1000mの高原保養地オーバーザルツベルクは、ヒトラーやナチス高官たちの別荘が立ち並び、堅固な地下要塞で結ばれていたと言われます。ここからケールシュタイン山頂付近に立つヒトラーの山荘・鷲の巣（現レストラン）へ向かうには専用バスが原則。1700mまで絶景の中を走り、あとの124mは専用エレベーターを利用します。エーデルワイスも咲く山道を5分も歩くと眺望絶景の岩山の最高点（1881m）に到着します。

もっと知りたい！　ベルヒテスガーデン中央駅から徒歩15分のシュロス広場には、バイエルン王の避暑地だったピンクの王様の城やロマネスク様式の聖ペーターース教会、市庁舎などが立ち、フレスコ壁画の旧市街が広がります。駅から徒歩25分の岩塩採掘坑跡では、坑夫と同じ服を着てトロッコで地下空洞へ。木の滑り台を皆で滑り降り、船で地底湖を巡ります。

マンチェスター
Manchester

290

所在地／人口 イギリス イングランド／約55万人

世界有数の工業都市であるマンチェスターの街並みと街を走るトラム。

世界初の鉄道が開通した工業都市

マンチェスターはイングランドの北西部、グレーター・マンチェスター州にある工業都市。ローマ時代にマンクニウムとして歴史を歩み始め、12世紀に羊毛工業が成立して、14世紀にフランドルからの移民が流れ込み発展。毛織物産業の中心地となっていきます。やがて産業革命が起こると、綿工業の中心となり、港湾都市であるリヴァプールから輸送されてきた原料をもとに毛織物製品を製造する工場となりました。

当初運河によって輸送が行なわれてきましたが、なんといっても1830年に開通した世界初の鉄道「リヴァプール・マンチェスター鉄道」がマンチェスターの発展に大きく寄与することとなります。それまでの船舶による輸送は独占企業であったために料金が高く、それが鉄道の開通によって安く、そして早く運べるようになったのです。水力や蒸気機関を用いた工場が立ち並ぶマンチェスターに、リヴァプールから木綿を運んできて完成した製品を送り返し、世界各地へマンチェスターの製品が輸出されていきました。

現在マンチェスターは運河によってアイリッシュ海と結ばれ、外洋船も遡行できるため海港としての機能を持つようになり、多くの鉄道・道路が集中する交通の要衝となっています。

もっと知りたい！ プレミア・リーグ屈指の名門マンチェスター・ユナイテッドの本拠地としても有名で、試合のある日にはホームスタジアムのオールド・トラフォードに多くのファンが詰めかけます。

サルヴァドル

Salvador de Baia

291

所在地／人口 ブラジル連邦共和国 バイア州／約300万人

下町と上町を結ぶ都市エレベーター「ラセルダエレベーター」と、サルヴァドルの港。

サンバが生まれたアフリカンテイストの港街

ブラジル北東部の大西洋に面し、「諸聖人の湾」に抱かれた天然の良港がサルヴァドル。1549年にブラジル植民地総督府がこの地に置かれると、サトウキビのプランテーションとアフリカの黒人奴隷貿易で栄えました。

1763年にリオ・デジャネイロに遷都されるまでの200年余りブラジル最初の首都となったサルヴァドルには、ブラジル最初の司教座が置かれて新大陸での布教の基地となり、16〜17世紀に350もの教会が建てられたので、「黒いローマ」とも呼ばれました。

港に面した官庁・商業地区の下町と高台の石畳の上街（旧市街）とは80mの高低差があり、1873年にできた世界最初の都市エレベーター「ラセルダエレベーター」で結ばれています。旧市街の中心、ペロウリニーニョ広場には奴隷市場だった青い建物や奴隷の競りが行なわれた黄色い建物が立ち、広場の一角には逃亡を図った奴隷をムチ打ち刑にした石柱も残ります。

サトウキビ農園に送られ、過酷な労働にさらされて多くの犠牲者を出した黒人たちのプリミティブな音楽と踊りから生まれたのがサンバであり、この街はアシェーと共にサンバの発祥地と言われます。アフロ・ブラジリアン文化の中心、それがサルヴァドルなのです。

もっと知りたい！ 旧市街のサンフランシスコ教会・修道院は金の装飾が素晴らしく「黄金の教会」と呼ばれます。郊外のボンフィン教会は柵に無数のリボンが結びつけられ「奇跡の教会」と言われます。サルヴァドルのカーニバルはブラジル3大カーニバルとして有名。足だけで戦うアフロ・ブラジリアン文化の武道カポエイラなどもここで生まれました。

ミュンヘン
Munchen

292

所在地／人口 ドイツ連邦共和国 バイエルン州／約150万人

ミュンヘン市内中心部のテレージエンヴィーゼがオクトバーフェストの伝統的な会場。毎年約600万人が訪れます。

バイエルン王国の古都は今はビールとアートの都

バイエルン王国の都の見所は多彩ですが、２つの宮殿と本場のビールが異彩を放ちます。

後進地域であった中世のドイツでは、窓から汚物を捨て、通りで大小の用を足すことが当たり前に行なわれていました。夏は臭くてたまらないと、ヴィッテルバッハ家のバイエルン王も市内のルネサンス、ロココ、バロックからなる欧州一壮麗なレジデンツ宮殿を逃げだす始末。そんな王が建てた夏の離宮が郊外にあるバロック建築のニンフェンブルク宮殿でした。

また、９月中旬～10月初旬にミュンヘンで開かれるオクトバーフェストは、期間中に500万ℓが胃袋に消える有名なビールの祭典。バイエルン王が16世紀に、大麦、ホップ、水以外使ってはならぬとのビール純粋令を定め、不文律としてビールは一番安い飲み物でなければいけないとの決まりがあるおかげで、市民は水やお茶の代わりにビールをたらふく飲めるのです。寒くても青空ビアホールの人気は変わりません。ビールは揺らすとまずくなるので、造っている所で飲むのが鉄則。店内に醸造所を持つビアホールも少なくありません。国際空港にも醸造所があって、特産の上面発酵の白ビールが絶品です。また、ビールにはソーセージが欠かせません。作りおきができないため、午前中しか食べられないゆでた白ソーセージも特産となっています。

もっと知りたい！ ミュンヘンはアートの町でもあります。王家の膨大なコレクションを収蔵するアルテ・ピナコテークや、欧州最大の近代美術館ピナコテーク・デア・モデルネなど多くの美術館のほか、工業技術・自然科学系のドイツ博物館、BMW博物館などがあります。

293

シュタイン・アム・ライン

Stein am Rhein

所在地／人口 スイス連邦 シャッフハウゼン州／約3500人

フレスコ壁画で飾られるシュタイン・アム・ラインの建物群。

街並みがフレスコ壁画で覆われた“屋外ギャラリー”

ドイツやオーストリアとの国境をなす広大なボーデン湖が青く透き通ったライン川となって西に流れ出す地点にあるシュタイン・アム・ラインは、フレスコ壁画の美しさで知られた街です。富の象徴である出窓（張り出し窓）も多く、街並みと景観を守るため設立されたスイスの「ワッカー賞」第１号であることから、「ラインの宝石」と讃えられるスイス一美しい街と言っても過言ではありません。

旧市街の市庁舎広場の中央には、この街の建物の特徴と言えるフレスコ壁画と出窓の２つを備えた1539年建造の市庁舎が立ちます。旧市街の多くの建物が申し合わせたように建物全面をフレスコ壁画で飾っていて、その芸術的風景から旧市街全体が美術館のようです。

特に市庁舎広場を囲む建物は見事で、絵本作家のアロイス・カリジェが1956年に描いたメルヘンチックな壁画があるホテル・アドラー、16世紀初めのルネサンス期の画家がボッカチオの『デカメロン』の場面を描いた最古のフレスコ画がある「白鷺館」は有名。さらに、「王冠」「石のフドウ」「赤牛」「鹿」「太陽」「黒い角笛」などと愛称で呼ばれる壁面全体をフレスコ壁画で飾った家々が広場を囲み、「壁画ギャラリー」と呼ばれることもあります。

もっと知りたい！ 旧市街外れには11世紀創建の旧・聖ゲオルゲン修道院（現博物館）も。高さ180mの小山の上にはホーエンクリンゲン城（現レストラン）が立ち、眼下に旧市街とライン川、遠くアルプスまでの素晴らしい風景が広がります。

ビガン
Vigan

294

所在地／人口 フィリピン共和国 イロコス・スール州／約5万人

クリソロゴ通りに並ぶバ・ハイナ・バト様式の建物。

日本軍大尉が救った世界遺産の美しい街並み

ビガンは、ルソン島北部の南シナ海に面した港町。歴史地区の目抜き通り「クリソロゴ通り」にはバ・ハイナ・バト様式という高温多湿や地震・台風にも強い独特の建物が立ち並びます。1階は石造りのスペイン風、2階は先住民の高床式を取り入れた大きな格子窓がある木造とユニーク。石畳道にはカレッサ（馬車）が走って、16世紀のスペイン統治時代に舞い戻ったようです。

フィリピンの街の多くは第2次世界大戦中の日本軍と米軍の戦場となり焼失しましたが、ビガンの街だけは奇跡的に破壊を免れました。この事情はフィリピン映画『イリウ』によく描かれています。バギオで会ったフィリピンの美少女と偶然ビガンで再会した高橋大尉は、結婚して娘までもうけます。しかし戦況が悪化すると、当地守備隊の高橋大尉に下された命令は街を焼き払って撤退せよというものでした。街に暮らすフィリピン人の友人も多い高橋大尉は苦悩の末、軍命に逆らい、街の破壊をせずに撤退。親交のあったドイツ人神父に妻子を託し、同時に神父を介して米軍に、日本軍はもういないので街の砲撃を中止するよう頼みます。これによって砲撃は直前にとりやめとなりますが、高橋大尉らは北部山中にて全滅しました。こうして守られた美しい市街は、1999年に世界遺産に登録されました。

もっと知りたい！ 街の中心、ブルゴス広場には街のシンボルの聖ポール教会や白い州庁舎、青い市庁舎などが立ち並びます。郊外の1591年建造のバンダイベルタワーは最上階からビガンの街並みが一望できるスポットです。

295

パペーテ

Papeete

所在地／人口 タヒチ（フレンチ・ポリネシア）ソシエテ諸島／約2.6万人

サンゴ礁の海に囲まれたパペーテ。家屋は火山の山裾に沿って立ち並んでいます。

ゴーギャンゆかりの南太平洋の楽園

118の島々からなるフランス領ポリネシアの中心タヒチ島は、２つの火山島が合わさってできたひょうたん型（八丈島に似ている）の島。中央にオロヘナ山（2237m）がそびえ、西海岸はサンゴ礁に囲まれた美しい島です。パペーテはこの島の西北に位置しています。

タヒチにはポリネシア系のポマレ王朝がありましたが、1880年にフランスの植民地となりました。コロニアル時代の面影は、時計塔がそびえる瀟洒な市庁舎や、ステンドグラスがカヌーで赤いとんがり屋根と黄色い壁が特徴の大聖堂に偲ぶことができます。

市の外れの黒砂海岸には1891年に没した最後の王、ポマレ５世の墓が残ります。

白亜の灯台が立つ近郊のヴィーナス岬は、1769年にキャプテン・クックが第１回目の太平洋探検で来訪。金星の太陽面移動の観測をした地です。

部下のウィリアム・ブライはのちに映画にもなった戦艦バウンティの艦長としてパンノキの実を持ち帰る任務で部下たちとタヒチに半年も滞在しています。乗組員のクリスチャンはタヒチでできた恋人との楽園生活が忘れられず、同じ思いの部下らと出航直後に反乱を起こし、艦長らを小舟で追放し、タヒチに戻りました。

もっと知りたい！ フランス後期印象派の画家ゴーギャンは、タヒチの自然と素朴な生活に憧れて移り住みました。ゴーギャン博物館へはパペーテから車で1時間ほどかかります。また、映画『南太平洋』の舞台で山岳風景が素晴らしいバリハイの島、モーレア島へはフェリーで45分（多発）。絶景のベルヴェデールまでは徒歩で往復しての日帰りも可能です。

296

パース

Perth

所在地／人口 オーストラリア連邦 西オーストラリア州／約210万人

豊かな自然が広がるキングスパークからのパースの眺め。

世界の住みたい街ランキング上位の常連都市

パースは豪州大陸の3分の1を占める広大な西オーストラリア州の州都で、インド洋に面した豪州の西南端に位置しています。冬も温暖な地中海性気候で、夏も「フリーマントルのドクター」と呼ばれる涼しい海風のおかげで涼しい環境にあります。1829年に入植が始まると、金や鉄鉱石、ダイヤなどの発掘で繁栄しました。

パース湖北岸に超高層ビルの市街が広がるパースは、豪州の大都市の中では最も自然が美しく、世界の住みたい街ランキング上位の常連でもあります。市街を望む丘の上に広がるキングスパークは、ニューヨークのセントラルパークよりも広い4㎢で、木の高さよりも高い森の中に設けられた空中遊歩道からは、鳥の視点となってパース湖や超高層ビル街のスカイラインを眺められるのが新鮮です。

市街の西にはインド洋に面して砂浜が30km近くも続きます。そのひとつ、電車で30分のコテスロービーチは白砂の砂浜とインド洋に沈む真っ赤な夕日で人気。スワン川をS字型遊歩道で渡れるウォーターフロントのエリザベス・キー（ふ頭）からは、船で沖合18kmに浮かぶロットネスト島に渡れ、笑っているように見える有袋類のクオッカに会うことができます。

もっと知りたい！ 市の中心から南西19kmのスワン川河口にあるフリーマントルは、1897年から続くフリーマーケットなど入植時からの歴史と伝統の港町。フリーマントル刑務所は世界遺産に指定されています。

297

ヤンゴン
Yangon

所在地／人口 ミャンマー連邦共和国 ヤンゴン管区／約520万人

ヤンゴンのシュエ・ダゴン・パゴダ。

黄金に輝く仏教の聖地

ミャンマー（旧ビルマ）南部の東南アジア有数の大河エーヤワディ（イラワジ）川デルタにあるヤンゴンは、ミャンマー最大、東南アジアでも有数の大都市です。

6世紀にはダゴンと称されましたが、18世紀中頃、王によりヤンゴン（「敵はなくなった」の意）と改名されました。19世紀末、英国が占領すると、さらにラングーンと改名され、英国領ビルマの首都となります。そして1989年に軍事政権によって旧名のヤンゴンに戻りました。その後、2006年に内陸のネピドーに遷都され、首都としての役割を終えました。

ヤンゴンの市街はエーヤワディ川の分流ヤンゴン川の左岸（北岸）に東西に延び、川に面した旧市街に旧最高裁判所、旧ビルマ総督府、中央郵便局、セント・メアリー大聖堂など白亜や赤レンガ造りの英国コロニアル風建造物が立ち並び、その西洋風街並みを民族衣装のロンジー（筒型の腰巻）を巻いた市民がそぞろ歩く独特の雰囲気が味わえます。市街北部の東京ドームより広い敷地にそびえ立つ高さ99.4mのシュエ・ダゴン・パゴダは仏教の聖地。黄金に輝くストゥーパの塔頂部に数千ものダイヤモンドやルビーなどの宝石が埋め込まれる壮麗な建物で有名です。また、周囲に林立する50以上の仏塔は夜になるとライトアップされ、究極の美しさになります。

もっと知りたい！ 旧市街を東西に貫くメインストリートの中心のロータリーにそびえるのがシュエ・タゴン・パゴダと並ぶ、有名なスーレー・パゴダ。スーレーとは聖髪のことで仏陀の聖髪が祀られていると言います。

298

サンティアゴ・デ・クーバ

Santiago de Cuba

所在地／人口 キューバ共和国 サンティアゴ・デ・クーバ州／約43万人

パステルカラーの街並みが広がるサンティアゴ・デ・クーバの夜景。

旅順港閉塞作戦立案に寄与した海の要塞

1898年の米西戦争でアメリカは、スペイン領キューバ植民地のサンティアゴ・デ・クーバの港があるマエストラ湾の狭い湾口を閉塞してスペインの艦船を出られなくする作戦を決行しました。この斬新な作戦を観戦将校として目にした日本海軍の秋山真之(あきやまさねゆき)は、後に日露戦争の激戦地になる旅順の湾がそっくりな地形であることに目をつけ、旅順でも実行しましたが、失敗。成功していれば、203高地で屍の山を築くこともなく旅順の無血開城を果たせたかもしれません。

その200年以上前の1638年、この湾口を見下ろす崖の上にサン・ペドロ・デ・ラ・ロカ城塞を42年かけて完成させたのがフェリペ２世です。1590年に無敵艦隊が英国に敗れ、カリブ海のスペイン植民地が英国の脅威に晒されたことを受け、４層構造で砲台を備えた３つの城壁で守られた堅固な造りとなっています。青い海の眺めが素晴らしい要塞は今も当時のまま残り1997年には世界遺産に登録されました。

プランテーションによる砂糖とタバコの貿易で栄え、1523〜1589年までキューバの最初の首都だったサンティアゴ・デ・クーバの街は湾の一番奥にあり、急な坂道の多いほぼ３km四方の旧市街にコロニアルなパステルカラーの街並みが広がっています。

もっと知りたい！ キューバ島の東南端近くにあるこの古都はキューバ革命の聖地としても知られます。この街で子供時代を過ごしたフィデロ・カストロは1953年、わずか121人で今も弾痕が残るモンガタ兵営を襲撃。失敗して捕らわれますが、恩赦され同志のゲバラと合流し、西のマエストラ山中でゲリラ戦を展開。1959年、ついに革命に成功したのです。

ロサンゼルス
Los Angeles

299

所在地／人口 アメリカ合衆国 カリフォルニア州／約400万人

ロサンゼルスには曲がりくねったフリーウェイが縦横無尽に走ります。

自動車中心の街造りをした世界最初の都市

ロサンゼルスはカリフォルニア州南部にあり、19世紀初めにカリフォルニア・スペイン植民地の一部に。スペインから独立したメキシコにより、「天使の街」と名付けられました。1848年に米国領となり、19世紀末からは油田の発見や航空機・自動車産業が栄え、夏はほとんど雨が降らず撮影に絶好な地中海性気候を生かしたハリウッドの映画産業の飛躍的発展で、ニューヨークに次ぐ全米第２の大都市に発展しました。縦横に曲がりくねったフリーウェイが広がる面積1300k㎡もの広大な都市でもあります。

街発祥地のメキシコ人街オリベラ通りや米国最大の日本人街のリトルトーキョーがあるダウンタウン、映画やテレビのスタジオが集まり、歩道にスターの名前が刻まれたウォーク・オブ・フェイムで有名なハリウッド、欧州風街並みのショッピングモールの「ロデオドライブ」が人気の高級住宅街ビバリーヒルス、名画のセットが見られるユニバーサルスタジオ・ハリウッド、ベニスビーチの夕日が美しいサンタモニカなど、見どころは無尽蔵の観光都市です。

どこまでも続く平坦なロサンゼルスで唯一の例外が北部の丘に立つグリフィス天文台で、全米有数の夜景の名所。碁盤目状の市街が無限大に続き、オレンジ色の光の帯が地平線まで続きます。

もっと知りたい！ ダウンタウンにある1928年建造のシティホールは138mの南カリフォルニア最初のビルで27階展望台からダウンタウンが一望できます。ユニオン駅はスペイン・コロニアル風の白亜の駅舎で、シアトル、シカゴ、サンディエゴ行きの長距離列車が発着します。ロサンゼルス現代美術館（MOCA）は世界有数の現代美術コレクションで知られています。

300

サンタフェ

Santa Fe

所在地／人口 アメリカ合衆国 ニューメキシコ州／約7.4万人

ニューメキシコ州議会議事堂は他州のそれとは異なり、スペイン植民地様式と新古典主義様式を融合させたユニークさで知られます。

日干し煉瓦のアドビ建築が立ち並ぶ“アメリカの宝石”

ロッキー山脈南端の標高2130mの高地にある、1607年に造られた、オースティンに次ぐ米国で２番目に古い街ですが、サンタフェに着いた旅行者が驚くのは建物が日干し煉瓦で造られたアドビ建築だということ。ピンク色の街並みは米国のほかのどの町でも見られない独自のエキゾチックなもので、アドビの壁に掛けられた赤唐辛子の赤とのコントラストが美しく印象的です。

これは、20世紀初めの都市計画で歴史的建物を修復し、先住民プエブロ・インディアンの伝統建築にならい市内の建物の外観をアドビ風に統一し、新築はスペイン植民地風としたものです。

パリオ・デ・アナルコ歴史地区の中心であるプラザには、17世紀初め建造という米国最古の公共建築物「総督邸」、最古の教会「聖ミゲル礼拝堂」、最古のマリア像がある「聖フランシスコ大聖堂」が立ちます。

ほかにも米国最古の家ジ・オルディストハウス、グアダルーペ聖堂、高級ホテルのイン・アンド・スパ・アット・ロレットなど、美しいアドビ建築は枚挙に暇がありません。

ロレット礼拝堂には、支柱も釘も使わずに造り上げた木製の螺旋階段があります。まるで空中に浮いたDNAのような形をしており、まさに奇跡の賜物です。

もっと知りたい！ 多くのアーティストが住むサンタフェは、キャニオンロードを中心に200以上のギャラリーや美術商が立ち並び、美術品取引きはパリとニューヨークに次ぐ世界3位という芸術の街でもあります。

プラハ

Praha

301

所在地／人口 チェコ共和国／約128万人

プラハ歴史地区に残る旧市庁舎の天文時計塔とティーン聖母聖堂。

世界遺産「プラハ歴史地区」を生んだカール4世

欧州で最も美しいと言われるプラハの旧市街にはバロックを中心に、ロマネスクからゴシック、ルネサンス、アール・ヌーボーまであらゆる建築様式の建物が4000近くも残され、尖塔が林立していることから「千塔の街」とも呼ばれています。全盛期の14～16世紀にはパリやコンスタンティノープル（現イスタンブール）と並ぶ欧州最大の都市となります。プラハの代表的建物を建造したのが神聖ローマ皇帝となったカール（カレル）4世（1316～1378年）です。

高さ80mの丘にそびえるプラハ城は9世紀後半からありましたが、後世、4万枚のガラス片を使ったミュシャのステンドグラスの美しさで知られることとなる「プラハ城の華」聖ヴィート大聖堂を建造。ヴルタヴァ川に架かる長さ516m・幅9.5mの石橋で欄干に30体の石の聖像が立ち並ぶカレル橋は皇帝の名を冠しています。ほかにも1348年創立と、中欧最古のカレル大学、旧市街広場にある、時計塔で有名な旧市庁舎などを立て続けに建造しました。いずれも世界遺産「プラハ歴史地区」の核となる重要な構成資産なので、皇帝がいなければ、プラハは世界遺産になっていなかったかもしれません。近郊の皇帝建造のカールシュタイン城、西130kmの皇帝が狩りの際に発見した名湯カルロヴィ・ヴァリなど、皇帝名を冠している建物や地名は少なくありません。

もっと知りたい！ プラハ歴史地区は狭く、カール4世ゆかりの地は全部歩いて回れます。プラハ本駅からアール・ヌーボーの市民会館、カレル大学、旧市街広場（旧市庁舎）、カレル橋、プラハ城、ダイアモンド6222個を嵌め込んだ聖体顕示台が素晴らしいロレッタ教会、図書館が美しい1140年創建のストラホフ修道院と、西へほぼ一直線に歩いても4kmほど。1時間で歩けます。

アンタナナリボ

Antananarivo

302

所在地／人口 マダガスカル共和国／約220万人

フランスの植民地だったこともあり、南仏風の家々が連なっています。

郊外でキツネザルが見られるアフリカらしくない街

マダガスカル島はアフリカ大陸の東南沖400kmのインド洋に浮かぶ日本の1.6倍もある巨大な島（面積58.7万km^2）。人口2700万人を抱えるマダガスカル共和国の領土です。

首都のアンタナナリボ（旧名タナナリボ／通称「タナ」）は、南緯約18度の熱帯にあるにもかかわらず、中央高地の標高1276mにあるので夏でも平均20度と涼しく、冬も15度ほどと温暖な常春の地です。

マダガスカルを統一したメリナ王国が18世紀末、アンブヒマンガからタナナリボに遷都。1896年にはフランスの植民地政府の、1960年には独立マダガスカルの首都となりました。

アンタナナリボの中心、独立大通りの両側の狭い坂道に市場が広がっていますが、買い物客の多くはマレー系の顔つきで、アフリカというより東南アジアを旅している錯覚に陥ります。独立大通りの南には人口湖のアヌシ湖が広がり、周囲は10～11月にはジャカランダの紫一色に染まります。

南東にある市内で一番高い丘の上に立つ女王宮は、マダガスカルを初めて統一したメリナ女王が建てた宮殿で、市街の眺めが素晴らしく、夕日の名所ともなっています。

もっと知りたい！ マダガスカルは先史時代にアフリカ大陸から、さらに8800万年ほど前にはインド亜大陸から切り離されたのでキツネザルなどの固有種や絶滅危惧種が多数生息しています。郊外にあるレミューズパークはキツネザルの保護区で、テレビのCMで人気になった横跳びするキツネザル「ベローシファカ」やワオキツネザルなど、9種のキツネザルが放し飼いになっています。

303

キーウエスト

Key West

所在地／人口 アメリカ合衆国 フロリダ州／約2.6万人

中央にある標識が国道1号線の起終点の標識「サザンモストポイント」。

島々を結ぶ182kmの海上ハイウェイの最南端の島

フロリダ半島の南端からカリブ海のサンゴ礁に浮かぶ大小無数の小島「フロリダ・キーズ」には、架かる42の橋を繋げたオバーシーズハイウェイが182kmも西南に延びています。一番長い橋がセブンマイル・ブリッジで全長10.9km。片側1車線と狭いため、車窓のコバルトブルーの海の眺めが素晴らしい海上道路で、全米一美しいハイウェイと呼ばれます。

その終点の小島がキーウエストで、実はカナダとの国境のメイン州フォートケートまで東海岸を南北に縦断する3846kmという全米最長の国道1号線の起点。米国本土48州では最南端の都市で、対岸のキューバの首都ハバナまでは145kmと州都マイアミより近距離の立地です。ハリケーンの通り道なのでキーウエストの建物は低層が一般的です。

真冬でも20度と絶好の避寒地のため、1890年建造のトルーマン大統領の冬の別荘ザ・リトル・ホワイトハウスや文豪アーネスト・ヘミングウェイのスペイン・コロニアル風の家があり、どちらも博物館となっています。

後者には猫好きだった作家が飼っていた珍しい6本指の猫の子孫が数十匹もゴロゴロしており、ファン垂涎のスポットと言えるでしょう。

もっと知りたい！ キーウエストへはマイアミからバスで4時間30分。1935年まではオーバーシーズ・レイルウエイという海上鉄道もありましたが、ハリケーンで被害を受け、廃線になりました。

スース
Sousse

304

所在地／人口 チュニジア共和国 スース県／約28万人

白い家並みが広がるスースの風景。

カルタゴは滅んだがフェニキア人の街は残った

チュニジア中部の地中海に面した海浜リゾートと旧市街メディナを持つ港街スース。カルタゴを築いたフェニキア人がもうひとつチュニジアに築いた街がスースですが、カルタゴとは異なりローマと同盟の道を選んだので、ローマ時代は破壊を免れました。その後、ビザンツ帝国の支配を経て、７世紀にこの街を征服したイスラム軍によって破壊されます。このため、フェニキア人の街はメディナの下に眠り、ローマやビザンツの遺跡もローマのモザイクを除きほとんど残っていません。

８世紀末にイスラムのアグラブ朝が聖都カイルアンの海の玄関口として、海を臨む地に高さ８m・横700m・縦500mの城壁を築きメディナ（旧市街）としました。まず、港を守るため、海に面した北の城壁入口はローマやビザンツ時代の柱などを利用して、高さ38mの監視塔と７つの見晴らし台を持つ正方形の要塞リバトを建てました。74段のらせん階段を登った塔上からは隣接するグランモスクの中庭と、メディナの白い家並み、青い海の眺めが見渡せます。

続いてアグラビット朝代の851年には、隣に要塞を兼ねた堅牢な石造りのグランモスクも建造。ミナレットはなく、アザーン（祈りの呼びかけ）は脇に立つリバトの塔で代用しました。

もっと知りたい！　メディナ北のバージャファルビーチは白砂と青い地中海が広がる「サフェルの真珠」と呼ばれ、西欧人に人気のチュニジア随一のビーチリゾートです。さらに北5kmのヨットハーバー中心の豪華リゾート、ポート・エル・カンタウィに続いています。

本日のテーマ
かつての都はどこも古都の風格

305

南京（ナンキン）

Nanjing

所在地／人口 中華人民共和国 江蘇省／約850万人

南京の城壁と近代化が進む街。

孫権の呉と明の都は中国一の城壁の街

南京が位置するのは、北を幅1.5kmの長江、他３方を山に囲まれた要害の地。それゆえ、呉の孫権（そんけん）がここに王朝を開き「建業（けんぎょう）」と名付けて以来、東晋、南北朝時代の南朝の宋・斉・梁・陳、さらに五胡十国代の南唐、明（３代まで）、太平天国、中華民国と、多くの王朝が同地を首都としてきました。

広大な市街を完全に囲む明代の城壁は33.4kmのうち23.7kmが今も残ります。西安のように一周はできませんが、規模は３倍近く、高さも14〜21m、幅９〜14mもある中国一の城壁の街です。

13ある城門中、最大で最も保存状態がいいのが南端にある中華門。幅約119m・奥行128mの４重の門で、４つの門の間に敵を誘い込み、扉を落として退路を断ち、隠した3000の兵で殲滅したと言われます。さらに城壁の東北部は、孫権が水軍の訓練をしたという周囲15kmの玄武湖が堀となり２重の防護になっています。

城壁東の紫金山麓の明孝陵は、30年の歳月と10万人を動員して造った明初代皇帝の洪武帝（こうぶてい）（朱元璋（しゅげんしょう））の陵墓。1.8kmの参道には当時の支配地域にいたゾウ、ライオン、ラクダなど12対の石獣と４対の石人が並び壮観です。近くには孫権の墓もあり、南京ゆかりの二大英雄が眠ります。

もっと知りたい！ 明孝陵のそばには民主革命の父・孫文の陵墓である中山陵があり、堂内には高さ5mの孫文の大理石像が立っています。ほかにも5世紀の六朝南斉代に洛陽から嫁入りした悲劇の美女莫愁が身を投げたという莫愁湖、3方を長江に囲まれた切り立つ断崖で雄大な長江の流れを一望のもとに納める燕子磯など、城外も見所が尽きません。

306

シビウ

Sibiu

所在地／人口 ルーマニア シビウ県／約16万人

シビウの風景。高台に広がる街並みは、坂と階段、パサージュ（トンネル状通路）が多く立体的な構造となっています。

立体迷路のようなトランシルバニアの古都

12世紀にドイツのザクセン人が入植して築いた高台に広がる坂・階段・パサージュ（トンネル状通路）が多い立体的な街で、旧市街の中心の大広場には1817年開館というルーマニア最古の博物館であるブルケンタール博物館があり、1588年建造の時計塔がそびえています。

タワーと呼ばれる高さ73mの尖塔がそびえるシビウ福音教会はザクセン人が1320年に建てた最古の教会で、大広場北側のマゲル将軍通りに立つバロック様式のカトリック教会は、第１次世界大戦まで現ルーマニアのトランシルバニア地方を領土としたハンガリー帝国が1733年に築いたものです。シビウ大聖堂はルーマニア正教の聖堂ですが、さらにユダヤ教のシナゴーグもあり、シビウの歴史を物語るあらゆるキリスト教宗派の教会が共存しています。

旧市街南端には15～16世紀にオスマン帝国の侵攻に備えて築いた高さ10mの城壁と、ザクセン人が大工の塔や陶工の塔、郵便配達人の塔などギルド別に建てた見張り塔がいくつも残っています。これら無数の文化遺産と1993年から始まったシビウ国際演劇祭が評価され、シビウは2007年には欧州文化首都（旧欧州文化都市）に選ばれました。

もっと知りたい！ 日本はじめ70か国以上が参加して5～6月の10日間開かれるのが、アヴィニョンやエディンバラと並ぶ欧州三大演劇祭のひとつ、シビウ国際演劇祭です。1993年から始まり、演劇やオペラのほか、ダンス、音楽なども披露されます。日本人も中村勘三郎や串田和美が受賞しています。

307

チェスキー・クルムロフ
Cesky Krumlov

所在地／人口 チェコ共和国 南ボヘミア州／約1.4万人

城から見たチェスキー・クルムロフの全景。ヴルタヴァ川が蛇行して旧市街をほぼ一周しているのがわかります。

“ボヘミアの真珠”はだまし絵の街

チェスキー・クルムロフの街との出会いは劇的です。バスターミナルから旧市街へ林間の道をたどり、木々が途切れると、突如、カラフルに彩られた城の時計塔がそびえるメルヘンの世界に迷い込んだかのような街並みが右手に現れるのです。

ヴルタヴァ川を天然の濠とした断崖上には、大小40の棟と塔、5つの中庭、大庭園からなる、小さな街には不釣り合いなほど壮大なチェスキー・クルムロフ城がそびえ立ちます。領主が変わるごとに増築を重ねたことから、ゴシック、ルネサンス、バロックまでさまざまな様式の建物が混在します。ピンクと緑のパステルカラーのだまし絵が素晴らしい1257年創建の時計塔は162段のらせん階段でアーケード回廊まで登れ、眼下に赤茶色の屋根の旧市街と、ヴルタヴァ川の清流、細長い城内まで360度見わたすことができます。バロック様式の劇場やダイニング、鏡のホールなどを経て3層のアーチ橋の上に4層の通路を築いた巨大な石橋を渡ると、夏・冬用乗馬場や回転式観客席が付いた劇場などがある広大な庭園に出ます。ちなみに、だまし絵はスグラット装飾と呼び、漆喰を重ね塗りし、上の層を削って立体的に見せるものです。城内の石畳やレンガ造りなどに見える旧市街の家々も、よく見るとほとんどがだまし絵です。

もっと知りたい！ 旧市街の中心、石畳の狭いシャトラヴスカー通りから眺める城の時計塔は塔だけが視界に入る撮影の好ポイント。ホテル・ルージェは元イエズス会高校・中学の寮と劇場を高級ホテルに改造したもので、裏はヴルタヴァ川に面し、ロケーションも随一です。

ジュネーブ

Geneve

308

所在地／人口 スイス連邦 ジュネーブ州（州都）／約20万人

レマン湖の大噴水は、高さ140mまで水を吹上げ、レマン湖のランドマークとなっています。

国際機関の街はルソーとカルヴァンゆかりの地

欧州で２番目に大きな三日月形の湖のレマン湖西端にあるジュネーブは、スイスのフランス語圏最大の都市。３方をフランス領に囲まれ、狭い所は４kmしかないフランスに突き出た半島のような街です。第２次世界大戦前は国際連盟の本部だった国連欧州本部（パレ・デ・ナシオン）や国連難民高等弁務官事務所、世界保健機関（WHO）、国際労働機関（ILO）、国際赤十字委員会など200以上の国際機関が集まるコスモポリタンな街で、その景観は「ジュネーブはスイスではない」と言われるほど、ほかの都市とは趣を異にしています。この街は２人の偉人で有名。ひとりはレマン湖からローヌ川が流れだすルソー島に胸像がある啓蒙思想家・哲学者のジャン・ジャック・ルソー（1712～1778年）。活躍の場はフランスに移ってからですが、貧しい時計職人の子として生まれ、少年時代を過ごした石造りの生家が残っています。

もうひとりはカルヴァン（1509～1564年）で、フランスより移って旧市街のサンピエール大聖堂で半生を宗教改革に捧げました。彼が説教を行なった木製の「カルヴァンの椅子」が残っています。また、創立者となった神学校・ジュネーブ大学構内には、カルヴァンらを顕彰する高さ100mの壮大な宗教改革記念碑が立っています。

もっと知りたい！ 中央駅に当たるコルナヴァン駅からモンブラン通りをまっすぐに進むと、レマン湖に架かるモンブラン橋に至ります。対岸はイギリス公園で、時計の街ジュネーブを象徴する花時計があります。

サン・ホセ

San Jose

309

所在地／人口 コスタリカ共和国 サン・ホセ州／約35万人

1897年建造の国立劇場はパリ・オペラ座を模したもので、大理石の階段や天井のフレスコ画、シャンデリアが豪華絢爛です。

火山や野鳥などエコツーリズムが発祥した国の首都

南にコスタリカ最高峰のチリボ山（3820m）など3000m級の火山群がそびえる中央部山岳地帯のセントラルバレーにあるサン・ホセは、標高1161mの高原都市。夏でも涼しく暑さをしのぎやすい気候です。小さな村に過ぎませんでしたが、スペインの植民地時代から250年ほど続いていた首都カルタゴが1910年の地震で崩壊した際、サン・ホセ（スペイン語で「聖ヨセフ」の意）に遷都され、発展の道を歩み始めました。

1821年にスペインから独立したコスタリカは、軍事独裁国家が多かった中米では唯一民主主義の伝統が長く、1949年には世界の超ミニ国家以外では稀な軍隊も廃止しています。環境保護の先進国で、エコツーリズムの元祖的存在ともなりました。

サン・ホセはそうしたコスタリカの性格を体現した首都と言えるでしょう。常備軍を廃止した国とエコツーリズムの旗手を物語るのが、1917年建造の旧陸軍司令部要塞跡を利用したコスタリカ国立博物館。文化遺産よりも、自然史コレクションが充実していて、謎の巨大な円珠石やさまざまな鳥の巣・卵などが展示され、蝶愛好家垂涎のモルファ蝶が舞います。

もっと知りたい！ コスタリカはニカラグアとパナマに挟まれた中米6か国のひとつで、太平洋とカリブ海に面した面積5.1万km²（九州よりひと回り大きい）、人口約500万の火山国です。

310

ニース

Nice

所在地／人口 フランス共和国 アルプ・マルティム県／約35万人

白い砂浜が続くニースの海岸。

魅力は海だけでなく、白銀のアルプスも絶景

フランス南東端で、イタリアとの国境近くにあるニースは、何度もドイツとなったストラスブールに似て、何度もイタリア領となったイタリア色が強い街です。マントンからサントロッペまで続くコートダジュール（青い海岸）の中心のニースは、19世紀から貴族・上流階級の避寒地とされてきました。砂浜でなく小石の浜ゆえ透き通った紺碧の海が保たれるビーチには、幅広い遊歩道のプロムナード・デ・ザングレが3.5kmも続き、最高級ホテル・ネグレスコにそのベル・エポック（古き良き時代）を偲ぶことができます。旧市街東の小高い丘にある城跡の展望台からは眼下に弓なりに７kmも続く「天使の湾」と瓦屋根の旧市街の大パノラマが広がり、また、郊外の「鷲の巣城エズ」からも地中海が一望できる絶景の街でもあります。

雄大なアルプスは、実はニースから始まり弧を描いてスイスやオーストリアを経てバルカンまで続きます。モナコとの間のグランデ・コルニッシュ公園からはアルプス山脈の白銀の峰々が一望。日帰りで車窓からのアルプスを堪能するなら標高０ｍのニースからクンド峠(1040m)を越え、イタリアのクーネオまでの列車旅がオススメ。ディーニュ・レ・バンまでのプロバンス鉄道もアルプス前衛の山々の奇峰の連続で、山好きにもニースはマストの地と言えるでしょう。

もっと知りたい！ ニースはアートの町としても有名。国立シャガール美術館は旧約聖書をモチーフにした17点の油絵と青を基調にしたステンドグラスで有名です。また17世紀建造の赤い館に開かれたマティス美術館も見逃せません。

311

ザンジバル・シティ

Zanzibar City

所在地／人口 タンザニア連合共和国 ウングジャ（ザンジバル）島／約24万人

さまざまな様式の石造り建築が立ち並ぶ「ストーンタウン」。

オマーンのアラブ人が建設した旧市街ストーンタウン

アフリカ大陸から35km沖に浮かぶ小島ザンジバルは、10世紀にアラブ商人による奴隷、象牙、金、香料のクローブのインド洋交易の要衝として発展。16世紀の大航海時代のポルトガルによる占領を経て、17世紀からはアラビア半島のオマーンのスルタンが支配。1840年には首都をザンジバル・シティに移しました。19世紀末の英国領を経て1963年に独立。翌年にはアフリカ本土のタンガニーカと合併してタンザニアとなりましたが、ザンジバル・シティはザンジバルの首都として機能し続けました。

オマーンのスルタンがサンゴ石で築いた旧市街がストーンタウン（世界遺産）で、狭い路地にアラブと欧州の文化の影響を受けたさまざまな様式の石造り建築が立ち並び、入口に草花をあしらった模様が彫刻されたアラブドアで統一された美しい民家が続きます。

窓から青い海が見えるスルタンの宮殿のそばには、サンゴ石の漆喰で塗り固められた真っ白な宮殿「驚嘆の家」があります。

郊外にはハマム（浴室）や側室が待たされた部屋が残るハーレムのマルフビ宮殿跡もあり、歴代スルタンがいかにこの街を愛したかがわかります。

もっと知りたい！ ザンジバル・シティがあるザンジバル島は、面積2460km²で神奈川県くらいの大きさ。シティは西海岸にありますが、北や東海岸は白砂の砂浜とエメラルドグリーンの海で、ヌングイ、パジェ、ジャンビアーニなどのビーチリゾートになっています。

312

リヴィフ
Lviv

所在地／人口 ウクライナ リヴィフ州／約85万人

西欧風の街並みをトラムが駆け抜けるリヴィフの景観。

“埋もれた宝石”と呼ばれる西欧色の強い街

ポーランドとの国境に近いウクライナの西端にあるリヴィフ（リヴィウ）には、尖塔がそびえる教会が驚くほど多い西欧風の街並みが広がります。玉ねぎ坊主の塔が目立つ旧ソ連色が濃い首都キエフと対照的で、とても同じ国の街とは思えないほど雰囲気が違います。

13世紀にハルチ・ヴォルニ公国の首都として栄えましたが、14世紀にはヤギェウォ王朝のポーランドに併合され、1772年にはポーランド分割によってオーストリア帝国の領土に。さらに第1次世界大戦後、西ウクライナ人民共和国の首都となるもすぐにポーランド領となり、第2次世界大戦後にソ連の一部となって独立したウクライナでは、西部の中心都市となるなど、目まぐるしい変遷を遂げてきました。

それを物語るように、石畳の旧市街にはローマカトリックの大聖堂から、正教の聖ユーラ大聖堂、両派をミックスしたようなウクライナ・カトリックの変容教会、アルメニア教会、ユダヤ教のシナゴークまで、さまざまな宗教・宗派の教会が共存して隣り合って立っています。外観・内部ともウィーンのオペラ座を思わせる豪華なオペラ・バレエ劇場を目にすると、私たちがイメージする旧ソ連の街とはとても思えなくなります。

もっと知りたい！ 旧市街の中心リノック広場にある市庁舎の塔（65m）に登ると教会の塔やドームが林立する様子を一望できます。いかに教会だらけの街かがわかります。薬局博物館は1735年創業の薬局が今も営業中でその一部が博物館に。街外れのリチャキク墓地には本人の生前の仕事や業績などを表した彫刻が500以上もあり、東欧で最も美しい墓地とも言われます。

深圳（しんせん）
Shenzhen

313

所在地／人口 中華人民共和国 広東省／約1500万人

1500万人の人口を抱え、「中国のシリコンバレー」と呼ばれる深圳の夜景。

テーマパークの錦繍中華と中国民俗文化村が圧巻

深圳は香港特別行政区・新界のすぐ北で、国境を接する「北上広深」と称せられる中国四大市のひとつ。1980年に経済特区となってから急速に発展し、ファーウエイやテンセント、ZTEなどのハイテク企業が進出し、「中国のシリコンバレー」と呼ばれるようになりました。林立する超高層ビルの数も中国では香港や上海と並ぶほど。秋葉原電気街の数十倍規模という電子街・華強北も有名です。

深圳にある錦繍中華（別名「小人国」）は、30万㎡の広大な敷地に中国全土の史跡名勝82か所を15分の1に忠実に縮小したミニチュアランドで、天安門、万里の長城、山海関、上海・外灘、寒山寺、西安城壁、桂林、石林、大理三塔、楽山大仏、長江三峡、白帝城、三峡ダム、竜門石窟、敦煌莫高窟（とんこうばっこうくつ）、火焔山、元陽棚田、チベットのラサ・ポタラ宮など日本人にもなじみの名所が次々と現れます。

隣接する中国民俗文化村（入場券共通）は中国に住む56の民族のうち、タイ族、苗族、イ族、ハニ族など21民族の家屋24棟を原寸大で再現。各民族の生活を紹介したもので、各村では少数民族ごとの舞踊も見られます。

もっと知りたい！ モダンな深圳博物館の新館（地下鉄「市民中心駅」下車）は古代の深圳から英国の侵略を受けた近代の深圳、深圳の民俗文化、改革開放前の深圳、鄧小平による改革開放史などを映像と実物、ジオラマで紹介しています。香港・新開の落馬州展望台から見た1960年代の農村風景の深圳など1500万都市となった今の深圳の急速な発展過程がわかります。

テルチ

Telc

314

所在地／人口 チェコ共和国 ヴィソチナ州／約6000人

ザハリアーシュ広場を囲んで並ぶルネサンス様式や初期バロック様式の建物。

広場が美しい“モラビアの真珠”

プラハとウィーンの中間にあるモラビア地方の小さな街がテルチです。1530年、街は大火で焼失。街の再建に際し、イタリア建築に傾倒していた領主ザハリアーシュは家主に対し、領主の名を冠する2等辺三角形のザハリアーシュ広場を囲む建物を、ルネサンス様式か初期バロック様式にすること、高さを揃えて1階は公共の通路（アーケード）とすることを義務づけました。

ファサード（正面）の装飾や色は自由とされたので、家主たちは競うように趣向を凝らし、張り出し窓や階段状屋根、魯、フレスコ壁画などで飾り付けました。その結果、コーラルピンクやクリームイエローなどパステルカラーの個性的な建物が広場を囲むこととなります。

これほど建築様式が統一され、色彩豊かな広場はほかには類がなく、1992年に世界遺産に登録されました。

広場東にはペストで亡くなった人を慰霊する聖母マリアの柱像、また広場の西には湖に囲まれ「水の城」とも呼ばれたルネサンス様式の領主の居城テルチ城が立ちます。

シュテブニツキー湖の対岸から湖面の影を映すテルチ城やイエズス会教会、聖ヤコブ教会の尖塔が美しく映えます。

もっと知りたい！ 後期ロマネスク様式の聖霊教会の鐘楼を兼ねた時計塔の上からは、広場と湖を一望のもとに収めることができます。

315

ストラトフォード

Stratford-upon Avon

所在地／人口 イギリス ウォーリックシャー／約2.6万人

エイヴォン川沿いはシェークスピアが好んだ散歩コース。その一角に赤レンガ造りのロイヤル・シェークスピア劇場があります。

文豪シェークスピアの故郷は古い市場町

ストラトフォードは、『ハムレット』『リア王』『オセロ』『マクベス』の四大悲劇をはじめ『ロミオとジュリエット』『ベニスの商人』『真夏の夜の夢』など、誰もが一度は作品に触れたことがある世界的な劇作家ウイリアム・シェークスピア（1564〜1616年）が生まれ、育った街です。

ロンドンの西北155kmの美しい緑の丘陵地帯を流れるエイヴォン川の畔にある古い市場町で、通りには漆喰の表面に黒い柱や筋交いを出したチューダー朝様式の木組みの家々が当時のままに立ち並んでいます。シェークスピアが生まれ、少年時代を過ごした木組みの家は、駅から歩いて10分のところにあり、居間、寝室、キッチンや家具調度、ゆりかごなどから16世紀の中流階級の生活を垣間見ることができます。

エイヴォン川べりに高い尖塔がそびえる13世紀建立のホーリー・トリニティ教会は、シェークスピアが洗礼を受け、埋葬された教会。墓所には「我が骨を動かす者に呪いあれ」と謎めいた言葉を書き記しています。

郊外には15世紀半ばのチューダー様式である木組み建築の妻アン・ハサウェイのコテージもあり、花いっぱいの前庭を持つ茅葺屋根のロマンチックな農家が、訪れる人を迎えてくれます。

もっと知りたい！ ホールズ・クロフトはウィリアム・シェイクスピアの娘であるスザンナ・ホールがその夫と暮らした家で、博物館として公開されています。

316

ルクセンブルク
Luxenbourg

所在地／人口 ルクセンブルク大公国 ルクセンブルク市／約11万人

ルクセンブルグの全景。中央がクルンド地区。左手の遊歩道が散歩道のコルニッシュ。

渓谷の断崖上に広がる要塞都市

ルクセンブルク大公国は神奈川県ほどの広さの小さな国ですが、ひとり当たりのGDP（国内総生産）は20年ほどずっと１位（日本は20位台）という世界一お金持ちの国。その首都がルクセンブルク市でヨーロッパの金融センターになっています。

アルデンヌ高原を源とするモーゼル川の支流アルゼット川と合流するベトリュス川が浸食されてＳ字形に蛇行する渓谷をなし、その断崖上に世界遺産に登録されている旧市街が広がるというほかには類のない立体地形の街ができあがりました。

戦火の絶えなかったドイツとフランスに接する軍事戦略上の要衝にあるので、歴史的に侵略が絶えませんでした。そこで10世紀から渓谷の絶壁をなすボック断崖には拡張を重ねた地下要塞が築かれ、川の水も堀の役目をして「北のジブラルタル」と呼ばれる難攻不落の巨大な要塞都市に変貌しました。

ボック断崖から急な階段を降りると18世紀建造の城塞跡のボック砲台が残っています。ここからエスプリ広場まで延びる崖淵の散歩道コルニッシュは、「世界一美しいバルコニー」とも言われ、谷を挟んだ可愛い街並みのクルンド地区の眺めが楽しめます。

もっと知りたい！ 新市街にあるルクセンブルク駅からベトリュス渓谷にかかる高さ42mのアドルフ橋を渡ると旧市街で、渓谷の眺めがいい憲法広場やステンドグラスが美しいノートルダム大聖堂、衛兵交代が見られる大公宮殿、元修道院の市庁舎などの見どころがあります。オーバーワイスやナミュールなどのチョコレートもベルギーに負けずに美味しいです。

317

ダージリン

Darjeeling

所在地／人口　インド 西ベンガル州／約12万人

背後にカンチェンジュンガの雄姿を控えるダージリンの街。

アジア最古の登山鉄道で登るヒマラヤ山脈展望台

ヒマラヤ山脈前衛の標高2200mほどに紅茶畑が広がるダージリンは、英国植民地時代に麓のコルカタをはじめとする在住英国人たちの避暑地として発展しました。夏でも肌寒く、インドに英国とチベット文化も混じる住民の風俗と街並みには独特の雰囲気が漂います。

紅茶と避暑客の輸送のため、1881年に開通したアジア最初の登山鉄道「ダージリン・ヒマラヤ鉄道」（1999年に世界遺産登録）は、標高114mのニュージャルパイグリから2134mのダージリンまで88.5km・標高差約2000mを時速10kmで７～８時間かけて登ります。軌間は610mmの超狭軌で、急勾配と急カーブの連続のため、ループと６か所のスイッチバックが続くジグザクの路線となりました。

かつてはミニSLが全線を運行していましたが、今はディーゼル機関車が牽引。ミニSLのトイトレインは、観光列車「ジョイライド」として終点に近いグームとダージリン（片道１時間）の間を運行しています。

早朝、郊外のヒマラヤ展望台のタイガーヒル（2590m）からは赤く染まる世界３位の高峰カンチェンジュンガ（8586m）の雄姿が見え、好天ならエベレストが見えることもあります。

もっと知りたい！　町の周囲には高級紅茶のダージリンを栽培する「ハッピーバレー紅茶園」があり試飲が可能。また、グーム僧院などのチベット仏教寺院、1843年創建のアンドリュー教会、チベット難民センター、ヒマラヤ動物園、ヒマラヤ登山学校など見どころが多くあります。

318

オアハカ
Oaxaca

所在地／人口 メキシコ合衆国 オアハカ州／約53万人

オアハカの旧市街に拡がるパステルカラーのコロニアル風の家並み。

世界遺産の古代遺跡群に囲まれた先住民族の街

メキシコ南部にある南シエラマドレ山脈の標高1563mの高地にある常春の地です。サポテカ、ミステカ、アステカなど先住民が半分以上を占め、初めて先住民で大統領になったベニート・ファレスにちなみ正式な市名はオアハカ・デ・ファレスと言います。日常的に色とりどりの民族衣装を着ている女性が多く、先住民の伝統文化が息づいている街で、毎年７月にはラテンアメリカ最大の民族舞踊の祭典ゲラゲツァが催され、ダンスだけでなく、各民族の民族衣装の美しさを競います。１月には映画『リメンバーミー』で有名になった「死者の日」のイベントも催されます。

オアハカは、スペインと先住民文化が融合したバロック建築のサント・ドミンゴ教会を中心に碁盤目状に広がり、石畳の旧市街（世界遺産）ではパステルカラーのコロニアル風の家並みが広がっています。西郊外の高さ400mの丘の上に築かれたモンテ・アルバン遺跡（世界遺産）は、紀元前500年から紀元700年くらいまで栄えたというサポテカ族が築いた中米最古の遺跡。石を積んだピラミッド状の神殿、球戯場、天文台、住居が整然と並び、非常に貴重な遺跡とされています。階段で登れる神殿の頂上からは、遺跡はもちろん、オアハカの街と盆地、周囲の山々まで見渡せる大展望を得ることができます。

もっと知りたい！ 近郊には、日本の帝国ホテルを建設したフランク・ロイド・ライトが参考にしたという、雷紋のモザイク装飾が壁面にびっしり施されたマヤのミトラ遺跡（世界遺産）と、ミステコ人のヤグール遺跡（世界遺産）があります。

マラケシュ

Marrakech

319

所在地／人口 モロッコ王国 マラケシュ・サフィ地方／約93万人

屋台で賑わう夕刻のジュマ・エル・フナ広場。

代々イスラム王朝が都としたバラ色の街

マラケシュは、南に北アフリカ最高峰トゥブカル山（4166m）など、冬は雪に覆われるオートアトラス山脈を望む標高450mの高原にあるオアシス都市です。アトラスの南に広がるサハラ砂漠を横断する隊商路の起点として、サハラ以南とスペイン、北アフリカ各地を結ぶ交易路の中継地として繁栄し、ムラービト朝（1062～1147年）に始まり、ムワヒッド朝（1147～1269年）、サアード朝（1554～1659年）など、歴代のイスラム王朝が何度も都を置いてきました。モロッコの国名もこのマラケシュに由来します。

北アフリカ最大級のマラケシュの旧市街（メディナ）は、周囲12km・高さ５m・厚さ２mの赤い城壁で囲まれ、細い路地が網の目のように入り組んだ、迷路のような構造。スーク（市場）ではモロッコ特有のスリッパのバブーシュのほか、陶磁器や雑貨が山のように並びます。

旧市街の中心のジュマ・エル・フナ広場は400m四方と広大で、昔は「死者の広場」と呼ばれ公開処刑場でした。今はお祭り広場と呼ばれ、100を超す屋台が並び、大道芸で１日中賑わい、夜に至っては身動きできないほどの混雑ぶりを見せます。広場西のクトゥービアモスクの高さ77mのミナレットは四面すべて異なる文様が施され、モロッコで最も美しいと言われます。

もっと知りたい！ 8つの城門のうち、西南にある馬蹄型石造りのアグノー門は最も美しく、そばには床タイルのモザイク模様が素晴らしいサアード王墳墓群があります。バヒヤ宮殿は19世紀末に造られたもので、中庭の奥に4人の妃と24人の側室の部屋が並んでいます。天井から壁、柱まで一面に美しいカラフルなタイル装飾が施されています。

ドバイ

Dubai

320

所在地／人口 アラブ首長国連邦（UAE）ドバイ首長国／約330万人

超高層ビルが建ち並ぶドバイの夜景。最も高い塔のようなビルが「ブルジュ・ハリファ」です。

世界一尽くしの摩天楼の街は夕日も素晴らしい

ドバイはアラビア半島のペルシャ湾岸にあるUAE（首都アブダビ）を構成する国のひとつ、ドバイ首長国の首都（都市国家）。平坦な砂漠にあり、夏は50度にもなる高温多湿地ですが、11～3月は20度前後と快適。ドバイ沖の海底油田の富で、近未来都市を彷彿とさせる超高層ビルが立ち並ぶ中東随一の経済と金融の中心都市へと発展を遂げました。

夕日の美しさでも知られ、CNNが選ぶ世界の夕日のベスト12にも選ばれました。

ドバイの街は「世界一」のオンパレードです。

シンボルのブルジュ・ハリファは高さ828m・160階建ての世界一の超高層ビル。124階442mのアト・ザ・トップからはアラビア砂漠まで見えるほど。ほかにも世界最大のドバイ水族館や、1200の店舗からなる世界最大のショピング・モール「ドバイモール」に、それを飾る噴水「ドバイ・ファウンテン」も横幅275m・高さ150mと世界一の噴水で、ブルジュ・ハリファのライトアップをバックにした夜の噴水ショーが人気です。

市街南西のペルシャ湾沿いのリゾートエリアにはパーム・ジュメイラやザ・ワールドなどの人工島群が浮かび、世界のセレブたちの高級プライベートリゾートとなっています。

もっと知りたい！ 沖に浮かぶ人工島に立つブルジュ・アル・アラブは、アラビアの船ダウ船の帆を模した70階321mの世界唯一の7つ星を自称する世界最高級のホテルで、高さ210mにヘリコプターで着けます。全室スイートで、最低でも1泊約40万円はします。ただし、予約すれば、レストランのみの利用も可能です。

321

武漢（ぶかん）

Wuhan

所在地／人口 **中華人民共和国 湖北省／約1100万人**

黄鶴楼がそびえる武漢の景観。何度も破壊と再建を繰り返し、現在の楼閣は清代のものをモデルに1981年に再建されたものです。

租界時代の壮大な洋館が立ち並ぶ街

市街のど真ん中を川幅600m以上の長江が北に流れ、西から漢水が合流する武漢は、1949年に長江西岸（左岸）の漢口と漢陽、東岸の武昌の武漢三鎮が合併して誕生した都市です。

中心は漢口で、1858年の天津条約で英、仏、独、露、日の租界となりました。そのため、租界時代からの漢口のシンボルの時計台「武漢関」がある長江沿いの沿江大道や平行する中山大道、それらと交差する江漢路には、租界時代の重厚な石造りやレンガ造りの洋館が立ち並び、戦前は「揚子江バンド」と呼ばれたほど。本場のバンドである上海の外灘を思わす眺めで、「漢口近代建築群」として数十の洋館に説明書きがつけられており、洋館めぐりが中国一楽しい街となっています。

対岸の武昌は、清を倒した孫文の辛亥（しんがい）革命の蜂起の地として有名ですが、より名高いのが江南三大名楼でも随一と言われる黄鶴楼（こうかくろう）。丘の上に立つ高さ51.4m、黄金色をした５層の楼閣で、60もの軒が天をつくようにそそり立ち、どの角度から見ても同じ外観という独特の建築様式。三国時代の223年創建と伝えられる伝記とロマンに満ちた名楼で、李白も絶賛しています。

もっと知りたい！ 武漢は南北に北京と広州、東西を上海と重慶、成都を結ぶ高速鉄道路線が交差し、それに加えて東シナ海や上海から重慶まで大型船が遡れる長江の河川交通と、中国随一の交通の要衝。地理的にもチベットや新疆、内蒙古などを除いた中国のど真ん中にある「中国のヘソ」と言えます。

アンカラ
Ankara

322

所在地／人口 トルコ共和国 中央アナトリア地方／約450万人

トルコ共和国の国旗が翻るアンカラの城塞。

トルコ建国の父ケマル・アタチュルクゆかりの首都

ムスタファ・ケマル・アタチュルク（1881〜1938年）は紙幣だけでなく、銅像や肖像画が至る所にあるほどトルコでは神格化され、崇拝されています。彼が活躍したアンカラには、駅の南の260mの参道にライオン像が並び、黒い大理石の石棺に納められた壮大なアタチュルク廟が立ち、その功績を讃えています。第１次世界大戦で敗戦国となったオスマン帝国はアナトリア高原だけ残し、イスタンブールなど欧州部分や地中海岸など帝国の大半は連合諸国で分けるという非情な講和条件を突きつけられました。国存亡の危機に立ちあがったのが将軍ケマル・パシャ（のちのアタチュルク）。アンカラを基地に独立戦争を起こし、イズミールなど地中海沿いをギリシャから奪回して互いの利害がバラバラな連合軍を離反させ、トルコから撤退させることにも成功。現在のトルコ領を確保しました。1923年に初代大統領となったアタチュルクは、まず首都をイスタンブールからアンカラに移し、スルタン＝カリフ（イスラム指導者）を廃して政教分離を確立。トルコ帽からイスラム裁判、一夫多妻制、イスラム暦まで廃止。欧化政策も進め、アラビア文字もローマ字に。1934年には婦人参政権も取り入れる先進ぶりを発揮します。こうして現代トルコの基礎を築いた彼は、アタチュルク（トルコの尊父）という称号を与えられたのでした。

もっと知りたい！ アンカラは駅の北の旧市街ウルスに20〜25年頃のアウグストゥス帝の神殿跡と3世紀建造のローマ浴場跡の2つの古代ローマの遺跡が残ります。また、丘の上には7世紀にビザンチン帝国が築いた2重の城壁をもつ城塞がそびえています。アナトリア文明博物館は復元されたチャタルホユック神殿が見もの。民俗学博物館も必見です。

323

ラパス

La Paz

所在地／人口 ボリビア多民族国 ラパス県／約76万人

ロープウェイから見たラパスの街。すり鉢状に都市が広がっています。

標高4000mの天空都市は世界最高所の首都

6000m級のアンデスの高峰に囲まれたラパス（パスは「平和」の意）は標高3600mの世界一高い首都ですが、空港は4100m弱とさらに高く、酸素マスクが常備されているほど。ラパス市街へのアプローチは多くの人が過去に経験したことがないほど劇的なものです。

ラパスの市街はすり鉢状に広がっていて、空港からのバスはまず、すり鉢に淵に着きます。すり鉢全体に広がる立体的な街並みに仰天することでしょう。淵と底では400mの標高差があるので、最短距離のまっすぐでは急坂過ぎて降りられません。したがって、その異次元的風景の中を山を下りるのと同様に、バスはらせん状に底までぐるぐると降りていくのです。

酸素濃度が比較的高く健康にもいい底には高所得者が住み、高層ビルが立ち並ぶ中心市街が広がります。4000mと富士山より高く、坂を登るにも息が切れる淵付近には先住民など貧民層が多く、所得と家の標高が反比例する不思議な光景です。世界のほかの場所では超高層マンションの最上階にはたいてい高所得者が住んでいるので、全く逆なのです。ラパスには世界でも唯一の底と淵上を結ぶロープウェイ「ミ・テレフェリコ」が10路線、30.2kmもあり、車内や淵の駅付近からボリビア最高峰の万年雪を頂くイリマニ（6402m）を一望することができます。

もっと知りたい！ 底にある市の中心、ムリリョ広場には大統領官邸やイタリア・ルネサンス様式の国会議事堂があり、そばのハエン通りにはカラフルな植民地時代の家並みが。先住民インディハナが人口の半分以上を占めるので、三つ編みの髪に山高帽をかぶり、カラフルなショール姿で伝統の風呂敷アグアヨを背負った女性たちをどこでも見かけます。

ウーティ

Ooty

324

所在地／人口 インド タミル・ナードゥ州／約24万人

高原地帯の斜面に家屋が点在するウーティの風景。

アプト式ラックレイルの登山鉄道で登る雲上の楽園

ウーティは、南インドに屏風のように屹立する西ガーツ山脈の南部、ニルギリ山地にある標高2240mの高原都市で、ウダカマンダラム（ウータカマンド）とも呼ばれます。夏の日中でも20度前後と冷涼な気候なため、マドラス（現チェンナイ）管区の英国人のための夏の首都でした。

標高326mのメットゥパラヤムと2203mのウーティ間45.9kmを4時間50分かけて登るニルギリ山岳鉄道は、英国人の避暑と紅茶の運搬のために1908年開通。ダージリン・ヒマラヤ鉄道、カルカ・シムラー鉄道とともに「インドの山岳鉄道群」として世界遺産に登録されています。

ニルギリ山岳鉄道はほかの2つの山岳鉄道と異なり、最大勾配が83.3‰と急峻のため、前半のカラル（381m）とクーヌール（1712m）間はアプト式のラックレイルとなっていて、SLが最後部から押し上げながら進み、後半をディーゼル機関車が引き継ぎます。1000㎜の狭軌で、途中に16もの素掘りのトンネルと無数の橋梁・滝・茶畑などの絶景が車窓に広がり、飽きることがありません。紅茶畑が広がるウーティでは、ジープでも行けるニルギリ（「青い山」の意）の最高峰ドッダベッタ山（2637m）の展望台から、ウーティの街並みと草原などの大パノラマを眺めることができます。

もっと知りたい！ ウーティには中心に広がる1824年建造の人造湖のウーティ湖や1848年にできた22haの植物園でバラが咲き乱れるローズガーデン、1849年建造の聖シュテファン教会などがあります。

325

ハリファックス

Halifax

所在地／人口 カナダ ノバスコシア州／約43万人

シタデルの麓に立つ時計台オールドタウン・クロック。時間を守らない市民や軍隊に時間を厳守させるため英国から贈られた街のシンボル。

北米にあるタイタニック号ゆかり地

カナダ横断鉄道VIAの起点であるカナダ本土東端のハリファックスはノバスコシア州の州都で1749年に建設された古い英国植民都市のひとつでした。

大西洋に面した天然の良港で、港町特有の坂の多いダウンタウンのビクトリア様式や19世紀建造の石造りビル群を辿ると、古い倉庫や建物を改造したレストラン、バー、ギフトショップが並ぶヒストリック・プロパティーズに出ます。

市街と港を見下ろす星型の城塞シタデルはフランスの攻撃に備えて英軍が築いたもので今も正午に大砲を鳴らして時を伝えています。周りの堀に水が張られていないのは、凍った時に敵に攻め込まれるのを防ぐためです。

大西洋海洋博物館にはこの港を目指しながら1912年４月に事故で沈んだタイタニック号の１～３等船室が再現され、遺品が展示されています。原型を留めたデッキチェアは涙を誘います。大西洋海洋博物館から少し離れたフェアビュー墓地には121基の墓碑が船の形に並んでいます。そのなかのひとつＪ・ドーソンと書かれた墓碑が、映画の架空の主人公名をジャック・ドーソンとするヒントになったと言われます。

もっと知りたい！ カナダ最東端のアトランティック・カナダ4州は、「カナダはここに始まる」が観光のキャッチフレーズであるカナダ発足の地で米国のニューイングランド13州に相当。ハリファックスがあるノバスコシア州もそのひとつです。ハリファックスには学校が多く、『赤毛のアン』の作者モンゴメリも多感な女学生時代をハリファックスで過ごしました。

326

フェズ

Fez

所在地／人口 モロッコ王国 フェズ・メクネス地方／約98万人

フェズでは、家屋の屋根を利用して染物業が盛んに行なわれます。

建物だけでなく中世の生活も残る古都

フェズ（フェス）の都としての歴史は8世紀のイドリース朝（788～985年）から始まり、マリーン朝（1196～1465年）、ワッタース朝（1472～1554年）、アラウィ朝（1631～1672年）と多くのイスラム王朝の首都となりました。

9世紀にスペインのアンダルシアからの大量の移住者がフェス川東岸のアンダルス地区に住みつき、一方、フェス川西側に集団移住したのがチュニジア・カイルアンからのアラブ人たちでした。両岸は繋がってひとつの街となり、東西2.2km・南北1.2kmの街を城壁で囲んだのが旧市街フェス・エル・バリ（古いフェス）で、その西にもうひとつ「新しい旧市街」があります。

12世紀末にはマリーン朝が旧市街の西側に城壁で囲んだ市街を拡張。これがフェス・エル・ジェディド（新しいフェス）。その外側にフランス植民地時代の新市街が広がります。

1200年の歴史を持つ旧市街フェス・エル・バリの中は起伏があって曲がりくねった1万近い路地が網の目のように絡み合い、世界最大の迷路ともなっています。車は一部の道以外通れません。歩くか、乗り物はロバかラバくらいで、建物だけでなく、人々の生活も中世からあまり変わっていません。

もっと知りたい！ フェス・エル・バリ入口のブー・ジュルード門をくぐると14世紀建造の神学校ブ・イナニア・マドラサが。中庭の壁一面に繊細な漆喰彫刻とタイルモザイクが施されています。旧市街に皮なめしや真鍮細工、香辛料、布地、織物、家具など同じ職種だけが集まるスーク（市場）があります。

喀什（カシュガル）

Kashgar

所在地／人口 中華人民共和国 新疆ウイグル自治区／約37万人

カシュガルのエンティガールモスク。中国最大のモスクです。

玄奘やマルコポーロも訪れた“シルクロードの真珠”

カシュガルはタクラマカン砂漠の西端にあるオアシス都市で、シルクロードの要衝として古くから文明の十字路であり、漢代は疏勒（しょろく）国の都、唐代には安西四鎮のひとつとして栄えました。現在は８割がイスラム教を信仰するウイグル民族で、ウイグル人の心の故郷となっています。

左右に高さ18mのミナレットがそびえるエンティガールモスクは、明代の1442年創建の中国最大のモスクで、清代の19世紀に今の規模となりました。正面の大門の扉と礼拝堂天井に美しいアラベスク模様が施されています。

東郊外の池畔に立つ香妃墓（アバク・ホージャ廟）は17世紀にカシュガルを支配したアバク・ホージャ一族５代72人の墓で、そのひとつです。香妃はアバク・ホージャの孫で、伝説では1760年に西域を平定した清の乾隆帝に妃として26歳で召されましたが、皇帝の求愛を拒み続け、短刀を胸に当て自害。29の若さでこの世を去った香妃はカシュガルに送り返され香妃墓に葬られたとされます。しかし実際の彼女は皇帝の愛を受け入れ、死後は北京近郊の清東陵に葬られ、香妃墓には衣冠が納められていると言われます。香妃という名は、香水を付けなくても体中からナツメの花のふくいくたる香りが漂ってくるためです。

もっと知りたい！　カシュガルのバザールは2000年の歴史を持ち、5000の店がひしめく新疆最大のスケール。特に日曜バザールは盛況で、フルーツはハミ瓜やトルファンの葡萄、クチャの杏、コルラの梨などが集ります。エンティガール寺院裏の職人街には帽子や靴、真鍮細工、木工細工など職種別の店が並びます。

シナイア
Sinaia

328

所在地／人口 ルーマニア ブラホヴァ県／約1.5万人

ルーマニア国王カロル1世によって建設されたペレシュ宮殿。

欧州有数の城と僧院がある“カルパチアの真珠”

シナイアはブカレストの北127km、カルパチア山脈のブチェジ山（2507m）中腹にある標高800〜1000mの高原避暑地。夏でも20度前後と涼しいルーマニアの軽井沢とも言える都市で、18世紀には王侯貴族や上流階級の高級避暑地として栄えました。今はホテルとして活躍するとんがり屋根の山荘や、旧貴族の別荘、木のタイル葺き屋根の伝統的民家などが散在する美しい街で、「カルパチアの真珠」とも呼ばれています。

シナイアの森のなかに立つペレシュ宮殿は、19世紀後半にカロル１世がルーマニア王室の夏の離宮として建てた欧州一と言っても過言ではない華麗な宮殿です。金に糸目をつけずに凝りに凝って造らせたもので、内外壁とも木彫りで飾られ、160の部屋はドイツ・ルネサンスの豪華な広間をはじめ、部屋ごとにロマネスク、ゴシック、ルネサンス、バロック、ロココ、ビザンチン、ムデハル、トルコ、アール・ヌーボーなどさまざまな様式で造られ、建築史の絶好の教材になっています。もうひとつの必見が街の名ともなったシナイア僧院。新旧の僧院のうち、奥の古い僧院が白眉です。多くの白壁の僧房に囲まれた中庭に立つ1695年の創建当初からの白壁の建物で、礼拝堂内部の壁や天井にびっしり描かれたフレスコ壁画は見逃せません。

もっと知りたい！ シナイアはカルパチア山脈の大自然も手軽に味わえる街です。ロープウェイでホテルがあるコタ1400で乗り換え、コタ2000（標高2000m）まで歩かずに行くことができます。健脚なら徒歩2時間半でスフィンクスに似た奇岩で知られるブチェジ山頂のオム峰（2507m）まで到達します。

329

ヘルシンキ

Helsinki

所在地／人口 フィンランド共和国 ウーシマ県／約62万人

ムーミンの作者トーベ・ヤンソンが生まれ育ったヘルシンキの街。

「ムーミン」の作家が活躍した“バルト海の乙女”

フィンランドでは少数派のスウェーデン語話者のひとりが、ムーミンを生んだ作家・画家のトーベ・ヤンソン（1914～1998年）です。バイキングラインの発着港やスカイサウナがあるカタヤノッカ地区で生まれた彼女は、子供の頃は今ではトーベ・ヤンソン公園と呼ばれる公園を遊び場としていました。その隣の丘の上に立つのが、赤レンガ造りのウスペンスキー大聖堂（ロシア正教）で、港や市街を一望できる展望スポットとなっています。聖ヨハネス教会そばにあるネオゴシックのデザイン博物館は、トーベが通っていた元小・中学校で、通学路にはトーベゆかり地が点在します。またプロムナードになった細長いエスプラナディ公園にある噴水・水の精の人魚像は、少女トーベをモデルにした彫刻家の父の作品。国立劇場北のカイサニエミ公園にも大人になったトーベをモデルに父が制作したコンヴォルヴルス像があり、父親の愛情を感じさせます。

スウェーデン劇場は、1949年に『ムーミン谷の彗星』が世界で初めて上演された場所。さらに劇場から南西に10分も歩くと、ムーミンをテーマとするフレスコ画の『都会のパーティ』『田舎のパーティ』が展示されたHAM市立美術館に至ります。

ムーミンファンにとっては、時間を忘れて散策してしまいそうな町です。

もっと知りたい！ トーベゆかりの地はほかにも多くあります。中央駅前には絵画の勉強をしたアテネウム美術館、駅から西へ1.5kmのヒエタニエミ墓地には墓石に像が彫られたトーベの墓があります。また、ウッランリンナ地区にあるトーベのアトリエには幼い頃のトーベの顔のレリーフが。そのそばの天文台は『ムーミン谷の彗星』創作のヒントになったと言われています。

リヤド

Riyadh

330

所在地／人口 サウジアラビア王国／約525万人

リヤドの高層ビル群。中央に見えるのがキングダムセンター。

オイルマネーで大発展を遂げるサウジアラビアの首都

アラビア半島内陸の中央部に位置するサウジアラビアの首都リヤドは、近年急速に発展してきた都市です。1988年に200万人であった人口が、2015年の段階で525万人と急速な伸びがそれを証明しています。

王族の金融関連会社のオフィスなどが入るキングダムセンターなど、近代的なビルが立ち並ぶ現在のリヤドですが、第２次世界大戦直後は、土煉瓦の家々と低層のビルが不規則に並ぶ街で、道路も未舗装でした。石油の富がサウジアラビアに還元されるようになると急速に発展。今ではアラビア半島最大の都市であり、経済の中心へと成長しました。

リヤドが首都となったのは、サウジアラビア建国の歴史と密接な関係にあります。かつてこの地はサウド家によるワッハーブ王国（第１次）がありましたが、エジプトのムハンマド・アリーによって滅ぼされました。

1820年代にリヤドを首都として王国が再建されますが、今度はラシード家に滅ぼされてしまいます。しかし、サウド家は諦めず、1902年にアブド・アル・アジーズ・イブン・サウドがリヤドを奪還し、のちのサウジアラビアの基礎を築き上げたのです。

もっと知りたい！ 現在のサウジアラビアは、1902年にわずか22歳のアブド・アル・アジーズ・イブン・サウードがリヤドをラシード家から奪回して建国した第3次王国です。1927年にイギリスとジッダ条約を結んで独立を承認させ、1931年にナジュド及びヒジャーズ王国の建国を宣言すると、1932年に主要地域を統一してサウジアラビア王国が成立しました。

331

サンフランシスコ
San Francisco

所在地／人口 アメリカ合衆国 カリフォルニア州／約86万人

サンフランシスコの街を走るケーブルカー。

坂の多い全米一美しい港町

サンフランシスコの名は聖フランシスコ会の修道士に由来します。

カリファルニア州中央にあり、冬も温暖な地中海性気候で霧の多い７～８月は涼しいを取り越して寒いほど。港町には坂が付きものですが、この街には50以上の坂があります。曲がりくねった道として有名なロンバート・ストリートは27度の傾斜があり、人は階段を利用し、車は下りの一方通行で８つのヘアピンカーブを下らなくてはなりません。パステルカラーの可愛い街並みを前景に、ダウンタウン全景が眼下に広がるアラモアナ・スクエアや、ダウンタウンと港を一望できて夜景もきれいな標高300m弱のツインピークスなど、サンフランシスコが、世界でも有数の美しい街と呼ばれるのは無数の坂からの市街と港の眺めのおかげです。路面電車では坂を上り下りできないため、名物のケーブルカーの出番。シーフードの露店が並ぶフィッシャマンズワーフは市の中心ユニオン・スクエアからケーブルカーで北に坂を上りつめ、下った所にあります。

またサンフランシスコのシンボルとなっているゴールデンゲイト・ブリッジ（金門橋）は、全長2737m・中央径間1280mというかつて世界一だった赤い吊り橋で、海面まで367mの高さを歩いて渡ることもできます。

もっと知りたい！ 丘の上からだけでなく、フィッシャマンズワーフ東のピア39からの市街と港の夜景もオススメ。日本茶庭園は1894年開園の2万㎡の日本庭園で池と橋、茶亭が配されています。

リヨン
Lyon

332

所在地／人口 フランス共和国 メトロポール・ド・リヨン県／約52万人

バルトルディの噴水とリヨンの市庁舎。絹の交易で繁栄した当時の名残を伝えます。

日本との深い縁がある伝統絹織物とグルメと街

紀元前1世紀の古代ローマのガリア植民地の都だったリヨンは、2000年以上の歴史をもつ古都です。フランス王国領になってからは南北欧州を結ぶ交通の要衝という地理を生かし、16世紀には絹交易の一大中心となりました。

19世紀に入ると最新のジャカード織機の発明で全盛期を迎えます。ところが蚕の病気の蔓延で絹産業はピンチに。幸い病気とは無縁の日本の横浜から、大量の生糸や蚕を輸入して危機を脱しました。これが縁でリヨンは、横浜と姉妹都市縁組をしています。日本も輸出用の生糸の大量生産で粗悪品が続出したため、信用回復を図って、絹織物の先進地域のリヨン出身の技師ポール・ブリュナーを招いて初の国営富岡製糸場を建造しました。

ソーヌ川とローヌ川の合流点にあるリヨンの街では、旧市街の丘の上に立つノートルダム・ド・フルヴィエール聖堂から、2つの川に挟まれた半島状の新市街までの大パノラマが広がります。12世紀建造のサンジャン大司教館は、ロマネスクとゴシック混合の傑作。丘の下の旧市街には絹織工房が何千軒もあった頃のトラブールと呼ばれる屋根付きの通り抜け通路がいくつも残ります。これは、商品を濡らさないためのもので、いかにも絹の街であることを感じさせます。

もっと知りたい！ リヨンは永井荷風の『ふらんす物語』やリヨン大学に留学した遠藤周作のエッセイなど、近年も日本との縁が深い場所です。また、美食の都として名高く、ブションと呼ばれる居酒屋風の庶民的レストランが無数にあります。本場のボージョレーと一緒にいただきたいクネル（肉や魚のすり身を蒸したもの）やデザートの赤いプラリーヌのタルトが名物です。

333

ムツヘタ
Mtheta

所在地／人口 ジョージア（グルジア） ムツヘタ・ムティアネティ州／約8000人

ジョージア最古のスヴェティツホヴェリ大聖堂と、ムツヘタの町並み。左の山の上はジュヴァリ修道院。

ローマより早くキリスト教を国教化した国の都

首都トビリシからグルジア軍用道路を北に20kmのムツヘタは、地中海とペルシャを結ぶ交易路の要衝にあり、紀元前3～紀元6世紀にイベリア王国の都として栄えました。

カッパドキアから来た女性伝道師、聖ニノの奇跡を目にした国王ミリアン3世が、334年、ローマ帝国よりも早く、アルメニアに次いで世界で2番目にキリスト教を国教化したのが今のジョージアです。

街の中心に立つ城塞のようなスヴェティツホヴェリ大聖堂は、国教化後最初に建てられたジョージア最古で規模も2番目の聖堂。ジョージア正教の総主教座として歴代王の戴冠式が行なわれてきました。6世紀のトビリシへの遷都後も総主教座は長く留まり（現在はトビリシに）、今も信仰の中心として心の拠り所となっています。

街を見下ろす山頂に立つジュヴァリ修道院は、ニノが自分の髪とブドウの枝で編んだ十字架を立てた地に建造されたもので、建物自体が十字架型をしたジョージア様式の典型。聖堂内にニノの十字架（レプリカ）が今も残ります。ジョージア一の聖なる場所として崇拝の対象であると同時に、ここからは2つの川の分岐点に広がる市街の素晴らしい眺めを堪能することができます。

もっと知りたい！ 大聖堂の名であるスヴェティツホヴェリ（「生きた柱、生命を授ける」の意）とは、木造の教会を建設するため伐採された木が宙に浮き、ニノの祈りで地に降り立った時、木の病を治す樹液が流れ出たという伝説からこの名がついたとされます。

ネルソン
Nelson

所在地／人口 ニュージーランド 南島／約6万人

ニュージーランドの中心を示すモニュメント「センター・オブ・ニュージーランド」。

日照時間随一のアートと漁業とワインの街

南島の北端、タスマン湾に臨むネルソンは晴れの日が多く、日照時間の長さを生かして白ワインの生産が盛んに行なわれてきました。漁獲量もニュージーランドの半分を占め、絶好の気候に新鮮な魚介とワインということで、ニュージーランド人が最も住みたい街のひとつとされています。そうした気候に誘われてか、芸術家も多く移り住んで、ネルソンはアートの街としても有名になりました。

スーター美術館は19世紀に活躍したニュージーランドの風景画家ジョン・グリーの水彩画や地元アーティストの絵画、陶芸など斬新な作品を数多く所蔵します。また、スウェーデンからの移民が造ったホグランド・アートグラス工房は、洗練されたシンプルなスウェーデン調のデザインながら、赤、青、緑、オレンジなど鮮やかなニュージーランド独特の色合いに仕上げています。

ニュージーランドの地理的中心に位置し、ボタニカル・ヒルの頂上には「センター・オブ・ニュージーランド」のモニュメントが立ち、街とタスマン海が一望できます。沖合には天橋立に似た砂州ボルダーバンクが海岸線と平行に延びています。しかもそれが縁で宮津市と姉妹都市になった上、ミヤズパークまで設けられています。

もっと知りたい！ ネルソンのファウンダーズ・ヘリテージパークは、銀行、商店、駅舎、列車、バス、消防車、風車など開拓当時の古い街並みと交通などを再現。19世紀後半のニュージーランドにタイムスリップできます。

335

シュタイアー
Steyr

所在地／人口 オーストリア共和国 オーバーエスターライヒ州／約4万人

シュタイアーの街並み。細い街路に中世に迷い込んだかのような錯覚を受ける建物が建ち並びます。

シューベルトが「ます」を作曲した美しい街

シュタイアーは、ウィーンの西172kmの山間のドナウ川支流のシュタイアー川とエンス川の合流点にあります。10世紀に城が築かれた1000年の歴史を持つ古都で、古来の街道「鉄の道」がこの街を通り、南の鉄鉱石産地アイゼンエルツに通じていたので、昔から鉄製品の産地として栄えました。駅から10分ほど歩くと２つの川の合流点に出ます。

この街に滞在していたシューベルトは、この清流で泳ぐますの群れを見てピアノ五重奏「ます」を作曲したと言われます。

橋の袂からは透き通ったエンス川沿いの美しい街並みが広がります。橋を渡ると聖ミカエル教会が見え、左折すると道は二股に。右は創建が980年という高台のランベルク城に至る登り坂。左に進むと中世以来の石畳の街並みが残る旧市街の中心で、細長いシュタット広場に出ます。

シュタイアー様式の典型とされる13世紀創建の壁面、出窓の細やかな装飾がゴシックの最高傑作と讃えられる邸宅ブンメルハウス、時計塔がそびえる1778年建造の市庁舎、ピンクのマリエン教会、バロックのドミニカーナ教会、水色のシュテルンハウスなど美しい建物群が広場を囲み、近くの街ヴェルスの広場とともにオーストリアで一番美しい広場とも言われます。

もっと知りたい！ 鉄道の幹線上にはないので、ヴェルスやアドモント、ドルンビルンなど、オーストリアだけでなく、小さな街ではヨーロッパで最も美しい街のひとつ言われながら、知る人ぞ知る穴場の街となっています。

コペンハーゲン

Copenhagen

336

所在地／人口 デンマーク王国 シェラン島／約56万人

アマリエンボー宮殿から300mほど離れた位置にあるニューハウン（新港）。国王クリスチャン５世によって建設されした一角です。

欧州最古の王室は旧市街に3つもの城館を持つ

デンマーク語では「クベン・ハウン」と発音し、商人の港を意味するコペンハーゲンは、17世紀のクリスチャン４世（1577～1648年）の時代に発展した中世以来の港町です。

11歳で王位継承したクリスチャン４世は1588～1648年と在位期間が60年にも及び、現在の国歌「クリスチャン王は……」でその業績が劇的に謳われるほどの名君です。宿敵、スウェーデンのグスタフ２世とは勝ったり負けたりで、結局、現在はスウェーデン南部となっているスコーネ地方をはじめ多くの領土を失い、本国は小国となってしまいましたが、探検を行なった世界最大の島（デンマーク本国の55倍）のグリーンランドはデンマーク領です。

何とインドにまで艦隊を送り、数か所にデンマーク東インド会社を設立しています。市内・近郊にクリスチャン４世が建てた建造物も多く、歴代デンマーク王の居城クリスチャンボー城に隣接する尖塔がそびえる細長い建物はルネサンス様式の旧・証券取引所です。ルネサンス様式の離宮がローゼンボー城で、王冠や王笏などの宝飾コレクションは必見です。名物の人魚像そばの星型の城郭カステレットの建造も、ハムレットで知られるクロンボー城を海峡通過税を取った利益で堅牢の城郭に改造したのも王でした。

もっと知りたい！ 王が天文台として建てた高さ36mの円塔タワーの全長209mのらせん通路を訪問したロシアのピョートル大帝は馬で、エカテリーナ王妃は馬車で駆け上がったというエピソードが残ります。クリスチャン4世はコペンハーゲン西近郊にあるロスキレ大聖堂（世界遺産）に眠っています。

ヴィリニュス

Vilnius

337

所在地／人口 リトアニア共和国 ズーキア地方／約57万人

ヴィリニュスの街並み。奥に見えるギリシャ神殿風の建物が大聖堂です。

小ローマと呼ばれる教会だらけの首都

リトアニアの首都ヴィリニュスは、海に面したタリンやリガと異なり、ヴィリニャ川がニャリス川に合流する内陸にあります。ヨーロッパ最大級の旧市街が広がり、２つの川が市名の由来。

旧市街には全盛期の15〜16世紀に、無数の教会をはじめ、1579年創立のバルト海諸国と旧ソ連で最初の大学、城など、2000近いゴシック、バロック、ルネサンス様式の建物が建てられました。現在でも敬虔なカトリック教徒が多いため、精緻な装飾を施した教会が至るところに林立。面積当たりの教会数はヨーロッパ一で「小ローマ」とも呼ばれます。

リトアニアのカトリックの中心は、1251年創建のギリシャ神殿風の白亜の大聖堂。53mの鐘楼からは時報が流れます。

1501年改築の聖アンナ教会は33種の赤レンガを積み重ねて建造した後期ゴシックの傑作で、ロシア遠征途中のナポレオンがこの教会を持って帰りたいと語ったほど。陽が当たると赤味が増し、燃え上がる炎のように見えるため、夕暮れ時に訪れるのがオススメです。

真っ白い聖ペテロ・パウロ教会は17世紀末にロシアからの解放を記念して建てられた教会で、内部の200人もの手で彫られたという2000を超す漆喰彫刻が圧巻です。

もっと知りたい！ 旧市街南端の夜明けの門はただひとつ残る2階建ての城門で、2階が礼拝堂になっています。そこに安置されている聖マリアの肖像は奇跡を起こすとされ、市民の祈る姿が絶えません。

モナコ(モンテカルロ) 338

Monaco

所在地/人口 モナコ公国/約3.8万人

世界新三大夜景に選ばれたモナコの夜景。

世界で2番目に小さな国にある世界新三大夜景

フランスに3方を囲まれ、地中海に面したモナコ公国は、面積2k㎡とヴァチカン市国に次いで世界でも2番目に狭いミニ国家。都市国家を形成する4地区のうち、モナコ市街地区が首都となっています。1k㎡当たり1.9万人と、世界一の人口密度ですが、タックスヘイブンゆえ、モナコ国籍者は16%ほど。ほかは仏や伊などの外国籍セレブという人口構成です。公国は13世紀の建国で、1956年にレーニエ3世がハリウッド女優のグレース・ケリーと結婚して話題になりました。1993年には国連にも加盟しています。

東端のモナコ市街地区には政庁や衛兵交代が見られる大公宮殿、1982年に交通事故で亡くなった王妃グレース・ケリーと歴代君主を祀る白亜のモナコ大聖堂、海洋博物館、日本庭園などが立ち並びます。その西はモンテカルロ地区で、1000人収容のモンテカルロ国営カジノ、パリ・オペラ座を模した1879年建造のモンテカルロ歌劇場があります。カジノ前から港湾地区コンダミーヌには、一周3.3km(計260km)の世界三大レースのひとつ「モナコ・グランプリ」の公道コースが。

モナコは世界新三大夜景に選ばれ、市街西はずれの断崖絶壁ラ・テッド・デ・シアンからはモナコの全景と遠くフランスやイタリアまでの3国の夜景を見ることができます。

もっと知りたい! 夜景観光コンベンション・ビューローが選定した世界新三大夜景のほかの2つは日本の長崎と香港。モナコ市街東はずれのヴィスタ・パレスホテルからの高層マンション群の夜景も人気です。

メルボルン

Melbourne

339

所在地／人口 オーストラリア連邦 ビクトリア州／約510万人

壁一面にストリートアートが描かれたホイザーレーン。メルボルンはオーストラリアのアートの発信地でもあります。

英国よりも英国らしい世界一住みやすい都市

ヤラ川が市街中央を東西に流れる豪州第２の都市がメルボルン。1835年に入植し、奥地のゴールドラッシュで発展しました。

ポッサム（フクロギツネ）が生息するカールトン公園で1880年に開かれたメルボルン博覧会の王立展示館（公園と共に世界遺産に）をはじめ、19世紀には豪州最大のコレクションのビクトリア国立美術館、机が放射状になった世界有数の美しさの州立図書館、103mの尖塔がそびえる聖パトリック大聖堂、州議事堂、メルボルン大学など、ビクトリア時代を思わす伝統的建物が多く建てられ、豪州最大の都市になりました。

クラシックなロイヤルアーケードや生鮮食品店などが1000軒もひしめくクィーンビクトリアマーケット、入口に方面別発車時刻の時計盤が並ぶエドワード王朝風のフリンダース・ストリート駅舎なども19世紀のもので、英国色が強いのがライバルのシドニーとの大きな違いです。

19世紀からの郊外まで網の目のように延びる市電路線網は世界有数で輸送量の３分の１を占めます。クラシックな車両が都心を一周するシティサークルは無料。市域の４分の１が公園であることから「ガーデンシティ」とも呼ばれ、世界一住みやすい都市として有名です。

もっと知りたい！ 世界一住みやすい都市ランキングでは、近年1位を2年にわたりウィーンに奪われ2位ですが、その前7年間はずっと1位。その理由は緑いっぱいの落ち着いた街並み以外に素敵なカフェが多く、新鮮な海鮮やワインなど世界有数のグルメな街であることと、芸術家や美術館が多いアートの町であること、ビーチまでとても近いことなどと言われています。

ゴンダール

Gondar

340

所在地／人口 エチオピア連邦民主共和国 アムハラ州／約33万人

王宮を中心とするゴンダールの街並み。

3大陸の建築様式が融合したゴンダール様式

エチオピア北部、タナ湖北東の標高2100mの高原にあるゴンダールは、エチオピア帝国のファシダラス帝（在位1632～1682年）が築いた初めての定住首都。エチオピア帝国は400年近くも決まった首都を持ちませんでした。2000mを超す高原を選んだのは、マラリアの感染とオスマン帝国やイスラム勢力の侵入を防ぐためと言われます。

1270年から1974年のエチオピア革命まで700年も続いたエチオピア帝国は、今でこそ内陸国ですが、近年エリトリアが分離独立するまで紅海沿岸にも領土を持ち、インド洋から紅海を通じてオリエント世界や地中海を結ぶ東西交易の要所として繁栄。最初の首都となったゴンダールは1632年から1835年まで200年間、エチオピアの黄金期を謳歌していました。

丘の上のファジル・ゲビには、12の城門を持つ全長900mの城壁がそびえ、内部の広大な敷地には６つの宮殿とエチオピア正教の教会、修道院、公共の建物などが立ち並んでいます。いずれも従来のインド・ヒンドゥやアラブ建築にポルトガルの宣教師らが持ち込んだバロック様式が融合したゴンダール様式という独特の建築で、アフリカにヨーロッパがある「不思議議な城」と呼ばれました。

もっと知りたい！ ダブレ・ベルバン・セラシェ教会の天井は80体もの大きな黒目をした天使の顔の壁画で埋め尽くされています。壁面の「エチオピアのモナリザ」と呼ばれる宗教画も有名です。

アドレード

Adelaide

341

所在地／人口 オーストラリア連邦 南オーストラリア州／約120万人

カラヴィラ・パリ（運河）を挟み、アデレード・オーバル、コンベンションセンター、フェスティバルセンターなどが集中する中心街。

英国とドイツの自由移民が造った文化と芸術の都

19世紀中頃、英国とドイツから自由を求める移民により開拓された街アデレードは、都市計画により東西約３km・南北２kmの長方形の市街に整然と区画され、四方を広大な公園に囲まれています。

北辺の大通りノーステラス沿いには駅から西にオーストラリアを代表する文化・芸術都市アデレードを象徴する建造物が並んでいます。1855年建造の旧州議事堂の先の南オーストラリア博物館は先住民アボリジニ文化や遺物の博物館としては世界最大で、ブーメランなどアボリジニの古代からの武器や道具などが展示され、パプア・ニューギニアやニューカレドニアの文化遺産も充実しています。また、「ファイアー・オブ・オーストラリア」と呼ばれる重さ約１kgのソフトボール大の巨大オパール原石は赤を中心に自然にしかできない色とりどりの色彩が現れ、博物館のシンボルになっています。

隣接の南オーストラリア美術館はアデレードで最も美しい建物のひとつで、３万8000点の美術品を所蔵。規模はメルボルンの美術館に次ぎ２位ですが、アボリジニアートは質量とも豪州随一です。その東には城のようなボイソンホールがあるアデレード大学が続きます。

もっと知りたい！ ノーステラスの北側の広大な緑地の中央をトレンス川が蛇行して流れ、北岸の閑静な住宅街ノースアデレードには開拓時代の住宅やパブが今も残り、ライト展望台からは市街が一望できます。また、南岸は動物園と熱帯雨林観察園が面白い植物園になっています。近郊のドイツ移民が開拓したバロッサバレーは豪州最古のワイン産地で50以上のワイナリーがあります。

ドルンビルン

Dornbirn

342

所在地／人口 オーストリア共和国 フォアアールベルク州／約4.6万人

市街南からロープウェイでカレン山（976m）に登れば、眼下にドルンビルンの市街全景とボーデン湖の絶景を一望することができます。

赤い駅や赤いレストランもある切妻の美しい家並み

スイスアルプスを源流とするライン川はオーストリアとの国境を北に流れ、ボーデン湖に注ぎます。その湖畔にあって州都ブレゲンツより人口が多いフォアアールベルク州最大の都市が、毎年国際貿易見本市が開かれる商業の中心ドルンビルンです。

列車で10分のブレゲンツとフェルトキルヒの間にある９世紀からの歴史をもつ織物の街で、今は世界最先端の木造建築技術で名高い街となりました。

週１回青空市場が開かれる街中心のマルクト広場には、アルプス地域のライン上流地域でよく見られる２つの切妻からなる美しい木造建築が立ち並んでいます。その多くが数百年を経たネオクラシック様式の建物で、木組みやフレスコ壁画は必見です。

ひときわ美しいのが1639年建造のレストラン、ローテス・ハウス（赤い家）。赤く塗られた校倉造り風の木造建築で、街のランドマークにもなっています。内装も中世のままで素敵な雰囲気の中で食事を楽しめます。真っ赤なドルンビルン駅舎もこの店に合わせたのかもしれません。

ローテス・ハウスの隣は古代ギリシャ神殿風の前廊と15世紀の鐘楼をもつ聖マルティン市教区教会で、ファサードのフレスコ壁画も鮮やか。もうひとつのランドマークとなっています。

もっと知りたい！ ドルンビルンは、アルプスの谷間を縫う街道で花々が咲き乱れる牧草地が続き、郷土色豊かな村々が点在し、2000m級の峰々と氷河が一望できるブレゲンツァーヴァルトへのバスの起点になっています。

343

マシュハド
Mashhad

所在地／人口 イラン・イスラム共和国 ラザヴィーホラーサーン州／約300万人

巡礼者が集うマハシュドのイマーム・レザー廟。聖地だけに女性は顔以外覆いつくすように求められます。

アフシャール朝の首都となったシーア派の聖地

マシュハドはイラン西北端のトルクメニスタンとの国境付近にあるイスラム教シーア派の聖地で、イランや中東各地に住むシーア派イスラム教徒が年2000万人も巡礼に訪れます。

マシュハドとは「マシュハド・レザー（レザーの殉教地）」を意味し、シーア派の十二イマーム派第８代イマームのイマーム・レザー（766～818年）が殉教してこの地に埋葬されたことがその名の由来です。イマーム・レザーは35歳でイマームを継ぎましたが、シーア派の支持を得るため、アッバース朝のカリフのマアムーンから突然、後継者に任命されました。しかしその後、マアムーンと共にいたときにレザーは急死。シーア派では毒殺されたと信じられ、殉教者としてマシュハドに廟が建てられました。

聖墓を中心に宗教施設の複合体が集まる丸いロータリー広場はハラムと呼ばれています。夜にライトアップされると、暗闇の中に浮かび上がるイマーム・レザー廟の黄金のドームはこの世のものとは思えない美しさを見せます。

廟の中に入り、鏡のモザイクで覆われた通路を進むと、中央に金の棺が置かれ、金・銀の柵の隙間から棺に触れようと、必死に手を伸ばすシーア派信者たちの熱気に圧倒されることでしょう。

もっと知りたい！ マシュハドは18世紀のアフシャール朝（1736～1796年）のとき、イランの首都となった古都でもあります。ナーディル・シャー廟はペルシャの最大版図を東は中央アジアやインド、西はアナトリアまで広げたアフシャール朝初代のナーディル・シャーを祀ったもので、博物館には当時の銃剣や馬具などが展示されています。

リガ
Riga

344

所在地／人口 ラトビア共和国 直轄市／約72万人

リガの新市街を通るアルベルタ通りに集中するアール・ヌーヴォー建築。

ヨーロッパ最大のアール・ヌーヴォーの都

リガはバルト海に注ぐダウガヴァ川右岸に旧市街が広がる都市で、バルト３国のなかでも最大の規模を誇ります。13世紀にドイツ騎士団により街が造られ、ハンザ同盟にも加盟して河港を利用してのバルト海とロシアの中継貿易で繁栄しました。17〜20世紀初めはスウェーデンやロシアの支配を受け、第１次世界大戦で独立したものの、第２次世界大戦後に再びソ連に占領され、ソ連崩壊に伴って1991年に独立を回復しました。

旧市街にはロマネスクからゴシック、バロック、近世のアール・ヌーヴォーまでさまざまな建築様式が混在しています。階段式破風を持つ14世紀の「ブラックヘッド・ギルド」は独身ドイツ商人たちの集会所で、1999年の再建。オレンジ色のファサードには天文時計とハンザ同盟の紋章があしらわれています。「３人兄弟の家」は15〜17世紀の建築年代も様式も色も異なる３棟が仲良く並んでいる姿から名付けられました。

19世紀末のユーゲントシュティール（アール・ヌーヴォー）建築は、何と300棟以上もあり、ヨーロッパ随一を誇ります。建物の壁には女性や動物、植物をモチーフにした華やかで奇抜な彫像が多く、新市街のアルベルタ通りに集中しています。

もっと知りたい！ バルト3国最古最大の大聖堂は修道院の中庭と回廊が素敵です。高さ123mの尖塔が立つ聖ペテロ教会の72mの展望台からは旧市街の眺めが素晴らしいです。また、運河に面して5つの大きなドームが並ぶ中央市場は100年近い歴史をもつ欧州最大級の規模。この市場も世界遺産「リガ歴史地区」の構成資産になっています。

リオ・デ・ジャネイロ 345

Rio de Janeiro

所在地／人口 ブラジル連邦共和国 リオ・デ・ジャネイロ州／約660万人

コルコバードの丘のキリスト像が見守るリオの街。

カーニバルで有名な世界三大美港

1763～1960年までブラジルの首都であったリオ・デ・ジャネイロ（1月の川の意）は、ポルトガル人が1月に発見した時、街が位置するグアナバラ湾の湾口が1.5kmと狭く、川と勘違いしたことから命名されました。港が築かれた同湾は湾口に奇峰がそびえ130以上の島々が浮かぶ風光明媚な多島海であることから、シドニーやナポリと並ぶ世界三大美港に数えられます。

奇峰が林立する起伏に富んだ地形と砂浜が続く大都市に珍しい自然美は、「リオ・デ・ジャネイロの山と海の間のカリオカの景観群」として2012年に世界遺産にも登録されました。

湾口にそびえている奇峰は、丸味を帯びた標高394mの花崗岩ポン・ジ・アスーカル（砂糖パン）で、日本風にはコッペパンのほうが形を想像しやすいのではないでしょうか。

ロープウエイで登れる頂上からは港と高層ビルが林立する市街（セントロ）と大西洋が一望できます。また、そこから西５kmほどの標高710mのコルコバードの丘には、高さ40mほどの両手を広げたキリスト像が立っています。その南に４kmも弓なりに続く白砂のビーチが高級住宅街でもあるコパカバーナ海岸で、その西にイパネマ海岸が続きます。間の夕日の名所の岬からのイパネマ奥の奇峰群の眺めは格別です。

もっと知りたい！ リオのカーニバルは世界最大のカーニパルで、2月（3月初めのことも）の4日間に行なわれます。1チーム2000～5000人で行なわれる壮大なパレードのハイライトは2日目と3日目。キリストを偲ぶ断食を行なう前に、少々はめを外し、1年間貯めたお金で買った派手な衣装をまとって21時から4時まで踊り、歌うのです。

ハイデラバード
Hyderabad

346

所在地／人口 インド テランガー州／約800万人

1519年建立の高さ53mの4つの尖塔からなるアーチ型の門チャール・ミナール。

500年近くムスリム王国を守った難攻不落の大城塞

インド中央のデカン高原、標高536mにあるハイデラバードは、インドで最もムスリム色の強い都市です。近年はベンガルール（バンガロール）と並び、Amazonの世界最大のオフィスのほか、GoogleやAppleなどが拠点を置くIT＆バイオ産業の中心で、メトロ路線キロ数もデリーに次ぐ約70kmと、大発展を見せています。

もともとデカン高原一帯を支配するムスリムのゴールコンダ王国（1518〜1687年）の都として栄えた街でしたが、ムガル帝国のアウラングゼーブ帝の遠征により陥落し、その治下に。最後の藩王国、ニザーム（ハイデラバード）王国（1724〜1948年）の都として復活するも、1948年インドに併合されました。

市街西８kmに、地上120mの花崗岩の岩山を利用した、500年近くムスリム王国を守り抜いたゴールコンダ城塞がそびえ立ちます。深い堀と高さ10m・厚さ５〜10m・周囲７kmの３重の城壁が張り巡らされ、８つの巨大な城門と城壁より高い無数の稜塁が完璧な防備を実現しています。入口の門内で音を立てると高さ120mの頂上に立つ宮殿のバルコニーでも聞くことができる特殊音響構造も驚きで、まさに難攻不落の城塞でした。

もっと知りたい！ 16世紀の建立でメッカの神殿から運ばれた数個のレンガが埋め込まれた1万人収容のメッカ・マスジット、藩王国の宰相が世界中から集めた美術・工芸品、アンティークを展示したサラール・ジャング国立博物館は必見です。

347

エディンバラ
Edinburgh

所在地／人口 イギリス スコットランド ロージアン州／約50万人

プリンシズ通りを境に右が新市街、左が旧市街。旧市街の奥の丘の上には、エディンバラ城が見えます。

新市街が新しくない不思議な古都

エディンバラは、1492年からイングランドと統合された1707年までスコットランド王国の首都として政治・文化の中心地でした。

スコットランド人の心の故郷とも言える都市で、今も特異な地形と独特の雰囲気のヨーロッパ屈指のエレガントな街。「北のアテネ」とも称されています。

かつて氷跡湖だった深い谷のプリンシズ通り（よく「プリンセス通り」と誤記される）と、英国鉄道の線路・駅を境に、北側のジョージ王朝時代の新古典主義様式の建造物が多い18世紀の新市街、南側の歴史的建造物が立ち並ぶ16〜17世紀の旧市街に分かれています。

新市街と言っても旧市街に比べれば比較的新しいというだけで、他都市の旧市街と対比される近代的街並みの新市街とは別もの。世界遺産にも「エディンバラの旧市街と新市街」として登録されているのがその証左と言えるでしょう。

高さ130mの岩山に立ち、圧倒的存在感があるエディンバラ城とホリルード宮殿を結ぶ1.6kmのロイヤルマイルが旧市街のメインストリートで、石畳道の両側には石造りの家並みが続きます。新市街の小高い丘カールトンヒルからは新旧両市街が一望でき、夕焼け時は絶景を堪能できます。

もっと知りたい！ エディンバラ城前広場で8月に行われるロイヤル・ミリタリータトウはタータンチェックのキルトを着た軍楽隊がバグパイプを演奏しながらパレードして壮観。また、国立博物館そばのカフェ・エレファントハウスは作者が毎日のように通い『賢者の石』を書き上げたハリー・ポッターの聖地となっています。

348

マイアミ
Miami

所在地／人口 アメリカ合衆国 フロリダ州／約40万人

太陽が照りつけるマイアミのビーチロード。

アールデコ建築が軒を連ね、全米一の豪邸も

フロリダ半島南端のマイアミは、ダウンタウンがある本土側の金融・ハイテク・貿易の中心の近未来都市マイアミと、ビスケーン湾を隔てて南北に細長く続く島にある白砂のビーチ沿いに高層リゾートホテルが切れ目なく続くマイアミ・ビーチからなります。

マイアミ・ビーチ南部のコンベンション・センターから南の1.6km四方のアール・デコ地区には1910〜1930年代に欧米で流行した幾何学模様が特徴のアールデコ建築の古き良き時代を偲ばせる３階建てパステルカラー調のホテルや集合住宅群約800棟が立ち並びます。多くはホテルやレストラン、バーですが、現代美術コレクションのバス美術館も一角にあり、一時代を風靡した建造物群として、アメリカの国家歴史登録財に指定されています。

島への入口の本土側には約１万3000坪という個人の邸宅としては全米最大の豪邸＆豪庭園のビスカヤ・ミュージアム＆ガーデンがあります。シカゴの大富豪が冬の別荘として1916年に建造したもので、ルネサンス、バロック、ロココ、ネオクラシックとさまざまな様式の部屋が34室あり、15世紀の美術・骨董品が置かれています。

もっと知りたい！ マイアミ側のダウンタウンの西には亡命キューバ人が造った街、リトル・ハバナがあり、無数のキューバ料理店が並んでいます（治安はよくない）。キューバだけでなく、中南米やカリブ海諸島出身者がとても多く、ヒスパニック系が人口の半分近くを占めるため、スペイン語が共通語になっています。

349

ホバート
Hobart

所在地／人口 オーストラリア連邦 タスマニア州／約23万人

砂岩で建造されたレンガ倉庫が建ち並ぶサラマンカ・プレイス。

大自然に19世紀初めのコロニアル建築が並ぶ街

豪州大陸南東に浮かぶタスマニア島は面積6.8万km²（北海道とほぼ同じ）と豪州最小の州（一島一州）ですが、奇峰クレードル山（国立公園）で知られるタスマニア原生地域（世界自然遺産）など、面積の４分の１が国立公園という大自然の宝庫です。ダーウェント川河口にある港町の州都ホバートは、1803年に入植と、シドニーに次ぐ歴史を持つ古都。港に面したサラマンカ・プレイスは捕鯨全盛時代の1830年代に砂岩で建造されたジョージア風石造り倉庫街で、今は人気のドランケン・アドミラルなどのレストランのほか、パブやギャラリーなどに改造されています。土曜は青空市「サラマンカマーケット」が開かれ、多くの人々が集まります。

その南の旧市街バッテリーポイントには川面を見下ろす坂道にジョージア、ヴィクトリア、エドワード朝風の建物が立ち並び、メルヘンチックな街並みに。レナ・オブ・ホバートは1874年建造の豪邸です。植民地時代の邸宅を利用した宿コロニアル・アコモデーションも散見されます。

郊外にある遊歩道が続くウェリントン山（1270m）へは車でも登れ、眼下には、市街と港、ダーウェント川、サリバン湾、タスマン半島までの大パノラマが広がります。帰りはマウンテンバイクで下ると爽快感を味わえます。

もっと知りたい！ ほかに先住民の工芸品や絶滅したタスマニアタイガーのはく製があるタスマニア博物館、4万年以上前からタスマニアだけで生息しているロマティアが見られる王立植物園、郊外の砂岩の岩壁を切り開いて建造したユニークな新旧アート美術館（MONA）などがあります。

ゴア
Goa

350

所在地／人口 インド ゴア州／約150万人

ゴアを上空から眺めると、ジャングルのなかに教会が点在する光景が広がります。

ザビエルの布教の拠点となった夕日の名所

ムンバイの南600km、アラビア海に面するゴア（州）は、1510〜1961年の約450年にわたりポルトガルの植民地支配を受けてきました。州都がパナジに移るまでゴアの中心で、リスボンを模して街を建設した現在のオールド・ゴアには、ポルトガル風の教会・修道院などが多く残っています。

イエズス会の創設メンバーである宣教師のフランシスコ・ザビエル（1506〜1552年）は、1542年にこの地に来訪して、ゴアを拠点にマラッカやモルッカ諸島などアジア各地で布教を行ないました。

そうしたなか、ゴアの聖パウロ神学校で学び、最初のキリスト教徒となった日本人アンジロー（ヤジロウ）と出会った彼は、その案内で1549年に日本へ渡り西日本各地で布教しました。離日後、中国で没したザビエルの遺骸は、イエズス会のボム・ジェス・バシリカに安置され、10年に1回（次回は2024年）公開され、世界中からカトリック教徒が訪れます。

ほかに「黄金の鐘」で名高いアジア最大の白亜の大司教座であるセー大聖堂や聖フランシスコ修道院・教会など17世紀建造の教会・修道院が、1986年に世界遺産に登録されています。

もっと知りたい！ マンドウィ川河口に突き出たドナ・パウラ岬は北の対岸にオールド・ゴア防衛のためのアグアーダ砦、南対岸にマルガオ港、アラビア海に沈む夕日を望む随一の名所です。ビーチでは水曜マーケットが開かれるアンジュナビーチや、神秘的な夕日が見られるパロレムビーチ、牛が海水を飲みに来るカラングタビーチなどがユニークです。

ベイルート
Beirut

351

所在地／人口 レバノン共和国 ベイルート県／約98万人

モハンマド・アルアミン・モスク。ベイルートの中心街にあって圧倒的な存在感を放つ美しいモスクです。

東西・南北の交易路が交わる中東の十字路

地中海に面し、北はシリアとトルコ、南はイスラエルとエジプト、東はシリアとイラク、イラン、西は海路ギリシャとローマに至る、中東の十字路に位置するベイルートは、交通の要衝中の要衝のため、フェニキア時代からギリシャ・ローマ時代にかけて東地中海貿易で繁栄しました。

同時にエジプトのファラオの時代からフランスの委任統治領となる20世紀初めまで、オリエントや地中海の歴代覇権帝国の軍隊の通り道であり、その支配の連続という歴史も歩んでいます。

北郊外14kmのエジプトとメソポタミアへの街道の分岐点であるドッグリバーに行くと、岩肌に彫られた21もの碑文から、そうしたレバノンの歴史が一目でわかります。

ラムセス２世がヒッタイトとの戦いの帰り道に碑文を残すと、アッシリアのネブカドネサル２世、アレクサンドロス大王、カラカラ帝、ナポレオン３世などが征服の記念として、それに倣ったのです。また、東ベイルートの国立博物館に行くと、世界最古の都市と言われるビブロスとシドンからの出土品が多く、フェニキア時代のベイルートが歴史の主人公だったことがうかがえます。ビブロスのアヒラム王の石棺に彫られたフェニキア文字は世界最古のアルファベットの原型と言われます。

もっと知りたい！ 国立博物館にはほかにバールベック神殿のモザイク画やビブロス・オベリスク神殿出土のとんがり帽をかぶったフェニキア兵士たちのブロンズ像など10万もの出土品が所蔵されます。

モントルー

Montreux

352

所在地／人口 スイス連邦 ヴォー州／約2.3万人

レマン湖に向かって立つクィーンのヴォーカル、フレディ・マーキュリーの像。

城と世界遺産の葡萄畑に挟まれた湖畔の街

モントルーは三日月形をしたレマン湖北岸の東端にあり、湖と対岸のフランス・アルプスの山並みとが織りなす風光明媚さと、19世紀の英国詩人バイロンによる湖に浮かぶシヨン城を舞台にした詩『シヨンの囚人』のヒットで、英国人観光客が押し掛け湖畔のリゾートになりました。温暖な気候と相まって、ベルエポック時代にはオリエント・エクスプレスに乗って欧米の王侯貴族や富豪が滞在する高級保養地としてもてはやされました。

近年は毎年７月に13日間開かれる世界最大級のモントルー・ジャズフェスティバルで有名。ジャズだけでなく、ロック、ブルーズ、レゲエ、ソウルなどあらゆる分野を網羅した、世界を代表する音楽祭です。

また、西のローザンヌとの間は、レマン湖北岸の南向き斜面が葡萄の絶好の栽培地となり、「ラヴォー地区の葡萄畑」として世界遺産に登録されています。

レマン湖岸に突き出た岩の上に13世紀に築かれたシヨン城は水面に浮かぶように見えるスイス一の名城で２重の城壁に囲まれています。モントルーからは城までは花いっぱいの湖岸の散策路がオススメ。湖が金色に染まる夕暮れ時の美しさは必見です。

もっと知りたい！ モントルーへのアプローチはグリンデルワルトやベルンからスイス三大特急と呼ばれるゴールデンパスラインの山岳鉄道がオススメです。終点直前、眼下に青く大きなレマン湖が広がり、左右にラヴォーの葡萄畑を見ながら、飛行機の急降下のように湖に落ち込むように降りていく、欧州車窓展望ベスト10に選ばれた絶景区間があります。

353

エレバン

Yerevan

所在地／人口 アルメニア共和国／約115万人

聖書の伝説に彩られるエレバンの街とアララト山と小アララト山(左)。

ローマより早くキリスト教を国教化した国の首都

トルコとの国境近くの標高950〜1300mの高原にあるエレバンは、紀元前８世紀にはすでに砦が築かれていたという世界最古の都市のひとつ。旧約聖書の「創世記」に登場するエデンの園があった地ともされます。ノアの箱舟が漂着したとされる万年雪のアララト山（5165m）を眺めるには市街中央のカスケードの572段の階段を登った展望台からが一番。山があるのは国境近くのトルコ領内ですが富士山と同様、アルメニア人の心の故郷となっている霊山で、左には小アララト山（3925m）も見えます。

アルメニアは301年にキリスト教を世界で最初に国教化した国であり、エレバン市内や近郊にはアルメニア正教の重要な教会が散在しています。市内にあるアルメニア正教に関する聖書や古文書に特化した博物館「マテナダラン」は、聖書の物語をテーマにした色彩豊かな細密画に彩られています。近郊にあるエチミアジン大聖堂(世界遺産)は303年建造のアルメニア最古の聖堂で、アルメニア使徒教会発祥の地に当たります。標高1700mの岩山をくり貫いて13世紀に造られたゲガルド修道院（世界遺産）は、キリストを刺した聖槍伝説で知られています。エレバンは聖書とキリスト教に彩られた街なのです。

もっと知りたい！ アルメニアはカフカス（コーカサス）3国の中でも最小の面積3万km²（九州よりひと回り小さい）。人口は300万人ほど。アルメニア使徒教会がキリスト教で重要な位置を占めるのは、ユダヤ、キリスト、イスラムなど4区画に分けられたエルサレム旧市街の東南区画が正教のアルメニア人地区とされていることからもうかがえます。

ブハラ

Bukhara

354

所在地／人口 **ウズベキスタン共和国 ブハラ州／約25万人**

中央アジア一の高さを誇るカラーン・ミナレット。

モンゴルによる破壊を免れた3つの奇跡の建造物

シルクロードのオアシス都市として古代から栄えたブハラは、９～10世紀にはイラン系サマン王朝の都になり、商業・文化の中心として栄えました。1220年にモンゴルの侵入で街は破壊されましたが、３つの建物だけが奇跡的に残りました。

１つ目はサマン朝創始者を祀るイスマイル・サマニ廟。日干しレンガを積み上げた９m四方の正方形の建物の上にドームを乗せたもので、中央アジア最古のイスラム建築と言われます。レンガの凹凸だけで複雑な幾何学模様を表現し、色タイルを使う以前の演出法が用いられています。

２つ目はマゴキ・アッタリ・モスク。10世紀建造の現存するブハラ最古のモスクです。

３つ目は1127年に建てられた46mと中央アジア一高いカラーン・ミナレット。礼拝の時間を知らせるとともに明かりが灯され､遠くからでも見えるキャラバン（隊商）の灯台の役目をする「光塔」でもありました。かつては犯罪者や異端者を袋に入れて投げ落としたので「死の塔」の称も伝わります。ブハラはティムールが街を再建したあと、16世紀初め～20世紀初めにはブハラ・ハン国３王朝の都として全盛期を迎え、多くのメドレセ（神学校）が建造されてイスラム神学・芸術の中心地となりました。

もっと知りたい！ ティムール朝第4代のウルグベクが15世紀に建てたウルグベク・メドレセは中央アジア最古の神学校。ブハラ・ハン国時代には、歴代ブハラ・ハンの居城のアルク城や精巧な彫刻が施された20本の柱で支えられたボロ・ハウズモスク、中央アジア最大級のカラーンモスク、4本の青いミナレットがそびえるチャルミナールなどが建てられました。

ロッテルダム
Rotterdam

355

所在地／人口 オランダ王国 南ホラント州／約64万人

ロッテルダムのキュービックハウス。ロッテルダムはこうした奇抜な建築であふれています。

斬新なアートがあふれるヨーロッパ最大の港湾都市

ライン川河口のデルタ地帯にあり、ユーロポートとも呼ばれるロッテルダム港は2003年までは世界一、今もヨーロッパ最大の港です。創造性に富んだ近代都市として知られ、2014年完成の巨大ガラス張りの中央駅の屋根は天を衝くように斜めにせりあがった斬新なデザインです。

その30年前から奇抜建築は出現し、1984年建造のサイコロ型住宅のキュービックハウスは38軒の集合住宅が45度傾いて造られています。１軒はユースホステルなので、泊まればどんな感じか斜めの世界を体験することができます。

中央駅と同じく2014年にオープンしたのが１万㎡の敷地を有する巨大なかまぼこ型のマルクトハル。オランダ最大の屋内フードコートで、70軒以上の野菜、果物、肉、魚介、チーズなどの生鮮食品店や屋台がひしめき、壁と天井部分は集合住宅のスペースに。天井にはカラフルな壁画が描かれています。

港そばにそびえるユーロマストは185mの高さまで回転エレベーターで登れ、ロッテルダム港と市街だけでなく北海や大平野までの大展望が広がります。そばのデルフトハーフェン地区は戦災を免れ、オランダの黄金時代の古きよき街並みや跳ね橋などが残っています。

もっと知りたい！ ボイマンス・ヴァン・ベーニンゲン美術館はブリューゲルの『バベルの塔』や草間彌生の水玉模様の『ミラールーム』などで有名ですが、2026年まで休館に。2021年からは隣の作品所蔵庫で鑑賞できる予定です。また、18世紀設立の初期のコーヒーや紅茶などの製造工場のファン・ネレ工場が2014年に世界遺産に登録されています。

サン・ジミニャーノ
San Gimignano

356

所在地/人口 イタリア共和国 トスカーナ州/約0.8万人

サン・ジミニャーノの遠景。高層ビルが林立する現代の都市のようなシルエットが浮かび上がります。

高さを競った塔が林立する"中世のマンハッタン"

サン・ジミニャーノはシエナの北30kmにあり、聖フランチェスコが通ったフランチジェナ街道沿いに広がる街です。ブドウ畑とオリーブ林に囲まれた丘の頂上に広がる街には、高さ50m前後の四角形をした塔が14も林立し、不思議な光景を見せてくれます。

これらの塔は13〜14世紀の中世に、封建社会の貴族や富豪たちが権力と富の象徴として競うように住居として建てたものです。かつては72もの塔が林立していたとされ、現在でも14基が残っています。

石落としも残る1262年建造の正門サン・ジョヴァンニ門から、城壁に囲まれた旧市街の中心で、1237年に掘られた井戸が残る三角形のチステルナ広場までは5分ほど。隣のドゥオーモ広場に立つ12世紀創建ロマネスク様式のドゥオーモ周辺には7つもの四角形の塔が林立していますが、シエナ派のフレスコ画があるポポロ宮殿（現市庁舎）脇の1311年建造のグロッサ塔が54mと最も高いもの。階段で塔上に登れ、ほかの13の塔をすべて視界に収めることができます。

さらに旧市街の最高所には城塞ロッカがあり、ここに登れば眼下には14の塔全部と旧市街を一望する壮大なパノラマが広がります。

もっと知りたい！ 特産の甘口白ワインのヴェルナッチャ・ディ・サンジミニャーノは絶品。最寄りのポッジボンシ駅までは列車でフィレンツェから1時間強、シエナからは約30分、ポッジボンシ駅からバスで20分。バスの場合もポッジボンシで乗り換えます。

357

成都(せいと)

Chengdu

所在地／人口　中華人民共和国 四川省／約1600万人

ライトアップされた成都の景観。

三国志の諸葛孔明が活躍した蜀の都

成都は紀元前の春秋時代からの古都で四川省のほぼ中央の標高500mの高地にあります。2400年前、蜀王が遷都したとき、「1年で市をなし、3年で都を成す」と述べたことから、その名が付けられました。李白の詩に「蜀道の難きは青天を上るより難し」とあるように山々にさえぎられた天然の要害です。

三国志の英雄である諸葛亮(しょかつりょう)（181～234年）が天下三分の計を提示し、赤壁(せきへき)の戦いで魏の曹操(そうそう)が敗退したあと、諸葛亮の主・劉備(りゅうび)は成都を都とする蜀漢を建国。劉備没後は諸葛亮自ら戦いを指揮して魏を討つ「北伐」へ5度にわたって出陣しますが、敵将が曹真から司馬懿(しばい)へ変わるなか戦いは膠着し、234年、五丈原(ごじょうげん)にて没しました。

成都には諸葛亮と劉備を祀る西晋末（8世紀）創建の「武侯祠(ぶこうし)」があります。武侯とは孔明のいみなの「忠武侯」に由来。正面の劉備殿には金色の劉備像が安置され、有名な孔明の「出師表」の碑が立ちます。奥の諸葛亮殿には諸葛亮の像と雲南への南征の折りに昼は炊飯、夜は警報を鳴らしたドラ「諸葛鼓」が展示されています。さらに、高さ12mの紅殻壁と竹林が続く趣のある道を進むと、最奥の恵陵（劉備の墓）に辿り着きます。

もっと知りたい！　城壁跡に造られた環状道路の内側の旧市街には武侯祠のほかに南北朝時代（5世紀）創建の古刹「文殊院」や、斎藤道三のように一介の商人から王にまでのし上がった五代十国時代の前蜀王の「王建墓」、唐代（7世紀）創建の道教の古廟「青羊宮」があり、西郊外には恵陵と同様、紅殻壁と竹林の美しい通路の奥に詩聖「杜甫草堂」があります。

ソフィア

Sofia

358

所在地／人口 ブルガリア共和国／約130万人

アレクサンドル・ネフスキー大聖堂。40年をかけて建造された高さ60mの金色のドームがそびえるネオゴシック様式の正教寺院です。

ローマ皇帝が「セルディカは私のローマ」と愛した街

ブルガリアの首都ソフィアは、紀元前７世紀のトラキア人の城壁が残る欧州最古の都市のひとつ。紀元前４世紀にはアレクサンドロス大王による支配を経て、古代ローマ領セルディカとなりました。バルカン（トルコ語で「山国」）山脈中の標高550mと、欧州有数の高所にある首都でもあります。

旧共産党本部前の地下から発掘されたセルディカ遺跡は、ローマ時代の高さ12mの城壁や２つの五角形の塔、壁面レリーフのある石版や壺などが残り、この地を愛したコンスタンティヌス帝が「セルディカは私のローマ」と語った当時の面影を偲ぶことできます。

その後の歴史は市内に残る聖堂群に刻まれています。

セルディカ遺跡に隣接するシェラトンホテル中庭にはローマ人が４世紀初めに建てた赤レンガ造りのロンダと呼ばれる円形の聖ゲオルゲ聖堂が立っています。この聖堂はバルカン半島最古のキリスト聖堂で、オスマン時代にはモスクとなりました。すぐ北の聖ペトカ地下教会は地表に屋根だけのぞかせた半地下式の教会で、支配者オスマン帝国の目をかすめて造ったもの。外観は窓もなく質素ですが、内部には質の高いフレスコ壁画が残ります。

もっと知りたい！ ソフィアの南にそびえるビトシャ山（2290m）中腹の展望台コピトトまではロープウエイで登れ、ソフィア市街の全景が見られます。麓には世界遺産に登録されたボヤナ教会があり、「最後の晩餐」など色鮮やかなフレスコ画がびっしり描かれています。

ロヴァニエミ

Rovaniemi

359

所在地／人口 フィンランド共和国 ラッピ県／約6万人

ロヴァニエミのサンタ村。クリスマスにしか会えないサンタクロースに会うことができます。

オーロラとサンタクロースの街

ノルウェー、スウェーデン、フィンランドの3国にまたがる北緯66度33分以北の北極圏の広大な寒冷地がラップランドで、フィンランドのラップランドの中心都市がロヴァニエミです。

1日中明るい白夜となる夏季は5月下旬から7月中旬で、この時期には真夜中の太陽を見ることができます。逆に11月から2月には1日中夜となる極夜があり、オーロラを見ることもできます（8月末から4月上旬）。

運に左右されますが、3日も滞在すれば、緑の光のカーテンが揺れているように見える神秘のオーロラ現象に遭遇できるチャンスが多い街です。

冬のロヴァニエミは氷点下30度になることもありますが、ハスキー犬やトナカイによるソリ、スノーモービルでのナイトサファリなどの楽しみもあり、スノーホテルにも泊まれるなど、北欧ならではアミューズメントが充実しています。

ロヴァニエミを訪れる多くの人が目指す場所が、市の8km北の北極圏直下にあるサンタクロース村です。年に60万通のサンタ宛ての手紙が届く郵便局があり、サンタからの手紙のオーダーも行なわれています。

もっと知りたい！ ロヴァニエミは1944年にナチス・ドイツにより市街の9割が破壊されましたが、世界的な建築家のヤルヴァ・アールトによる都市計画で近代的な街並みに復興しました。少数民族サーメの文化・習慣・民俗衣装やラップランドの自然と歴史を展示するガラス張りのアルクティクム、市庁舎、図書館、劇場なども見所です。

岳陽(がくよう)

Yueyang

360

所在地／人口 中華人民共和国 湖南省／約580万人

岳陽の名所岳陽楼。

岳陽楼に登り元中国最大の洞庭湖を見下ろす

岳陽は中国一の大河である長江と、最近まで中国最大の淡水湖であった洞庭湖の両方に面しています。春秋時代からの2500年の歴史を持つ古都で、湖南省の東北部にあります。

岳陽と言えば、高校の漢文で習った杜甫の詩「登岳陽楼」を思い出す方も多いのではないでしょうか。

病床の身で長江を下り、この地にやってきた杜甫は「昔聞洞庭水　今上岳陽楼（昔から洞庭湖の素晴らしい景色は聞いていたが、いままさに岳陽楼に登り見渡すことになった）」と詠みました。

岳陽楼は、三国時代に曹操の南進を防ぐため、呉の魯粛(ろしゅく)が水軍を訓練した点将台跡に、唐代の716年に建てた楼閣で、高さ約20m。洞庭湖の水面に庇が反り返った３層の美しい姿が映えます。古来多くの文人墨客が訪れ、武漢の黄鶴楼、南昌の滕王閣(とうおうかく)と共に「江南三名楼」とされます。

洞庭湖は面積が2820km²（琵琶湖の４倍）もある大湖で、沖に東西１km・南北700mほどの小島である君山が浮かびます。岳陽楼からの眺めは「銀の皿におかれた青貝ひとつ」と詠まれ、日の出の名所となっています。

もっと知りたい！　洞庭湖に面する岳陽楼の敷地内には魯粛の点将台遺跡や、周瑜の妻の小喬の墓が伝わります。また、1kmほど離れた場所には魯粛の墓も残り、三国志ゆかりの地となっています。

361

クスコ

Cuzco

所在地／人口 ペルー共和国 クスコ県／約32万人

スペイン人によってインカの都市の上に建設された街が広がるクスコ。

教会の土台や壁はインカ、建物はスペイン

ケチュア語で「ヘソ」を意味し、世界の中心と考えられていたインカ帝国の都クスコ。インカの聖獣ピューマをモチーフに街が造られたと言われ、伝説に基づき、頭がサクサイワマン城塞で、心臓が現在の旧市街の中心アルマス広場、尾がプーノ方面行の鉄道駅に比定されています。

格子状の石畳道や広場には精巧な石組で土台を築いた神殿や宮殿が建てられ、いずれもまばゆいばかりの黄金で飾られて、エル・ドラド（黄金郷）と呼ばれるほどの繁栄を謳歌しました。

しかし、16世紀にスペインの侵攻を受けると、アンデス一帯を400年以上支配した大帝国インカは10年あまりであっけなく滅んでしまいます。スペインは宮殿などを装飾していた膨大な量の黄金を本国に送り、神殿や宮殿を壊してその跡に大聖堂、教会、修道院を建てて、先住民の改宗を図りインカの痕跡を消していきました。でも、インカの石組だけは壊すことができず、やむなく土台や壁として利用しました。ピラコチャ神殿跡のカテドラルはじめ、クスコの教会群などは下がインカ、上はスペイン風建築という独特のものとなっています。

クスコは以後、何度も地震に襲われて上の建物は壊れましたが、インカが造った土台や壁はビクともしなかったと言われています。

もっと知りたい！ クスコは富士山山頂に近い3360mの高地にあるので高山病には要注意。カミソリの刃一枚通さないというインカの石組が200m続くロレト通りと12角の石で知られる宗教美術博物館（6代皇帝インカ・ロカの宮殿跡）などでインカの精巧緻密の石組が見られます。

バレンシア
Valencia

362

所在地／人口 スペイン王国 バレンシア州／約80万人

奇抜な建物が並ぶ芸術科学都市。手前からフェリペ王子科学博物館、レミスフェリック、ソフィア王妃芸術宮殿。

昔は絹交易所ラ・ロンハ、今は芸術科学都市

紀元前２世紀の古代ローマからの歴史がある米とオレンジの産地で、パエリャ発祥の地です。また、バレンシアというと３月のサン・ホセ（バレンシア）の火祭りで有名です。

塔と銃眼を備えた城のようなラ・ロンハは全盛期の15世紀にイスラムの王宮跡に建てられたゴシック様式の絹交易所で、高さ16mの細いらせん状の柱が交叉アーチを支えている「柱のサロン」と、金色の格間天井の繊細な彫刻が圧巻の「海洋領事のサロン」が素晴らしいことで知られています。

隣は100年前からある宮殿風の中央市場で、ドーム下に300店がひしめいています。

旧市街の端には５つの超近代的施設が集まる芸術科学都市があります。スペインの演劇やオペラが鑑賞できるソフィア王妃を冠したオペラハウス・劇場、３Ｄ映像のアイマックスシアターやプラネタリウム、レーザー光線ショーが見られる「レミスフェリック」、全長34mの世界最大級のフーコーの振り子がある長さ210m・高さ33mの「フェリペ王子科学博物館」、500種以上の海洋生物がいる水族館の「オセアノグラフィック」、バレンシア固有種の植物が茂る公園「ルンブラクレ」と、いずれも欧州最大級のスケールを誇る施設が並んでいて壮観です。

もっと知りたい！ 旧市街を囲む城壁は北のセラーノスの塔や西のクアルトを除き残っていません。旧市街中央のモスク跡に13～15世紀に建てられた大聖堂は、ゴシック、バロック、新古典などの様式が混じり、隣の八角形のミゲレテの塔の展望台（50m）からは旧市街が一望できます。

ルッカ

Lucca

所在地／人口 **イタリア共和国 トスカーナ州／約9万人**

ルッカの中心アンフィテアトロ広場。美しい円型を描いて家々が建ち並びます。

塔が林立する中世の古都は城壁上が並木道に

紀元前の古代ローマからの歴史があるルッカは、絹の生産で得た利益で12〜15世紀に最盛期を迎え、自治都市・ルッカ共和国として独立。建築や美術面でも近隣のフィレンツェやシエナ、ピサと覇権を競いました。

旧市街は16世紀から１世紀もかけて建造した高さ12m・長さ4.2kmの城壁で囲まれ、幅が20〜30mもある城壁上は19世紀に整備され、秋は紅葉がみごとな並木道の遊歩道となっています。東西南北の門から城壁下のトンネルを抜けて旧市街に入ると、14世紀には25もあったという塔が今もいくつもそびえていて、時計塔のオーレの塔とグイニージの塔は搭上に登ることができます。

高さ44.3mのグイニージの塔に230段の階段で登ると、屋上にはカシの木７本が茂っており、さながら「空中庭園」のよう。しかも、旧市街の絶好の展望台で１世紀のローマ時代の円形闘技場跡の楕円形をしたアンフィテアトロ広場の形がよく見えます。円形闘技場の建材を利用したのがサン・フレディアーノ聖堂で、ファサード上部のモザイク画が貴重な存在です。また、３層のアーチ、円柱のドゥオーモ、５層になったアーチと円柱からなるサンミケーレ・イン・ファロ教会のどちらのファサードもルッカ様式と言われる独特のものです。

もっと知りたい！ ルッカは『トスカ』を作曲したプッチーニの生誕地で、サン・ミケーレ広場そばにプッチーニ博物館（生家）があります。

マルセイユ
Marseille

364

所在地／人口 フランス共和国 ブーシュ・デュ・ローヌ県／約88万人

風光明媚なマルセイユの街。沖合にはイフ島が見えます。

江戸・明治期の日本人が初めて見たヨーロッパの街

マルセイユは、地中海に面した港が紀元前600年のマッサリア時代から2600年の歴史を持つフランス最古の都市で、10世紀にはプロヴァンス、15世紀にはフランス王国の支配下に入りました。南フランスの玄関口の欧州３番目の大貿易港であるこの都市は、パリに次ぐフランス第２の大都市で、シベリア鉄道ができるまでは日本から１か月はかかる船旅での初めて目にするヨーロッパの街でした。

駅は高台にあり、駅前から市街や港とランドマークである標高150mの丘の上にそびえ立つノートルダム・ド・ラ・ギャルド聖堂がすべて一望できます。聖堂は尖塔部分がイエス・キリストを抱く金色のマリア像になっていて、漁民の海の安全を守っています。

U字型の旧港はクルーズ船やセレブのヨットが並び、高さ42mの観覧車、巨大なアート作品の日傘ができるなど近代化していますが、朝の風物詩の魚市で新鮮な魚介が買えるなど昔ながらの庶民的な港町の雰囲気は変わっていません。

旧港からは、デュマの小説『巌窟王（モンテ・クリスト伯）』の舞台で、３km沖合に浮かぶ要塞、監獄のあるイフ島への船（20分）が出ていて、島の周りには透明度の高い海が広がります。

もっと知りたい！ 旧港の北のパニエ地区はかつて漁師たちが多く住んでいた庶民的な下町で、ビザンツ様式のサント・マリー・マジョール大聖堂や2013年に欧州文化首都に選ばれた時に建造した斬新なヨーロッパ地中海文明博物館などがあります。

パリ
Paris

365

所在地／人口　フランス共和国 パリ県／約215万人

均等な高さの建物が連なるパリの夜景。奥に見える大きな建物はオペラ座。

美しい街並みは19世紀の都市改造の賜物

パリ発祥地のシテ島やローマ遺跡など紀元前１世紀からの長い歴史を持ちますが、世界で最も美しい街並みのひとつと言われる現在のパリができたのは150年ほど前のことです。

県知事のオスマンは第２帝政下の19世紀後半、道路が狭くて迷路のように入り組んでいたパリ近代化のために都市改造に着手しました。

凱旋門とシャンゼリゼ通りを延長した「パリの歴史軸」と言われるコンコルド広場からカルーゼル凱旋門のパリのメインストリートや、凱旋門から放射状に延びる道路、カルチェラタンからシテ島を貫いて今の東駅付近までの南北の主要路などを整備。建物の高さや外壁材なども統一してシンメトリー美を追求する都市計画を実現したのです。

この美しさを堪能するには歩いて回るのが一番。凱旋門からシャンゼリゼの下り坂をコンコルドまで２km余で30分ほど。さらにカルーゼル凱旋門、ルーブル美術館を経てシテ島のノートルダム大聖堂までは３km弱。途中コンコルドからマドレーヌ寺院を経てオペラ座まで往復しても凱旋門から合計１時間半ほどです。お茶やランチをしながら１日かけてじっくりパリの華麗な街並みを散策するのもよいでしょう。

もっと知りたい！　左岸のオススメ散策ルートはソルボンヌ（パリ）大学など学生街カルチェラタンを散策したあと、セーヌ左岸沿いを世界遺産にも登録されている美しい橋々を眺めながら、オルセー美術館、アンヴァリッドを経てエッフェル塔までのルートです。5km弱で1時間半もあれば十分です。

アヌシー

Annecy

366

所在地／人口 フランス共和国 オート・サヴォワ県／約12.5万人

ヴェネツィアのような景観を見せるアヌシー。中央の中洲にあるのがパレ・ド・リルです。

世界屈指の透明度を誇るアヌシー湖畔の街

アルプスは何もスイスだけのものではなく、フランスのシャモニも「アルプス御三家」と称されるアルプスの代表的観光地。アヌシーも同様に、フランス・アルプスの前衛の山々がそびえ、底まで見える世界屈指の透明度で知られるアヌシー湖の湖畔に広がる美しい街です。

「サヴォワの宝石」と讃えられるコバルトブルーのアヌシー湖にはパリ・シテ島のような中洲にできた旧市街東の丸く湖に突き出た英国式庭園のヨーロッパ公園があり、そこには手を繋ぎながら渡ると願いが叶うというポン・デ・ザムール（愛の橋）が架かります。

湖水はティウー運河となって教会が立ち並ぶ旧市街の両岸を流れ落ち、南側の運河のなかにはさらに小中洲があり、黒ずんだ石造りのパレ・ド・リルが立っています。12世紀にジュネーブ伯爵の宮殿として建てられ、その後は牢獄にもなった堅固な建物で、手前のペリエール橋からの眺めが人気。付近一帯はまるでヴェネツィアのような水の都的風景をなしています。

旧市街南側の高台に立つアヌシー城は13世紀初めにジョネーブ伯爵が建てたもので、眼下に旧市街の赤い屋根と青く澄んだ湖、遠くアルプス前衛の壮大な山々まで一望できる展望スポットになっています。

もっと知りたい！ 中洲の旧市街にはジャン・ジャック・ルソーが合唱隊として歌ったサン・ピエール大聖堂（16世紀建造）や、市庁舎（19世紀）、サン・モーリス教会（16世紀）、サン・フランソワ教会（17世紀）、ティウー運河の水門など見どころが多くあります。

あ アイスランド共和国
レイキャビク 51

アイルランド
ダブリン 269

アゼルバイジャン共和国
バクー 43

アメリカ合衆国
ウィリアムズバーグ 188
キーウエスト 310
サバンナ 209
サンアントニオ 14
サンタフェ 307
サン・フランシスコ 338
シアトル 201
シカゴ 250
チャールストン 216
ナッシュビル 257
ニューオーリンズ 195
ニューヨーク 19
フィラデルフィア 116
ポートランド 215
ボストン 262
ホノルル 268
マイアミ 355
ロサンゼルス 306
ワシントンDC 8

アラブ首長国連邦
ドバイ 327

アルジェリア民主人民共和国
アルジェ 134
コンスタンティーヌ 81

アルゼンチン共和国
ブエノス・アイレス 169

アルメニア共和国
エレバン 360

アンドラ公国
アンドラ・ラ・ベリャ 149

い イエメン共和国
サナア 55

イギリス
エディンバラ 354
オックスフォード 208
ジブラルタル 156
ストラトフォード 322
ベルファスト 290
マンチェスター 297
リヴァプール 159
ロンドン 15

イスラエル国
テルアビブ 227

イタリア共和国
アッシジ 77
アレッツオ 166
ヴィテルボ 125
ヴェネツィア 10
ヴェローナ 94
オルヴィエート 73
コモ 9
サン・ジミニャーノ 363
シエナ 173
ティヴォリ 87
ナポリ 247
ピサ 40
フィレンツェ 12
ペルージア 66
ボローニャ 152
ミラノ 117
メラーノ 219
ラヴェンナ 60
ルッカ 370
ローマ 157

イラン・イスラム共和国
イスファハン …… 179
シーラーズ …… 172
テヘラン …… 142
マシュハド …… 350
ヤズド …… 185

インド
アーグラ …… 231
ヴァラナシ …… 143
ウーティ …… 331
ウダイプル …… 98
ゴア …… 357
コルカタ …… 249
ジャイサルメール …… 287
ジャイプル …… 273
ジョードプル …… 280
ダージリン …… 324
チェンナイ …… 271
デリー …… 238
ハイデラバード …… 353
ムンバイ …… 278

インドネシア共和国
ジャカルタ …… 190
ジョグジャカルタ …… 130

う ウクライナ
キエフ …… 50
リヴィフ …… 319

ウズベキスタン共和国
サマルカンド …… 245
ブハラ …… 361

え エクアドル共和国
キト …… 48
クエンカ …… 192

エジプト・アラブ共和国
アレクサンドリア …… 277
カイロ …… 57

エストニア共和国
タリン …… 106

エチオピア連邦民主共和国
ゴンダール …… 347

お オーストラリア連邦
アデレード …… 348
キャンベラ …… 211
シドニー …… 37
パース …… 303
ブリスベン …… 26
ホバート …… 356
メルボルン …… 346

オーストリア共和国
インスブルック …… 135
ウィーン …… 161
クラーゲンフルト …… 121
グラーツ …… 138
ザルツブルク …… 217
シュタイアー …… 342
ドルンビルン …… 349
ブレゲンツ …… 82
リンツ …… 133

オランダ王国
アムステルダム …… 213
ハーグ …… 241
ロッテルダム …… 362

か カナダ
ヴィクトリア …… 244
オタワ …… 92
ケベック …… 123
シャーロットタウン …… 258
トロント …… 236
ナイアガラ・オン・ザ・レイク …… 251
ハリファックス …… 332
バンクーバー …… 282
モントリオール …… 255

カンボジア王国
プノン・ペン …… 78

き 北マケドニア共和国
オフリド …… 163

キプロス共和国
ニコシア …… 141

キューバ共和国
サンティアゴ・デ・クーバ …… 305
ハバナ …… 63

ギリシャ共和国
アテネ …… 17

く グアテマラ共和国
アンティグア　グアテマラ …… 256

クロアチア共和国
ザグレブ …… 204
ドゥブロヴニク …… 69

け ケニア共和国
ナイロビ …… 240

こ コスタリカ共和国
サン・ホセ …… 316

コロンビア共和国
カルタヘナ …… 199

さ サウジアラビア王国
リヤド …… 337

サンマリノ共和国
サンマリノ …… 226

し ジョージア
トビリシ …… 36
ムツヘタ …… 340

シリア・アラブ共和国
アレッポ …… 178
ダマスカス …… 171

シンガポール共和国
シンガポール …… 29

す スイス連邦
シュタイン・アム・ライン …… 300
ジュネーブ …… 315
ベルン …… 34
モントルー …… 359
ルツェルン …… 191

スウェーデン王国
ウプサラ …… 182
ストックホルム …… 183
マルメ …… 187
ルンド …… 150

スペイン王国
アビラ …… 115
コルドバ …… 151
サラマンカ …… 136
セゴビア …… 200
セビリア …… 222
トレド …… 11
バルセロナ …… 294
バレンシア …… 369
ビルバオ …… 285
マドリード …… 22
ロンダ …… 198

スリランカ民主社会主義共和国
キャンディ …… 214
ゴール …… 293

スロバキア共和国
バンスカー・シュティアヴニツァ …… 140
ブラチスラヴァ …… 38

スロベニア共和国
リュブリャナ …… 145

せ セルビア共和国
ベオグラード …… 274

た タイ王国
アユタヤ …… 105
チェンマイ …… 263
バンコク …… 253

大韓民国
慶州 …… 165
ソウル …… 225
釜山 …… 243

台湾
嘉義（かぎ） …… 89
花蓮（かれん） …… 65
新北（しんほく／シンペイ） …… 76
台中（たいちゅう） …… 79
台南（たいなん） …… 74
台北（タイペイ） …… 128
桃園（とうえん） …… 90

タヒチ（フレンチ・ポリネシア）
パペーテ …… 302

タンザニア連合共和国
ザンジバル・シティ …… 318

ち チェコ共和国
オロモウツ …… 54
カルロヴィ・ヴァリ …… 86
チェスキー・クルムロフ …… 314
チェスケー・ブジェヨヴィツェ …… 97
テルチ …… 321
プラハ …… 308

中華人民共和国
厦門（アモイ） …… 91
開封（かいほう） …… 102
岳陽（がくよう） …… 367
喀什（カシュガル） …… 334
九江（きゅうこう） …… 254
曲阜（きょくふ） …… 203
桂林（けいりん） …… 205
杭州（こうしゅう） …… 16
広州（こうしゅう） …… 181
昆明（こんめい） …… 44
上海（シャンハイ） …… 230
重慶（じゅうけい） …… 242
紹興（しょうこう） …… 84
承徳（しょうとく） …… 270
深圳（しんせん） …… 320
瀋陽（しんよう） …… 18
西安（せいあん） …… 210
成都（せいと） …… 364
蘇州（そしゅう） …… 221
大同（だいどう） …… 95
大理（だいり） …… 212
大連（だいれん） …… 122
長春（ちょうしゅん） …… 104
青島（チンタオ） …… 160
天津（てんしん） …… 265
吐魯番（トルファン） …… 229
南京（なんきん） …… 312
哈爾賓（ハルピン） …… 153
武漢（ぶかん） …… 328
北京（ペキン） …… 252
香港（ホンコン） …… 275
澳門（マカオ） …… 237
無錫（むしゃく） …… 30
揚州（ようしゅう） …… 224
洛陽（らくよう） …… 53
麗江（れいこう） …… 13

チュニジア共和国
カイルアン …… 88
スース …… 311
チュニス …… 127

チリ共和国
サンティアゴ …… 261

バルパライソ …… 223

て デンマーク王国
オーデンセ …… 112
オーフス …… 103
オールボー …… 45
コペンハーゲン …… 343
リーベ …… 31

と ドイツ連邦共和国
ヴァイマル（ワイマール） …… 21
ヴュルツブルク …… 75
ガルミッシュ・パルテンキルヘン …… 114
ケルン …… 248
ゴスラー …… 111
ツェレ …… 174
ディンケルスビュール …… 167
デュッセルドルフ …… 180
ドレスデン …… 67
ネルトリンゲン …… 83
ハイデルベルク …… 147
フランクフルト …… 110
ブレーメン …… 108
ベルヒテスガーデン …… 296
ベルリン …… 232
ポツダム …… 28
ミッテンヴァルト …… 289
ミュンヘン …… 299
ライプツィヒ …… 49
リューネブルク …… 80
リューベック …… 101
ローテンブルク …… 189

ドミニカ共和国
サント・ドミンゴ …… 288

トルコ共和国
アンカラ …… 329
イスタンブール …… 264

に 日本
京都 …… 144
札幌 …… 266
静岡 …… 100
大阪 …… 47
東京 …… 64
福岡 …… 24

ニューカレドニア
ヌメア …… 131

ニュージーランド
ウェリントン …… 99
オークランド …… 177
クィーンズタウン …… 58
クライストチャーチ …… 124
ダニーデン …… 132
ネルソン …… 341
ロトルア …… 23

ね ネパール連邦民主共和国
カトマンズ …… 283
ポカラ …… 170

の ノルウェー王国
オスロ …… 113
トロンハイム …… 46
ベルゲン …… 207

は パキスタン・イスラム共和国
ラホール …… 158

パラオ共和国
コロール …… 292

ハンガリー
エゲル …… 168
カロチャ …… 33
ブダペスト …… 260
ペーチ …… 96

ふ フィリピン共和国
ビガン …… 301
マニラ …… 246

フィンランド共和国
タンペレ …… 107
トゥルク …… 32
ヘルシンキ …… 336
ロヴァニエミ …… 366

ブータン王国
ティンプー …… 71

ブラジル連邦共和国
サルヴァドル …… 298
サンパウロ …… 194
ブラジリア …… 218
リオ・デ・ジャネイロ …… 352

フランス共和国
アヴィニョン …… 70
アヌシー …… 373
アルル …… 137
ヴェルサイユ …… 35
カルカソンヌ …… 175
ストラスブール …… 139
ニース …… 317
パリ …… 372
ボルドー …… 234
マルセイユ …… 371
リヨン …… 339

ブルガリア共和国
ヴェリコ・タルノヴォ …… 39
ソフィア …… 365
プロヴディフ …… 59

ブルネイ・ダルサラーム国
バンダル・スリ・ブガワン …… 267

へ ベトナム社会主義共和国
ハノイ …… 276
フエ …… 228
ホイアン …… 164
ホーチミン …… 272

ベラルーシ共和国
ミンスク …… 162

ペルー共和国
アレキパ …… 202
クスコ …… 368
リマ …… 42

ベルギー王国
アントワープ …… 196
ゲント …… 20
ブリュージュ …… 146
ブリュッセル …… 206

ほ ポーランド共和国
ヴラツラフ …… 61
グダンスク …… 118
クラクフ …… 25
ザコパネ …… 93
ワルシャワ …… 119

ボスニア・ヘルツェゴビナ
サラエボ …… 281

ボリビア多民族国
スクレ …… 284
ラパス …… 330

ポルトガル共和国
エヴォラ …… 129
コインブラ …… 193
シントラ …… 184
ポルト …… 68
リスボン …… 220

ま マダガスカル共和国
アンタナナリボ …… 309

マルタ共和国
ヴァレッタ …… 295

マレーシア
クアラルン・プール …… 148
ペナン …… 41
マラッカ …… 235

み 南アフリカ共和国
ケープタウン …… 233
プレトリア …… 85

ミャンマー連邦共和国
マンダレー …… 291
ヤンゴン …… 304

め メキシコ合衆国
オアハカ …… 325
グアナファト …… 62
サン・ミゲル・デ・アジェンデ …… 279
メキシコシティ …… 155

も モーリシャス共和国
ポート・ルイス …… 176

モナコ公国
モナコ …… 345

モロッコ王国
シャウエン …… 286
テトゥアン …… 109
フェズ …… 333
マラケシュ …… 326
メクネス …… 56
ラバト …… 120

モンテネグロ
コトル …… 72

よ ヨルダン・ハシミテ王国
アンマン …… 52

ら ラオス人民民主共和国
ルアン・パバーン …… 186

ラトビア共和国
リガ …… 351

り リトアニア共和国
ヴィリニュス …… 344
カウナス …… 126

る ルーマニア
シギショアラ …… 154
シナイア …… 335
シビウ …… 313
ブカレスト …… 239
ブラショフ …… 27

ルクセンブルク大公国
ルクセンブルク …… 323

れ レバノン共和国
ベイルート …… 358

ろ ロシア連邦
サンクト・ペテルブルク …… 259
モスクワ …… 197

小林克己　こばやし・かつみ

1975年、早稲田大学教育学部地理歴史専修卒業。旅行ライター。海外旅行地理博士、日本旅行記者クラブ個人会員、綜合旅行業務取扱管理者。世界遺産、グルメ、鉄道などのテーマを中心に執筆活動を行なっており、取材旅行の延べ日数は海外約6年間、国内約5年間に及ぶ。主な著書に、『世界遺産一度は行きたい100選ヨーロッパ』『世界遺産一度は行きたい100選アジア・アフリカ』『世界遺産一度は行きたい100選南北アメリカ・オセアニア』（JTBパブリッシング）など多数。監修に『見たい! 知りたい! 世界遺産100』（宝島社）などがある。

837
世界の都市は
謎と不思議にあふれている――。

サンフランシスコ（アメリカ）

1日1ページで探る世界の街の秘密

366日の美しい都市

2021年4月15日　第1刷発行

定価（本体2,400円+税）

著者　小林克己
編集　ロム・インターナショナル
写真協力　アフロ／Adobe stock／Pixta
装丁　公平恵美
DTP　伊藤知広（美創）

発行人　塩見正孝
編集人　神浦高志
販売営業　小川仙丈
中村崇
神浦絢子

印刷・製本　図書印刷株式会社

発行　株式会社三才ブックス
〒101-0041
東京都千代田区神田須田町2-6-5 OS'85ビル 3F
TEL：03-3255-7995
FAX：03-5298-3520
http://www.sansaibooks.co.jp/
info@sansaibooks.co.jp

デュッセルドルフ（ドイツ）